U0946960

欧阳莹之 作品

龙与鹰的帝国

秦汉与罗马的兴衰，
怎样影响了今天的世界？

中華書局

图书在版编目(CIP)数据

龙与鹰的帝国/欧阳莹之著. —北京:中华书局,2016.3
ISBN 978-7-101-11578-9

Ⅰ.龙… Ⅱ.欧… Ⅲ.世界史-研究 Ⅳ.K107

中国版本图书馆 CIP 数据核字(2016)第 037268 号

书　　名　龙与鹰的帝国
著　　者　欧阳莹之
责任编辑　徐卫东
出版发行　中华书局
　　　　　(北京市丰台区太平桥西里 38 号　100073)
　　　　　http://www.zhbc.com.cn
　　　　　E-mail:zhbc@zhbc.com.cn
印　　刷　北京瑞古冠中印刷厂
版　　次　2016 年 3 月北京第 1 版
　　　　　2016 年 3 月北京第 1 次印刷
规　　格　开本/880×1230 毫米　1/32
　　　　　印张 18½　插页 8　字数 360 千字
印　　数　1-8000 册
国际书号　ISBN 978-7-101-11578-9
定　　价　72.00 元

纪念先父欧阳启

1922—2005

知识的盛宴

——《龙与鹰的帝国》介绍

中华书局送来欧阳莹之女士大作《龙与鹰的帝国》，作者是一位物理学家，却在专业以外，撰述了这一本中国秦汉帝国与罗马帝国的比较作品。拜读原著，从一个历史学者的立场看，既佩服，又惭愧。此处是可佩服处：以不是历史专业的知识分子，却能处理文化史的问题，如此周全，也如此有见解。惭愧者：在许多中国历史学者中，对欧洲历史能有如此程度理解的，实在不多。

欧亚两洲，古代这两大帝国，时代相当，在历史上重要性也相当，作者将它们的地理环境、历史条件、社会结构、管理制度和组织，各方各面，缕述如数家珍。作者不仅作文化的比较，也有专章，介绍这两大帝国之间的关系，与彼此认知的程度。对于一般读者而言，此书乃是知识的盛宴，中西餐点同时并进，而且中餐西吃，西餐中吃，两个角度都有适当的交代。

作者在行文之际，毋宁常常接触到：何以这两大帝国有如此的发展？后来又如何走了不同的方向？我想，她会关心：为什么后来的中国，一直是“中国”？而罗马，却变成欧洲的列国？此处，我以为“中国”长期保持为“中国”，虽然经历了南北朝的外族入侵，和后来辽、金、元、清，不同时代的外族统治，但“中国”并没有分裂，而“中国”的本部，接受许多外来影响，还是以“中国”的本色，长期存在。

我想这个课题的理解，可能应当从秦汉以后，中国始终以“编户齐民”，作为国族结构的基础来看。中国在不同的时代都有贵族，然而，没有像欧洲历史上，长期实行封建制度，延续贵族与平民之间的差异。另一方面，罗马帝国幅员广阔，吞并了许多不同地区的国族。在帝国体制之下，各个不同的属地，和罗马的本部，都有各自特定的关系，以界定其在帝国的地位；而且，各省之中，有些隶属于皇帝，有些隶属于元老院。这一现象，乃是因为罗马帝国的扩张，以军事征服为主要手段；罗马军团的司令官，和各省当地原来的统治阶层，是驻防者和监督属地的主从关系。罗马从来没有过，中国秦汉以后，那种中央和地方郡县之间，形态一致的行政体系。中国的扩张，不是没有军事征服，更多的却是移民的扩散，缓慢、逐渐、慢慢地从核心，渗透到一层层的边区，然后充满了全部的疆域。这种长期而缓慢的大规模移民扩散，带去的不只是制度，更多的是文化与认同。而且，早期边陲，可能转变成新的核心，而核心地区，因为经常地移转，最后凝聚为中国共同体内，最大的一个核体，足以维系中国为一体。

罗马也接受许多外来的族群，他们一批一批，或者渗透，或者征服，充满了整个欧洲。这些新来后到的族群，虽然加入了先以地中海为中心，后来又以基督教为文化载体的欧洲，他们却还是或多、或少保存了自己的族群认同。本来是欧洲共同语文的拉丁语，在十七世纪，民族国家体制出现后，不再通行，各地又恢复使用原有语文，曾经统一于罗马的欧洲，不得不离散为列国体制，许多政治、文化共同体共存。

在此，我向作者致以诚挚的敬意，她能够不受专业的约束，以通达的眼光，提供读者们，如此有用的一部好书。我真是盼望哪一天，任何行业里都出现如此高手，将本行学习的分析和综合能力，应用在本行以外，作为副业。那才是通才教育的上乘境界。

许倬云　序于匹兹堡

2015．3．24

中文本自序

先父欧阳启生在广东乡下，小时帮家里卖猪肉，稍壮出来营商闯天下。时逢战祸国乱，屡折复起，坚毅有成。自己省吃俭用，但慨然送孩子们出国留学。自己只上过私塾，但拿着英文字典精读美国大学的章程以帮助孩子进身。到晚年，叹道儿女久居异乡，忘掉了中国的文化根本，愿自己的骨灰撒在长江上流，永抱祖国山河大地。父亲 2005 年谢世。我感他心志，决定回归研究国学，本书是第一个成果。

我在上海念小学，香港上中学，美国上大学，获麻省理工学院博士。虽然选读物理，但不乏对文史的兴趣。过去二十年出版了四本书，论述有关科学的历史和哲学，例如从康德知识论的观点看量子场论，又分析复杂系统理论的结构，因而稍涉社会科学，为转治文史建下桥梁。科学研究培养的客观理性，教我竭力独立思考，凡事求证探实，不轻信权威，希望能与青年学者共勉。我身居美国，容易获得英文资料。这环境中，比较历史可以作为转治中国历史的踏脚石。时逢中国崛起、美国重振帝国主义，世局近乎二千年前秦汉皇朝、罗马帝国各自称雄东西。时势帮助了我选题。

本书的英文本先写成出版。因为所说的是中国，我觉得应该自写中文本，尽量把意念表达清楚，以敬重中国读者。

中英本的内容绝大部分相同，只在两处稍有差异。一是顾及中西读者的知识背景不同，所以对概念和典故的解释各有增减。二在关于中国的资料，英文本多引英文文献，中文本则改引中文文献，尤其是近年的新著。二者都旨在便利读者。

本书注重比较中西的军政经济，所涉及的学术思想，亦限于其对统治精英的影响。文化艺术方面，图片更能显示中西的异同。读者可访本书的网页 http://www.chinavrome.org。英文本所引的参考资料，亦见载于该网页。

欧阳莹之写于麻省剑桥

2014 年 10 月

时光有如一条以事物组成的长河，浪涛汹涌。一事刚发生，即被卷去。另一事代之而生，但亦旋即随波而逝。

一句话说，人的肉身新陈代谢，灵魂如梦似烟，生涯如战争亦如他乡羁旅，身后名更属虚幻。有什么可以指导行为？

马可·奥勒略

《沉思录》

4.43，2.17

滚滚长江东逝水，
浪花淘尽英雄。
是非成败转头空。
青山依旧在，
几度夕阳红。

白发渔樵江渚上，
惯看秋月春风。
一壶浊酒喜相逢。
古今多少事，
都付笑谈中。

罗贯中

《三国演义》

卷头词

目录

下篇 秦汉皇朝与罗马帝国

导论：秦汉、罗马与中西历史演变分歧

公元前202年，文明世界的东西两端，各自发生一场划时代的大战。在非洲北沿的匝马，罗马败其夙敌迦太基，清除建立大帝国的障碍。在黄河南面的垓下，汉败楚，结束秦末群雄逐鹿，奠立一个规模历时、功绩文化都媲美罗马帝国的皇朝。秦汉皇朝和罗马帝国相似之处，吸引了不少世界史学家、社会学家、政治学家[1]。近年更有不少论文加以比较，但此前未见专书[2]。

有学者形容东西两个世界性大帝国的历史为“一大凑集”[3]。其实它们虽然走势靠近，但离聚会仍差甚远。不同社会面临类似的问题，可能采取类似的对策。然则世上深固传统纷纭、时局变幻不测，无法产生一个适应所有国度的万能楷模。在一个环境中功勋彪炳的思想制度，在另一环境下可能徒然无效。因此，秦汉皇朝和罗马帝国相似中有不少深刻的差别。它们运权统治的风格，可各自称为龙式、鹰式。分析龙与鹰的特色，评较它们的异同，是本书的主旨。

帝国的观念在第二次世界大战后一度黯然，但自从美国带领入侵阿富汗和伊拉克以来，东山再起。中国崛起，经济全球化，国际风云变色，更激发人们深思。过去10余年，新书源源，研究强大霸道的帝国政体。学者有的说它稳定世局、能长期奏效，有的说它旨在剥削、不能持久，但都认识到帝国有异于小国，不止在量，而且在质[4]。小国寡民，同文同种，容易获得内政和谐。可是它与邻国的分歧争执，也容易升级至兵戎相见。大帝国兼并诸小国，容纳多种民族，化解或抑压它们之间的冲突，收和平建树之益。然则升平殊不简单。帝国地广人众，民情复杂，种族摩擦，不易统治。古代缺乏现代的通讯和运输科技，要凝聚辽阔的疆域，更是困难。

帝国罕有。一位美国学者说："统计下来，历史上出现了不过七十个帝国。假如《泰晤士世界历史地图集》可信，据我数，美国是史上第六十八个。（共产中国是第六十九个，有人会称欧盟为第七十个帝国）。"[5] 67 个以往帝国中，不少或祚运短暂，或领土有限，或有过无功。能雄踞宏阔领域、维持长期繁荣、堪称世界性大帝国者，只得 10 来个。在这杰出的短名单中，差不多同时的秦汉皇朝和罗马帝国名列前茅。它们全盛时期，各自囊括地球四分之一人口，稳固国内升平逾 200 年[6]。前者夸一统天下，后者夸雄霸地球（*imperium orbis terrae*）[7]。两者皆认为自己的权柄来源超凡：一个称天命，另一个称神授（*divinitus adjuncta fortuna*）[8]。

本书比较东西方大一统秩序的成形年代，以探讨龙和鹰的政治特色。为了溯源，它遍阅皇朝、帝国的兴衰史：从公元前 771 年秦立国，说到 316 年东晋南渡、华北沦陷于源自北方草原的胡人；从公元前 509 年罗马共和国成立，说到 476 年西罗马帝国灭亡于来自北疆的蛮人。

两个千年帝国史一样，各自分作两段，前段兴起，后段盛衰，历时相若。隔开两个阶段的是个 20 来年的过渡期。前 221 年秦始皇终结数百年征伐不休的春秋战国时代，奠立统一的中国。秦朝祚短，它亡后中国备受内战蹂躏，直至前 202

年垓下战后，高祖建立稳定的汉朝。类似的惨烈内讧，从扩张到太平，100多年后在西方上演。恺撒把罗马数世纪的征战带上巅峰，随即于前48年把矛头转向共和国，实行独裁。他遇刺后，罗马贵族的内战加剧，直至前31年亚克兴之战，赢家奥古斯都奠定罗马帝国。残酷的内战是罗马共和国的丧钟、皇朝中国的分娩阵痛。它们显露共和国坚韧，足以抗拒恺撒的枭雄天才；秦设建的郡县政体生机勃勃，挺过封建贵族的猛烈反动。

本书并列叙述双方故事，旨在提供历史背景，以辅助主要任务：分析中西的政治特色，评较它们的长处缺点，免我们堕入牵强附会之弊。皇朝、帝国颇为相似，二者的经济都是以农为本、以田地为主要财产，但货币相当流通[9]。它们的社会一样保守、崇尚权威、等级森严，以父权家庭为基本单位[10]。它们的政府都是中央集权，皇帝下辖郡县或行省[11]。然而，在这一般的情景上，分殊显然可见。

帝国逞强，但并非所有强国都作风雷同。异样的文化传统，尤其是政治精英的观念，影响甚大[12]。一个帝国的独特政治风格部分源自其决策者的世界观：他们用什么标准衡量价值，靠什么概念鉴定利害；怎样在资料不足的情形下判断形势，随机应变；如何把有限的国力资源分配给无限的内政外交需求；引什么理由解释他们的取舍。左右人们思想倾向的世界观，部分体现在社会和政治制度上。它就像是个“意识基因”，小节时常改变以适应环境，但大体世代遗传，根深蒂固，演化缓慢，源远流长。历史渊源掣肘社会结构，一如童年经验塑造成人的品质。皇朝、帝国并非骤然突现。中西漫长而迥异的崛起过程，在龙与鹰的性格上痕迹历然，至今依稀可见。

本书的故事开始时，是罗马转为帝国或秦朝统一中国之前约 500 年。其时罗马和春秋列国的规模皆不过一城及其周围。然而在政治组织和经济发展方面，它们之间的差距巨大，不下 19 世纪的西方和中国 [13]。中国犹在青铜时代。春秋的诸侯贵族掌权，家国一体，有刑无法，养尊处优，礼不下庶民。地中海一带早已经历技术革命，进入铁器时代。劳动人民掌握了价廉效高的生产工具、战争武器，权势大涨，以身为奉公守法的城邦公民为荣。古代中西并无交通，但把罗马共和国到帝国和战国到汉初 500 年的历史并列同观，可见一出中国迎头赶上的好戏。

罗马共和国成立时，其经济基础是自耕小农，军事主力是农民兼任的步兵。拥有自己耕地的农民珍爱私有地产，认为保护私产权是国家最大职责之一。罗马人珍惜家庭，但他们的政治制度清晰地区分家与国；贵胄子弟必须竞选得胜才能任官 [14]。广场、法院、元老院等公共场合让贵族平民各派人士争辩洽商。虽然社会等级森严，但是上下尊卑都敬奉法律，因为它象征和维护公共的国家，更帮助各方达成协议。合情理的政治经验培养公德，加上服兵役的贡献和有效率的政治组织，罗马平民在 200 年的持久斗争中发明了不少自由概念，为自己争取到不少政治权利。无血革命产生一个半民主的共和国政体：贵族的元老院掌大权，但受公民大会选举和立法的节制 [15]。共和国政体领导罗马扩张成为一个庞大帝国。它借以稳定内政的权力制衡成为一个灵感泉源，滋养现代政治学。美国宪法的构想，便受它影响 [16]。

秦立国时正值周平王东迁。春秋列国的经济组织是井田共耕，军事主力是贵族垄断的战车。诸侯数百，口头上尊周王为天下共主，实际上各自军政独立。诸侯国实行宗法封建，官卿世袭，国与国君的宗室家庭混沌未分。血缘亲情维持贵贱尊卑，不涉公德观念。封建贵族控制政府和井田，尚未区分政治主权和土地拥有权，以诗书礼乐维系统治阶层的内部和谐，刑罚庶民但没有规范用刑的法律[17]。青铜时代末年，封建政体崩坏声中，诞生了一个崇尚先王之道的没落贵族，即孔子。他把王官之学推广到平民之间，并加强其私德基础[18]。家庭伦理即是政治纲纪、统治者的个人德行足以平治天下等宗法封建时代的人治意念，凝固在儒家经典中，成为历代皇朝的主导思想。

秦统一中国前200年间，史称战国时期，中国逐渐进入铁器时代。生产效率高扬，家庭小农有信心独立过活，毋须共耕。社会剧变，列国竞争，激发无穷思想活力，诸子百家争鸣。创新务实的政治家在各国变法，领导发展经济、富国强兵。这些法家人物明颁法例，提倡法律下人人平等，一面教导人民奉公守法、培养公德，一面把国与国君的家分开，裁抑世袭，营建以功能定职位的制度。国家确认私有地产权，有系统地划地授田给家庭农户，并要他们缴税和服兵役。平民步兵取代贵族战车，称雄沙场。新兴的农民战士类似罗马共和国的公民，不过中国的王侯用土地和经济利益笼络人民，罗马贵族则用投票权和政治利益。法家创建的科层式行政机构有效地发动小农经济的生产力，逐步削弱封建贵族，集权于君主。凭这法治政体，秦始皇统一中国，之后更废封建、设郡县[19]。其行政的理性效率，会叫奥古斯都眼红。

兴建帝国少不了军功，但打赢仗并非大功告成。从击败敌人到建立能统治旧敌的稳固政权，这是个艰难危险的过程，曾经摧毁了不少刹时灿烂的帝国。亚历山大的辉煌战功，便转头成空。罗马帝国和秦汉皇朝挺过残酷的内战，赢得长治久安，但亦不免损伤。政府必须获得政治精英的合作才能顺利统治。为了拉拢满足权贵阶层，罗马帝国牺牲了共和国的民主，中国皇朝牺牲了新萌芽的法治。一个深邃的弱点，从此忧患鹰与龙。

有现代学者认为，罗马帝国成功，源于其公民的自由和权利，缺乏公民概念的中国有所不及[20]。本书指出公民概念只在侵略扩张期间奏效。自备戎装的农民战士踊跃于公民大会，为自己争取权利。赫赫太平的罗马帝国剥夺了公民的所有政治权，法许的社会权利亦渐消损。后期像农奴般的贫穷罗马公民，比中国的臣民更缺实际的尊严和自由[21]。

罗马帝国取缔民主选举，但保持共和国的三大权力基柱：军、财、法。即使长期和平，帝国亦一直置强大的专业常备军，主旨在保护皇权。庞大的军费促进商业经济，一如现代西方的军队和工商勾结互利[22]。罗马一贯以财富区分公民。共和国时，一个公民的投票权与他的资产成正比，富人投的票比穷人投的票重要得多；最有钱的公民才有资格竞选政府职位。罗马帝国大幅提高资产标准；非极大地主，不能出任元老、帝国官员或兵团将领。行省各地，土豪巨富盘踞大小城政会，受皇帝庇护，为皇帝向土著收税。团结天下地主！这是共和国传授给帝国的成功秘诀。罗马法律排难解纷，积聚数百年经验，递建复杂的绝对私有财产权，凝固富有的统治阶层[23]。军国主义和法律支撑的富豪统治，在整个罗马历史中始终稳立。控制兵团和富豪贵族，使它们合作但彼此牵制、不密谋造反，是皇帝最吃力的工作。一旦制衡失效，帝国即日暮途穷[24]。

秦朝法治，坚持法律公平，立规则监督官员秉公办事，触犯贵族任高位但不必负责任的旧有权益，引致统治精英强烈反抗[25]。儒家君君臣臣，系国政于个人品德、亲戚关系的人治理想，有利专制皇朝的整个统治阶层。缙绅之儒承继古代王官之学，诸子中最为尊贵。由于迂阔，时局艰难时不得重用。汉朝鼎盛，武帝罢黜百家，独尊儒术。儒生盘踞政府，一意复古，拘国为家，贬法为刑；繁文缛礼，粉饰太平；排挤实用知识，崇尚皓首穷经；逐渐演化为仗经典学问出仕、因官致富的文化贵族。儒家士大夫是皇朝中国的招牌特色之一，也是世界史上最悠久的政治权益集团之一。他们之能维持统治，实靠中国的另一基柱。法家设计的君主集权科层机构挺过秦末内乱、汉初分封，成为政府体制的结构骨架。不过儒家士大夫上台后，改变了它的运作风气，以人情关系掩盖了理性规律[26]。法骨儒气，难怪西方人觉得中国有双重性格。着眼秦朝的法治制度创建，一位学者加重语气说，“研究古代国家的兴起，我们大有理由注意中国多于希腊罗马，因为只有中国创立了一个**现代式**的国家”。着眼历代皇朝的行政作风，另一位学者发现其国家观念薄弱：“中国其实是个文明，假装做个国家。”[27]

据社会学，权势有三种泉源：政治、经济、思想意识；政治泉源又可分为军力和行政组织[28]。任何政府，缺一不可。然则鹰式权威偏重结合军事和经济，比较刚强；龙式权威偏重行政和教条，比较温柔。两种统治风格，分别成熟于罗马帝国或两汉皇朝的第二个世纪，日正中午时。它们怎样左右内政外交，在种种环境下孰优孰劣，是本书下篇的题目。

皇朝、帝国皆知道强权固不可少，但光凭强权不足以统治。吏治清明、民生富庶外，成功的统治者还得控制民心、操纵舆论，以道德支撑强权，教人民以服从为义务。不同的宣传内容显示独特的风格价值。仁义说教充斥儒臣奏章，铁腕豪情洋溢罗马赞颂。然而华言高论不能抵偿皇朝、帝国的牺牲品。皇朝中国沿用法家制度，却猛加诋毁以维护儒家权益。士大夫的虚伪教条阻碍理性改革，使政治思想无从发展。奥古斯都颠覆了共和国，却保留了它的门面以掩饰自己的专制。这伪装延长皇帝和贵族争权，多次引致继位危机。升平日久，特权扎根，腐败滋生。统治精英分化为派系朋党，纷争营私。皇朝、帝国的弱点坐大。法治公德阙如，满口清天下的东汉名士摇身变为祸国殃民的军阀；公共精神丧尽，罗马公民袖手旁观蛮人入侵，不肯捍卫帝国。终于，一度称雄东西世界的两个超级大国，皆沦陷于蕞尔小敌。它们的抵抗力被严重的体内癌症消磨殆尽，不敌外来的小风寒。

龙与鹰的特性或可帮助我们了解，为什么皇朝、帝国衰亡后，中西的历史演变分歧。统治精英凌空蹈虚、迂执苟且、只顾小圈子情谊的倾向，数次使皇朝中国故步自封、停滞分裂。然而内乱或外侵中，无情战火烧毁积弊，激发踏实精神。自然的亲情、坚韧的政治制度、顽固的政治精英，犹如蔓延的根茎，使饱受摧残的竹林重生。士大夫凭借维护皇权和自己权益的诠经心态、道德口号，用些新名词改头换面，可以迎合新主子，即使亡国后的异族主子亦可以适应。中国自我愈合、重振雄风，在龙的漫长历史上，屡试不爽。罗马帝国却一蹶不振。它的政治势力部分基于契合强大的经济阶级，但地主阶级的利益一定为地域所拘。一个靠团结地主的辽阔帝国可能一时侥幸，难以重演。然而鹰会再飞。罗马的无穷进取精神就像一颗橡树子，可以移种。久后它会选择更肥沃的土地抽芽茁长，结合一个更强大的阶级，即资本家。罗马人凭借健全共和国的理性思维、切实详辩，也可发展别的法律和制度，以统筹更复杂的新世界。

皇朝中国到 1911 年彻底结束，但它的特征有些仍可见于今天的新中国[29]。罗马是西方的模范帝国，影响深远，今天的美帝国也常被称为“新罗马”[30]。由于它们的遗产丰富，古中国和古罗马的历史今天尚有现实意义。唐太宗说他常保三面镜子：“以铜为镜，可以正衣冠；以古为镜，可以知兴替；以人为镜，可以明得失。”“只有历史，才可以不加伤害而教导我们，帮助我们判断什么行径适合什么情况”，普里卜斯解释[31]；这位前 2 世纪的希腊政治家，也是第一部罗马史的作者。远古的史鉴可能模糊，然而龙与鹰的形象并列，或可有助明白 21 世纪的国际世局。

* * * * *

上述两种政治风格的轮廓，将会由详细资料充实。本书为不熟悉中国或罗马历史的读者而写，因此兼顾叙述和解释评论。每一章包含三个长短相若的部分。一部分叙述中国史，一部分叙述罗马史，常互相参照。它们交代人物事件、来龙去脉，提供历史背景，以资第三部分所载的评论比较；实际行动比空论宣传更能表达性格。分析历史动力、探索成败因由，则留在第三部分。

叙事多依时间先后安排，评较则因主题组织撰写。我竭力防范双重标准，设立合理的基线以资比较，弥合中西言语和概念上的鸿沟。有时双方的专家自说自话，互相误解，因为大家虽然用同一字眼，但意义各自不同。为了避免这陷阱，许多主题开始就把有关字语在本书中代表的概念解释清楚。这普遍性的解释作为基线，落实在中国和罗马的个别实例，即显示例子的异同。概念之间的逻辑关系组织例子的细节，综合成一个可加评论的广泛主题。譬如，军队组织、兵役期限、战争频度、军民伤亡、精英舆论以及所谓“枪或牛油”的政策取舍，种种细节的比较皆显示罗马黩武甚于秦国。这帮助我们明白，为什么同样长期战事所造就的政府，在罗马是军事独裁，在中国却是文治专制。这是龙与鹰一方面的差异[32]。请注意，这差异是相对的，不是绝对的。说罗马比秦国黩武，并不意味秦尚和平。本书所有的比较，都只在多与少，不在有或无；只在灰色深浅，不在黑或白。中国和罗马的权谋手段一般灵活，从杀伐到宣传，无所不用。它们风格各别，在偏重不同的手段而已。

秦汉和罗马史学各有悠长传统，多种解释。东方、西方、古代、现代、超现代、封建主义、帝国主义、自由主义、马列主义、修正主义，众议纷纭，而且时相矛盾，争辩不休。本书驳斥某些样板解释，如秦亡原因、罗马外政。当然，我的看法也大可质疑。我尽量提供有学术水平的答辩，但本书限于篇幅，只能从简。问题太多，书页太少。本书旨在宏观，只望激引对重要问题的思索，不敢奢望圆满的答案。

我受惠于所有引用的学者。他们的名字书文见载附注参考。中西历史的大批人物，名字生疏拗口，足以困惑读者。我不想再加混淆，因此正文略去现代学者的名字，在此道歉。

【注释】

*著者按：《史记》《汉书》《后汉书》《三国志》《晋书》依中华书局版，引指卷：页。如《史记》6：235 指卷 6 页 235。《左传》则依编年，如僖 3 指僖公 3 年。引西方经典著作，依其标准的段落编号。所有现代作品，全引页数。不引书名的第 x.x 节，全指本书。

[1] McNeill 1963：324. Mann 1988：42-51. Finer 1997：532-6.

[2] Scheidel 2009c. Mutschler and Mittag 2009. 马克，邓文宽，吕敏

2009. Lloyd 2005：Ch. 35. Burbank and Cooper 2010：Ch. 2. Morris 2010：Chs. 4-5. Fukuyama 2011：Chs. 3-5.

[3] Scheidel 2009a：11，18-22.

[4] Abernethy 2000. Maier 2006. Münkler 2007. Burbank and Cooper 2010. Parsons 2010.

[5] Ferguson 2004：14.

[6] Scheidel 2009a：11.

[7]《史记》6：235，243，247。Harris 1979：129.

[8] 梁启超 1996：22-33。Brunt 1978：165.

[9] 见第 2.2 节。

[10] 见第 2.3 节。

[11] 见第 6.2，6.6 节。

[12] Taliaferro，Lobell，and Ripsman 2009.

[13] 见第 2.2 节。

[14] 见第 2.2，2.3 节。

[15] 见第 2.4，2.6 节。

[16] Finer 1997：396. Millar 2002b：120-134. Sellers 2004.

[17] 见第 2.2，2.3，2.7 节。

[18] 见第 2.8，2.9，5.6，6.9 节。

[19] 见第 2.8，2.9，4.4 节。

[20] Doyle 1986：97-9. Burbank and Cooper 2010：4，58.

[21] 见第 6.2，6.8，8.3 节。

[22] 见第 5.1，6.1 节。

[23] 见第 2.4，2.6，6.4，6.9 节。

[24] 见第 2.10，6.1，8.4 节。

[25] 见第 4.4，4.5 节。

[26] 见第 5.6，5.7，6.9，8.4 节。

[27] Fukuyama 2011：21. Lucian Pye quoted in Jacques 2009：374.

[28] Mann 1986：2，22-8.

[29] Pye 1985. Ropp 1990. Tu 1996. Wong 1997. Hui 2005. Yan 2011.

[30] Nye 2002. James 2006. Maier 2006. Madden 2007. Murphy 2007.

[31]《旧唐书・魏征传》。Polybius，1.35.

[32] 见第 3.7，7.7 节。

上篇　春秋战国与罗马共和

第一章　民族江山

1.1　古代文明

“亚细亚”和“欧罗巴”二字源自叙利亚文 *Asu* 和 *Ereb*，原意为日出之乡和日落之乡。在悠长岁月中，它们曾经做过不少地域的名称；亚细亚就一度是罗马帝国的一个行省。它们今天所谓的亚洲和欧洲，其实只是基于欧人的自大心理。地理上的洲是四面环水的大块陆地。真正的洲是欧亚大陆，所谓欧洲，只不过是它的一个大半岛而已。欧亚大陆和邻近的非洲共为人类文明的老家。

公元初年，四大帝国，由东至西，横跨欧亚大陆中部和非洲北部：东汉、贵霜、帕提亚、罗马（地图 1）。在它们北面的大草原上，游牧民族的匈奴王国正在汉朝的压力下逐渐崩溃，威震罗马的匈人王国却还未来临。帕提亚（汉称安息）和贵霜的大部分，即今天的中东和中亚，曾在前 4 世纪被亚历山大征服。但希腊化的统治短暂，尤其在它帝国的东部[1]。前 128 年，西汉使节张骞通西域到达中亚时，他欲求联盟合击匈奴的大月氏，就快要扫除希腊残余、建立贵霜了[2]。到公元 2 世纪，希腊罗马对东方的知识贫乏。一名商人从叙利亚到帕米尔（古葱岭）之旅，即成为两大地理学家争辩的主要凭据[3]。

汉朝与罗马帝国全盛时代，相隔两大帝国，距离 3000 公里。东汉遣使罗马，抵达中东两河流域，临大海，不敢渡而还。其后有自称罗马使者的人来到汉境南端——今天的越南，但从《后汉书》的作者范晔开始，学者多怀疑此人有假冒之嫌[4]。罗马史学家亦找不到任何有关记录；对兵力不及的国家，罗马一贯只接待朝贡的使者，从不屑遣使觅交[5]。有学者综合最新研究："总的来说，不论考古或历史文献都找不到可靠的交往证据。一切都显示古罗马和汉朝之间的接触少得出奇。"[6]

世上没有绝对孤立的事物。四大帝国维持治安，提高消费。在此刺激下，零星的海陆两路长途交易相续出现，逐渐连接，成为后世所称的丝路（地图 2）[7]。中国丝绸使罗马贵族垂涎。可能是罗马奴隶的魔术师，经安息王所献，演技汉庭。然而极少商旅从丝路一端行到另一端。差不多所有交易传讯都是接力赛，中间人分居贵霜和安息草原边沿的市集、驼队落脚的绿洲、海船停泊的港口。货品或能多次易手仍然无恙，但讯息屡经口述耳闻、言语翻译后，难免失真。因此汉朝与罗马虽然知道对方存在，但对彼此却没什么认识。一方的行动能影响对方，但只通过中间人，如北方草原上游牧民族的动向。如果对方有所反应，亦只是对其余波而已。罗马应付边境蛮族的骚动时，少有理会骚动是否由其背后的游牧民族引起，甭说游牧民族是否受汉朝压力而西迁了。罗马与汉朝有间接关联，但没有直接互动[8]。

皇朝、帝国各自有强劲的内部结构，但只有微弱的间接关系。因此本书只在附录一和附录二中稍述它们的彼此观念及丝路通商。正文把它们当作孤立的政体，并列比较。

平帝元始二年（公元 2 年），西汉领民户 12233062，口 59594978。“汉极盛矣”，班固记载这户籍统计后按道[9]。除总数外，他的《汉书》还详载了 103 个郡或国的户口和辖县。全国领域约 480 万平方公里[10]。在今天的政区图上，它覆盖部分的中国、朝鲜、越南、缅甸。此外它的西域都护府，虽然人烟稀薄，但占地不下 130 万平方公里，除了新疆维吾尔自治区大部分，还西溢帕米尔高原，稍涉哈萨克斯坦、吉尔吉斯斯坦、塔吉克斯坦。

“那时恺撒·奥古斯都下令，全世界人民都要登记。”[11]假如《路加福音》这话属实，而耶稣诞生于他的父母前往登记途中，那么令下应稍前于公元 1 年。可是古史学者对此说大表怀疑，因为除了《福音》，他们找不到任何别的凭据[12]。罗马帝国从没有来一次全国人口普查，无论此时或任何奥古斯都年代。局部登记是有的。公元前 8 年录得 4233000 名罗马公民，那是优等的征服者[13]。至于被征服的臣民，各省分别择时调查户口，以便征税，如公元 6 年置犹太省时便要人民登记。可惜户籍资料多遗失了。学者们的估计数字差距很大。一说罗马帝国巅峰时，人口达 54000000 至 70000000 人之间，尚属可信[14]。帝国领域约 500 万平方公里[15]，或整体或局部，覆盖至少当今 39 个国家：阿尔巴尼亚、阿尔及利亚、埃及、安道尔、奥地利、巴勒斯坦、保加利亚、比利时、波斯尼亚—黑塞哥维那、德国、法国、荷兰、克罗地亚、黎巴嫩、利比亚、列支敦士登、罗马尼亚、卢森堡、马耳他、马其顿、摩洛哥、摩纳哥、葡萄牙、塞尔维亚、塞浦路斯、圣马其诺、瑞士、斯洛文尼亚、土耳其、突尼斯、西班牙、希腊、匈牙利、叙利亚、意大利、伊拉克、英国、以色列、约旦。

以资比较：据 2011 年统计，中华人民共和国领口 13.5 亿，地 960 万平方公里；美利坚合众国领口 3.14 亿，地 940 万平方公里[16]。

一个广大如汉朝或罗马帝国的疆域，肯定会包含复杂多样的地形。然而地中海为周边的罗马领土提供了一个中心焦点，华北大平原在汉领域中也起类似作用。罗马帝国位置较北。论纬度，罗马城近乎沈阳，比汉都长安（今西安）偏北 7.3 度。假如你猜北方一定较冷，这次你就猜错了。地中海一带受控于撒哈拉气压系统，夏日酷热干燥，冬季温和，雨季在秋冬。这种气候适合户外活动，例如公民集会。华北一带受控于西伯利亚气压系统，属大陆性气候，但略为东南季候风缓和。它夏日炎热，冬季寒冷风大，雨集中在夏季，降水量仅够容许旱地耕植，因此水利灌溉对农业功益甚大。

大汉疆域密实一片，其居民称之为“海内”。罗马领土围绕着地中海，堪称“海外”。不过罗马并不像 19 世纪的不列颠般成为一个海权帝国。它的海军建立后不久即所向无敌，但主要实力还是落在陆军。从其倚重步兵看，罗马似中国，不似公元前 5 世纪靠海军称霸地中海东部的雅典。为什么呢？原因其一在于，罗马征服意大利的过程漫长艰巨，塑造了它的兵团和陆权特征。

地理有助塑造一个国家的性格，历史和民族亦然。众多因素交叉影响，其整合大于各部分的总和。要明白帝国枝叶，我们必须追溯其根基。

1.2　并蓄兼容的益处

人民是国家的基本。我们所研究的时期之始，中国或意大利的人口不多，但种类繁杂、风俗纷乱。经过长久的冲突交会，他们终于在秦汉皇朝或罗马帝国的统一政权下，融合为一个主体民族：后称汉人的华夏族，或以罗马为名的意大利人。民族形成的过程艰难，体现了华夏族和罗马人较为开通的性格。

一位现代史家说："古意大利的居民，原有百端异样的种族成分、社会经济、政治组织、宗教言语、物质文化。这是我们极难明白的。"[17] 古中国的情势更难明白，因为它更庞大复杂。从远处看，今天的中国人显得单纯，92% 是汉族，其余的分为 55 个少数民族。近看即使汉族之间也大有差别。"汉人"在汉朝之后才成为民族之称。在有名称之前的悠久历程中，汉人融合了远比意大利原居民庞杂的无数民族[18]。

让我粗略地因经济文化，把庞杂的原居民分作农、牧两大类。第一类在中国，主要是自称华夏的周室侯国人民；在意大利，主要是包括罗马的拉丁人、伊特鲁里亚人及希腊殖民者。他们一般务农，在平原或河谷聚居筑城，建立组织较为复杂的国家。第二类包括中国的戎、狄、蛮、夷、羌、蜀人等，意大利的萨宾、依妫、沃尔西、萨谟奈、卢坎尼、高卢人等。他们居住乡村，鲜有城郭，更有不定居而随牛羊逐水草的；政治多属部落组织；经济以畜牧渔猎为主，掺以农作。在意大利他们多来自山区。在中国他们不少是山居，但也有很多散布平原沼泽，以利用其丰富资源。稍后在大草原上又出现精于骑射的游牧民族，中国泛称为胡人，希腊泛称为锡西厄人。这第二类繁杂无比，我因简便才统称之为牧人，以别于农夫。

农夫牧人自古相交，往往和平共处。罗马人与萨宾人的亲密关系，从其强奸萨宾妇人的立国神话，可见一斑。共和国成立不久，即接纳一批萨宾人，其领袖随即出任执政官。他们的克劳迪亚宗族一直强大，到帝国时代还参与朱利—克劳迪亚皇朝[19]。周人耕稼，但频与邻近的畜牧民族交往，与姜姓的羌人尤其亲密，世代联婚。他们的创族神话尊践巨人足迹而有孕的姜嫄为始妣。姜尚伐商有功，受封于齐，齐在东周一直名列大国前茅[20]。

中国华夷抵触的记录自前 8 世纪起大幅增加。意大利在前 5 世纪发生人口大迁徙，山民移居平原，侵扰城邦，燃起战火处处。不论华夏诸侯或拉丁城邦，受到畜牧民族威胁时，都暂缓彼此争执，团结向外，如一位周大夫说："兄弟阋于墙，外御其侮。"[21]东周列国在霸主领导下，结盟攘夷。罗马和其拉丁敌人一致把矛头转向依奶和沃尔西[22]。终于，农耕民族占了上风。他们的侯国城邦吸收了战败民众，汲取了斗争经验，益加强大。很多畜牧民族的名字，不复见于后来史籍。他们的命运各异，有的被屠杀殆尽，有的远走他乡，更多的或臣服，或择地耕耘，数代后变得与周围农民一般无异了。

军事征伐、政治组合、移民共处、血缘混融、文化熏染，种种影响把繁杂的民众陶铸成一个整体民族。这漫长的过程殊不容易。华夏和罗马人作为中国或意大利的主体民族，时常骄横偏执、自私好斗。然而以美国的种族歧视为尺度，他们的偏见远离 1860 年代内战之前的程度，近于 1960 年代民权运动之后的情形。他们有能力适应、改造或吸收同化其他种族，从而扩大自己的实力。要认识华夏族和罗马人的相对容忍量，最好把他们与别的民族对照。与他们同时的希腊人便是个好例子。

当罗马人开始聚居建城时，约 700 个希腊城邦已经散布地中海和黑海沿岸，哲人柏拉图喻之为池塘边聒叫的青蛙。它们大多数很弱小，平均居民不过数千；庞然巨物如雅典和科林斯是个别例外。希腊城邦的公民享受重大的政治、社会和经济权益。谁有资格作公民？当时的哲人亚里士多德解释："一般实际规律，公民的双亲都必须是公民，单单父亲或母亲是公民不能合格。有时这规格更推溯到二、三或更多代祖先。"[23] 一旦发现外婚，子孙几代都有被开除公民籍的危险。现代学者形容民主的雅典如何严格执行公民内婚的规律："令人有一种围城的感觉，犹如公民们坚守城垒，不断地抵御外面压力。"[24]

意大利和中国的习俗与希腊相反。在那两地，与外族通婚的损失不太大。罗马逐渐授公民籍及其权益予征服过来的意大利人。周人有同姓不婚的禁忌，阻碍诸侯贵族相互通婚，因为他们大多数是周王的亲属，同姓姬。外婚常逼使他们求偶于庶人土著、甚至蛮夷异族[25]。皇朝中国没有公民制度，然而从秦朝开始，一贯把绝大部分居民，不论来源，都纳入编户齐民，给予同等义务和权益，也不禁对外通婚。

谁有资格进入政府担任官职？这是政治社会的重要性质之一。在排外的希腊人间，亚历山大大帝独树一帜。据希罗传记家普鲁塔克说："亚里士多德教亚历山大做希腊人的领袖、野蛮人的主子，爱护前者如朋友亲属，对待后者如野兽草木……亚历山大不听；他对所有人都一样。"[26] 可是亚历山大才咽气，他的继承者们就恢复传统，把他任用的波斯人等土著，席卷踢出政府。在庞大的希腊化世界里，希腊和马其顿人构成一个优等民族。极少土著能进入他们的封闭圈子，想成功的必需耐心等待，并通过困难的洗礼把自己变成文化上的希腊人。希腊人惯于在运动场脱光衣服，但在许多东方社会，当众裸体却是最大的羞耻 [27]。类似的苛刻条件使承继亚历山大的希腊化王国不能得益于土著人才。罗马和中国就开通得多。自前 1 世纪开始，意大利和各省土著相续涌入元老院。后来，不少罗马皇帝来自非洲、亚洲。秦始皇废封建后，用人凭能力品德，不论种族亲疏，成为一个中国理想。丞相大臣来自全国各地。汉武帝遗诏，为 8 岁的少主指定 4 个辅政，其中一个是匈奴人金日磾 [28]。

强烈的排外性使希腊城邦难于扩张、合并或统一。多数始终微小，而且经常与邻近城邦争执抵触。饶它带领抵抗波斯的大功，雅典的帝国维持了不过 50 年。与雅典和希腊化王国相比，秦汉皇朝和罗马帝国就成功长寿得多。华夏族和罗马人有歧视，但主要基于行为道德、文化政治，不基于种族出身 [29]。从他们的事例，可见并蓄兼容有助帝国扩张和持久 [30]。

要好好比较这两个政体，我们必须对每个都有相当的认识。为了提供背景资料，我将分别叙述中国和罗马的历史，然后再回头加以分析对照。

1.3　中国的地形与民族

中国古代历史的重心，先在黄河流域，后渐扩展到长江流域（地图 3）。黄河和长江的中下游，一北一南，在平原上分别东奔向海。两者之间，西自秦岭、东及淮河一带，是中国南北的分野，北为麦乡，南为稻乡。2000 年来，中国数度分裂为南北政权。守江必守淮；当游牧民族入主北方时，淮河及其无数支流沼泽，有助抵御骑兵南侵 [31]。

华南气候炎热湿润，山林河谷湖泊遍布。考古家在今浙江发现 7000 年前已有人种植稻米 [32]。然而初民的工具技术，还不足以大量清除密林、排干沼泽。要到本书所研讨年代的后期，长江下游及三角洲才开始发展为富庶的鱼米之乡。在此以前，政治经济的重心在长江中游，汉水湘江、云梦大泽一带的楚地。

华北气候半干燥，雨量仅够旱地种植稷、麦，使灌溉有提高产量之功效。它是中国文明的主要发祥地、古代历史的主要舞台。风成的黄土较为松软，适合原始工具开垦。黄河侵蚀黄土高原，洗刷大量泥沙，带下太行山。在纵横 3000 平方公里的华北大平原上，水慢沙沉，淤塞河道，时成泛滥。沉积土壤虽然肥沃，但较重实，开发较难。平原北边雨量渐减，农耕产量渐逊于畜牧。再往北，隔着戈壁沙漠，就是横展欧亚大陆的草原，游牧民族的天下。历代长城一般坐落在农耕和畜牧交错的地带，象征着两种经济文化的分野。现存的雄伟砖石万里长城，是 1368 年推翻蒙古元朝的明朝所建。战国和秦汉的长城，夯土建筑，城身矮窄，位置较明代长城更北。岁月悠长，生态地带因气候变化而迁移，干旱风沙南侵了。

黄河在黄土高原上有四大拐弯。东流的河水转向，北上过贺兰山，再拐而沿阴山南麓东流，三拐南下至秦岭，四拐依旧向东。在最后一个直角大弯处，它接受了由西而来的渭水。渭水与黄河一段连成一条直廊，东通华北平原，西指西域。在这要道上耸立两大古都。黄河南岸的东都洛阳虎视平原。渭水及泾水合流附近的西都，今名西安，乃西周的镐京、秦的咸阳、汉唐的长安。泾渭盆地受黄河和秦岭屏障，历来称为关中。

汉水上游的汉中，北越秦岭而通关中，西南越大巴山而通四川，沿汉水又可以直下长江。汉朝得名于此战略要地。

位于西南的四川盆地，土地肥沃，四边群山环护，屡次成为乱世的避难桃源。长江流过四川南部，凿开三峡东去。

中国的长江大河一般划向东西，有碍文化向南北散播。上述地理虽然简短，但足以驳斥一个谬论，即东亚获得西欧无法达到的政治统一，全靠其地理形势。其实中土和西欧一样地形破碎。华北平原不比北欧平原广大，秦岭和大巴山也不比阿尔卑斯山易通。学者把中国地形分为八大不便通商的区域：华北平原、泾渭盆地、四川盆地、长江中游、长江三角洲、东南沿海地带、珠江流域、西南山区。这还没有算上东北、内蒙、新疆、西藏[33]。这样的地理，用来解释为什么中国合久必分倒容易。难的是解释为什么中国包涵了这样复杂的地形经济、方言风俗，还能每次分裂后都能重合；罗马帝国就办不到。为何中国分久必合？与其求天问地，不如寻答案于民族、历史、文化。

近数十年来基建蓬勃，处处破土。石器时代遗迹在全国各地涌现，再次确定考古家的断论：中国史前已有许多地域性的文明同时存在，有所交通，但各具特色[34]。中国自古就是个多民族的国家。古文献中满是华、夏、戎、狄、蛮、夷、越、羌、巴、蜀，和数不清的其他民族，有的可以上溯石器时代文明[35]。他们将在民族大熔炉中凝聚为汉人和多个少数民族。

古民中，夏、商、周的文化相似，先后成为政治领袖。它们即是“三代”，儒家政治思想中的理想世界。夏代盘踞洛阳嵩山一带，是信史之始，但可靠文物极少。商代势力偏东，中心在今山东、河南、河北交界处，有大城、文字、战车、精美的铜器、血腥的人祭。商王统领很多部族，其中之一是西居渭水上游的周人。趁商室被东夷骚动削弱，周人纠合号称八百部族叛变。周武王灭商的年代众说纷纭，一说是前 1066 年。其后周公三年东征，平定内乱和东夷，把势力推到海边 [36]。

周人追溯其先祖到夏，自称夏、华，或连称华夏。其封建城邑初时星散辽阔大地，各自垦耕附近周边。城邑之间的茫茫荒野，滋养着无数狩猎畜牧的民族。泛称戎、狄、蛮、夷的“四裔”或“四夷”并不指定四种民族，故常交替叫唤，也常并称如蛮夷或戎狄。华夏四夷皆不单纯，故常称诸夏、诸戎。早期的四夷在中土与华夏杂处，不像后来被皇朝摒在四边的外族。迟至前 5 世纪，中原还有未垦的畜牧地区。卫国城楼望见处就有一个戎人聚落，前 478 年卫庄公身死其间 [37]。

1.4　东周列国与四夷

一位西方学者说：“灭商之前，周人已以其远瞩、计划、纪律见称。他们具有两种罗马人崇尚的品德，*gravitas*（沉稳）和 *constantia*（坚毅）。” [38] 武王伐纣的联军号称戎车三百、虎贲三千、甲士四万五千，但文献上有些数字或嫌夸大。从周代遗址规模看，考古家估计叛商时，周民全体男丁不过 60000—70000 人。即在人口稀少的古代中国，周人仍属少数 [39]。为了控制广阔地域，周人四散统治。周王封亲戚功臣为世袭诸侯，分配军队随从，派他们到远近的军政咽喉，筑城建国，但必须定期朝觐献贡。同样是武装殖民，周的封建异于希腊之举而较近罗马。希腊的殖民城邦旨在减轻母国的人口压力，立足后脱离母国独立。周封诸侯旨在扩张势力、联结疆土，如链子般把被征服的民族绑结起来，类似罗马在意大利设置的拉丁殖民地。诸侯国开始时是驻军戍卫，紧张时期过后，演变为文治政府。殖民者定居生根，传布华夏习俗，同化土著[40]。

300年较平静的统治，培育了诸侯贵族的逸态骄恣。可是好景不常。前771年，渭河流域地震兼大旱，腐败的政府不理人民流离。贼寇乘机肆虐，西戎在骊山下袭杀周幽王。王室狼狈逃奔中原，一去不返。东迁时，秦将因护驾有功，受封为侯。诸侯中唯有秦公敢留守关中，两代苦战，平息戎乱。秦人继续惨淡经营，后来霸西戎，吸取其人力资源，奠下日后一统中国的基础[41]。

前1066年武王灭商，到前771年平王东迁，史因其西都镐而称西周。东周黯然都洛，至前249年为秦所灭。又前711到前479年因孔子所著《春秋》而名，其后战国时期，终结于前221年秦统一中国。一般历史分期，如春秋与战国，或罗马共和与罗马帝国，虽并不绝对，但亦非偶然。分别二期的，不是一条清晰的时间界线，而是前后的不同形势，即如电影里一幅山景淡入为一张人面。前5世纪与前3世纪，中国的政治、经济和社会迥异。春秋、战国之分期实有重大的历史意义。

春秋揭幕时，300年前封建的城邑仍称公侯，但实际上已发展成数以百计的独立小国了。位居中土腹地、本来最优越威风的鲁、卫等国，因为无发展余地而停滞萎缩。反而外围的齐、晋、楚、秦因开发边地、兼并四夷，崛起为大国（地图4）。论四者公室，只有晋是华夏王族。然而晋侯多娶戎狄，称霸的晋文公重耳就是献公所娶大戎狐姬所生[42]。齐的祖先是姜戎。楚人从周叛商，虽获封侯，但爵位低下，不忿华夏诸侯的鄙视，谓“我蛮夷也，不与中国之号谥”，自称为王[43]。

春秋初期，南蛮北狄对中土的威胁最大。趁周王衰萎，列国纷争，南边的楚开始强力扩张。西北来的狄人逼近洛阳，伐齐、鲁、晋，灭邢与卫。史称“南夷与北夷交，中国不绝如线”。[44] 在此形势下，齐桓公以管仲为相，前670年代打起“尊王攘夷”的旗帜，以天子的名义纠合诸侯，立盟约，促团结。内部稍安，桓公即带领诸侯应付入侵的蛮夷，存邢续卫，抑楚气焰。他的军力有限，但稳定局势，终成为春秋第一霸[45]。差不多200年后，孔子赞曰：“管仲相桓公，霸诸侯，一匡天下，民到于今受其赐。微管仲，吾其被发左衽矣。”[46]

春秋是霸政时期。“霸”通“伯”，谓诸侯之长。这尊称近乎希腊的 *hēgemōn*。*Hēgemōn* 是志愿同盟的光荣统帅；显著的例子是雅典带领希腊诸城邦，联盟抗拒波斯帝国的侵略[47]。春秋霸主的功能与 *hēgemōn* 差不多。当霸主的大国不吞占扈从盟国的人口土地，但控制它们的外交，或至干涉某些内政。春秋的霸主勒令扈从国纳贡，定期朝聘，应召出兵。它召诸侯，集会主盟，禁抑篡弑，仲裁纠纷，求国际和平，共伐叛逆夷狄，在动乱中稍立秩序[48]。齐、晋、秦、楚均一度称霸。齐和秦各处一个狭长世局的东西两端，地较偏。秦仅得霸西戎，齐自桓公死后内乱不振。北地的晋接过齐的攘夷旗帜，与南方的楚对峙[49]。

晋重耳游历诸国时，受楚王盛宴招待，答应日后若相会沙场，自当退避三舍。文公上台后励精图霸，前632年与楚正面冲突。文公守诺，把晋军勒退三舍到城濮，不但赢得道义优势，还养大敌人的骄气，缩短自己的补给线，争取了战略优势。晋胜城濮，阻止了楚北侵，遂大会诸侯，盟于践土，开始霸业。楚的元气未伤，很快就复原，与晋争取土地盟国。二强拉锯百年，楚逐渐同化。前546年，夹在中间疲于奔命的小国成功组织弭兵之会。其时楚已成为华夏不可分割的一部分了[50]。

晋楚争霸时，晋发现了一个秘密武器，即楚的东邻，位于今江苏的吴国。它送武器给吴，教吴人战阵，唆他们侵楚。楚的对策是支持吴的南邻，位于浙江的越国，以之为缓冲。南方楚、吴、越三国互斗，北方诸侯稍得休息。

周人统治，自始就威震怀柔并重，兼容各地风俗。周设采诗官，深入民间，收集诗谣，日久编成《诗经》里的“国风”。与希腊的史诗不同，它们所唱的不是屠城的战士，而是耕田的农夫或求偶的仕女，反映百姓心声、社会面貌。周的一般政策是“修其教不易其俗，齐其政不异其宜”[51]。诸侯的措施和成果各异。齐、鲁比邻山东，却政策不同。齐太公到封地，只用了五个月便能向周王述职，鲁公却要三年。齐顺地方风情，简化周礼，鼓励工商鱼盐，吸引大量人民。鲁改变地方风俗，教以礼仪，行三年之丧。最后齐成为强国，鲁成为儒家重镇[52]。

周代贵族注重诗书礼乐。他们的文化礼教凝结各地诸侯，更为蛮夷的统治阶层模仿。形式相似的初周铜器陶器在相隔千多公里之地出土，即地方制品亦在后数百年间渐趋相同[53]。吴越蛮夷之地，其民黑齿涂面、断发文身。他们的统治阶层却和楚贵族一样，仰慕华夏的冠带文化，有意争霸中原。他们努力发展国家和提高自己的声望，同时也把华夏文化灌输给人民[54]。这过程有点像意大利贵族带头输入希腊文化。然而贵族同化并没有深入社会，各地的老百姓仍然依习缤纷的地方风情。此外，各国统治者也热衷标榜本国的特色，以维持臣民的忠贞。“山随平野尽，江入大荒流”的宽阔楚地滋养了《楚辞》，神话流光，想象泛彩，不似深厚黄土培育的《诗经》写实喻讽。《离骚》、《国风》同为中国文化瑰宝，但南北性格各自风骚，也透露地域的离散力、大一统的暗忧。

华夏与四夷通商通婚，时而开战，时而联军御敌，立约会盟，遣使互聘[55]。他们的复杂关系，可见于姜戎的历史。姜姓的戎族世居西陲，前789年袭王畿、败王师，后来被秦驱离关中，投奔晋。前627年，报仇的机会来了。趁秦远征郑国无功而还，晋发姜戎兵，在崤伏击，大败秦师[56]。史笔对这些大战场面不着一字，对一件后来小事却尽道其详。

前559年，晋国的执政范宣子准备诸侯盟会，怀疑属下姜戎泄漏机密，以致诸侯事晋怠慢，所以在朝堂上警告姜戎首领驹支，不得参加盟会，否则便要拘捕他。驹支答道："昔秦人负恃其众，贪于土地，逐我诸戎。惠公蠲其大德，谓我诸戎是四岳之裔胄也，毋是翦弃。赐我南鄙之田，狐狸所居，豺狼所嗥。我诸戎除剪其荆棘，驱其狐狸豺狼，以为先君不侵不叛之臣，至于今不贰。"他叙述崤之役，说秦全军覆没，多仗姜戎大力。此后姜戎追随晋百次战争，忠贞不减。他指责晋官自己失职，却滥怪无辜："我诸戎饮食衣服，不与华同，贽币不通，言语不达，何恶之能为？"驹支赋《青蝇》之诗，然后告退。范宣子向他道歉，请他参加盟会，成全自己的恺悌声誉[57]。

书成于前5世纪末的《左传》，是有关春秋期间最详尽可靠的史料。上引这片段，文化意义多于政治资料。我们不知道那盟会有何成果，唯知戎狄虽属次等，但仍可登堂参与。驹支身为贵族，称子，爵位当不亚于范宣子。尽管他强调华戎不同，但透露很多姜戎已定居垦地耕稼。他本人吐嘱风雅，谙熟华夏贵族礼教，在政治交谈中引诗装璜。所赋一诗以营营青蝇比喻罔极谗人，有"恺悌君子，无信谗言"之句，现存《诗经》“小雅”。四岳指尧舜时代的圣贤。姜戎以及齐、许、吕等国，相传同为其后。不论真伪，各民族因尊崇同一祖先而加强关系。蛮夷的吴国，便认周室支族为先祖，跻身华夏[58]。这等风俗在西方亦流行。史诗相传，罗马城的创立人埃涅亚斯，乃木马屠城时负父逃离的特洛伊人，因而把罗马拉入希腊文化圈[59]。驹支雄辩后，姜戎事迹不复见于史籍，想他们融入晋人了[60]。

无数星散的城邑凝聚为十数接壤大国，中土的参杂种族随着同化。居留中原的四裔人民多融合于华夏，同为汉族的前身。也有南蛮北狄退居山峦草原，成为少数民族。北移的戎狄习练骑射以适应大草原生活，逐渐发展为游牧民族。这些骁猛的胡人在战国期间开始威胁中原，到汉代聚合为大敌匈奴[61]。

1.5 意大利的地形与民族

意大利半岛像只长靴般踏进地中海，脚踭背向东方的文明世界（地图 5）。亚平宁山脉沿西岸而下，屏障东来的侵扰。山脉的南北两端向东拐，轻抱意大利西部的狭长海滨平原。平原北部的伊特鲁里亚矿藏丰富，南部的坎帕尼亚面临那不勒斯湾，它们夹着中部 200 公里长的拉丁姆。两条可以通航的河流横切平原。阿诺河滋润着伊特鲁里亚。泰伯河是海岸和内陆的主要航道，下游划分伊特鲁里亚和拉丁平原。它的最后渡口离海 25 公里，傍着 7 个丘陵。丘上耸立罗马城[62]。

亚平宁和再北的阿尔卑斯山脉夹着波河，其河谷面积大于其他所有意大利平原的总和。这里本来是个沼泽满布的洪泛区，最费罗马人功夫去驯服，但开发后盛产谷物，成为罗马帝国一个经济重地。阿尔卑斯山障护北意大利，但并非水泄不通。它的山坳数见罗马或其敌人的军队通过。

意大利半岛的海岸线几达 3000 公里。由于缺乏好港口，居民先致力于陆地，但海洋的引诱不减。半岛及其南端的西西里岛几乎横断地中海。罗马城雄踞半岛当中，俯瞰地中海西部的人物资源。这些它可以尽情开采利用，只要它能驱逐东来的势力。

传说罗穆洛创立罗马城于前 753 年。考古家发现这年代在聚居来说太晚，在建城来说太早。泰伯河畔的丘陵上，自前 1000 年起就有牧羊人的村落，但要到前 7 世纪晚期，日后作为广场的洼地被排干后，罗马才够得上城市之称。前 8 世纪中叶，泰伯河畔无大事，别的地方却不然。腓尼基人和希腊人来临，改变意大利的面貌，影响深远[63]。

前 1000 年左右，当西周的殖民城邑在中国到处生根时，地中海东部从其黑暗时代苏醒。腓尼基人发明字母，希腊人将之改良。这两个民族的城邦如细胞分裂般播散。人口过剩的城邦遣发移民出海，经营独立的新城邦。精于航海的腓尼基人带头西行，看上非洲北岸、对着西西里岛的战略要地，在那儿创立迦太基城。随后的希腊人探测意大利。泰伯河口淤塞过甚。那不勒斯湾后面、肥沃的坎帕尼亚平原较吸引人。西西里和南意大利沿海一带最受欢迎，移民络绎，城邦林立，整个殖民地统称大希腊。然而排外性激发土著的仇恨，加上城邦之间的争战，始而蓬勃的大希腊终不能扎根。不待前 3 世纪罗马兵临，很多城邦已经凋零。不过希腊人早已赠予意大利和罗马无价礼物：文字和城邦的模式[64]。

腓尼基人和希腊人常到伊特鲁里亚购买铜、铁、银。伊特鲁里亚人擅长工程，是意大利土著中最先建城者。他们改造希腊字母，发明我们所谓“罗马数字”，传授给罗马人。罗马人与其拉丁兄弟同言语、同文化、同宗教。他们的城邦之间有互惠协议，容许一个城邦的公民在别的城邦里面择偶、经商、签约、买地，甚至获取公民籍[65]。通融的拉丁习俗与伊特鲁里亚相似，与希腊相反。希腊城邦有诸多严格限制，例如唯有本城邦的公民能做业主，外人无权置地，除非他是有无敌海军作后盾的雅典人[66]。

住在意大利中部高原的人们，言语相近，同属意大利语系，乃印欧语系的一支。意大利人在高地河谷牧牛羊、种葡萄橄榄，但一般缺乏货币和城池，只是部落组织[67]。北山的翁布里亚人模仿其邻居伊特鲁里亚人，逐渐建城立国。中部的萨宾、依妫、沃尔西等族与拉丁人关系亲密。所有意大利人都终于屈服在罗马铁拳下。为保卫自由斗争得最坚决英烈的，是萨谟奈人[68]。

原居欧洲西北部的高卢人，前 5 世纪开始大迁移。有些南下，翻越阿尔卑斯山到波河平原，后来罗马人叫这儿山南高卢。还有些定居如今法国，即恺撒将征服的山北高卢[69]。

1.6 拉丁殖民与山戎

罗马城位于拉丁平原北沿，东西控制泰伯河的航道，南北镇扼连结伊特鲁里亚和坎帕尼亚的大路。它沉浸在伊特鲁里亚文化圈内，同享开通风俗。和伊特鲁里亚一样，罗马城邦早年实行王国制。它的王位并非遗传，而且常让外国人坐。最后的三位罗马国王中，两位是伊特鲁里亚人。罗马共和国废国王，但不摒弃伊特鲁里亚文化。贸易照常，城中的伊特鲁里亚团体依旧兴旺[70]。

前509年，罗马共和国成立，领口30000—40000人，占拉丁平原约三分之一。其规模近乎大的伊特鲁里亚城邦，在拉丁城邦中首屈一指。约30个拉丁城邦不忿罗马骄横、把它们当作属下，结盟抗拒。双方打到前493年才签约停战。其时警报四响，它们必须团结以御外侮[71]。

人口膨胀驱使山居民族四出扩张。山民侵扰拉丁平原，多旨在掳掠较为富庶的农民，无异中国戎狄的所为。有大半个世纪，罗马和拉丁人年年与他们交锋。此消彼长，慢慢地，依妫和沃尔西入侵的次数减少，萨宾人消失于史籍[72]。

山民的压力才减，罗马立刻转事扩张。它的第一个大目标是伊特鲁里亚的大城邦维埃。两者相隔15公里，徒步不过几小时，自然有不少利害冲突。这可不是对付山民的游击，而是两个传统相近文明国家的正规战争。10年大战在罗马史籍上有如史诗，但颂词掩盖不了英雄的好运气。罗马的敌人一向分裂。伊特鲁里亚和大希腊一样，只是一撮城邦，不成一个政治整体。维埃与罗马对峙时，12个伊特鲁里亚城邦宣布中立，即使对同胞的绝境求救也心如铁石。就这样，维埃在前396年毁灭了[73]。

据罗马首席史笔、前1世纪后期的李维记载，元老院在大胜前夕宣布，罗马公民有意参加屠城掳掠者，都可以向指挥围攻维埃的卡米卢斯报到。以千数的战士兴奋地涌入军营。“那出名的一天来临，每一小时都花在屠杀罗马的敌人、洗劫富有的维埃。第二天，卡米卢斯下令把余生的维埃人统统卖作奴隶。这收入是唯一进入国库的钱银。”[74]除了大宗奴役的利润外，国家还赢得土地。罗马的疆域扩大了百分之六十。这土地后来也部分分给公民[75]。

当罗马人欢享他们第一个大捷时，一些波河流域的高卢人闯进意大利中部。在离罗马城不远的亚里亚，高卢战士赤膊上阵，其劲健的体格使全身披挂的罗马兵吃惊。罗马重步兵持长矛，队形密集。高卢轻步兵挥长剑，调动灵活。结果高卢大胜，前 390 年罗马城陷被焚。这是它历史上的奇耻大辱，此后执政官常引用它以制造恐慌，借口施行紧急措施、揽无限权力。然而现代考古家研究瓦砾灰烬的遗迹，断定城市的毁损远轻于传统形容。城中心卡比托区的神庙和公众建筑物皆安然无恙。与罗马人对待维埃相比，高卢人对待罗马实在仁慈得多。数月后他们便带着赎金扬长而去[76]。

罗马的扩张活动并没有因这挫折而放慢。12 年后它开始兴建 10 米高的防守城墙，圈地 4.3 平方公里，环绕罗马七丘[77]。罗马兵团汲取经验教训，以短剑标枪代替长矛。高卢人继续掠夺，但在罗马兵团改良后，不再让他们占战术便宜。战略上他们对罗马有利，因为他们攻打削弱伊特鲁里亚，有如为罗马的日后征伐铺路[78]。

坎普亚是坎帕尼亚第一大城邦。其统治者与萨谟奈山民吵架，因而向罗马求助。罗马刚于前 354 年与萨谟奈立约。虽然它一向珍惜信誉，但抵不住重利引诱，毁约出兵。罗马没有征服坎普亚，而坎普亚贵族自愿归顺，他们是否悔恨莫及就属后话了[79]。有时政治精英为了维护自己的权益，乞求外力干涉内政，甚至甘愿俯首称臣。此等卖国勾当在外交史上屡见，而且不限于西方。30 年后在中国，蜀国贵族内讧，一派求救于秦。俗谓引狼入室[80]。

紧接着第一次萨谟奈战役，罗马收拾了自己的拉丁盟友。前 338 年签订的拉丁和约是罗马史上一个里程碑。罗马稳占坎帕尼亚北部，囊括拉丁平原，并伸入伊特鲁里亚南部。连接罗马城和坎普亚的阿皮亚大道，长达 220 公里，平坦笔直，架高桥过沼泽，巩固统一，与秦始皇的驰道相若，但不像驰道般痛受文化贵族批判。它和其他陆续兴建的大道形成一个联结意大利的交通网。基层建设辅助政治组织，激长经济，便利人民，也便利运军，为罗马征服强大的敌人打下厚实的基础[81]。

萨谟奈人为了保卫家园，在山区与罗马人展开了古代的持久游击战。意大利的人民面临丧失自由，终于认识到必须团结抗战。萨谟奈人北征，与伊特鲁里亚人、翁布里亚人、高卢人结成统一战线，可惜太迟了。有效的合作需要经验练习，但他们一贯我行我素。他们动员缓慢，给予罗马足够时间应变。他们协同差错，造就罗马的运气。前 295 年森提努一仗，罗马大败萨谟奈和高卢联军。如果伊特鲁里亚和翁布里亚的援军及时到达，战果可能不同。然而大势已去，四大民族再也不能联手保卫独立了。罗马扫清残余，解散萨谟奈同盟，用个别的不平等条约，控制众多孤立的部落[82]。

收服了坚毅的萨谟奈人后，罗马横扫南意大利的希腊城邦，势如摧枯拉朽。其间罗马兵团初遇希腊的职业军队。前 280 年，伊庇鲁斯王皮洛斯应同胞恳请干涉，但罗马鸷鹰的羽毛已丰。皮洛斯打赢了仗，但只造就了一个至今尚用的成语，“皮洛斯式的胜利”（pyrrhic victory），意谓虽胜但得不偿失，有名无实。

前 264 年，罗马开始海外扩张。先此 100 多年，它不停出战，征服了波河流域以南的整个意大利半岛。森提努之战后，罗马兼并了一大片疆域，从海到海居中横切半岛，直接统治半岛五分之一面积、三分之一人口。其他地域分为众多殖民地和扈从盟国，由罗马做同盟的霸主（地图 6）[83]。

土地是战争的主要胜利品。为了满足公民对耕地的需求，以及控制被征服的臣民，罗马在意大利设置两种殖民地。公民殖民地每个人口不过数百，多成军事要塞。更重要的是拉丁殖民地，每个容 2000 到 6000 名男移民及其家属，加上它所选择的土著。移民放弃罗马公民籍，换取几公顷土地。殖民地自治内政，法律上等于一个拉丁城邦，基于条约附属罗马。条约因个别情况而异，不可免的是为罗马出兵[84]。

殖民地有多种功用。它们占领疆域，削弱土著的生产力和反抗力。它们有军事力量，据战略要地，威慑土著，监视敌人；能迅速应付地方事变，也能准备进一步的扩张。然而它们比驻兵便宜持久，因为移民能自耕自足。一连串拉丁殖民地作为罗马的锁链，牢绑意大利，很多发展为繁荣的城市。共和国末年，罗马执政官兼演说家西塞罗回顾："我们的祖先为殖民地择址，真是煞费心机。它们扼险据要，看来不只是意大利的城镇，而是帝国的堡垒。"[85] 罗马殖民地同化土著、改变社会，功劳不下原意屏藩周室的诸侯列国。

史家认为"分而治之"是罗马政策的基本原则之一[86]。罗马征服意大利，广置扈从政体，摧毁它们之间原有的关系，每个单独对付。扈从不能擅自外交；在内政有相当自主权，但罗马可以随意干涉[87]。不论是盟友或殖民地，所有扈从都必须应罗马命令发兵，并自具军备。这说是苦差，但也可以说是投资，因为战胜的利润丰厚。凭这制度，罗马的霸权度过了汉尼拔战役的危机[88]。

1.7　战争、政策、民族熔炉

通婚通商等和平交往促进民族融合，但这些日常关系难见于历史文献。瞩目的是战争和政治。它们能隔离人们，也能混和人们。存亡之际，义气重于出身。兵将远征，难民流离，遇他乡之客。动乱摧坏固封的土豪势力，战后不免迁徙移民。罗马征服意大利，春秋列国兼并成战国七雄，所涉及的战事还算小型。意大利或中国的繁杂民族开始凝聚，但未混同。罗马分而治之，加强地方主义；中国诸侯分立，培养齐人、楚人等地方身份。这些狭隘观念，很多将烟消在之后200年的熊熊战火中，更多会熔化在随后的皇朝帝国政治组合里。

戢干戈并不一定停苦难，劫后余生的人民面临更多折磨。中国赢家的惯技是驱逐旧强豪、移入新居民。除控制外，发展经济也是强性移民的宗旨之一。楚灭北方小国后，往往迁其遗民去开发落后的南蛮地区。秦经营四川是另一例。前316年秦灭“戎狄之长”的蜀后，即移秦民万户以实之。蜀道难，四川出入不易，成为流放问题人物的理想地方。遣发令下，战败的六国贵族与秦的政治犯源源前往。这些人或稍有余产，即使仅留自身才识，其能力也对地方有所贡献[89]。蜀人谓“秦惠文、始皇克定六国，辄徙其豪侠于蜀，资我丰土”[90]。

移民错居在意大利也是常事。汉尼拔时战火漫燃意大利，罗马更放逐大批居民，以惩罚其居城一度降敌。意大利的自由民总共约三分之一流离失所。摧毁共和国的十年内战，同时摧毁了不少顽固的地方传统。军阀募兵，多答应退伍时授予土地。胜利者抢地以执行诺言，不少世居的农家因而被扫地出门。支持失败者的社团被毁灭、财产被充公。前80年到前8年间，约1500000名意大利人，差不多是自由人口的一半，或被逼离家门，或在政府令下徙置。高卢人被赶跑，萨谟奈人几乎被杀光，独特的伊特鲁里亚文化湮没不见[91]。

战后的协约安排可以促进民族融合，但其效能因政治组织而异。假如战败国保留原有政制，被赢家囫囵吞枣，那它的人民有较大力量抵御同化。这国中之国甚至可能生异心，若它拥有自己的军队，更容易造反。日后东汉收容南匈奴，罗马帝国收容西哥特，就因这样而酿成大祸。春秋战国与罗马共和国吸收民族至为成功，因为在向外扩张同时，它们也营建发展内政体制。政治改革打散战败国的权力组织，打破或改造零星的地方势力，为民族熔炉加热。没有组织的人们个别加入战胜国，容易忘却他们的旧身份，融入新环境。

扈从盟国辅佐罗马打败迦太基、征服地中海，出兵比罗马公民多，但得不到同等待遇，积怨下群起倒戈，引致前 91 年—87 年的同盟内战。罗马军事不利，决定政治让步，授公民籍予意大利波河流域以南的全部自由居民。分而治之的政策终于变为政治整合。后来罗马内战，屋大维羞说他的对手其实是杰出的罗马公民安东尼，把宣传矛头指向其埃及情妇之后，利用民族主义团结意大利人以资内战。他战胜而成为奥古斯都皇帝。到他死时，意大利人融会成一个有希腊文化的整体民族[92]。

秦始皇对大一统的贡献无可比拟。灭六国后，秦废除地方封建，夷平险阻以畅交通行商，统一法律、货币、度量衡，力求车同轨、书同文。全国人民成为平等的编户齐民。在此制度下，淮河泗水一带的东夷不久便与华夏无异[93]。

华人说不同方言，但写同一文字，合为“冠带之室”；意大利的众多土语日渐消沉，同说拉丁话的意大利人合为“穿托加袍者的国度”[94]。数世纪的功夫，许多繁杂的意大利或中国民族，融合成一个比较纯粹的民族：意大利人或汉人。且不说两个民族各自建立了宏伟统一的帝国，民族形成本身，即是这时期的不朽成就。

【注释】

[1] McNeill 1963：316-8.Beckwith 2009：Ch. 3.

[2]《史记》123：1358。

[3] Ptolemy，*Geography*，Bk. I，Ch. xi.

[4]《后汉书》88：2919-20。见附录一。

[5] Ball 2000：400.

[6] Hansen 2012：20.

[7] 赵汝清 2005。Thorley 1971. Elisseeff 2000. Hansen 2012.

[8] Gills and Frank 1993：163-9. Teggart 1939.

[9]《汉书》28 下：1640。

[10] Taagepera 1979：Table. 3.

[11]《圣经・路加福音》2.1.

[12] Thorley 1981.

[13] Toynbee 1965：Vol. 1，p. 450.

[14] Hopkins 1980：117-8. Potter 2004：17. Bury 1958：62.

[15] Taagepera 1979：Table 2.

[16] http：//en.wikipedia.org/wiki/List_of_countries_by_population.

[17] Crawford 1991：16.

[18] 何光岳 1996：33-4。翁独健 2001：part I.

[19] Livy 1.9. Cornell 1995：157.Scullard 1980：94-5；1973：10.

[20]《诗经・生民》。《史记》4：111。杨宽 2003a：27-8。

[21]《左传》僖 24。

[22] Scullard 1980：93-4. Cornell 1995：299-300，304-8.

[23] Aristotle，Politics 1275b.

[24] Davies 2004：25. 参考 Whitehead 1989：140.

[25] 梁启超 1996：50-2。杨宽 2003a：438-9。

[26] Plutarch quoted in Edel 1982：25. 参考 Strabo 1.4.9.

[27] Walbank 1981：63-6.

[28]《汉书》68：2962。

[29] Di Cosmo 2002：Ch. 3. Cornell 1995：349.

[30] Chua 2006.

[31] Huang 1990：20-4.

[32] 许倬云 1990：7。

[33] Skinner 1977：8-11.Lewis 2009：10-7. Scheidel 2009a：12-3.

[34] 许倬云 1990：1-9。

[35] 翁独健 2001：23-35。吕思勉 2005a：第十章。

[36] 杨宽 2003a：第 2-3 章。许倬云 1990：第 1-2 章。

[37]《左传》哀 17。翁独健 2001：62-81。

[38] Creel 1970：203.

[39] 杨宽 2003a：92，498。许倬云 1990：89，109-10。

[40] 杨宽 2003a：374-82。钱穆 1940：38-47。

[41]《史记》5：193，194。杨宽 2003a：844-54。童书业 2006a：141-3。

[42] 马长寿 2006a：6-13。

[43]《史记》40：1692，1695。

[44] 钱穆 1940：59 引《公羊传》。马长寿 2006a：2-9。

[45] 童书业 2006a：157-73。顾德融等 2003：69，76-85。

[46]《论语·宪问》。

[47] Wickersham 1994：1-23.

[48] 钱穆 1940：59-63。吕思勉 2005a：351-2。

[49] 童书业 2006a：9 至 11 章。

[50] 顾德融等 2003：95-101；114-123。

[51]《礼记·王制》。杨宽 2003a：383-4，582。

[52]《史记》33：1524；32：1480。

[53] Rawson 1999：352-3，448-9. Falkenhauser 1999：451-3.

[54]《战国策·赵策二》。翁独健 2001：78-9。

[55] 马长寿 2006a：16-8。di Cosmo 2002：Ch. 3.

[56]《国语》卷一。《左传》僖 33。

[57]《左传》襄 14。

[58] 童书业 2006b：27-8。《尚书》舜典。《史记》32：1477；31：1445。

[59] Virgil，*The Aeneid.*

[60] 马长寿 2006a：16。杨宽 2003b：291-2。

[61] 杨宽 2003b：283-7。

[62] Cornell and Matthews 1990：10-7.

[63] Cornell 1995：§§ 3.1-3.2，4.3-4.4.

[64] Forsythe 2005：31-6. Scullard 1980：20-5，139f. Cornell 1995：86-7.

[65] Cornell 1995：154-5，293-297. Scullard 1980：36-41.

[66] Whitehead 1989：143. Davies 1993：78.

[67] Dench 1995：117-25，130-3.Davies 1993：ch. 1.

[68] David 1997：22-29. Cornell 1995：305，345-6.

[69] David 1997：14-18. Cunliffe 1997：Ch. 4.

[70] Cornell 1995：231，144-5，224-5.

[71] Forsythe 2005：116-7，122-3，186-7.Cornell 1995：205-7，283，299-300.

[72] Forsythe 2005：188-190. Scullard 1980：94-7.

[73] Cornell 1995：310-3.Forsythe 2005：246-50.

[74] Livy 5.20.

[75] Forsythe 2005：246.

[76] Livy 5.36. Cornell 1995：314-5. Forsythe 2005：251.

[77] Cornell 1995：204，331. Crawford 1993：32-3.

[78] Forsythe 2005：252-3. Cornell 1995：318-9.

[79] Cornell 1995：305，345-7.

[80]《战国策・秦策一》。

[81] Salmon，1982：Chapter 2. Cornell 1995：347-51.

[82] Cornell 1995：359-62. Forsythe 2005：327-34.

[83] Cornell 1995：380-5.David 1997：35-6.

[84] Salmon 1982：63-6. Cornell 1995：301-4，351-2. Forsythe 2005：190-1，308.

[85] 西塞罗语引自 Crawford 1993：37f.

[86] Scullard 1980：113，参考 149 页。

[87] Cornell 1995：348-50. Forsythe 2005：290-2.Salmon 1982：71.

[88] David 1997：64-74. Gabba 1987：221-3. Brunt 1988：126，128.

[89] 顾德融等 2003：263-7。谭红 2006：27-31。王文光等 2005：25-33，90-1。

[90]《华阳国志・蜀志》。

[91] David 1997：177-81. Gabba 1987：201-3. Hopkins 1978a：7，66.

[92] Scullard 1976：68-70. Syme 1939：82，284. Maddison 2007：57.

[93]《后汉书》85：2809。翁独健 2001：70。

[94]《史记》110：2902。Virgil，*Aeneid*，1.282。

第二章　建国立制

2.1　铁、血、政治、思想

先秦和罗马共和国正值中西古典文化的黄金时期。孔子授徒，苏格拉底讲学。以能取职在中国萌芽，民主政体在希腊盛行，影响至今的思想百花齐放。那年代也异常血腥残暴，标榜自由的西方，更是奴隶充塞。人文学者应付丑恶现实的方式，透露他们言论的真实意义。启发他们思想的环境，显示道德的根源。那时的哲学思想隐约影响政治，不是脱离现实的纯粹学术。这不意味着执政掌权者墨守某种伟大的指导思想；他们多急于当前事务，争取成绩。然而，摸着石头过河并非没有理想。传统习俗、意识成见、可用的概念、普遍的褒贬，都左右判断、掣肘抉择。很多社会默契只可意会，但哲人尝试着把它们部分言传。分析辨解，明言点出潜在行动下的意向，正视行为的可能后果，可以提高价值取舍的理性，改良政策。意识形态对政治史的影响重大但微妙，本书只能略触皮毛。

经济发展与社会变迁也如火如荼。战国期间，中国正进入铁器时代，生产能力飞跃。罗马此前已经完成了这技术革命。铁在它的经济史中，主要象征锁链，助它转入奴隶生产模式。两种变化都推进经济，生产更多的盈余，以资战争或奢侈，同时更导致牵连政治的社会动荡。独立自耕的小农，在中国因工具改良和国家授田而崛起，在意大利因不能与奴隶操作的大农场竞争而衰落。拥有自己田地的农户不啻耕稼社会的中产阶级，不但是主要的生产者和纳税人，也是步军的主要后备战士。犁刃剑刃出政权。自耕小农的消长，改变了军队的社会成分、政治权力的分布以及政府的结构，影响深远。

受这生机勃勃的社会滋养，未来的皇朝、帝国日益壮大。在崛起的过程中，它们各自开扩疆土，陶铸民族，营建能掌理大国的政治体制，发展经济以改善广大人民的生活，刺激了对种种剧变的反思。政治、军事、经济、民族和文化五项历史因缘纠缠牵扯，每项的情况成为他项发展的因素。五项共同衍化，但进展的速度各自不同。政治时而领先，时而拖后腿，某些改革创新可能因为辅助因素尚未成熟而失败。社会经济自有潜劲，很多演变，即使现代的强大政府，也只能略加诱导，不能全盘控制。政治、经济、扩张等方面并不同时骤变，而骤变发生的相对时机，影响到未来皇朝、帝国的特色。由于时机不同，类似事件的效果可能深烙后世，也可能烟消迹灭。时机的重要性，每每见于以下讨论。

要研究互动演变的效应，我们不能把历史拆散为孤立的静态因素。不幸，动态的相互作用极其复杂。为求解释明白，我分三章叙述。民族结构上章讲过了，军事武功留待下章。本章分析政治体制、社会经济、思想文化。然而，它用对外战事作背景和年月框架，因为外交压力和领土扩展对内政大有影响。

引至西汉皇朝和罗马帝国的 5 个世纪历程，各分三期战事，一把城邦带到地域大国，二到帝国，三到稳健太平。第一期约莫概括中国的春秋时代（前 722 到前 479 年），或罗马征服意大利时期（前 509 到前 264 年）。第二期的终点，我们可以放在前 221 年秦统一中国，或前 49 年恺撒进军罗马城。这期约莫概括中国的战国时代，或罗马的海外扩张时期。第三期是内战，止于前 202 年垓下之战，或前 31 年亚克兴之战，历时不长，但凶残最甚。

第一期战事伊始，在未来皇朝、帝国的土地上，游移着各种畜牧民族，其间星散无数比城郭大不了多少的耕稼国家。考古家发现中西的城郭一般，喜欢长方形状、棋盘格局[1]。每城与周围农村的社会经济关系密切，连成一国。希腊罗马世界称之为“城邦”（city-state）。我避免把这名词借用于东周的封建诸侯国，因为诸侯国与希罗城邦虽然规模相若，但在政治组织和意识形态上却相差巨大，而且这起步的差异深深影响后代历史。

春秋初，中国据说有 1200 个诸侯国，其中 170 个见诸《春秋》经传，139 个地址可考。它们的人口面积上相差很大。一般来说，一国领土 430 至 1700 平方公里不等。它的内城墙圈地约 0.5 平方公里，但它的约 3000 户国人多居城外，受一道外廓墙保卫，降服四郊的野人[2]。诸侯以战车论国力。除御者外，一辆四马战车载一个弓手和一个矛手，初时领十个步兵，后来步兵逐渐增加。前 7 世纪鲜有千乘之国[3]。齐、楚、晋、秦四个大国，规模与罗马相近。罗马共和国建立时，人口约 30000—40000 人，可发步兵 6000 人，骑兵 600 人。它的城市面积约 2.8 平方公里，领土 900 平方公里，在拉丁城邦中居首，但在维埃、坎普亚等大希腊或伊特鲁里亚的大城邦之间，殊不出众[4]。请注意，这儿说的中西兵数，都不是常备军队，而是可征发的军队后备。那时的战争多是季节性的。不动员出征时，后备军人照常从事耕种生产。这些第一期战争的主角，其事迹上一章简略提过了。

两个世纪的征伐兼并改变了国际形势。前 453 年韩、赵、魏三家分晋时，春秋初的百数诸侯国，已合并为十来个地域大国。战国七雄，齐、楚、燕、韩、赵、魏、秦，每国的面积都及今天中国的一两个省，大者比得上意大利半岛。它们改战车为步军，政治变法后有能力者可出师数十万[5]。类似的十倍升级也在地中海一带发生。前 264 年罗马挥军海外时，波河以南的意大利，有自由民约 300 万，能连年发兵 10 万，对抗迦太基、希腊化王国和其他势力[6]。这些是第二期战争的主角，其事迹下一章详细介绍。

很多史学家特别强调，历史上战争对营建国家无比重要，尤其对现代欧洲的民主国家，其次对古代东方的专制国家[7]。“战争是营建国家最大的激励。”“战争造就国家，国家从事战争。”[8] 为什么呢？

国家是种独特的机构，有别于宗族、宗教和其他社会团体。在明确的疆域内，国家掌最高统治权柄，垄断合法的暴力，要求国民对它忠贞。它有职责领导、团结、甚至强制国民，保护集体安全，维持社会秩序，建立制度以辖治公众事业，提供必需服务，并与其他国家进行外交。

国家要履行权职，必须有动员人才、调控资源的能力。要有效地组织生产，有计划地集合物资投入公共事业，以改善社会状态和自然环境，需要复杂的管理系统。营建政府体制本就不易，抗拒使它更为困难。赋税和兵役，国民的两大负荷，即使有益公众，也是让人讨厌。贵族土豪等势力集团有意榨取资源，占为己有，猛烈反抗国家干涉他们的既得权益，斥之为不道德。要导致让步合作，最容易的是举一个共同外敌，或不论真假高呼那敌人威胁大家安全，或默契掳掠外敌，大家分战利品。战火无情地淘汰庸碌无能，军备竞争推动科技创新，大量军需鼓励经济生产、提高集资效率、刺激金融机构。外战能促进内部团结，因为它提供振奋民心的口号、某些人的牟利机会、统治者加强控制的理由。此外，它也可以作为安全活门，让人民发泄怨气，实行经济学上所谓“排出代价”。一如现代工业把污水废气排到外面，让别人去付环境污染的代价，国内人们为了要缓和社会摩擦，同意谅解分歧，承认彼此权益，协力征服支配外人，把解决矛盾的代价丢给他们。如是，欧洲 19 世纪的开明哲学家们，同时提倡对内民主自由、对外帝国殖民 [9]。古人不像他们般精于宣传“进步”，但我们会看到，战争和他们的政治发展关系密切。

战争胜利，版图扩张，国家的管辖职务随之增加。新附民众的数量大时，责任尤重，困难也越大。规模大小是个重要、但常被忽略的因素。无论自然物体或人为组织，都不能避免规模的限制。一个复杂事物的设计不能无限放大。你绝不会发现昆虫那般细长的腿，生在巨兽如大象身上。昆虫的体型比例，如果长得太大太重，腿会折断，除非你把它加粗如象腿，或用钢筋代替骨骼。怎样做，你都改变了它的设计。小国就像昆虫，如果长得太大，它的政府机构，若不变法改制，就会崩裂。亚里士多德深谙此理，所以说公民人口必须适中，城邦体制才能奏效 [10]。类似对规模和体制的见解，中国从事改革的法家也有。可惜明白的人不多。罗马人没有理会，直到内战的惨痛教训使他们醒觉。儒家眷恋的先王世界，人口稀微，家国不分，政治不外亲亲尊长。千百年后，人口膨胀了千万倍，儒生不顾规模巨变，坚持简陋的大家庭模式足以统治庞杂的大帝国，不但桎梏政治思想，而且损国害民。

古代城邦侯国应付增长，初时用各种繁殖集聚的方法。希腊式的发放独立殖民地最为简单，但殖民地和母邦之间关系稀疏，妨碍凝结扩展[11]。比较成功的，是罗马的双层辐辏模式，和周代封建的自相似分形模式。它们的示意见诸图 1，内涵分别在第 2.6 和 2.7 节讨论。两个模式最后都失败了，封建制尤甚。要应付国家进一步的扩展，政府必须变法改制。

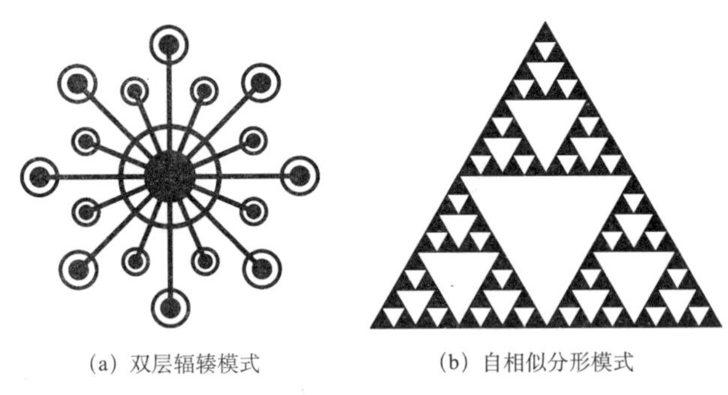

(a) 双层辐辏模式　　(b) 自相似分形模式

图 1　早期政治结构

2.2 工技与经济

科技进步是历史最大动力之一。它提高生产效率，使人能用同样的成本和劳力，生产出额外的物品。在经济学中，这些额外的产品是科技进步为社会贡献的“免费午餐”[12]。

工业革命之前，历史上生产效率有两个大跃进，分别得力于农业和铁器。农业盛行，远在我们故事之前。铁器在西方开始传播，在相传用木马计屠特洛伊城的迈锡尼王国灭亡后不久。到罗马共和国成立时，这技术革命已经完成。希腊的哲学艺术继续飞跃，但工技却不然。罗马的发明如混凝土有利工程，但这等变化只是演进，不是革命。其时技术创新多倾向公共建设，如高架渠、运军路、神庙等大型建筑。在私营部门，包括农业、纺织、物质能源，前 500 年到公元 500 年间的进步不大[13]。帝国统治下盛世和平，激励商品和货币流通。然而在地中海一带，经济增长的来源多是散播已有技术，开垦更多农地；希腊罗马发明的大规模奴隶生产组织强逼人们工作，加大生产的成本和劳力，但很少提高生产的效率。有些学者说罗马的经济停滞，未免太过。然而，即使最热衷古代经济增长的学者也承认："希罗世界是欧洲铁器时代的成熟时期。"[14]发展成熟，增长速度自然减慢[15]。

欧洲的铁器时代发展放缓时，东亚的社会起飞了。四大古文明中，中国最年轻。文字、等级社会、城市聚居、大型建筑这些文明的特征，前 3000 年左右出现在埃及和中东两河流域。前 1200 年，在今土耳其的赫梯人首先利用铁器[16]。据考古，中国最早的甲骨文属于前 1500 年代。冶铁出现于春秋末年、稍先于前 500 年。中国自创的冶铁技术与西方不同。古代西方一贯用块炼法，从矿石开始保持固体，逐块烧红打锻，很费工夫。把铁矿石熔化成液体，倒模铸造，便于大量生产，减低价格，有利广泛使用。可是熔铁必需很高的温度，西方要到 14 世纪才做得到[17]。中国人冶铸青铜的技术高超，早已发明了增加炼炉温度的鼓风技术，所以他们差不多同时制造块炼铁和铸铁，即生铁。初时的生铁脆而易碎，用途不大。长期实践摸索培养柔化加韧技术，最后令生铁能再受锻造，甚至成钢[18]。

战国期间，铁器逐渐传播，但质量参差不齐。出土的多是农具，不少与石器蚌壳杂处同一遗坑[19]。这些生铁质脆，又不能磨利，不宜作兵器。出土的战国遗物，铁剑不及青铜剑十分之一，而且多集中在几个地点。除楚地的两柄钢剑外，就燕国的多。秦朝兵马俑坑附近的工场，发掘出不少铁工具。但守卫始皇墓的陶兵所持兵器，除少许箭镞外，全是青铜做的[20]。

冶铁技术不久就突飞猛进。西汉前期，长铁剑全部代替了青铜短剑。中国的铁沿着雏形的丝路西流[21]。1 世纪中期，罗马通才老普林尼记载："我们比较所有品类的铁，桂冠颁予塞里斯铁，那是塞里斯人连同他们的丝织毛皮一起输给我们的。帕提亚铁得二奖。"塞里斯人，意谓丝人，是罗马人对中国人的称呼[22]。

青铜贵昂，多用在兵器和奢侈品。没有铁，生产工具的主要材料是石和硬木。靠这些简陋工具糊口的农民，挣扎在生存边沿，鲜有盈余。为了能捱度疾病、饥荒等天灾人祸，人们共同生产生活，互相扶持；现代经济学家看它类似买保险。青铜时代的共耕场面，可见于荷马史诗《伊利亚特》和《诗经·大田·噫嘻》等篇[23]。荷马叙述的史前时代笼罩在神话里；井田共耕仍然普遍的春秋时代，则早已进入历史记忆了。重建井田成为儒家的复古理想。

战车是青铜时代晚期的主要武器，东西方俱然。由于贵昂并需要高度操作技巧，它是贵族权益阶层的专利。迈锡尼的坟墓壁画就有它的图像。可是当荷马唱诵木马屠城故事时，它久已绝迹沙场。诗人弄不清它的军事用途，把它当作威风的交通工具，说英雄驾它到战场，然后下车徒步而战。罗马人赛车，用战车游行庆祝胜利，但不用它打仗。反之，战车密集冲击，或作为流动发射台，风行春秋战争，《左传》里就有不少描述[24]。

步军适用的铁剑长矛，比战车容易负担得多。铁器提高生产效率，使家庭农户不仅能独立过活、捱度荒年，而且能生产盈余、添置戎装。地中海一带，铁器传播始于国家机构弱若无存的“黑暗时代”。希腊早期，擅长步战的小农已经济独立、军事活跃了。他们发挥团结性，不在农田上共耕，而在沙场上盾牌相连。史学家解释：“当冶金进步使铁武器价格低落、供应充分时，有能力购置使用这种武器的人们，争取到新的政治权力。重步兵成为雅典军队的主力。雅典的民主，尤其是克莱塞尼兹的改革创建，就依靠他们的支持。”[25] 服兵役是希罗城邦公民的首要义务，甚至公民的概念，也可能有军事渊源。前 6 世纪罗马开始抗拒国王时，操铁器的自耕农早已普遍。自具戎装的农民兼任步兵，在练军场举行民众大会。他们是民众大会的根基，而大会则是罗马共和国政府的民主部门[26]。

春秋列国里，很多国人担任战车战士，有些政治权力。然而，他们身居贵族控制的井田村社，仰公侯供给武装，权力不及罗马公民。与西方技术革命的时机相反，铁器在中国传播时，国家机构已相当强健。战国七雄一面政治变法、集权中央，一面砥砺经济、扶助小农户，并改革兵制，发展主力步军。中国的农民步兵操国有武器，在集权国家的赞助下成长，甚不利于沉醉在旧有权益的封建贵族。社会经济激进，逼政府革新应变。另一方面，动荡中的社会，亦容易受政治干涉指引。政治、技术和社会经济的变迁互相推动，在中国要比在罗马复杂。

涉及土地改革的斗争，在先秦和罗马共和国都是政治推动力之一。罗马灭维埃，夺其疆域，一半留做公共属地，其余的割成 4 至 7 罗马亩一份，分配给公民作为私有财产。1 罗

马亩 = 0.25 公顷 = 3.75 市亩。后来的边区殖民地，分地较大，步兵可分得 10 至 20、骑兵 30 至 40 罗马亩。但这般慷慨并不常见。考古证实传统印象：意大利农庄小于 7 罗马亩者，相当普遍 [27]。

中国的宗法封建下，土地是王公贵族的权益。私人的土地拥有权，要到前 4 世纪列国变法时才得清晰。那时魏、秦等国推行授田制，有系统地划分土地，按户籍平均配给自耕小农，也按户籍收税征兵。授田一般是一家 100 亩，若土地瘦瘠，则增至二三百亩。一亩的面积，因时间国度，相差甚大。秦和赵最慷慨，100 秦亩 = 18.2 罗马亩 = 4.61 公顷 = 69.2 市亩。秦朝统一中国后，把自己的标准推行全国。汉随秦制 [28]。

罗马人和中国人理智策划、严谨测量。他们大规模划地授田，在地貌上留下痕迹，至今不灭。意大利和故罗马行省多处，空中摄影显示由方田组成的网络。每块面积 200 罗马亩的方田，依据罗马制度，分为 100 个 2 罗马亩的长条 [29]。战国中，秦、赵、魏授田最广。它们的故地，今陕西河南一带，大规模的地形勘察显示直线格局，到处东西或南北指向，覆盖逾 14000000 公顷。这现象不见于齐鲁故地的山东 [30]。

假设中国和意大利的土壤差不多肥沃，而中国的生产技术已经赶上，那么从类似的典型小农庄面积看，两地的糊口维生水平，大概也差不太远。然而，要了解农民生涯，我们不能单看通常情形。无常的波动可能带来恐怖的风险、无救的转变。涝旱饥荒、病痛战乱、苛捐暴敛，种种灾难能逼一个农户卖房卖地，或落入高利贷的魔掌中。假如征税不收谷物而收货币，农民必须变卖谷物交税，还要看市场价格，连丰年都因谷贱而难过。耕稼是个危险的业务，尤其在没有灌溉、保险、合理借贷的时代。战国早期，李悝在魏国变法，审查农户收支，估计一个百亩农庄（1 魏亩 = 0.83 秦亩 = 2 周亩）平时够养五口人。不过他仍然提倡政府行动，因为大天灾能削减产量九成以上。几年歉收，一家子就会陷入无法自拔的赤贫深渊[31]。比李悝的数字更难忘的，是罗马辛辛那提的传奇。辛辛那提是个老牌贵族，前 460 年任执政官。他的一个儿子带领一班恶少去打击政治改革，杀了人，犯了死罪，候审期间弃保潜逃。为了偿还保释金，辛辛那提变卖家产，离城找个 5 罗马亩的农庄栖身。元老院的使者找到那儿时，他赤着膊在锄地。听到依努人入侵，执政官被围，罗马召唤他出任独裁者，领兵拯救国家，他呼道："那我的田今年不能下种了，我们可能不够吃呢！"[32] 耕地是农民的生计。因为生活问题如此基本普及，土地改革左右政治，不足为奇。

李悝的写作还显露一个社会特色：他用谷物计算口粮，但用钱币计算衣物和其他费用。金属的价值较高，而且可以质量一贯。硬币是当权者发行合乎标准、带有保证价值印记的小块金属，作为交易的媒介、记账的单位、储存财产的方法。货币流通、价格稳定，显示商业活跃、政治成熟。中国和罗马的硬币流通，程度高于很多古代农业社会。在西方，前 7 世纪，今土耳其西部的吕底亚发明硬币，用以收税和支付外国雇佣兵，其中希腊人最多。希腊城邦马上跟进，各自压制硬币，上载图案口号，寓宣传于商务。移民把窍门带到意大利。罗马早期用大块青铜作货币，到与皮洛斯交锋时，才因军需而认真发行硬币。最先的是青铜币。前 269 年初压制银币。前 214 年开始发行的小银币一直通行到帝国中期。罗马人记账常用的单位是塞斯特，价值四分之一小银币[33]。

前 524 年周王铸"大钱"，诸侯国也跟着各自铸造青铜钱。从大批的出土钱币看，它们相当通用。很多战国钱币形像小型刀、铲、锄，也许因为金属工具一度被用作商贸的媒介。统一后，历代皇朝一直沿用秦的方孔圆钱，上示重量或铸造年号[34]。这简单的设计旨在实用，不管它是否象征天圆地方或外圆内直。铜钱价值低，适合日常应用。方孔便利把钱穿成串，以助携带及清点高额交易。战国时大量使用黄金，但并不压成金币[35]。

2.3 传统与社会

家庭结合自然的血统和人为的教养，传授遗传因子、财产风格、知识技能、权力地位。某个社会对家族的重视程度，从其人名系统可见一斑。很多古代社会中，一个人只有一个名，最多扯上父亲的名，例如耶稣、约瑟之子，提供很少关于亲戚的资料。中国和罗马的系统就复杂得多。每个人有自己的名（罗马的 praenomen），上加家族的姓（nomen），贵族还有氏（cognomen），以区别宗族分支。出嫁的妇女以娘家姓见称，例如陈家嫁出的女儿都叫陈氏，罗马朱利（Julii）家嫁出的女儿都叫朱利娅（Julia），–a 字尾有如“氏”字。一串的姓氏便利鉴认远亲外戚，建立族谱网络，维系历代记忆，延长家族势力[36]。由此可见家族在中国和罗马如何重要。两者都拜祖先，中国人尤甚[37]。

两个社会皆尊崇父家长，但风俗稍异。罗马法律赋予一家之长（paterfamilias）大权以支配其家庭成员，不论是否成年成婚，都得绝对听命。早时家长对成年儿女有生杀之权，这权在帝国中期废弃，但家长的权威继续风行传播，帝国亡后仍然不息[38]。中国的父权毫不逊色，但基于礼教多于法律。父亲有权体罚儿女，即使儿子身任大官，仍然不免[39]。

在罗马和中国，家教自幼训练人们服从权威，维护长辈权益，也维护文化传统。两地的民风皆甚保守。现代学者指出："罗马人的民族性异常崇敬权威、先例、传统。他们本能地厌恶变革，除非能证明这变革符合祖先规矩（mos maiorum）。"[40] 效能与罗马祖先规矩相似的是中国的礼，狭义指贵族君子的揖让周旋，阔义指维护贵贱尊卑的风俗习惯[41]。简言之，中国和罗马的社会一般等级森然。各种身份地位都有礼或祖先规矩定下的行为规范。如果人人都安分守己，不敢妄想越规，那么社会自然稳定。规范多是传统惯例。有些得文字明载，具固定仪式，益增威势。也有少数被编入法律，受国家支持。不论怎样，它们都仗道德教条支撑。

礼或祖先规矩皆体现于实践，包括政治实践。贵族集体统治是一个深固的罗马祖先规矩，体现于元老院这机构。罗马贵族不乏个人野心抱负。为了团结数百成员，元老院设立审判法院以排难解纷，制定地位等级和进阶规章，平均做官的机会，避免任何人功绩过殊，危害整体[42]。狭窄妒忌可能抑制某些人的才华，但有约制的竞争和普遍的荣誉促进和谐，培养出一大群奉公守法、平均素质优越的贵族。他们的团体生生不尽，坚守传统，成为共和国的骨干主导[43]。

中国的礼教主张上下互敬，但强调下对上的尊崇顺服。周代贵族缺乏团结力量的机构，但用繁文缛节维持尊卑秩序。前 771 年平王东迁后不久，周王的实力不及一个二等诸侯，但他的地位仍是天子至尊。蛮夷的楚不算，全权独立、早有王者之实的华夏诸侯，要到前 330 年代才互称为王。礼教的制约，可见一斑[44]。

罗马人和中国人一样，皆标榜权贵人物的典范行为，炫耀其道德统摄力。罗马的元老院很少官式权力（potestas）。

它受尊重，全仗它基于显赫地位、优秀成绩的声望(auctoritas)[45]。西赛罗说，平民只会模仿："历史证明，国家的性格来自它的首要人物。领导人的行为有什么变化，民众生活就会效法。"[46] 类似态度在中国更甚，其统治者宣称他们的统治不重力而重德[47]。"德"屡见于《尚书》所收集的先王文书，如"德惟善政"。秦始皇的石刻也屡称德，如皇帝"体道行德"[48]。

中西双方都重视道德教育，但有一个基本分歧。罗马人尊重元老院的声望，但元老们带头尊重法律体制，以崇尚法治自傲。中国儒家认为圣贤单凭个人品德便足以平治天下，所以贬斥法治，提倡人治[49]。详情将在 2.9 节和 6.9 节讨论，但法治理想和人治理想引致种种社会和政策上的差异，本书中俯拾皆是。

人类交接的方式，可以粗略分为两种：个人关系和社会结合。君臣之间讲究前者，国家公民参与后者。婴儿一开眼见到母亲的笑容，个人与个人的关系就此建立。个人关系是相互的，但并不一定对称；上下尊卑便不对称。它容易扣人心弦；感情强弱，则因对象而异。我们每人都嵌在一面个人关系网中，它的中心德行是仁爱和义气（图 2a）。这是人类最基本的联结，海枯石烂不渝。可是它的接触范围不大。况且顺得娘来逆爹意，个人关系时常互相抵触，最多只能维持一个比较单纯的小圈子。凝结一个人口众多、龙蛇混杂的复杂社会，要靠通情达理洽谈，互相了解让步，解决纠纷，综合各种协议，积聚长期经验，逐步建立比较客观的社会制度，每个人各自遵守，不需具体指明所涉及的其他人（图 2b）。交通法例便是人所熟悉的社会制度；依法而行，利己也利所有车子行人。社会结合的中心道德是公义和公平。它不如个人关系般温情，但诉诸冷静思考、理智分析，一面充实私人生活，一面创建法律政制等公共范畴。人类社会因而更阔宏丰富，就像一个三维空间，内嵌平面的个人关系，更有公共范畴所开拓的深度，大大增加了人类交接活动的余地（图 2c）。个人关系和社会结合相接处，不免有摩擦。文明进步，不少在努力探索理性价值取舍，化解摩擦，琢磨社会结合，使能不损公义而容纳更真挚的私情。

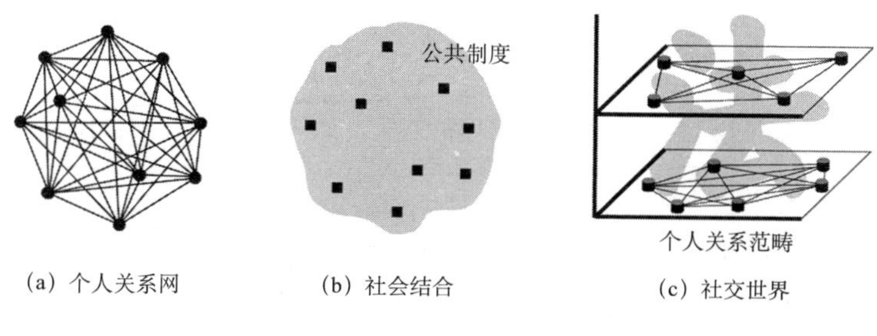

图 2　人际关系结构

从家人亲戚开始，个人关系世上无所不在。中国人和罗马人一般珍惜家族，但家族之外，两者分歧巨大。周代宗法封建的诸侯国无异公侯的家室，公卿大臣都是世袭，而且多是亲属，彼此论个人关系。扎根于宗法封建时代的儒家，视政治亦不外三纲五伦、上尊下卑的个人关系，如图 2a[50]。在罗马，大家出身在竞选中很具优势，以致世家大族代代出高官。然而长官并非世袭；无论谁都必须经过竞选。共和国的法律清晰地划分家与国，兼容个人关系和社会结合，如图 2c，而政治则以社会结合为根基。严格地说，现代所谓“政治”（political）概念，多指制度法律，有别于与专注人事的权谋（politics）。以这严格的定义，儒家争权，但于政治概念甚弱。这是它与罗马的一大不同。

儒家教人效忠君王，犹如儿子孝顺父亲。但共和国公民效忠的对象，不是一个人，而是“元老院和罗马人民”（SPQR，Senatus Populusque Romanus）。中国古代没有社会（society）的概念；春秋时代，“公”的意义还限于公侯，公田是公侯的田地，公事是有关公侯家室的事情[51]。相反地，罗马共和国（Res publica）的名称，已显示出一个崭新的范畴，即有别于私人生活（res private）的公共范畴。在群情活跃的练兵场、民众大会和元老院中，公民们参与社会结合、讨论公共福利。不属于任何个人的法律和机构，代表公共范畴，伸张公义，养育公德心，塑造有异于家的国这一政治概念，甚得哲人深思。这些东周前期都没有。到春秋末年，孔子还反对公布明文法律[52]。

传统的力量深固强韧。如以下描述，政治概念、公共范畴虽由战国时改革政治的法家推行，但受复古守旧的思想束缚，在中国始终虚弱。罗马共和国的公共精神，在帝国下式微，但它的法律体制始终屹立。童年塑造性格。在奉公德守法律上，中国比不上罗马和其继承人。

2.4　罗马的阶层斗争

前 509 年罗马共和国成立，但并未全盘改变政治法制。旧制原有三大部分：国王、元老院、以军队编制为名的百人队民众大会。后二者的变化不大。共和国取缔国王，但保留国王的极权（*imperium*），将之赋予两名执政官。执政官每年由民众大会选出，任期一年。李维解释：“罗马向政治自由迈出的第一步，不在限制执政官的权柄，而在限制他们的任期。”[53]

这不过是第一步。有时似乎唯一的变化，就是由一个人专断，转为一小撮人专断，因为所有执政官全来自老牌贵族的小集团。更糟的是，自由并不保证繁荣安全。共和国初生，即面临内忧外患，商业工技衰退，依妫人和其他山民侵扰。灾难逼很多小农负债，甚至沦为债奴。平民要求减低债主的权力，以及政府分授田地，但遭受压制。他们不甘挫折，在共和国需要他们的军事力量时，扬言退出。前 494 年，大批平民撤离罗马城，在附近山头驻营，不受政府进攻依妫人的命令。老牌贵族慌恐，答应谈判。平民的抗议运动产生领导人物、组织机构，再接再厉，数度撤离。前 287 年最后一次撤离，是民众胜利的里程碑。这 200 多年的经历，史笔称之为罗马的“阶层斗争”[54]。

仔细分析，可见这长期斗争涉及三大事项。第一是全体公民的奋斗，旨在建立合理的政治体制。第二是两个地主集团争权，即老牌贵族和平民豪富抢夺竞选高官的资格。第三是贫富之间的阶级斗争，涉及社会经济问题。至前 287 年，第一、二项问题基本上解决，但第三项仅得暂时缓和。贫富冲突将会再度激化，驱使共和国垮台[55]。

共和国初年，拉丁和伊特鲁里亚豪富源源移民，联结罗马本土的平民大地主，不忿老牌贵族垄断高官要职，力求分羹。他们利用普通平民的愤懑，组织大众，助长自己争权的势力。前 367 年新法，两个地主集团达成协议，每年平分两个执政官位。平民豪富的经济利益本与老牌贵族一致，得势后马上采纳了他们的态度。两个集团合为一个新的贵族统治阶层。对他们来说，争权以集团合并，大喜结局[56]。

普通平民争取的，是免受政府或高官随意压逼的保障，以及土地改革、债法修订。他们的私有农庄一般很小。为求温饱，很多人必须从公共土地上获取一些补贴。不幸大片公地为权贵霸占。平民要求开放公地，权贵视为侵犯他们的禁脔。土地问题推动阶层斗争时期的政治冲突。为公为私，平民豪富大加利用。他们争到权力后，自可参加霸占公地[57]。

我们以下会看到，中国周代的“国人”也时常抗议。与之比较，罗马的平民运动胜在理智协商、遵守法制，有组织纪律。意气用事者，气消事息。反之，理性组织能从错误中汲取经验，综合经验为知识，犹如建造阶梯，使后来者能踏着上进，团结世代。罗马平民和老牌贵族商讨得的协议，不比两个家族间的私约。公开辩论，凝结大家同意的细节，日久化为公共法律制度。新制度是成功革命的标志，因此史学家常称罗马的阶层斗争为“不流血的革命”[58]。

以平民抗拒官员随意逼害为例。“路见不平，拔刀相助”，这中国谚语表示个人见义勇为的热血侠情。罗马公民把它凝固为常设法制。平民受凌虐时呼喊求助，理应得到救援，递演为“求公道的权利”(provocatio)：公民遇到重刑案件，有权诉诸人民公开裁决。要之，这免受政府专断压逼的法治保障，不来自什么圣王贤士的仁慈口号，而是人民自己踏实努力争取所得。因此他们清楚为什么这保障合理，为什么它是人民应有的权利，值得大家团结维护。求公道的权利，屡经后来的法律巩固增强，成为罗马公民自由的基石[59]。

民众意志凝结成形，保民官最为具体。起初，保民者不过是平民的领袖，并无官职或法律地位。他的唯一力量，落实在他不可侵犯的肉身。民众发公誓，为他所受的任何伤害报仇。必信的誓言保护他去阻止官员滥权；即使面对手握极权的执政官，他也能以身作盾，拯救被凌虐的小民。发誓和报仇，世上常见。春秋时，晋国卿大夫争权，几个家族集体发誓立盟，诅咒背盟者。可是盟约随人而逝，空留盟石让考古家研究[60]。反之，罗马平民有组织，与老牌贵族耐性商讨。合情理的保民，最后升为国家的正式官职，不靠誓言而受法律保护。保民官抑制滥权的力量，发展成一个崭新的政治概念：否决权[61]。

从第一次撤离开始，抗议的平民即举行大会，每年选举保民者，以及投票通过平民决议，宛如国家组织。这国中之国与国家当局抗衡，但并非事事相悖。二者时常为众利而合作。罗马首次公布的法律，十二表法，就是合作的成就之一。基于对国事的贡献，加上撤离的要挟，平民逐步获取自由和权利，废除债奴。他们历代栽培的组织，终于融入国家机构。平民大会变为共和国的部落民众大会，与原来的百人队民众大会并立。前 289 年法定：部落大会通过的平民表决即是国法，行于所有公民，老牌贵族也不例外[62]。

2.5　扩张的副作用

发展政治制度的同时，罗马征服了意大利半岛。前 264 年开始，它出兵海外，与迦太基较量。很多学者认为，前 202 年第二次布匿战争胜利，到前 146 年迦太基彻底毁灭，这半个世纪堪称共和国的黄金时代。它的内政稳定，没甚争执。平静的根源，不是高压成功，而是上下同心向外取利。阶层斗争期间，政府把征服得的土地，或分配给公民，或置殖民地，缓和平民对土地的渴求，以博取大众协议。这些甜头随着意大利全部臣服而结束，不过不要紧，地中海西及西班牙，东及叙利亚，供给更大的甜头。罗马崛起成帝国，其兵团四出，征服、屠杀、掠夺。地中海东部的希腊化世界，文明已久，富庶无比，安逸松懈，不堪一击。征服这些文化堡垒，赃物无数。精神上的荣耀，更激长爱国自豪。帝国扩张似带来无穷机会，剥夺战败者所得满足所有公民，使社会和谐[63]。

经济学有所谓利润递减律，说容易的果实取尽，求利越来越难。罗马也不免此律。随着战利品递减，社会摩擦重现。在前146年一年内，罗马以微弱的借口屠两大城邦，迦太基和科林斯。认为这是历史转折点者，不止共和国末年的罗马史笔撒卢斯特[64]。此后，帝国疆域继续膨胀，但增长率减慢，追不上人们的欲望。战火依然，但罗马逐渐从主动转为被动，不是任意选择目标，而是必须出兵镇压起义。最麻烦的是不甘被征服、决意夺回自由的强悍蛮人。前167年罗马战胜马其顿，光是掠夺伊庇鲁斯一地，每个士兵就分得200个小银币，约等于两年的薪饷。前133年屠西班牙的努曼提亚，每人只得7个小银币，还可能来自将领的腰包。公民们开始埋怨兵役了。那些油水少、危险高的战场，最惹牢骚[65]。

不论普通士卒分到多少赃物，与贵族所得相比，实在微不足道。出征军的将领、统辖外省的总督，原本便是富豪，再在东方抢刮得大量财宝，奢侈用不完，营商不体面，最好买庄园。前167年，政府盆满钵满，豁免意大利的土地税，更提高田庄的利润。权贵们大肆圈地，甚至强买，欺凌贫弱邻居。有了地，不愁没有劳动力。战胜品不止物质，还有大批奴隶。前225年，意大利的奴隶人数不过500000人左右。200年间上升至2000000—3000000人。同期间，自由民的人口下降29%[66]。

小农户难与役用奴隶的大农场竞争，多为之兼并[67]。缺乏男主出头的家庭最脆弱。不少农民战士赳赳随师远征，多年后复员返乡，发现家破人亡[68]。不少失去耕地的公民移居罗马城，在公共建筑工程或供应奢华的事业里打工糊口，后来领取政府分配的口粮。有些留在乡村，或作佃户，或找些不划算养专用奴隶的零星短工，生活更艰辛。帝国扩张带来的繁荣中，贫困大增[69]。史学家总结共和国后期的社会状况："无论财产或生活方式，穷人和富人之间的距离日益加阔。城市里的无产人士和乡村间的无地散工最苦。不论绝对水平或相对于富人，他们的境遇显著恶化。"[70]

以侵略排出去的忧患开始回笼，还带来利息，威胁到共和国的军政[71]。原来战士自置戎装，必须稍具资产，因此兵团的成员至少也是自耕农，可谓是中产阶级。如今贫富两极化，中间消沉，政府征兵遂有困难。

前 133 年，保民官提比略·格拉克斯提案，要把国有公地分给贫民，重振中产小农，增加兵源。可是公地早被权贵们霸占了。格拉克斯提议限制占用公地；每个家长只能占 500 罗马亩，外加 250 罗马亩给每个儿子，额外的田地重新归公分配。其时，10 罗马亩已可成一个殷实的小农庄了。格拉克斯的提案，公民表决绝大部分赞同，通过成法。然而多数元老，尤其那些已在公地上营建农场者，认为这法案有损他们的自由。格拉克斯竞选连任，以便把分田的法案付诸实行。权贵们指控他有意一人专政，把他与拥护他的人一并打杀[72]。

10 年后，盖约·格拉克斯出任保民官，拟立周详的改革提案，比分地更进一步。他的命运与哥哥提比略相同，不经公审，与拥护者一起被杀。杀害他的人由一位执政官带领，并得元老院的公开支持，理由是保护国家安全[73]。

格拉克斯兄弟出身贵族大家。他们针对的现实问题众所周知。他们的提案并不新颖；限占田、分公地，阶层斗争时代已属常闻。然而格拉克斯领导提案、通过立法程序的方式，颇有新意。他们鼓励民众大会，大胆运用其立法权和选举权。

学者争辩他们的行动是否合法，因为在细节上，法律含糊。然而屠杀他们，绝不合法，却毫无异议[74]。希罗史家阿皮亚写作罗马内战史，书中评说：有史以来，民众大会上从不操杖动剑。屠杀提比略·格拉克斯开了残酷罪行的先例，此后类似暴行，在政治会议上，遂不罕见[75]。

民主运动在共和国早年成功，为什么在其晚年失败？部分原因在政治科学所谓“提取精英”：统治者从普罗大众中挑选吸取精英人才，使余者缺乏领导人物，因而松散软弱[76]。阶层斗争时，平民豪富组织民众，平民大会的功能犹如耐久的反对派。结束斗争的安排中，政府吸收了平民大会，统治阶层吸收了平民豪富，把他们变成为贵族。原应捍卫民众的保民官，成为政府官员，任期一年，并受法规掣肘，无能把民众散漫的力量组织起来，坚持不懈地与统治者协商，争取权益。撒卢斯特指出，共和国晚年的民主运动有致命弱点，即是改革派缺乏有效的组织[77]。就算个别保民官的责任心不派，亦只能挑动民众大会一时热情，通过个别法案。格拉克斯兄弟的功绩就是这样，既不能有系统地变法，亦不能抵抗贵族的团结反动。他们鼓励的民众大会立法权，在野心家手中变为权谋工具，不去解决社会问题，只为自己求利。

格拉克斯兄弟牺牲，土地改革枯萎，有能力置军备的中产小农日减。为了保持兵团实力，政府逐渐负起武器甲胄的责任，降低从军的财产资格。前 107 年，凭战功 7 次选任执政的新贵马略，公开募用无产贫民[78]。征兵制继续，但越来越多兵员是从乡间赤贫公民中招募而来。这些志愿军要求退伍时分得田地，以补偿他们及其家人为捍卫国家而受的风险。保民官令他们失望，将军的承诺实在得多。贵族们闻风起野心。前 88 年，苏拉带领罗马军队进攻罗马城，发动内战，以争取指挥肥美的外征。在东方，他分派丰厚的赃物，又答应日后分配从政敌夺取来的田地，收买得军心，回意大利继续掀起内战。庞培、恺撒，亦步亦趋。土地改革演变为安置退伍军人。土地问题始终存在，不过现在争取田地的人手握权力的实质——剑柄[79]。

2.6 罗马共和国有多民主？

罗马共和国有稳健的政体，但无明文的宪法。维系它政治体制的，除了通过正式程序设立的法律，还有不成文的规例，以及传统的道德观念、祖先规矩。它的主要结构历数世纪演进而不变：行政官、元老院、民众大会，始终鼎足而立。普里卜斯和西塞罗皆认为罗马是个混合政体，结合了亚里士多德所分析的三种政治制度：君主制、贵族制、民主制[80]。现代政治学家有个新术语："在这有关世界各种政府的历史中，罗马是第一个'监察制衡'的政制。当今世界中，这种制度最健全的是美国联邦政府。"[81]

共和国有80余个选举出来的长官，分别掌管政事、司法。两位监察官最具权威。划分公民、甄选元老外，他们还管理公地、授发大型建筑工程的承包契约。其他高官，即两名执政官和8名大法官，掌生杀极权，能统率军队、颁发敕令、施用强制以达目的。他们召集元老院和百人队民众大会，提出法案。通过了立法程序的决议，也靠他们执行。然而他们的极权不乏限制。在罗马城内，执政官的兵权消失，他的强制权力也受到公民求公道的权利制衡。出了城，他的极权犹如专制国王，但只应用在元老院划给他经略的区域。军政经费，亦仰元老院配给。任内，他可以横行而免受指控。卸任后，受他凌虐的土著可到罗马依法起诉[82]。

监察官任期五年。其他所有长官都是任期一年。连任再任，限制极强。官位从不落单。每个行政官至少有一个权柄相等的同僚，同僚可以否决彼此的判定。10个保民官，职位不高，但权柄不低。他们召集部落民众大会，提出法案。此外，他们有权否决任何官员的决定，即使最权威的高官亦不得免。同僚合治可以防止滥权，但会引致争执不决。所以有危机、需要毅然定夺时，可以选任一名独裁者，单独掌权行事[83]。

元老院是共和政府的慎思审议机构。它每年集会约40次，成员一向300人左右，到前81年才倍增。元老由监察官从贵族中挑选。一入元老院，若非行为不端，即终身任职。多数元老，尤其是势力大者，皆是当任或卸任的长官。元老院犹如国家的知识库藏，积聚政治军事经验，维持政策连贯稳定。它掌管税收财政，治理意大利本土；确定外交细节；征发军队，筹备粮饷；分授征辖区域给行政官，并指示策略。罗马在海外设省后，元老院攫权任免行省总督。外交大事上，包括和、战，元老院的建议必须得到民众大会批准，但一般如其所愿；民众很少抗议。严格来说，元老院的正式功能只在咨询，因为它没有强制力量，必须靠行政官们执行它的意志。若执政官桀骜难驯，它亦无可奈何。不过执政官们一般依从：他们都是元老。贵族集体统治是罗马深固的传统，直到共和国末日[84]。

百人队民众大会选举行政高官，部落民众大会选举低级官僚。每年的竞选活动炽热，候选人动员亲友扈从，积极游说选民。选举外，民众大会有立法权，投票决定宣战、停战、和约、结盟等事。它们通不通过某议案的表决，绝对生效[85]。

罗马人民有无限权柄投票取舍。然而可供他们选择的方案，却事先被贵族圈定，有限得很。民众大会本身既不能提案，亦不能修改议案，选民更无权在大会上单独发言。民众应执政官或保民官之召集合，听他们提出议案，听他们安排的正反辩论，然后投票表决，通过或驳回。他们所听到的提案，一般已得到元老院认可。若有个别官员不守成规，不经元老院同意擅自向民众大会提案，反对的元老大可以找人否决它；10 个保民官都有此权。一个格拉克斯般的人物或可以偶然智胜元老院，但一年任期内，他干不了多少大事。民众大会能向政府争取简单的福利，例如免费的面包和娱乐表演。遇到复杂的社会改革，它们无法克服元老院的团结反对[86]。

选举让民众比较能够罔顾贵族反对，推拥他们爱戴的英雄。然而，候选人的资格，也早受法律限制。罗马政治有一大特色，即政治权利凭个人财富而定。政府定期调查人口，把全部公民因财产多寡而分为七等。在散工日酬略过 2 塞斯特的时代，财产不足 4400 塞斯特的算是无产贫民。其上是五个等级的业主，头等业主要够余钱购买重步兵的全副装配。财产超过 400000 塞斯特的上层阶级叫骑士。只有骑士有资格进入元老院或竞选任何行政官。即使军队里，也极少低级军官缺乏骑士那样的家产[87]。

财富资格也是投票制度的基础，不过只限于选举高官的百人队民众大会。选民不均匀地分居 193 个队。所有无产贫民，大约占全体公民的半数，全挤进一个队。骑士的人数不过 2000 人左右，却占 18 个队。头等富有的业主占 70 个队。每个队根据众意而投一票。有钱的队先投，一到半数通过或驳回，投票即刻停止。按此程序，除非有钱人之间意见分歧，穷人无所置喙[88]。罗马政治的精要，斯巴达人那比斯洞若观火："你们计财富以选骑士步兵，其实是提升小部分人，要大众平民受他们的支配。"[89]

现代西方所谓民主自由，最重要的一是公开公平的定期普选，二是法律保障某些人权，使公民免受政府随意压逼。看表面形式，罗马共和国似乎是个全民直接参政的民主政体[90]。揭开形式分析实质，现代学者多同意，大权抓在垄断元老院和行政官位的贵族手中："罗马不是民主体制，不过其传统观念尊重公民。公民权利有公民的武装力量作后盾，表现在民众大会的投票和立法活动。"[91] 投票立法使人民与政府利害相关，常设渠道，让人民发泄怨愤，让统治者聆取人民的意向。定期选举使行政权柄能顺利地在贵族之间转移。人民依法律程序，仲裁贵族之间的竞争，避免冲突过火。这样，民众成为贵族统治的稳定因素。总而言之，罗马共和国本质上是贵族统治，不过稍加民主色彩[92]。

共和政府带领罗马，500 年内从城邦攀上帝国。然而它终于崩溃了。为什么呢？套用一个关于罗马帝国衰亡的著名答案，与其问共和国为什么衰亡，不如问它为什么能维持这么久。有政治学家指出，共和国的结构，说来自相矛盾。10 个行政高官加上 10 个保民官，每人有权召集民众大会提案。高官有权否决同僚或下级的决议，保民官的否决权更针对任何决议。民众大会有绝对权柄拒绝或采取任何提案。制衡原为稳定政治，但各种权力互相掣肘，也可能形成僵局，使政府瘫痪。然而，在共和国末日之前，走火入魔很少发生。为什么呢？政治学家解释：因为罗马人一般务实而不沉迷空想，重经验而不死守教条。"共和国的机构奏效，与今天的英国宪法奏效，用同样窍门。许多地方，不墨守成规，而靠合情理的默契，绕过死结。"[93] 在这方面，他们虽然最后失败，但还是比中国的儒家士大夫强得多。

罗马的社会保守，元老院仗贵族的传统地位威望，权势无可伦比。民众大会虽有正式立法权，但一向服从贵族领导。共和国的权力制衡成功，全靠双方彼此尊重，各留余步，不用尽正式权柄去克制对方。大家协力向外时，制度运行无滞。真正的制度考验，在应付社会欠谐。共和国后期，贫富鸿沟益阔。利害冲突下，社会结合紧张，民主运动汹涌。可惜在这情形下，它们加深社会分化。保民官鼓励民众大会尽量运用其立法权，贵族尽力对抗民众的要求，各趋极端[94]。撒卢斯特叹道："人们各自成党立派，纷争不休。一向为大家同心爱护的共和国，就此被撕裂。"[95]

以上讨论的是本土政治，其民众全是罗马公民。对付被征服的臣民，罗马另有手段。在意大利，它的统治组织采取双层辐辏模式（图 1a）。辐辏，指分而治之的霸权政策；双层，指划分富贫上下的财阀统治。罗马兼并的意大利中部，面积不过半岛的五分之一。其他地区，它只任霸主，不直接统治；统治太麻烦。殖民地、盟国等各种形式的扈从政体，每个依据独特的不平等条约，单独地附属罗马，犹如辐条凑集在轴心。辐辏，但不成车轮，因为轮辋阙如。罗马的附属，彼此之间不能有任何外交关系。就算它们有传统条约，罗马亦统统毁掉，以免它们联络谋反。这样，它把臣服的地域分割成许多孤立驯服的小扈从政体，分别赏罚。随着它扩张，扈从的数字增加，但它分而治之的霸权形式继续，到前 87 年同盟内战结束才改变[96]。

罗马对其扈从亲疏各别，但两项策略，却少有例外。首先，扈从一般不需交税，但一定要应召发兵，随霸主出征。军备及出兵的费用是间接税项，但积极参与行动，比缴钱粮好受。更重要的是有利可图；罗马常胜，而且处理战利品还算公平。它与扈从的条约常写明如何分赃，包括如何瓜分土地、移民殖民。罗马霸政下的联盟，犹如一个抢掳分红的军事企业[97]。

罗马的第二项策略是因财富而授权力，扶富抑贫。置拉丁殖民地时，它根据自己阶级森严的社会结构，有系统地选择富豪，赋予特权优惠。对待臣服的意大利盟国也一样，它到处支撑土豪权贵，只要他们外事唯命是从，即能享受相当内政自主[98]。一位史家叙述罗马征服塔林敦，然后按道："这事件表露罗马对臣服者的一贯作风。在意大利各处，它巩固上层阶级。土豪视罗马为天然盟友，平民大众则一般怀敌意。"[99]很多城邦的贵族俯首帖耳效忠罗马，与之勾结互利。他们靠罗马镇压平民，罗马则利用他们为自己统治。罗马做后台的手段强硬。前265年，沃斯尼的平民争取得政权，罗马兵临，毁掉城池，迁徙余生者。杀鸡儆猴，威慑其他附属政体的平民[100]。

这制度下，一旦罗马天下无敌的威望被汉尼拔击破，被压逼的人民积怨并发，实不出奇。李维叙述："意大利的社群全染上同一病症，即权贵和下等人分裂。各地的元老院支持罗马，平民帮助迦太基。"[101]现代学者指出，这病症并非绝对普遍；而且我们也要小心，不要随便把现代的阶级斗争观念加诸古人。然而李维引为例证的克若顿和挪拉城，亦非独特意外，而是平民对罗马高压作风的一般反应。类似情况，日后在希腊重演。罗马进兵希腊，助长富豪凶焰20年，然后在马其顿的坡斯尔斯手下吃了个败仗。"人民对坡斯尔斯的热情，本来藏在心中，现在像火一般爆发出来"，普里卜斯形容[102]。不过兵团强大，反抗枉然。其时希腊的民主政体，本来已受寡头势力冲击而式微；罗马的来临，更使它无可救药。在希腊，同盟解体，民主不再是正常的政治体制[103]。

从城邦到帝国，罗马统治有个一贯的成功秘诀，即结合政治权力和经济利益。我们在上面谈到，共和国用财富作准则，划分公民阶级，把政治实权集中在有钱人手中。富人说他们应有多点权益，因为他们负担较大的税务军务。这理由在共和国晚年消失了，因为意大利的地产税已经豁免，兵役也转移到雇募的贫民身上。本来权益与义务相等的制度，递变成不平等的财阀制度，即富人统治[104]。

上下分明的财阀统治，随着罗马征战而延展为帝国政策。同盟内战后，罗马在意大利的霸政转变为直接统治。地域性的分而治之结束，辐条轴心变成一块蛋糕。不过这是块双层蛋糕：意大利以外，巨富土豪的网络蔓延地中海一带，维系罗马权力。到罗马帝国全盛时期，公民和臣民一般，皆因贫富而被划分为法定的尊贵者和卑贱者[105]。

2.7 周代宗法封建

前 660 年狄人伐卫。其时卫懿公挥霍养鹤，早已大失民心。前来领取甲胄兵器的国人都叽咕：“派鹤去打吧。鹤享有官禄，如何叫我们迎战！”懿公领兵车出城，全军覆灭。国人弃城逃跑，又被狄人赶上，大杀一场。幸亏邻国的宋兵掩护他们夜渡黄河，但只能救出 730 个男女国人[106]。齐桓公尽霸主的责任，派兵携带生活物资，援救卫人。过两年又聚集诸侯却狄，择地为卫建筑新城。卫收集城外两邑的遗民，凑得 5000 人，草立 30 乘之国。卫文公粗衣俭朴，务才训农。狄人继续侵犯，但国人拒绝文公让贤之请，在他领导下振奋斗志。

到前628年狄人请和，卫已逐渐恢复到300乘之国了[107]。

周室播撒在中原的武装殖民地，经历400年，已成长为数以百计的独立自主侯国。它们的政治组织与卫国大同小异。一个侯国涵括三个阶层的人：以公侯为首的贵族，住在城郭里或附近的国人，住在郊鄙的野人。贵族和国人是原来武装移民的后裔，野人是当地土著[108]。

国人和野人多聚居村社，不过其村社的组织不同，国人依血缘，野人依地域。在井田制下，社人集体耕作公室的田，收成归贵族。此外，社人必须为贵族服各色力役、贡献纺织品等物。每家社人使用一块份地，收成以维持自家生活。份地定期轮换，令人人有平均机会耕植沃田瘠地[109]。

野人和国人略似被罗马征服的臣民和骑在他们头上的罗马普通公民。野人被摒弃在军事和政治之外，国人充任后备军。军队组织一般与村社组织结合；编在同一队伍的战士，多是亲属，“居同乐，行同和，死同哀。是故守则同固，战则同强”。国人缴军赋，不同罗马战士般自具戎装。公室贵族置备及保养战车兵器，发兵时授予战士。不出征时，国人大部分务农，但也有些是工匠、商人和担任守卫小吏等职责的士[110]。

基于他们的武装力量和宗族组织，国人有相当政治实力。国家靠他们捍卫，国君怕他们动乱。碰上外敌侵扰、迁移国都、续立国君等大事，公卿常召集他们，询问他们的意见[111]。贵族成派立系，互相倾轧时，国人的动向可以稳定局面，但其效果远不及罗马选举稳定贵族竞争。国人有实力，但少实权，因为政府没有类似罗马民众大会的法定咨询机构。没有法理体制支撑，实力不能持久凝固为权柄。公侯或自家喜欢，或逼于形势，时而叫国人发言，但有权置若罔闻。假如统治者不听怨言，国人唯一的办法是武力反抗。他们驱逐过不少诸侯执政；他们的反叛潜力也阻吓贵族，防止过不少暴行。然而单凭实力参与政治，容易引致社会动荡不安[112]。

权力操在贵族手中。在青铜时代，贵族的家庭、经济、政权，三者混沌未分。由宗法、封建和世官三大原则扭结而成的贵族统治，加上融洽贵族感情、标榜尊贵权位的诗书礼乐，就成为儒生眷恋的“先王之道”。

宗法是父系的血缘组织。大宗的宗主是一族之长，在族人中掌生杀大权。他的嫡长子承继大宗主之位。其他儿子，不论嫡庶，各自成立小宗，服从大宗，但在本小宗内自为宗主。小宗主们照样把地位传给嫡长子，让其他儿子建立小小宗。如此枝叶繁滋。宗主领导氏族，运用宗族财产，养孤恤寡，经营宗庙、墓地、学校，主持各种祭祀典礼，组织救灾等活动。宗法制度利用血缘亲情，有效地团结众多人口。国人多采取它，贵族得益尤甚。东周后期，严格的宗法形式和势力逐渐腐坏。然而聚族而居、注重血缘网络的习俗，成为一个强大的社会凝聚力，历久不衰。宋朝时更得道学家鼓吹，重振气焰[113]。

《左传》说周公旦“封建亲戚，以藩屏周”[114]。“封”指堆土植树以划分地界，“建”指在界内设置政权。本书中的“封建”限于此义，即如秦始皇“废封建，设郡县”。武王伐纣，周公东征，侵占得辽阔土地。为了统治，他们武装殖民，大事封建。周王名为天下共主，但实际上只直接统治一个不大的王畿。其余的疆域，他划开分封给世袭贵族作为采邑，并要他们定期朝觐纳贡。在自己的采邑内，诸侯是领主，有军、政、财权。周王和诸侯之间的权力关系因时而异。周初王室强大，有权任免诸侯的卿大夫。到春秋期间，王室衰微，无能干涉。公侯实际上是独立的君主，各依周王组织天下的模式，自行组织侯国。他留下公室直辖，把其余土地分封给臣属的卿大夫，让他们作小领主。君主和地主一体，封建领主同时控制井田村社，命令辖下的国人野人替他耕作[115]。

管辖王畿或公室的官职多是世袭，高官重职则多由世家贵族垄断。“昵近”是亲亲政治原则之一。强宗巨室世世代代把持国政，再加上血缘关系，常桀骜难驯。诸侯若任用外人，冒犯亲亲世官的制度，会遭受宗法攻击，甚或致祸[116]。“公”是贵族的最高爵号，但不论爵位，诸侯在自己的国内都泛称公，他们的直辖领域是公室，他们的儿子称公子。兼任大官的卿大夫一边管理公室事务，一边掌管他们自己的采邑，唤作“私室”，有私军。这是宗法封建下“公”、“私”的主要意义[117]。

据《左传》：“天子建国，诸侯立家，卿置侧室，大夫有贰宗，士有隶子弟，庶人工商各有分亲，皆有等衰。”[118]国与家的组织和功能皆相同，都是家族政治混沌一体，唯一不同的是地位和规模。西周时说天子的国、诸侯的家。东周时说诸侯的国、卿大夫的家。这就是传统“国家”概念的根源。

天子、诸侯、卿大夫，层层封建，等级而下，分割统治权柄。整个封建结构类似数学上的自相似分形。一个分形显示许多规模层次，而不论大小，所有层次的基本结构都彼此相似。图1b所示的分形，大小层次都符合一个基本典型：三个等边三角形，包围一个颠倒的三角空白，组成一个更大的等边三角形。封建制度里的基本典型就是政治家庭。试想一个大三角形代表一个家庭，其中的空白代表家长父君，小三角代表服从他的子臣（图3）。每一个子臣的家庭结构也依照典型，由一个父君统领三个子臣，不过规模较小。最高级的父君是天子，次一级的父君是诸侯，再次的是卿大夫。每一个权力层次中，子臣对父君的关系都犹如儿女对父亲的孝顺。

封建与宗法息息相关。武王周公所封，绝大多数是同姓族人，乃姬氏小宗，尊周王为大宗主。异姓诸侯如齐姜，亦多与周室缔结婚姻。周王惯称同姓诸侯为叔、异姓诸侯为舅。诸侯的卿大夫，亦多数是亲戚，尊诸侯为宗主。就这样，政治与血缘互成表里，忠与孝同出一辙，“亲亲”成为政治的无上原则[119]。近代学者指出：“此种‘家族本位的政治’，在当时利病如何，今不暇详述。要之此为后此儒家政治思想之主要成分。”[120] 齐家与平天下之别，不外图 3c 与图 3a 之别。难怪汉朝儒术独专后，士大夫执政 2000 年，大讲“修身齐家治国平天下”，但对政治概念却鲜有创建。

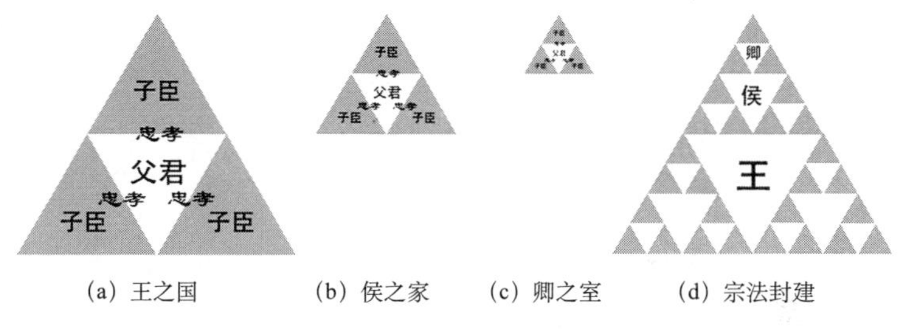

（a）王之国　（b）侯之家　（c）卿之室　（d）宗法封建

图 3　封建结构

分形不同常见的枝干系统（图 4）。现代人熟悉的中央集权政府，以及其他等级组织，例如军队或大企业的科层管理系统，都依枝干原则。总裁率领各部长，部长率领各科长，层层分支。枝干系统具有通达上下的指挥权柄，如军长的命令可以直达团长、营长。同样地，个人的忠贞也上下贯通，从而对整体有认识、有归附。这整体观念在分形结构中并不存在。封建的特色是层层分割权柄、截断忠贞。权柄和忠贞所及，皆只限于一个层次。公侯的国里，大夫奉公侯为主子。

大夫的室俨然自成小国，家臣只奉大夫为主子，不认公侯。当大夫与公侯发生冲突时，这封建伦理最为显见。齐大夫崔杼的家臣击杀齐庄公时说：自己奉崔杼之令，“不知二命”。这家臣知礼，南蒯便不如了。鲁国的大夫季孙氏滥权威逼鲁公，季孙氏的家臣南蒯谋助鲁公加以抑制。时人斥责南蒯叛逆：“家臣而欲张公室，罪莫大焉。”史家解释：“按礼，家臣必须效忠于主上，不得有二心……因为家臣必须效忠于‘家’，就只知有‘家’而不知有‘国’。”[121] 这种狭隘的忠贞很适合全部由个人关系组成的封建制度。它把忠贞的范围局限在一个家的模式中，免得个人因为关系太繁复而难为。因此国有乱时，人们坦然遵从礼教宣布：“我，家臣也，不敢知国。”[122] 封建制度崩坏了，但它的礼教伦理由儒家经典传述，长具影响[123]。它在汉朝衰亡中所起的作用，见于第 8.4 节。

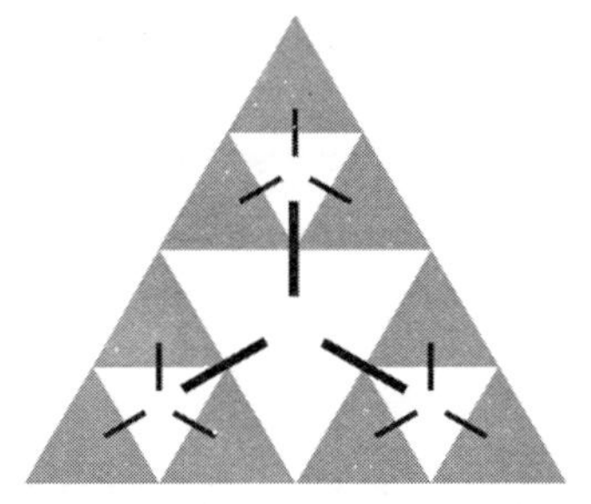

(a) 宗法封建（分形式）

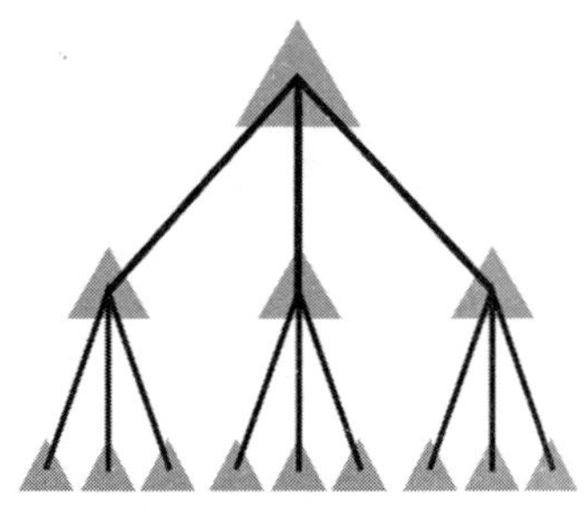

(b) 科层机构（枝干式）

图 4　权力组织（黑线代表权力和忠贞）

与罗马统治意大利的辐辏模式相比，周代的分形模式较为繁复。周王和罗马一样，除了在直辖的区域内，其权力并不直接到达土著人民。罗马只用一个层面，把间接统辖的意大利人分割成无数微小的扈从政体，并摧毁它们之间的关系。每一个扈从面对的，不单是罗马本身，而是罗马加上所有其他扈从。这样，不论对谁，罗马皆占压倒性的实力优势。周的封建把间接臣服的人民放在几个层次上分割。在最高的层面，周王面对少许诸侯。他们的权势实力和他的差不多，而且可以联合抗拒。他对诸侯的优势，远比不上罗马之对意大利扈从。

宗法封建巩固了周初征服的疆域，也巩固了春秋前期的诸侯扩张。春秋时周王已有名无实。诸侯兼并弱小邻国，同化畜牧民族，开垦荒地。为了有效地统治日益增长的人口土地，他们分封一批新的卿大夫。这些新贵们像蜂皇般四出建巢繁育，致力于自己的宗族，一面循依封建统治，一面各自试验，改进生产和管辖方法，以适应各地不同的环境风俗。他们的家邑规模不大，易于培建，使人留意细节、专注现实，提高行政效率。若创新奏效，他们便互相模仿采纳，对政治制度和经济发展，皆有贡献。随着经验累积，民智日开，疆土辟广，可开发的资源减少，侯国卿家之间的直接冲突增加。这情形下，封建制度的弱点毕露。春秋后期，很少新族受封，不少旧族消沉，甚至连公室也被强卿巨宗篡夺。封建变成了争战纷乱的泉源，大势开始转向政治集权[124]。

晋国的历史最显著，而且后果最大，但它的经验在春秋并不罕见。前 7 世纪中期晋文公成霸业，封了 10 来个忠心部下为卿。这些新贵们学习礼仪，致力经营自己的采邑，此外更轮流执掌国政、统帅三军，遇事聚会议论或争吵。襄公死后的续嗣风波，便是一例。假设晋国是部战车，他们便是拉车的驷马。有强劲的晋侯执缰，他们合作抵御楚，维护晋国的霸主地位。但若晋侯颓废，四马分驰，那晋国难免覆车之祸。这危机不小，因为除了他们自己的家外，诸卿更操纵了公室的机构，可以窃取公权以养私家。他们彼此勾结，被《管子》一语道破："家与家务于相益，不务尊君也。"[125]

楚的压力使晋卿暂时按捺个人野心。前575年，晋在鄢陵败楚复霸，内争随即爆发。诸卿互相兼并，到前514年，尚存的六卿已不把晋君放在眼内了。他们改革内政图强，蚕食公室，彼此侵伐。六卿减为三，前453年，韩、赵、魏三家分晋。那年一般被视为战国时期的开端[126]。

晋国外，齐、鲁等国也发生篡位夺权。对此等非礼行径，道德家口诛笔伐，大众人民却处之泰然。季氏放逐鲁君，鲁国人民没有反应。史墨解释："鲁君世从其失，季氏世修其勤，民忘君矣。虽死于外，其谁矜之？"[127]

站在封建制度里面看，权力不停下滑，从周王到诸侯，从诸侯到卿大夫。放大一点眼光看，囊括王、侯、卿的封建贵族，因无能应付日益庞大的政治规模和日益复杂的社会经济，整个衰坏[128]。贵族的权力，上受敌于集权的君主，下受敌于较为广大的庶民。旧时的晋侯不外是诸卿贵族的大哥。新兴的韩侯、赵侯、魏侯是雏形的君主，着意集中权力。他们有自己夺权的经验，深谙贵族对君主的威胁，刻意过河抽板。分封贵族太危险了，他们试验起用受薪官员，直接统治。他们曾用种种方法收买人心以成篡夺。为了不让别人青出于蓝，他们带头改良政治、发展经济。他们的时机大好：巨变到处发生。是否能抓住机会，就凭自己努力了。

2.8　社会剧变、百家争鸣

前536年，子产在郑国公布法律，是为中国历史上的创举。23年后晋国跟进，并把刑法铸在铁鼎上。这是铁器第一次见载可靠文献[129]。两个历史第一的年期相近，想不尽是偶然。新技术带来新财富新活力，冲击旧社会，引起动乱。政府的反应是推行各种改革，以导引动力、约制混乱。改革之一就是颁布明文法律。

“古今一大变革之会”在春秋战国之交来临[130]。随着铁器传播，劳动人民的生产效率上扬，个体农户渐有能力开垦荒地，增加收成，储蓄足够盈余以应付荒年。自立的信心强了，小农户到处如雨后春笋，井田共耕开始衰败。榨取无偿劳力失效，不能满足贵族的欲望。前 594 年，鲁国开始征收土地税，列国先后效尤。变动间，国人的政治实力递减。他们的宗族村社残破，他们的车战技巧过时。在步兵扬威的沙场上，野人一样能耀武。随着城郭扩展为地域大国，国人和野人慢慢融汇成一般平民[131]。

政府仍然垄断兵器和青铜制造业。冶铁和其他新兴工业，则不乏私营。不开仗时，列国务求市场开放、关税降低、道路安全、河流通航。数百年后发展成为大运河的第一程，于前 486 年破土动工。原本重点在行政和驻军的列国都城，兼成为消费中心，吸取四方土产。货物流通，商业城市兴起在交通枢纽旁。中国的人口膨胀，战国期间便超过一千万人[132]。

思想也和人口、货物、钱币一般，繁盛流畅。络绎路上的不仅是军队、商人、外交使节，还有游士。游士们身世各异，或通诗书，或具治才；有些淡泊明志，更多的遍干诸侯求官禄，依附贵族作清客。士在以上叙述中已经出现过两次：他们曾是大夫之下的低级贵族，也曾是担任小吏护卫的高级国人。贵族一般教育其族人。支族繁滋，余子孽孙堆积在贵族底层。家产破落、内争外战失败，都可以把贵族贬为庶民。另一方面，经济富庶，容许较多庶民有闲暇求学。列国竞争，为有才能的人开拓了伸展抱负的机会。社会巨变中，贵族和庶人的交汇处成为上升下沉的人才萃集地，孕育出一个新的阶层——士[133]。士的地位较低，属家臣一流，只知有家，不知有国。一旦其家室瓦解，他就失去了效忠对象，可以自由择主而事。别国的君主也熟悉这传统。在君主的立场，任用一个外来士人可能更安全，因为他没有本国贵族的根盘势力，对君主的威胁力不大[134]。于是士人们周游列国，进出政府高层，传播有效的改革创见，成为营建国家体制的主力。

“士农工商四民者，国之石民也。”始创四民之说的《管子·小匡》大概是战国期间的著作。约摸同时，亚里士多德也把群众分为四类：“农民、技工、店主、散工。”[135] 两下比照，可见中西的三大行业位次相同。以日计酬的散工可能遍行全球，士却很独特。有知识文化的公民在希腊俯拾皆是，但他们并没有像中国的士那样，凝成一个政治性浓厚的权益阶层。战国的士人有文有武，思想才识多姿多彩。在未来的皇朝中国，他们将衍化为清一色的儒家士大夫。不论如何，士可谓是封建贵族的庶子，与政治权势在胎中即结下了不解之缘[136]。

最伟大的士，孔丘，是前5世纪早期鲁国的一个没落贵族。他招收学生，只要缴学费，不论出身，有教无类，把本来王官之学传播给平民。其时礼崩乐坏，自称“述而不作，信而好古”的孔子提倡复礼，更标榜支撑礼教的伦理。贵族认可的礼，注入了家庭生活中可以培育的道德，在民间获得新活力[137]。原来指君王之子的“君子”，逐渐衍化为品格高贵的人，即使没有贵族的出身地位，也不失其价值理想和抱负。孔子的道德着重感情、求人心共鸣，不同苏格拉底的伦理着重分析、求理性明白。孔子的最高伦理原则是“仁”，他的门人加上“义”[138]。

孔子用以授徒的六艺本是王官贵族的传统教材。他著的《春秋》记载封建贵族的全盛时代。据《春秋左传》，贵族的政治应酬赋诗频繁，显示为什么“不学《诗》，无以言”。“不学《礼》，无以立”更不用说了[139]。《尚书》是有关古代帝王最重要的历史文献。《诗》、《书》、《礼》、《春秋》，加上占筮的《易》，成为儒家五经[140]。

孔子开启了中国思想史上最活跃的时期。诸子百家争鸣，历战国年代不衰。孔子逝世于前 479 年。其后不久，三家分晋，田氏篡齐，国际政治形势的转变加剧。星散的诸侯国被吞并殆尽，颐指盟国的霸主亦随小国消失而式微。10 来个接壤大国分割一个文化相似的疆域。战国七雄互相攻击掣肘，维持一个国际势力均衡。中立是梦幻，失败的后果不堪设想。每国都感到危险，努力自强。前 445 年魏文侯上台，任用李悝等人改革经济、政治、军事，国势首冠列国。齐、楚等国相竞模仿。七国中秦最落后，被魏和韩侵占了不少土地。秦孝公深知饶是山河环抱，秦国必须清除陋习，否则难以自保。即位后下求贤令，从魏国引来了商鞅。在秦孝公支持下，前 359 年商鞅开始一系列影响深远的变法[141]。

商鞅是一长串改革家中最成功者。他的先驱，由魏的李悝、楚的吴起、郑的子产，上溯助齐桓公一匡天下的管仲。与他差不多同时，申不害活动在韩，邹忌在齐。后来的韩非、李斯，皆有功于秦统一中国。这些政治家着眼于国家人民的长远利益，致力发展经济，并建立行政机构，导引生产率增长所激发的巨大力量，富民强兵。他们日理万机，虽有学识，但不是纯学者，思想多体现在政策行动上。然而为了争取君主的支持，他们有时亦分析政策，解释它的理由，反驳贵族和守旧派的诘难，甚至建立自己的理论。商鞅的写作尚有流传，但《商君书》所收，不尽是他的手笔。篇幅庞大的《管子》，更非一个人或一个时代的作品。这些人的政策写作，显示大同小异的原则，皆着重缘法而治，后人统称为法家。韩非长于理论，集法家大成[142]。

商鞅和吴起的命运相同，各自在其后台君主死后，马上受贵族反击，被杀害及诬蔑为卑鄙小人。楚国的贵族根深蒂固，吴起变法的日子浅，收效不大。秦国的贵族势力较弱。商鞅惨遭车裂，但他中央集权的政策幸存，不但把秦提升为一等强国，而且撒下历时 2000 年的皇朝政制的种子。

前 338 年商鞅死时，孔子的三传弟子孟轲正在魏齐等地加强活动。孟子知言养气，游士 30 余年，名声隆、礼金丰，官至齐国三卿、禄 10 万钟，但只留“上未能正其君、下未能济其民”而辞归之讽[143]。滕国采纳他鼓吹的“仁政”，若果见效，事实可以驳斥迂阔空言的批评，可是《孟子》只记载滕文公搁下国事守久丧而令吊者大悦，没提到泽及百姓的政绩。孟子 70 多岁辞齐卿时曰“如欲平治天下，当今之世舍我其谁也？”悻悻然抱怨不得重用[144]。可慰的是身后被捧为仅次于孔子的亚圣。《孟子》名列四书，并驾于孔子弟子的语录《论语》和择自《礼记》的《大学》《中庸》。儒家的四书五经，支配皇朝士大夫的思想，直到 1905 年废科举。

2.9 人治与法治

诸子百家虽然互相诘难，根源上皆受同一传统熏染，共奉某些信念，一致以维护政治秩序为务。汉初史家司马谈评论六家：“阴阳、儒、墨、名、法、道德，此务为治者也，直所从言之异路，有省不省耳。”[145] 无人想到人民能够自主，但大家都知道人民是国家的基本、统治者的资本。争取民心以图治或争权，春秋时早已是诸侯大夫的惯技。保民恤民的论调更是普遍[146]。孟子曰：“民为贵，社稷次之，君为轻。是故得乎丘民而为天子。”商鞅曰：“法者，所以爱民也……苟可以利民，不循其礼。”管子曰：“政之所兴，在顺民心；政之所废，在逆民心。”[147] 大家一致反对贫富不均。孔子曰：“不患贫而患不均，不患寡而患不安。”法家患贫，着力发展经济，但一样患不均；管子曰：“法令之不行，万民之不治，贫富之不齐也。”[148] 现代史家总结：“凡先秦诸子，无不以均贫富、使民丰衣足食为首务者。其方法则互异：主张恢复井田者，孟子也；开阡陌以尽地利者，商鞅也。”[149] 方法不同，实际利民的效果也不同。

简言之，儒、法都志在善治养民的权威政府，但对于这政府的性质，却大相径庭[150]。儒家主张人治，法家主张法治。这大前提可以分为三项讨论。其一，儒家同情封建贵族，自命统治精英；法家则致力建立君主集权的国家政治体制，约限贵族。其二，儒家的政府不外个人关系，政治原则不外家庭伦理的简单延续，如图 2a 所示；法家竭力开拓公共范畴及其支柱的法律和制度，创发政治概念，例如公义（图 2c）。其三，儒家着眼统治者的主观心态，法家则顾及其政策的客观效果。儒家的主观理想常脱离现实，说来高远漂亮，比务实处理丑恶问题的法家理论动听得多。

君子与庶民

诸子争鸣的时代，封建贵族虽然逐渐衰落，但仍气势汹汹，骄奢专横。儒者谨守先王之道，渴望巩固贵族，用“仁义”改良他们的礼教，乃至跻身加入统治圈子。孟子鼓吹加强世臣、优待巨室，把“仕者世禄”作为仁政的基柱之一[151]。反之，吴起曰：“封君太众，若此则上偪主而下虐民。”[152]法家适时变法改革，致力建立制度，依法律抑制贵族、督察官吏，防止他们滥权欺君凌民。对权益阶层的不同态度，是儒法两家冲突焦点之一[153]。

有学者说，论政最大的分歧是，法家持君主的观点，儒家持人民的观点[154]。我认为此说有欠考虑。法家讲制度，其重点不在君而在国，在君主集权的国家体制。这些待会再说。现在我们先看儒家的立场。

“人民”不是铁板一块。先秦或罗马的社会，尤其等级森严。巨室、小户的权益和渴望纷纭杂沓，而且常起冲突。因此读者必须细心察看，政治文章里的“人民”主要指谁。例如，学者分析普里卜斯和西赛罗的著作，发现讨论政治权力分布时，他们所说与元老贵族和执政官分庭抗礼的“人民”，只指骑士阶层，最多算上买得起重步兵全身装备的富农[155]。同样地，讨论“孟子贵民”，我们亦不妨追问：哪一类民？怎样贵法？探索这等问题，看空言不如看遇事时如何作选择。上述罗马共和国的经验显露一个政治科学常说的现象：若社会丰裕、众生满足，统治容易。若资源紧张，争执四起，则如何衡量轻重、取舍调协，就显示什么民为贵了。

“无君子莫治野人，无野人莫养君子。”“劳心者治人，劳力者治于人；治于人者食人，治人者食于人，天下之通义也。”[156]把人民分成操权益的君子和事生产的小人，并非孟子首创。但劳心君子应当拥有统治的特权和受供养的特利，则由他提升为天理，滋育恒久的知识分子自我优越感，在今天“民主”的议论中，尚隐约可见[157]。

与孟子同时的庄周形容儒者为“缙绅先生”[158]。他们承继王官之学，在诸子中最为尊贵，虽然缺乏墨家法家的历历功绩，但得贵族隆礼丰赠。史笔称“儒家近乎是贵族的清客”，“虽不必从政，但俨然以士大夫自居”[159]。这种大摆架子、不耕而食的作风，当时甚受批评。孔子时，齐国的贤相晏婴已指出，儒家君子鼓吹的繁文缛节、厚葬久丧，对他们自己有利，但对小民则不是福而可能是祸[160]。

孟子怜悯当时“民有饥色，野有饿莩”，同时强调要诸侯厚养君子[161]。他自己到处接受黄金馈赠，葬母之厚，弟子和鲁公皆认为太奢[162]。他无职责而“后车数十乘，从者数百人，以传食于诸侯”。弟子担忧“不以泰乎”，他坚持自己“如其道”，但这“道”是什么，却甚是含糊[163]。社会分工是他最有力的论据。然而从弟子“无事而食”之诘及其引用“君子素餐”的诗句，可见孟子未能解答三大质疑：为何劳心劳力的报酬判若云泥，小民要供养君子挥霍？自吹自擂外，清客君子拿得出什么实在功绩贡献，可以开脱长期白食之嫌？社会分工，以粟易帛，是民间自愿的交换。为什么君子要利用政府的独特强制权力，榨取小人的劳力果实？[164]

老子指出“民之饥，以其上食税之多”，这政治经济的因果，关注社会现实的人都应熟悉。墨家道家指斥不少儒生“妄作孝弟，而徼幸于封侯富贵者也”[165]。法家骂抛诗书以自高身价、说仁义以博取官位的人为“虱”为“蠹”；他们不但自己浪费，而且打击别人的干劲，破坏勤恳的风气。若空说“仁义”就能获得高官厚禄，老百姓看见了都不愿意耕田，转向学文索官了。商鞅曰：“禄厚而税多，食口者众，败农者也。”“农者寡，而游食者众，故其国贫危。”[166]无功而要国家豢养，间接吸取民脂，正是法家力图取缔的权贵行径。

人事与制度

孟子曰："君子所过者化，所存者神，上下与天地同流。"[167]儒生自夸应受供养，因为他们奉人治思想，坚信圣贤君子只须身任高官，即大功告成，不消区区顾虑政策实践，光凭个人的品德表率，天下自然平治，这就是他们所谓"教化"。权位最高的君主，教化力最大。孔子曰："君子之德风，小人之德草，草上之风必偃。"又教君主："政者正也。子帅以正，孰敢不正？"[168]为了支持他们的人治主义，儒家标榜古代圣王的完美世界，从夏商周三代，上溯信史之前的尧、舜。孟子言必称尧舜，并曰："君仁莫不仁，君义莫不义，君正莫不正，一正君而国定矣。"[169]如此言语，不胜枚举。结论是把全国的治乱命脉，系在君王一个人身上，"其人存则其政举，其人亡则其政息"。[170]圣贤人治的思想，经宋明道学再次发扬，大同小异地长存中国传统文化，培育崇拜伟大领袖的心理[171]。

儒家圣王贤臣表率的仁义，以家庭为要，以亲亲尊尊为上。孔子解释从政，推孝道以及国政，也是治国，此外什么是治理国政呢？[172]他的大弟子曾参明倡"以孝治国"，日后成为历代皇朝的宣传圭臬[173]。孟子贬清廉为小节，举"亲戚君臣上下"为最高大义[174]。他反复教诲："亲亲，仁也；敬长，义也。""尧舜之道，孝弟而已矣。"[175]提出大同世界理想的《礼记·礼运》记孔子曰："父慈、子孝、兄良、弟弟、夫义、妇听、长惠、幼顺、君仁、臣忠十者，谓之人义。"圣人明白它，就能"以天下为一家"[176]。五伦都是个人和个人之间的交接。儒家认为它们足够胜任天下所有人类关系。牢牢嵌在个人关系网络中，个人感到温暖安全。

世界各地都有个人关系网，但很少像儒家般，坚持政府也是人事挂帅。孟子告诉齐宣王："君之视臣如手足，则臣视君如腹心……君之视臣如土芥，则臣视君如寇雠。"[177]只见人际权谋，不见政治制度；只见君臣私交，不见国家公事。这种治国单方，在封建贵族那家庭般的寡民小国里可能奏效，但这政治社会情境在孟子时代已经消失了。人口和国家规模已激涨了十倍，莫说中国统一后，规模庞大，社会复杂性更猛升了。儒家不顾社会剧变，脱离现实，固执"不愆不忘，率由旧章。遵先王之法而过者，未之有也"。[178]然则惯于眷顾百十亲友的君子，怎样管治亿万陌生人？亲亲尊尊的仁义道德，能不能够帮助官吏避过裙带朋党、偏私腐败之弊？

不能，法家回答。法家反对倚赖圣贤仁德的人治。就算圣王的表率教化力真如儒家所说般全善万能，但尧舜百世一现，伪君子却车载斗量，因此单靠君王品德，必然乱多治少。要社会稳定繁荣，政府必须有健全的法律制度，即使在平庸的君王下也能运行，顾及普罗大众。换言之，它必须缘法而治[179]。

法家对中国思想的不朽贡献，是客观切实，发明较为抽象的政治概念，超越私人之间的交接，表达出普遍的社会结合。在他们的言文政策中，"公"逐渐涤去公侯公室公田的封建意义，衍化成我们熟悉的公平、公道、公义、公共、公享、公众[180]。公开公平的法律制度，主持公道公义，开拓公共范畴这一新维度。"立体"的人类世界包涵五伦，但不束缚于它们，因而更宏阔、更丰富（图2c）。

"生法者，君也。守法者，臣也。法于法者，民也。君臣上下贵贱皆从法，此谓为大治。"《管子》道出法家的共有思想[181]。很多具体法条源自社会习俗，因此法家强调立法必须察人情、观时俗。"度俗而为之法"，"赏罚必于人心"，"顺于理，合于民情，则民受其辞”[182]。法家认为法律应该顺着社会演化，慢慢改变。不过修改法律必须谨慎；朝令夕改，会叫人民错愕失望。法令颁行后，君主自己应该遵守不渝：“不为君欲变其令，令尊于君。”[183] 法家未考虑到立法的机构程序，这是他们的大缺陷，但世事鲜能一蹴而就。他们的缘法而治，不及现代的循宪法治，但开启了通往宪法的道路(第 6.2 和 6.9 节）。缘法而治超越君仁民顺，培育人们奉公守法的公德心。“法者，君臣之共操也”是有限君权的制度的萌芽[184]，有可能成长为“国家是超越所有成员的体制”的现代概念。为什么这思想屈死胎中？这是中国历史上一个重要问题，可惜还得不到它应得的注意。

法律下人人平等，这法家思想在当时是一大革命。法家坚持“壹法”。韩非曰：“法不阿贵，绳不挠曲。法之所加，智者弗能辞，勇者弗敢争。刑过不避大臣，赏善不遗匹夫。”[185] 商鞅铁腕，公子犯法都不得幸免。西方学者指出，法律的公平普遍性，与儒家礼教严守的上下贵贱尊卑，最相冲突[186]。以“刑不上大夫”为仁义的权益阶层感到空前的打击，猛力反扑，诅骂商鞅寡恩、法治残忍（第 4.5 和 6.9 节）。

推行“壹法”要靠“明法”。韩非曰：“法莫如显”；“法者，编著之图籍，设之于官府，而布之于百姓者也。”[187] 明法的理论基础是人类智力平等，劳力小人并非没头脑。劳心君子炫耀深奥学问，法家不买账，坚持普罗大众也能明白法律，而政府有责任使法律详细踏实、公开易明。商鞅曰：“贤者而后知之，不可以为法，民不尽贤。故圣人为民作法，必使之明白易知，愚知遍能知之……为置法官，吏为之师，以道之知，万民皆知所避就，避祸就福，而皆以自治也。”出土的秦简证明，法家解释法理，提供案例，回答问题[188]。他们努力贯彻商鞅的理想："天下之吏民，无不知法者。吏明知民知法令也，故吏不敢以非法遇民，民不敢犯法以干法官也。"[189] 法律明文公布，不但为民众撑腰，而且告诉他们，有了法律知识，你们可以自己挺起腰来，不怕官吏滥权欺逼。孔子敏锐地看到，法律加强庶民的自我尊严，威胁贵族的权势。他见晋国把法律铸在鼎上，叹曰："民在鼎矣，何以尊贵？贵何业之守？贵贱无序，何以为国？"[190]

商鞅颁布新法之前，悬奖 10 金，募人把都城南门前的一根大木移到北门。人民犹豫，他把悬赏提高 5 倍。卒之有人照令移木，拿到 50 金，而所有人民都得知：政府不食言相欺[191]。法家强调立信："信者，君臣之所共立也。"[192] 法律是国家对全体人民公布的公诺。人民奉信它，不啻翊载政府。君民共同坚信守法利家利国，日久公德心油然而生。政府要赢得人民长期信任，不能只靠口号空言，必须拿得出公平公正的行政成绩。为了建立有效的政府，法家提出两大政治原则以辅助法治：势、术。前者指制度机构，后者指督察官吏[193]。

儒家法家一样不谙民主，只有君主观念。不同的是，儒家搞君主个人崇拜，法家建君主集权的国家制度。法家认为君主的权柄，不基于武力或个人圣德，而基于众所敬畏翊载的政治体制。商鞅曰："凡将立国，制度不可不察也。"势就是制度中的名位所带来的权柄。令人遵从的不是君王个人，而是他的王位，以及王位可以发挥的制度能力[194]。

制度比较抽象，但现代人不需古人"龙乘风"等比喻就会明白。侵犯警员是大罪，不因为警员特别高贵贤德，而因为他代表法律。被伤害和求公道的，不止是他个人而是整个维持社会治安的体制。这例子里，警员是龙，治安体制是他所乘的风、他仗以理民的势。政治势位也盛行于宗法封建，但那儿它与血缘、财富纠缠不清。先秦改革家努力，把这些因素解结分厘，建立一个更合理的政治体制。

政治体制奠定政府的权力结构。商鞅曰："得势之至，不参官而洁"；制度健全，官员不多就能把政务办理整洁[195]。立制度从定名分、设官职开始。政治体制中，每个官职都有它的名位权柄、功能责任。韩非曰："使事不相干，故莫讼；使士不兼官，故技长；使人不同功，故莫争。"[196]有效的组织，明确指定官位的名、权、职、责，协调各官职的功能，减低越职争权、旷职卸责的机会。这些是现代所谓科层行政机构的特色[197]。

商鞅曰："国之所以治者，一曰法，二曰信，三曰权。"又曰："不恃其强，而恃其势；不恃其信，而恃其数。"[198]"数"即是术。请听我解释为什么他两处说"信"并不矛盾。任何国家，不论君主或民主，都必须授权予官吏以司法行政。授权基于信，但非盲信，因为权力具有很大的引诱力，就算掌权者本来不怀私心，也容易被诱而行差踏错。官吏滥用公权，使政府失信于民。为了防患未然，政府不能光恃君子大人的私人信诺，必须厘定择人和监督的程序以维持公道。现代很多公安局设有内务部以监察警员，就是这意思。韩非曰："明主治吏不治民。"治吏的方法就是术："术者，因任而授官，循名而责实。""君以其言授之事，专以其事责其功。"在贵族横行、君子骄倨的时代，查察官吏行为尤其重要，否则政府的努力都不免中饱私囊[199]。开始时很多治术的内容手段如密探等，值得批评。然而随着治术改良成熟，很多内容成为明文监督规则，渐渐融会到政治制度中。西汉设州刺史，巡行郡县，奉诏问五条官吏不轨，便是治术的体现[200]。

君主集权、法律平等、监督官吏，这些措施受到封建贵族、权益阶层强硬反抗，斗争血腥而持久。君主在有才识魄力的法家辅弼下，逐步建设使用权柄的制度，削弱世袭势力。国家继续封赐新爵禄，但基于能力功劳，不基于亲情血缘。同时国家收回所有官员的任免权，封邑的家臣也不例外。没有国家的兵符，无人能擅自调动军队。所以贵为魏公子的信陵君，要偷得虎符才能发兵救赵。贵族封国丧失了人事权军事权，递削为纯粹食邑，只供经济收入，不能成为抗拒国家的根据地。政府授予的符、玺、绶带等信物，清晰地标明有限权柄，而且可以随时收回。管理行政的“上计”制度，指定某些统计数字，要求各部门年终汇报。上级考核，根据业绩优劣升贬负责人员。地方大员必须经常巡视属地，监视属下，调查贪污。统一的度量衡便利会计，减少偷骗。规矩制度多从实践中摸索改良而来。百多年的经验累积，一个雏形科层行政机构，逐渐成形[201]。

封建势力在地方政府最强大，地方改制也是变法的重大目标。春秋时期，楚、晋和秦已尝试把新兼并来的土地设为直辖的县，不给大夫作封邑。后来又在边区置郡。郡的面积一般比县大，但人口和经济资源较少，军事责任较重。郡和县的行政机构，各国不同，彼此模仿，逐步改良。商鞅依一贯作风，汲取综合别国的经验。前 350 年代，他有系统地普遍推行县制，把秦国众多的乡邑，合并为 30 多个大县。每县以县令为首，下领管民政的县丞和管军事的县尉，再下是定额俸禄的小吏。秦统一中国后，废封建、设郡县，把中央直辖的新制度，推行全国[202]。

在法家努力下，中国的政治体制从依血缘、图 4a 般的分权封建式，转轨到依功能、图 4b 般的集权科层式。这建国成就世界领先。一位研究古代政治秩序的西方学者评说："在启发现代有限政府上，希腊罗马的先驱极其重要；在发展国家体制上，中国的经验更为重要。"[203]

仁义与功利

经济发展与政治转轨同时进行。儒法两家都希望人民能生活富庶，不过他们衡量政策的观点迥异。儒家主观，着眼个人的心态，尤其是圣主贤臣的仁义意向。法家客观，着眼行动的预期效果，尤其是推行政策将获的社会功利。动机和后果当然有关联，但由于自欺、无知、怠懒、失责、意外、环境不合等种种现实因素，一厢情愿可能适得其反。政策涉及广大人民，其失败或不良副作用可能给人民带来悲惨后果。这现实的可能性，负责任的政治家都必须顾及。大儒荀卿比较留意现实，试图沟通主客观点。可是荀子在历史上备受儒家道统冷落，如宋儒朱熹谓"荀卿则全是申韩"[204]。道统尊崇孟子。下文也偏重孟子思想以与法家比照。

人治主义下，君子以为只要修养自己的仁义意念便成，少有理会如何去实行意向，进而鄙弃这些切实问题为小人之务。孔子曰"君子不器"，斥有意学农的樊迟为小人[205]。儒家承继了封建贵族的傲慢，贬黜分析理性，以及农、法、经济等经验知识[206]。讲经济，少不了计算代价、效率、功利。孔子曰："君子喻于义，小人喻于利。"孟子把相对的贵贱之分，提升为绝对的正邪之辨；把孳孳为利的人，统统打为盗跖之徒[207]。义利不两立，遂成为儒家的道德教条。

孟子到魏国，见梁惠王。王曰："叟，不远千里而来，亦将有以利吾国乎？"孟子对曰："王何必曰利？亦有仁义而已矣。"[208]东汉时王充已指出，答案的"利"和问题的"利"，意义不同[209]。梁惠王想知道孟子建议的有益功效，毫无证据显示他意味罔顾仁义。孟子臆断梁惠王说“利”是由于动机不良，于是实行正君心，灌输仁义意念。

一个人，尤其是身负重任的执政人，面临无数因素，心态动机复杂无比。孔子论仁，便从许多角度、深度、程度，探讨其丰富的内涵、功夫的深浅。孟子看来，这变为“孔子曰，道二，仁与不仁而已矣”[210]。他以笼统的道德教条，把思想意念划分为善恶两极，把异己打入恶栏，危言其祸害。“杨墨之道不息，孔子之道不著，是邪说诬民，充塞仁义也。仁义充塞，则率兽食人，人将相食……作于其心，害于其事；作于其事，害于其政。”[211]同样危言耸听，孟子答梁惠王之问利国曰：“国危矣。”[212]

义利互不相容只是思想两极化的一例，与它并行的是王霸截然对立[213]。王统治人民，霸领导独立的盟国，性质当然不同。不过政治功能不在孟子眼下；他的划分全基于教条。如第1.4节所说，“霸”通“伯”，原意诸侯之长，与希腊的hēgemōn一样，是个带荣誉的尊称。春秋五霸之首的齐桓公，在艰难时局中主盟攘夷、救危国、继灭国、造福人民，孔子也赞许[214]。当然，行为可能转变。例如，雅典带领希腊同盟击退波斯侵略后，转而欺逼属下盟国，所以希腊人改口，不叫它霸主（hēgemōn），而叫它暴君城邦（polis tyrannos）[215]。相反地，孟子贬五霸为假仁义的恶霸，并不根据行为转变。他扭曲孔子的评价，全盘抹杀齐桓晋文，连谈一下都不齿，只因为他们不符合纯粹仁义的王道[216]。管仲助齐桓公一匡天下，很得齐国人民爱戴，孟子却毁他为功卑[217]。委身服务、力行惠民者，派头不及君子般高贵，实绩不如空想般完美，孟子骂为“妾妇之道”，猛踩以自高[218]。他对统治者说，正心而行仁政，易如折枝；仁政而王天下，易如反掌[219]。弟子报怨："道则高矣，美矣，宜若登天然，似不可及也。"[220]谁旁顾实践问题而不正心求一步登天，孟子都痛加鞭挞：梁惠王救灾，他讥为五十步笑百步；宋牼以利害关系劝说秦楚罢兵，他责为鼓励不义；宋大夫减税逐步推行，他讽为偷鸡；墨家讲兼爱功利，他骂为禽兽[221]。

义利、王霸之辨，常被类为儒法之辩。法家人物多实际执政，要为政策的后果负责，所以重视功利，认为王道迂阔、不切现实，会误事祸民。他们讨厌不负责任的理想家哗众取宠，无暇争辩不能验证的人性论，但注重切实的世俗人情。食色声望，人的好恶缤纷，但一般来说，好利恶害乃人之常情。利害的涵义很广，不单指物质。文人好名，父母希望子女有上进的机会，大众追求安居乐业，都属趋利。人们无意冒险，怕惹乡里蔑视，不愿见人伤痛，都属避害。利害与仁义并无基本上的冲突。商鞅曰："法不察民之情而立之，则不成。"韩非曰："凡治天下，必因人情。人情者，有好恶，故赏罚可用。赏罚可用，则禁令可立，而治道具矣。"[222]法家致力建设的制度，求使国家与人民的利害一致，大节上顺民情立法，不顺之处持赏罚二柄左右民情，驱使人民因为对自己有利，所以爱好农战等富国强兵的行为；因为对自己有害，所以嫌恶私斗等损害社会的行为。个人的好恶契合于团体的目标，所以乐于团结合力，从事利己利国利民的军事政治、社会经济建设，共图富强[223]。

注重趋利避害的行为心理学，以及冒最低风险、求最高成益的理论，在今天的政治科学和理性期望经济学里，司空见惯。它们着眼功利效果，但自有道德前提。应用在政治上，行为心理学的基要是信赏必罚。法家强调立信。信基于实行，不生于空言。所以法家循名责实，监察防止官僚滥权、破坏政府信用。韩非曰：“明法制，去私恩，夫令必行，禁必止，人主之公义也。”[224] 法令必行，不宥亲贵的公义，守信于民之外更伸张公道公平，这些都是法治的道德前提。

法家讲利害奖罚，骂它“非道德”的人没弄清楚，道德不限于某家某派的道德教条，有道义也不同于整天把“道义”挂在嘴上。孟子曰：“大人者，言不必信，行不必果，惟义所在。”[225] 这道德口号响亮，但可以文饰高官大人瞒上欺下、敷衍失责，因为它没有涉及伦理的症结问题：义何在？我们用什么原则来判别，某类行为在某种情况下是对或是错、合宜或悖理、义或不义？亲亲尊尊有价值，但公平公义、民富国强也有价值。政府面对广大人民的庞杂价值，如何理性地衡量取舍，安排各种价值在各种现实环境中的先后次序，以求它们能和谐共处？现代伦理学中，举足轻重的大体理论有几个。其中效果论可引申为法家答辩，衍释商鞅之“吾所谓利者，义之本也”[226]。效果论认为，某行为或某类行为的对错应否，应该由此行为所有后果的总价值来判断。效果论中最出名的实利论以幸福来衡量效果，认为我们应该选择能使最大多数人得到最大幸福的行为[227]。当然，效果论或实利论大可非议，但在伦理学辩论中，它与义务论和品德论分庭抗礼。斟酌具体社会正义和公共道德时，它的理论尤为有力。近年有学者研究法家的道德基础，驳法家非道德之毁，这反案等了 2000 多年了[228]。

自汉朝儒术独尊、垄断了“仁义”，士大夫自以为是，懒于深入探讨复杂的伦理问题，但抛空疏的教条口号，排挤异己。按政治思想史学家观察，皇朝儒士“一遇富强之言，即斥为申韩之霸道，不以圣人之徒相许”。宋朝道学家尤其坚持义利势如水火[229]。客观分析政策的效果，少不得实事求是，察看利害。只看主观的仁义意念，容易流入人身攻击，以反功利的教条作为权谋倾轧的借口。思想不正确的大帽子威胁下，士大夫难于公开讨论实际功效，坦诚地衡量社会公利，理性地商榷政策。宋朝王安石变法失败，这就是原因之一[230]。在汉朝的例子，以下屡见。

孟子力倡“善战者服上刑，连诸侯者次之，辟草莱、任土地者次之”[231]。战国时代，把军事外交人才都判了“大罪”[232]，何以保家卫国？孟子的万能对策是“仁者无敌”[233]。例如他叫梁惠王不要犹豫，只要行仁政、得民心，就能使人民掣木棒去对抗秦楚的坚甲利兵了[234]。他对齐宣王说，农民困苦，皆因缺乏耕地。他仁政的中柱是重振井田，使民有份地。尊奉孟子最甚的朱熹也承认：“孟子说得粗疏，只说五亩之宅树之以桑，如其礼乐，以俟君子，未见做得与做不得，只说着教人欢喜。”[235] 挑动一时感情的漂亮理想从不考虑现实情况：使民有耕地当然好，问题是地从哪来？格拉克斯兄弟在罗马土地改革所遭遇的棘手困难，在中国也一样存在，我们将看到两汉间王莽如何因恢复井田而引致天下大乱。孟子不像格拉克斯和王莽般因负责为贫民觅地而致祸。他的高调使仁政没有实施的可能，因为他又要“不得罪于巨室”，又不准垦荒，攻击“辟土地”之臣为“民贼”[236]。

孟子要刑罚的是法家中人；他们又抑制巨室特权，又领导种种建设、开荒分地。法家图富国强兵。儒生攻讦富国为贼民以富君：“天地不能两盈，而况人事乎？利于彼者必耗于此。”[237] 可能他们是君子不器、对经济无知，或暗中把“民”限于仰君主豢养的君子。君主君子争分固定的物资，当然是你赢我输。可是法家思想中，“民”多指从事生产者，尤其是农民。法家重视经验知识，更重视生产，知道一有生产，物资的总量就会因产量而增减。经济政策优良，可以提高总产量，使国与民双方都赢："有益于国，无害于人。"[238]因此列国变法，莫不各显神通，发展经济，或垦辟荒地，或开渠灌溉，以提高生产力。赵、魏、秦等国"制土分民"，大规模划分田地，有系统地分授给小农户。大家都沿袭传统理想的一家百亩，但魏国一亩的面积，比周亩大上一倍。秦和赵最慷慨，它们的大亩等于 2.4 周亩。商鞅鼓励垦荒，并铲除旧有封疆，根据大亩开阡陌，均地授田予小农。授田制帮助家庭农户独立过活，开小农经济的先河，成为后来几代皇朝的典范[239]。

法家授田和孟子鼓吹的井田同具有平等理想。然而后儒窃取授田的功绩以歌颂孟子，却犯了基本错误。授田泽民见功，重振井田终成空论，原因不止孟子罔顾实施上的问题。授田引进一个新概念，促进井田瓦解，代之以一个崭新的社会经济制度。汉儒董仲舒说"商鞅之法，改帝王之制，除井田，民得买卖"[240]。不错，可以私下买卖的地产权，是授田有别于井田的创建。说它"以贪狼为俗"，显示汉儒的反功利思想。把它全算到商鞅头上，却不符史实。同一块土地上可以三权并立：疆域统治权、地产拥有权、土地使用权。三权清晰，即可分别归属：国家统治、业主拥有、租客使用。井田制里，村民有份地的暂时使用权。主权和产权，在西周混沌未分，孔子所谓"贵为天子，富有四海之内"[241]。春秋时代三权逐渐解缠，但尚未明朗。古时"田里不鬻"[242]。田地或有易手，但缺乏公认的买卖手续和保障。春秋战国之交、赵襄子之时，有两个人因学问而得官职，其乡一半人"弃其田耘，卖宅圃而随文学。"[243]地产权不比房产权清晰，耕地没有市场交易，所以只好弃之。地产权即使今天也异常复杂，因为土地天然，要把它作为私人财产，必须有法律明确规定何谓占据、利用、收入、买卖、处置，还要有可靠的地界测量，才能和平解决无穷纷争。在逐渐建立这些制度上，法家功不可泯。私有地产制带来巨大动力，推进经济，富裕民生，井田共耕实在望尘莫及[244]。

农民的自由流动性，在井田制和授田制下也大有分别。耕地是农民的生计。私有地产制下，人民能买卖田地，因而有觅地迁居的自由，所以授田的政府同时设立户籍。户籍控制人口，但比之于井田制下世代被绑在土地上、孟子理想的“死徙无出乡”[245]，农民的情况是显著进步了。

井田授田的第三分野，是政府收入的方式。孟子拥护的“助而不税”征收无偿劳力，井田的村民必须无代价耕作公侯的田地。这制度下，农民的利益和公侯的利益对立。结果如时人形容：“民不肯尽力于公田”，“公作则迟，有所匿其力也。分地则速，无所匿其力也”[246]。难怪孟子大叫“上下交征利而国危矣”，要人改造思想，不曰利而曰义：“未有义而后其君者也。”[247]可是孟子虽然相信人性本善，但认为庶人“所以异于禽兽者几希”[248]。到头来，他的仁政还是诉诸强制，“公事毕，然后敢治私事”[249]。公田供养公侯君子。天旱争水灌溉、风雨前抢收作物，逼村民先顾公田，显示出最贵的是什么民。

儒家灌输教条，法家改良制度。法家察人情、谙经济，重视农民的利益，设法把它与国家的利益相契合。商鞅曰“訾粟而税，则上壹而民平”。政府依照统一而平稳的税率，根据每年所生产的粟量征税[250]。这制度类似现代的所得税。经济蓬勃时，全国总产量增加，人民富有，国家税收也多。要刺激经济，必须提供生产机会，鼓励人民的生产热情，这是法家的富国富民方针。韩非指出：“夫耕之用力也劳，而民为之，曰可得以富也。”人民最热心肯干是为了丰裕自己的家庭。重敛使民劳而不富，打击干劲，可能导致经济萧条，产量减少，人民和国家两下都穷。为了使人民“勤则富”，商鞅认为税率要低而公平，税收更不能用来奖励花言巧语的寄生虫，使生产者泄气[251]。他的政策是重征游手闲汉，轻赋勤力耕织、多产粟帛的人，优异者甚至得免税。司马迁的《史记》说，商鞅第一次变法，“行之十年，秦民大悦，道不拾遗，山无盗贼，家给人足”。第二次变法，“为田开阡陌封疆，而赋税平……秦人富强”[252]。秦始皇石刻称“上农除末，黔首是富”，并非全是虚夸。上下交相利而国富民裕矣。

《史记》还说，“商君相秦十年，宗室贵戚多怨望者”[253]。怨毒并不因杀害商鞅而息，因为法家所建设的制度不败。权益阶层如何反动，第五章再说。

2.10 从贵族统治到中央集权

从城邑到大国，从东周列国的宗法封建到中央集权，从罗马共和国的贵族集体统治到贵族内战。中西双方，从迥异的起点，经历数世纪，趋向中央集权的帝国。结局虽然同属一山，但由于经验历程不同，两方所达，犹如山之东陲西麓[254]。罗马帝国和秦汉皇朝同中有异，起初200年间尤甚。罗马以其庞大的常备兵团见著，秦汉则以文治政府见称。皇室之下的统治阶层，在罗马是一色的巨富贵族，在汉初则是身家学识缤纷的平民。这些分歧是怎样形成的?

政治衍化复杂。以上叙述涉及多方面，单是“贵族”一词，已有政治体制、运作机构、社会身份几种涵义。民主制、贵族制、君主制等体制，是指国家政治权柄的正式架构。操运权柄依靠人手和组织人手的机构。各种政府运作的机构形式，例如贵族系统、科层系统，组织和效果都不同。出任官职、辅助操运权力的人们组成国家的政治精英。精英的社会成分，如贵族、平民，对政治影响甚大。

权柄（authority），法家所谓“势”，带有合法合理、令人心服的意味，所以掌柄者常自称有道有德。众所认为，掌权柄者的命令理应受到遵从。如果掌权者的命令实际上被遵从，那他具有能贯彻命令的权力（power）[255]。现实中，权柄和权力不容易分清，一来因为二者常同聚一人，二来因为“理应”的涵义时常模糊。然而，从史籍所谓有柄无力的傀儡，或有力无柄的僭君，可见人们知道权柄和权力并不尽同。

政体制度把国家的最高权柄有系统地分配给各类国民。借用亚里士多德的范畴，国民可粗分作“大众”、“小撮”、“一人”三派。大众掌权柄，叫民主制。小撮掌权柄，叫寡头或贵族制。一人掌权柄，叫独裁或君主制[256]。不管哪一种纯粹的体制，都是理论中多，实际上少。普里卜斯指出，罗马共和国是三者的混合品。周代宗法封建，更塞不入任何一个框框。有天子不一定就是君主制。周王只是诸侯共主，并无集权。关键在大众、小撮、一人怎样分权。而且权柄分布，因时而变。

在我们故事的初期，三派或轻或重，都有点权，互相制衡。“大众”不指全民，只指那些可以稍微参与政治讨论、在决策中有点分量的平民：罗马共和国中的自耕农，或春秋侯国中的国人。两者都是社会的中层阶级，并且是军队的后备，凭实力分沾权柄。身为一人的罗马执政官或周王，虽然最为显赫，但实际上只是贵族群中的大哥。权柄大部分落在小撮，即罗马元老院，或世袭的诸侯大夫。粗言之，中西政局皆由贵族支配。

历史进程中，贵族之间互相争权，使政局紊乱，战火频燃，社会动荡，生民涂炭。一人脱颖而出，笼络大众的力量，用以制服小撮，重建安宁。权柄重新分配，改变的不只是政体，各派的本质也如脱胎换骨。罗马自具耕地的小农受驱策奴隶的富豪压逼，地位日减，退出军队。本来征发中产公民的兵团，转而募用贫民。野心勃勃的将军，挥着银币和退伍后配地的诺言，收买兵团、煽动民众大会，最后压服了贵族主体的元老院。东周列国的国人村社崩溃、战车技术过时，逐渐与野人混合难分。列国君主变法集权，分田配地，鼓励自具耕地的小农，编他们入步兵队伍。新型的政府机构有效地组织大众人民，直接向他们征税征兵，不再依靠贵族的中间人。封建贵族的政治功能消失，沦落为奢侈赘疣，权力也危危欲堕。中西双方的权柄终于皆集中在一人，即继承罗马将军或秦国君主的皇帝。

中西两方营建君主集权，时在不同的军事扩土阶段。在征服地中海的整个过程中，罗马始终保持共和国的体制。这城邦机构逐渐无力控制日益庞大的兵团，使贵族将军能坐大专横。内战的惨痛经验驱使赢家奥古斯都一面改组政府、一面不懈养兵。相反地，战国七雄在大型战事之前已各自变法镇压贵族。有效率的行政机构，一面动员人力、扩大战事，一面紧执军队的笼缰。终于，变法最彻底的秦击败六国，把它的体制机构，推行全中国。政治改组的不同时机，部分解释为什么皇帝之下，罗马帝国的权在军队，秦汉皇朝的权在文臣。

不论它属什么政治体制，一个政府必须有操作事务的管理机构。社会学把行政机构粗分为两大类：家长式和科层式，前者偏重官员的性质，后者偏重官职的组织。两者可以同时并存，而且争做同一功能。

家长式的机构有世官、买官、荫庇、包收税款、收费听讼等等。这些有油水的机构在历史上常为贵族霸占，所以也称贵族式机构。它的特色是：坐领有政治功能的官位者，都是或出身显赫、或有钱有名的家长式人士。官员不必领薪，但可以在行政中牟利，以资报酬，亦即可以利用职位来益增私人的威望，而且手段时常少受节制[257]。

科层式机构把繁杂的行政职位，因功能分科别类，因权责组织成阶层系统。每个职位有明确的工作、经费、权柄、在系统中的上司下属、任职者的资格和薪酬。官员的有限权柄来自官位。他依照章程办事，除了规定的薪酬外，不得利用官位谋取私人利益。除了最简单的管理外，科层机构的公平和效率，一般远胜家长式机构。在现代，不论政府或民营大企业，全部采纳科层管理系统，大有道理。

家长式机构盛行于大部分古代政体，包括罗马共和国、春秋封建侯国。法家创建以替代宗法封建的机构，即如秦汉的三公九卿制，是科层组织的雏形（第 6.5 节）[258]。罗马帝国后来也走这条路。较为合理有效的行政机构，是秦汉皇朝和罗马帝国的伟大成就，可惜似乎逢时过早，发育不得健全。今天科层系统司空见惯，使我们容易忘记，罗马帝国灭亡后，它在欧洲要到 15 世纪才重现，19 世纪才成熟。根深蒂固的贵族为了保存自己权益，强硬反对。在中国也一样。我们将会看到，汉朝儒术独尊后，很多家长式的意念东山再起，弥漫科层形式的政府机构。摆架子、拉关系、走后门、利用官位益增私人名利，不叫贪污而叫道德，成为皇朝官僚的运作风气（第 8.4 节）。科层系统（bureaucracy）标榜科署部门（bureau），如财政科、公安局，皆指法定的服务职位，与法治互相配合。中国俗称之为标榜人事、与人治相配的“官僚系统”，反映了法骨儒气的特色。

君主制的权柄集中在皇帝手中。然而，一个人绝无可能运用无穷权柄。要统治奏效，皇帝必须得到小撮的辅佐，但这小撮不是强蛮的旧贵族，而是个顺从皇室、与之互利的统治阶层。在罗马帝国和秦汉皇朝的兴起史中，一人的集权，与小撮的驯服变化，相应并行。

古代的非宗教政治精英泛称贵族。世界各地的贵族，形形色色，未必正式世袭，但皆手操大权，高高在上，对低等人即不欺逼践踏，也颐指气使，生活讲究出众派头；沾沾自满，自以为人格品德也特别高尚。他们多维护现状、排挤外人，保卫自己的既有权益，更不遗余力[259]。罗马和中国的贵族，不免傲慢保守的通性，但亦不乏各自的特色。罗马共和国诞生于竞争剧烈的国际形势，其贵族活泼彪悍，率直笃实，富公共精神，擅长理性协商、政治组织。春秋贵族享受了数百年的尊逸，雍容文雅，宴会或论政时常赋诗；这习惯罗马贵族要待征服了希腊后才开始沾染[260]。封建贵族世袭爵位、采邑、卿禄；综揽权力、财富、名望；对政治经济等概念，则含糊不清。在日新月异的战国情势下，他们抱残守缺，迂阔自大，逐渐脱离现实，无能与思想创新的法家竞争。然而他们的精神遗传，日后造就儒家士大夫成为中国皇朝的“文化贵族”。

未来皇朝、帝国的统治精英在一人之下、万人之上，权益巨大。然而，比起封建或共和时代光是万人之上的权益，却大为逊色。贵族拼命反抗。东西两方，君主派和贵族派争权，终于大打出手。内战残酷，最受害的是普罗大众。

2.11 奴隶与自由

一位西方马列主义史学家说，中国和罗马是截然不同的文明，基于明显相异的生产模式：中国没有像罗马般采取奴隶生产模式[261]。中国也不像罗马般盛行政治自由的概念。这两大分野，是否有关联？

名不正则言不顺。我赶紧解释，这儿说的“自由”不是逍遥自在的个人心境情态。意趣逍遥是中国人所熟悉的，如词人李煜的《渔父》“万顷波中得自由”。这儿说的是政治自由，freedom，liberty，含社会、人权意义。

这儿说的“奴隶”（chattel slave），指一种独特的社会阶级，并不包括很多普通泛称奴役者。剥削压逼风行世上所有社会，战争频繁的古代尤甚。然而并非所有被压逼的人们都组成一个独特的阶级。古来大批人被逼做苦工筑城开矿，但即如罗马人指出，他们要么是战俘，要么是依法服刑的罪犯，不是奴隶[262]。要政府拍卖俘虏囚犯，他们的身份才改变。奴隶有异于农奴、门客、佣仆、徭役士、债务犯等身不由主的劳工，因为只有奴隶类属货品，主人对他有法律承认的财产权，可以随意买卖。他不止像其他奴役者般丧失了劳力，而且更丧失了人格。亚里士多德所谓“奴隶是活的工具，一如工具是死的奴隶”，是个切实的比喻[263]。希腊罗马的法典详细规定奴隶的非人地位，剥夺他们亲戚婚姻等一切人类关系。奴隶制不是原始的暴力凌虐，而是基于文明的法定财产权[264]。

中国有信史以来，即记载战俘和臣民所受的种种残酷待遇。有些中国的马列主义学者统称之为“奴隶社会”，因为他们的定义广泛，甚至把所有庶民都当奴隶，与本书的定义不同[265]。按上述定义，奴隶明确出现，要到战国年代，与私有地产权成型差不多同时[266]。社会公认的奴隶阶级和买卖随意的奴隶制，与皇朝中国始终并存。奴隶多出身罪犯。三代已行的连坐，罪及家人，使更多人沦没为奴。此外也有因负债、贫穷而卖身鬻儿的。除了矿、泽和各种手工业，奴隶多担任家务。加起来，汉朝时他们的总人数不及全国人口百分之一[267]。

社会学区分两种社会，一种有奴隶，一种基于奴隶。前者的奴隶人数少，而且没有明显的社会经济作用。后者采取马克思所谓奴隶生产模式，奴隶的人数多，占全人口的可观部分，负担显著的生产任务，供给精英的大部分直接收入[268]。

有奴隶的社会，历史上数以百计，皇朝中国便是一例。基于奴隶的社会，只有五个见载世界历史。两个在古代：雅典和很多希腊城邦（但不包括斯巴达）；罗马辖下的意大利、高卢和西班牙（但不包括帝国全部）。三个在现代：内战前的美国南部；西班牙在加勒比海的殖民地；葡萄牙统治的巴西。每个社会的奴隶人数，高峰时都超过全民三分之一[269]。

这短名单叫人奇怪。雅典和美国是自由民主的招牌货，罗马共和国虽非完全民主，但也以标榜自由见称。“为什么最大声喊叫自由的人，不少也最热衷驱策黑奴？”一位目睹现代奴隶制的学者问[270]。史家发现这谜团自古而然。“公民自由最高扬的城邦，正是奴隶最泛滥的城邦；雅典便是首例。”[271]世界上第一个民主政体，正是世上第一个基于奴隶的社会。两者的兴起，又正值政治自由概念的诞生。这两个巧合是否都是偶然？

这谜团令我们想到另一问题：为什么传统中国缺乏政治自由的观念？一般归咎于中国社会严守上下尊卑。这解释无疑有点道理，但反面例证显示它有漏洞。学者指出："罗马的社会等级森严。所有社会和政治生活都因身份而异：自由民与奴隶，公民与非公民，元老与骑士，老牌贵族与平民贵族，界线分明。这一点值得强调：每个罗马人都自知其地位。"[272] 然而罗马人崇尚自由。解释何以中国缺乏自由概念，是否可补充以另一在中国不见、但在罗马及其自由先驱的雅典瞩目的现象：蔚然成经济基柱的大量奴隶？

概念的功能在辨别事物。没有什么好类别时，少有概念产生。"自由民"一项，若出现在今天的人口调查表上，非但多余，而且顿成丑闻。所有人都生来自由，理所当然，何须"自由民"这范畴？在西方，自由民与奴隶对立。在中国，奴隶属贱民，与良民对立。少许奴隶不吸引社会深思。历史社会学家解释："只有当奴隶（在古代希腊）成为役附生产的主力时，与奴隶相反的自由概念才应运而起。人们遂发明新名词以表达新概念。freedom 一词，没可能直译为巴比伦文或中文。"[273] 巴比伦和中国不是基于奴隶的社会。

历史上 5 个基于奴隶的社会，罗马的规模最大[274]。它的法律有一大部分涉及奴隶的问题。会思想会说话的财产成为社会经济上不可缺少的工具，自然激发人们积极反思，澄清"非奴隶"的意义[275]。古典学者解释："自由的意念，以及对它的评价，都因奴隶经济发展而起。"[276]"在罗马，一如在希腊，自由主要指与奴隶相对的法定地位。"[277]"奴隶负担耕作，使自由小农有闲暇参与政治、运用其政治权；使贵族有资源生活奢侈、玩权谋以图控制公众事务。"[278]"团结公民的民主体制，有效地控制人数日益膨胀的奴隶……以自由为傲的公民小农害怕与奴隶为伍，提防他们扰乱，甘愿为奴隶主效劳镇压。”[279]“简言之，希腊历史的特征之一，是政治自由与奴隶制度，同步迈进。”[280]细看世界历史上的民主先锋，我们发现一群排外性特强的公民，协商成功，承认彼此的平等和自由，部分因为他们能大量抓外人作奴隶，把不平等、不自由丢到奴隶身上，以维持自己内部的辉煌民主体制。这是经济学上“排出代价”的又一例。

同是人类，奴隶的悲惨命运难免激发奴隶主文过饰非。希腊诗人欧里庇德斯在一悲剧中说：

> 希腊人命中注定统治野蛮人，野蛮人不能统治希腊人。他们生来是奴隶；自由在我们血管里流动[281]。

亚里士多德引申欧里庇德斯：“很显明地，有些人生来自由，也有些人生来是奴隶。对后者，奴隶制非但有益，而且正义。”[282]这是当时的流行思想[283]。伤害上加侮辱，奴隶主责怪受害者，把自己强加在他们身上的苦难，说成是天生奴性的应得报偿。奴隶既然道德低劣，相对的自由民当然道德高超[284]。于是踩在奴隶背上的奴隶主，高唱自由的优越。

现代自由主义民主政体中，最风行的概念从负面看，不说自由所有而说其所无：自由乃没有拘束压逼，尤其源自政治的压逼。一位著名的自由主义哲学家解释：“所谓压逼，是我相信别人阻扰我的意向欲望，不论阻扰是直接或间接、有意或无意。这意念下，自由是不受别人干扰。不受干扰的空间越大，我的自由越大。”[285]

自由等于不受压逼的想法，古人也有。“压逼”的广泛涵义，会帮助我们明白罗马内政外交上的种种自由观念[286]。作为小民抗拒权贵压逼的盾牌，自由概念扶植平等的公民权，这是罗马人民在共和国早期阶层斗争中的辉煌胜利品。另一方面，权贵豪强希望为所欲为，凡是干扰他们横行的，都视为压逼：我要你的东西，你不肯给我，阻碍了我的欲望，侵犯了我的自由。于是自由成为罗马侵略掠夺的理由。史学家发现："很多古典文献意味、甚至明言，自由之一种是自由地奴役他人。"[287]在自卫和掠夺两极之间有一连串不同的自由，其道义对错，必须逐个细心斟酌。"自由"的大口号和"仁义"的大口号一样动听，但深思熟虑的哲人警告："我们最好记住，自由等于不受压逼的概念，与巨大持久的社会罪恶，并不相悖；而且（在意念影响行动下）会助长凶焰……狼的自由常是羊的死刑。"[288]

【注释】

[1] Chang et al 2005：210-23. Potter 1987：19-21，71，75. 图片见www.chinaandrome.org/Simplified/culture/housing.htm.

[2] 赵冈 2006：43-5。杨宽 2006b：35-9。

[3] 许倬云 2006a：78-9。

[4] Cornell 1995：204-7，283. Forsythe 2005：116-7.

[5] 许倬云 2006a：79-85。

[6] Cornell 1995：380. Scullard 1980：207.

[7] Huntington 1968. Tilly 1975. Downing 1992. Rosenstein 1999，2009. Hui 2005.

[8] Huntington 1968：123. Tilly 1975：42.

[9] Tilly 1985. Pitts 2005.

[10] Aristotle，*Politics* 1326a，1276a.

[11] Hopkins 1978a：74-76.

[12] Mokyr 1990：3.

[13] Mokyr 1990：25.

[14] Finley 1983：108-9.

[15] Drews 1993：75. Cornell 1995：33. Forsythe 2005：25. Hopkins 1978b. Greene 2000.

[16] Cotterll 1980：14.

[17] 杨宽 2004。Read 1934. Barraclough 1984.

[18] 杨宽 2003b：42-57。Barraclough 1984：29-33. Wagner 1993：Ch. 7. Temple 1986：42-44.

[19] 杨宽 2004：28-36。许倬云 2006a：137-8。Wagner 1993：95，206-7. Li，X. 1985：327-8.

[20] Cotterell 1981：27，67，90. Portal 2007：174-5.

[21] Wang，Z，1982：122-3. Mokyr 1990：23-4.

[22] Pliny 34.41.

[23] Homer，Iliad，18.541-543. Fine 1983：38-9.

[24] Drews 1993：106-25. Cotterell 2004：3，105-7，128-131.《左传》宣 12，成 3，成 16。

[25] Lakoff 1996：39. 参考 Mann 1986：197-8.

[26] Creveld 1999：26. Crawford 1993：29f. Cornell 1989.

[27] Brunt 1988：246. Hopkins 1978a：21. Potter 1987：106，113. Kolendo 1993. Cornell 1989.

[28] 杨宽 2003b：160-1，166，176-7。Leeming 1980.《礼记・王制》。

[29] Cornell and Matthews 1990：49. David 1997：71.

[30] Leeming 1980. Lewis 1990：63，273.

[31]《汉书》24 上：1124-5。

[32] Dionysius，引自 Hopkins 1978a：4. Livy 3.13，3.26.

[33] Scheidel 2009b：170-8. Mann 1986：194-5. Cornell 1995：288，394-7.

[34] 图片见 www.chinaandrome.org/Chinese/culture/economy.htm.

[35] 杨宽 2003b：131-42。李剑农 2005：49-67。Scheidel 2009b：139-47.

[36] 杨宽 2003b：436-9。Flower 1996：209-11. Steadman，Palmer，and Tilley 1996：68.

[37] Steadman，Palmer，and Tilley 1996：68.

[38] Hölkeskamp 2004. Arjava 1998。

[39] 瞿同祖 2007：27-31。Eastman 1989：Ch. 2. Fairbank 1992：18.

[40] Syme 1939：314.

[41] 冯友兰 1944：5-6。Schwartz 1985：67-75.

[42] Crawford 1993：p. 73. Beard and Crawford 1985：52-53.

[43] Astin 1989：180. Brennan 2004：43. 56.

[44] Shaughnessy 1999：318-22，331-2.

[45] Brunt 1988：43，322.

[46] Cicero，Laws 3.31.

[47] 萧公权 1946：64-6。Nivison 1999：749-50. Pines 2002：125-9.

[48]《尚书·大禹谟》。《史记》6：247。

[49] 梁启超 1996：95-7。Yan 2011：28.

[50] 梁启超 1996：90-1。

[51] 钱穆 1989：55。刘泽华 2004：208-18。黄建跃 2013：37-59。

[52]《左传》昭 29。详见 7.9 节。

[53] Livy 2.1.

[54] Scullard 1980：Ch. 3. Cornell 1995：chs. 10 and 13.

[55] Cornell 1995：Chs. 10，13.

[56] Raaflaub 1986a. Ste. Croix 1981：332-337. Ungern-Sternberg 1986.

[57] Cornell 1995：268-70，328-30. Scullard 1980：81-83.

[58] Scullard 1980：84.

[59] Brunt 1988：309. Nicolet 1993：20-21. Raaflaub 1986a.

[60] 吕静 2007：286-9，295。

[61] Cornell 1995：258-265. Scullard 1980：84-86.

[62] Cornell 1995：276-278，339-344. Raaflaub 1986a. Ungern-Sternberg 1986.

[63] Millar 2002a：98，168.

[64] Sallust，*Jugurthine War*，41. Scullard 1973：242. Brunt 1988：69.

[65] Crawford 1993：75. Astin 1967：169.

[66] Hopkins 1978a：4，9，38，53-5，67-8，102-5. Scheidel 2012a：90-5.

[67] David 1997：90-5. Rathbone 1981：11，19-20.

[68] Brunt 1988：73，256. Beard and Crawford 1985：4.

[69] Hopkins 1978a: 40, 58-59. Brunt 1988: 73, 256.

[70] Hopkins 1978a: 40.

[71] Gabba 1976: 5-10. Crawford 1993: 96-8.

[72] Astin 1967: 44, 186-225, 306-10. Boren 1968: 46-59, 60-70.

[73] Crawford 1993: 116-122. Boren 1968: 124-6.

[74] Astin 1967: 216. Riddle 1970.

[75] Appian 1.17.

[76] Finer 1997: 412, 416.

[77] Sallust, Juthurthine War 41.

[78] Gabba 1976: 3-12. Keppie 1984: 61-3.

[79] Brunt 1988: 241, 253-5, 273. Gabba 1976: 17-8, 39-42. Crawford 1993: 125-6.

[80] Polybius 6.18. Cicero, Republic 1.69, 2.54-65.

[81] Finer 1997: 396. Lintott 1999: 1-2, 34.

[82] Polybius 5.11, 5.12. Lintott 1999: Ch. 7, 192-5. Finer 1997: 397-407. Beard and Crawford 1985: 32-59.

[83] Nicolet 1993: 18. Lintott 1999: ch. 7, 121-29, 192-5.

[84] Polybius 6.13. Lintott 1999: Ch. 6, 196-9. Finer 1997: 408, 414-6.

[85] Polybius 6. 14. Millar 1998: 46-48.

[86] Lintott 1999: ch. 5, 199-208.

[87] Beard and Crawford 1985: 42-45. Hopkins 1983a: 108-111.

[88] Brunt 1988: 24-5, 145. Nicolet 1993: 27.

[89] Livy 34.31.

[90] Crook et al 1994a: 769. Millar 2002a: 111, 165.

[91] Hopkins 1983: 114.

[92] Astin 1989. Cornell 1995: 378. Gruen 1974: xi.

[93] Finer 1997: 413.

[94] Millar 1998: 8-11.

[95] Salluts, *Jugurthine War* 41.

[96] Cornell 1995: 348-50. Scullard 1980: 111-4. Forsythe 2005: 290-2.

[97] Cornell 1995: 271, 301.

[98] Crawford 1991: 29.

[99] Cornell 1995：363.

[100] David 1997：21. Ste. Croix 1981：519-21. Crawford 1993：21，35.

[101] Livy 24.2，参考 23.14.

[102] Polybius，27.9. 参考 Livy 35.34，42.30.

[103] Derow 1989：322-3.

[104] Beard and Crawford 1985：42-45. Hopkins 1983a：108-111.

[105] Wells 1992：214-5，246. Harris 2011：19-20.

[106]《左传》闵 2。

[107]《左传》僖 18，僖 32。

[108] 杨宽 2003a：395-7，423-4。杜正胜 1979a：29-30。

[109] 杜正胜 1979a：29-30，64-9，76-84。杨宽 2003a：185-211。

[110]《国语·齐语》。杜正胜 1979a：33-5。杨宽 2003a：396-409，422-424。

[111]《周礼·小司寇》。杜正胜 1979a：32-6。杨宽 2003a：402-3。

[112] 杜正胜 1979a：132-6。童书业 2006b：312。顾德融等 2003：354-356。

[113] 杨宽 2003a：426-436，441-445。童书业 2006b：133-6。

[114]《左传》僖 24。杨宽 2003a：374-84。

[115]《左传》僖 24。童书业 2006b：243-5。杨宽 2003a：374-84。

[116] 杜正胜 1979a：99-101。童书业 2006b：147-8。蔡锋 2004：58-63。

[117] 刘泽华 2004：208-10，238-9。黄建跃 2013：33-59。顾德融等 2003：286-7，312。

[118]《左传》桓 2。

[119] 许倬云 2006a：2，63-6。钱穆 1940：42-5。

[120] 梁启超 1996：9。

[121]《左传》襄 25。昭 14。杨宽 2003a：449。黄建跃 2013：57-9。

[122]《左传》昭 25。童书业 2006b：146-8。杜正胜 2003：116-7。

[123] 梁启超 1996：48-9。余英时 2003：359-60。Tan 2002：167-75.

[124] 吕思勉 2005a：194。许倬云 2006a：34-9，94-105。

[125]《管子·明法》。童书业 2006a，174-5，183-194。顾德融等 2003：101-7。

[126] 童书业 2006b：95-7。顾德融等 2003：356-8。

[127]《左传》昭 32。

[128] 许倬云 2006b：283-4。

[129]《左传》昭 6，昭 29。

[130] 王夫之《读通鉴论》；杨宽 2003b：4 引。

[131] 杨宽 2003b：154-60。林甘泉等 1997：19-23。

[132] 许倬云 2006a：139-52。杨宽 2003b：42-67，102-29，131-44。

[133] 刘泽华 2004：94-5。许倬云 2006a：106-8。余英时 2003：7-16。

[134] 刘泽华 2004：19-22。Bodde 1986：48.

[135] Aristotle，*Politics* 1321a.

[136] 蔡锋 2004：43-7。刘泽华 2004：16-22。余英时 2003：16-19。Pines 2009：136，161-2，168.

[137]《论语・述而》。钱穆 2000：30，42，48，94-6。冯友兰 1944：80-2，92-6。

[138] 钱穆 2000：70-8，100-7。

[139]《论语・季氏》。何怀宏 2011：131-40。

[140] 钱穆 1940：93-101；2000：48。冯友兰 1944：70-2，84-9。萧公权 1946：61，69，74。

[141] 杨宽 2003b：188-211。

[142] 萧公权 1946：239-44。刘泽华 2008：120-4。

[143]《孟子・告子下》。

[144]《孟子・公孙丑下，滕文公上》。

[145]《史记》130：3288-9.

[146] 刘泽华 2008：52-6。张分田 2009。

[147]《孟子・尽心下》。《商君书・定分，更法》。《管子・牧民》。

[148]《论语・季氏》。《管子・国蓄》。

[149] 吕思勉 2005d：88。

[150] 许倬云 2006a：109-10。宋洪兵 2010：70-3，136-44。Pines 2009：188，198-203.

[151]《孟子・梁惠王下，滕文公上，离娄上》。杜正胜 2003：99。

[152] 吴起语引自《韩非子・和氏》。

[153] 萧公权 1946：20，22。

[154] 冯友兰 1944：383。萧公权 1946：206。

[155] Brunt 1988：148. Wood 1988：151.

[156]《孟子・滕文公上》。

[157] 余英时 2003：vi。Perry 1992：148，151-56. Bell 2008：14-8.

[158]《庄子・天下》。《史记》74：2343。

[159] 钱穆 1940：107，101。萧公权 1946：22。

[160]《史记》47：1911。

[161]《孟子・梁惠王上》。

[162]《孟子・梁惠王下，公孙丑下》。

[163]《孟子・滕文公下》。

[164]《孟子・滕文公下，尽心上》。《诗经・伐檀》。

[165]《墨子・非儒下》。《庄子・盗跖》。冯友兰 1944：73-5。

[166]《商君书・垦令，农战》。《韩非子・显学》。

[167]《孟子・ 尽心上》。

[168]《论语・颜渊》。

[169]《孟子・ 梁惠王上，尽心下，离娄上》。

[170]《礼记・中庸》。

[171] 梁启超 1996：95-7。萧公权 1946：70-1。Pery 1992：149-51. Schirokauer and Hymes 1993：27-8，43-4.

[172]《论语》2.21。钱穆 1989：124。

[173]《孝经・孝治》。

[174]《孟子・尽心上》。

[175]《孟子・梁惠王上，告子下》。

[176]《礼记・礼运》13。

[177]《孟子・离娄下》。

[178]《孟子・离娄上》。

[179]《韩非・难势》。梁启超 1996：176-80，258-60。

[180] 刘泽华 2004：208-18，233-41。宋洪兵 2010：379-86。阎步克 1996：177-8。

[181]《管子・ 任法》。《商君书・修权》。

[182]《管子・ 形势解》。《商君书・ 壹言，算地》。《韩非子・定法》。

[183]《管子・法法》。

[184]《商君书・修权》。

[185]《韩非子・有度》。

[186] Bodde and Morris 1967：29-30.

[187]《韩非子・难三》。

[188]《商君书・定分》。刘海年 2006：61-3。郑秦 1997：79-81。

[189]《商君书・定分》。《韩非子・八说》。

[190]《左传》昭 29。梁启超 1996：187-8。萧公权 1946：243。

[191]《史记》68：2231。

[192]《商君书・修权》。《史记》68：2231。

[193] 冯友兰 1944：389-91。宋洪兵 2010：156-89。

[194]《商君书・壹言》。《韩非子・功名，难势》. 萨孟武 1994：113，130-2。

[195]《商君书・禁使，开塞》。

[196]《韩非子・用人》。

[197] 萨孟武 1994：129-30。

[198]《商君书・修权，禁使》。冯友兰 1944：389-91。

[199]《韩非子・外储说右下，定法，二柄》。

[200] 见第 7.6 节。

[201] 杨宽 2003b：192-220，252-69。许倬云 2006a：110-3。

[202] 杨宽 2003b：206，226-231。

[203] Fukuyama 2011：21.

[204] 阎步克 1996：195 引。Xu 2011：161.

[205]《论语・为政，子路》。

[206] 钱穆 1989：121-2。吕思勉 2005a：272-3。

[207]《论语・里仁》。《孟子・尽心上》。冯友兰 1944：162。

[208]《孟子・梁惠王上》。

[209] 王充《论衡・刺孟》。

[210]《孟子・离娄上》。

[211]《孟子・滕文公下》。

[212]《孟子・梁惠王上》。

[213]《孟子・公孙丑上，尽心上》。

[214]《论语・宪问》。

[215] Thucydides 2.63，3.37. Wickersham 1994：4，20. Münkler 2007：43-4.

[216]《孟子・梁惠王上》。

[217]《孟子・公孙丑上》。

[218]《孟子・滕文公下》。

[219]《孟子 · 梁惠王上，公孙丑上》。

[220]《孟子·尽心上》。

[221]《孟子·告子下，滕文公下》。

[222]《商君书·壹言》。《韩非子·八经》。

[223] Schwartz 1985：328-30. 许建良 2012：217-30。

[224]《韩非子·饰邪》。

[225]《孟子·离娄下》。

[226]《商君书·开塞》。

[227] Schwartz 1985：328-30. Scheffler 1988.

[228] 宋洪兵 2010。王兴尚 2011。许建良 2012。郭春莲 2012。

[229] 萧公权 1946：480。陈荣捷 1996：65-7。

[230] 沈松勤 1998：48-88。

[231]《孟子·离娄上》。

[232]《孟子·尽心下》。

[233]《孟子·梁惠王上、下，公孙丑上、滕文公下，离娄上，尽心下》。

[234]《孟子·梁惠王上》。

[235] 朱熹，钱穆 1971：24 引。

[236]《孟子·离娄上，告子下》。

[237]《盐铁论·非鞅》。

[238]《盐铁论·非鞅》。

[239] 杨宽 2003b：166，176-181，204-5。王勇 2004：55-60。许倬云 2006a：132-5。

[240]《汉书》24 上：1137，1135；56：2510。

[241]《礼记·中庸》13。

[242]《礼记· 王制》32。

[243]《韩非子·外储说左上》。余英时 2003：12。

[244] 林甘泉等 1997：4-18。

[245]《孟子·滕文公上》。

[246]《公羊传》宣 15 何休注。《吕氏春秋· 审分》。

[247]《孟子·梁惠王上》。

[248]《孟子·离娄下》。

[249]《孟子·滕文公上，离娄下》。

[250]《史记》68：2230。《商君书·垦令》。

[251]《韩非子·五蠹，显学》。《商君书·说民，壹言》。

[252]《史记》68：2231-2。杨宽 2003b：203-4。

[253]《史记》68：2233。

[254] Scheidel 2009：13-20.

[255] Lucas 1985：16.

[256] Aristotle，*Politics* 1279a-b.

[257] Max Weber，quoted in Bendix 1977：429.

[258] Fukuyama 2011：Ch. 6.

[259] Aristotle，Politics 1279a-b，1294a. Stone 1967：5-6. Mann 1986：170.

[260] 余英时 2003：18。Hopkins 1978a：76，79.

[261] Anderson 1974：419.

[262] Wiedemann 1981：7，120.

[263] Aristotle，*Ethics*，1161b.

[264] Finley 1980：73-7. Wiedemann 1981：1-13. Gardner 2011.

[265] 杨宽 2003a：283-6。白寿彝 1994 卷三：250-2，289，315-8。

[266] 吕思勉 2005a：276-8。Pulleyblank 1958：193.

[267] 瞿同祖 2007：140-64。Hulsewé 1986：525.

[268] Hopkins 1978a：99-101.

[269] Hopkins 1978a：99-101. Jones 1964：196-8. Finley 1980：9，82. Schiavone 2000：111-3. Scheidel 2012a.

[270] Samuel Johnson quoted in Brunt 1988：289.

[271] Finley 1983：114.

[272] Crawford 1993：40.

[273] Finley 1968.

[274] Scheidel 2012：89，108.

[275] Wiedemann 1981：4-6. Gardner 2011.

[276] Patterson 1991：xiv.

[277] Brunt，1988：283.

[278] Davies 1993：89.

[279] Patterson 1991：80.

[280] Finley 1983：115

[281] Euripides，*Iphigenia in Aulis*，1400-1.

[282] Aristotle，*Politics* 1252b，1254b，1256b.

[283] Hunt 2011：41-4. Schiavone 2000：115.

[284] Brunt 1988：287.

[285] Berlin 1969：123.

[286] Brunt 1988：ch. 6. Crawford 1993：146. Nicolet 1980：322-23.

[287] Finley 1983：128.

[288] Berlin 1969：xlv.

第三章　征伐兼并

3.1　边陲势力伺机而动

在中国战国和罗马战士之国的时代，人类的图强意志在战事中表露无遗。杀戮之烈，要到发明“帝国主义”的现代欧洲才能超越[1]。其时欧亚大陆的两端，各有一个火爆的国际系统。齐、楚、燕、韩、赵、魏、秦争雄于众小国之间。罗马、迦太基、希腊的亚该亚联盟和埃托利亚联盟、希腊化王国马其顿、叙利亚、埃及等大国，周旋于众城邦之间。200年的战火把每个系统镕铸为一个巨幅国度：秦朝和罗马帝国。

假如我们想象东西历史是两场大动作的戏剧，那么传统史籍留下的剧本相映成趣。在西方，一盏强烈水银灯始终射在罗马这独家主角身上，其他国家只有与它交手时才得亮相。在东方，多盏舞台灯一开场就照亮了代表中原的整个戏台，其上东周列国像一班兄弟亲戚逐渐成长，从吵闹进至砍杀。秦屈居一隅，要到最后一幕才争取到水银射灯。剧情的差异不光是史笔手腕，主要是基于史实的不同局势。

有学者用美国的扩张经验比喻罗马历史[2]。一如欧洲列强无暇干碍美洲的新兴国家，地中海东部列强对遥远的意大利甚无兴趣，由罗马坐大。它们更缺乏联盟抗敌的传统。除少数例外，罗马对任何一个敌手都占军事优势。它主动选择靶子，逐个收拾外国，养成单方行动、独发号令的对外习惯。也有学者认为，战国的局势，堪比现代欧洲早期的势力均衡[3]。五七个关系密切、实力相若的国家深谙军事外交，熟知即使首席强国也不敌几个次国联手。战国七雄实行多方谈判，合纵连横。单方、多方的外政作风，到帝国、皇朝时代犹自不衰。

两个帝国创建者的早期环境颇有相似处。秦于前 771 年受封为诸侯。罗马传说在前 753 年建城、前 509 年成立共和国。两者都是后起之秀，各自诞生在一个蓬勃文明的西陲。在地中海东部，希腊人于前 776 年举行第一次奥林匹克运动会。在中国东部，首创平民教育的孔子死于前 479 年，先希腊哲人苏格拉底生日 10 年。这些人文知识分子处身的社会，经济以稼穑为主，参以商贸，工巧艺术显财富、竞奢华。

躲在一个偏僻的河谷中或半岛上，秦和罗马的文化经济都逊于其东邻。它们对高级学问没甚兴趣，在工技也不见特长。秦的弩和铁剑都较落后[4]，罗马的兵器也常比敌人的差[5]。然而在组织上，它们独有建树，能发展有效率的政治机构，动员人力物资。秦人和罗马人一般地生活质朴，思想踏实，以战士风骨整合坚韧农民。七国中，秦独倡农战。罗马人认为迦太基之所以失败，其咎在把商业放在军事之上。秦和罗马各自征服其东邻，但驯服于其文化。秦的高卿宰相多来自东方诸国。罗马辖下的希腊人很少学拉丁文，反而罗马人摹习希腊文学，正如罗马诗人贺拉斯所谓："囚徒希腊制服了它的俘获者，把野蛮的拉丁人带入文明。"[6]

秦和罗马的崛起，切合一个最古老、亦证据最多的历史模式：一个原处文明边陲的势力奋起，其划时代的征战使世局改观[7]。或部族或小国的边陲政体多如牛毛，绝大部分无声无息地沉没于历史长河，可是偶然有几个隆立，使长河改道。两河流域文明东陲的波斯、希腊文明北陲的马其顿，各自崛起成为大帝国。在东亚，中国北陲的游牧民族不断地向中华文明挑战。蒙古人征服了中国及东欧大部。17 世纪清兵入关，建立中国最后的皇朝。秦和罗马的劲敌，楚和迦太基，本身就是边陲势力[8]。

边陲势力介于高文化与未开化民族之间，可以采取前者的知识，发动后者的活力。累积的知识文化提高发明力，然而无论多精巧的发明，也有可能被保守思想窒息、僵硬制度羁缚，沦为小玩意，不能转变为创新，大规模地应用于改善社会的创建。中国发明火药、罗盘，便是例子。边陲人民纵使劣于发明，但可能更擅长创新。他们没有陈朽的思想包袱，能接受新事物，灵活把握时机。他们未被奢华逸乐腐化，生活朴素，富耐劳干劲、冒险精神。他们简单的机制有发展余地，未开发的资源可以投入新的建设，不像已发展社会的资源被绑在旧建筑物内。历史进展多是实践摸索，先行者的错误可以带来新知识，但不免留下自己的疤痕。新兴国家有前车可鉴，避免错误，选择新知识发明，大胆创新，后来居上。这些都是史学家所谓“落后的有利因素”。再者，缘边的位置有战略益处，它够近以汲取先进知识，够远以免惹列强注意干涉。边陲势力可以韬光养晦，静静地发展四周穷乡、建立机构，直至它能与列强一较高下。

秦和罗马的崛起看似突然，其实因为它们的东方对手已在衰退途中了，一如黄昏时明月好像突现天顶，只因掩盖它上升的日光暗淡了。在中国，六国彼此征伐已现疲态。在地中海，希腊式的王国已忘掉了亚历山大的创建，例如令军队所向披靡的步骑协同[9]。东方诸国皆感到危险。六国视秦为大鸟，面东而立，垂喙中土。希腊人视罗马为低垂西天的风暴乌云[10]。两区都有团结抵抗的呼声，但都无能抗拒苟且偷安的引诱，最后都自取其咎。

秦朝和罗马帝国一样以积极征战崛起称帝。它们消极的末日也很相似；两者都没有认真自卫，几乎是不战而亡。别若天渊的是它们的寿命。秦祚 15 年，它不到一代的时光就消散了它的无敌军队，罗马帝国要 400 年功夫才做到。为什么秦的军备削减得这么快，以致兵临咸阳城下时，它要赦免囚徒作战自保？汉随秦制，为什么汉初宁愿屈膝求和、进贡给匈奴，而罗马内战一完，奥古斯都马上发动大规模的征战以扩张帝国？西汉皇朝和罗马帝国的迥异外政，是否反映了两种不同的文化和统治阶层特色？假如是的话，这些特色是否在先秦和共和国时代已隐约可见？

3.2　秦与六国合纵连横

西方 China 之名称源自“秦”，译作“秦那”也许比“支那”更适合[11]。秦在东周列国中位置最西。统一中国之前，它盘踞泾渭盆地 500 年之久，把守中国到中亚的天然通道、即后来成为丝路东段的河西走廊的门户（地图 2）。西方人民与中国交往，都经过秦地，因此把东方之国唤作“秦那”，原不足奇。汉朝时匈奴犹称中土人为“秦人”，到三国时仍有人把秦人和胡人并称[12]。

泾渭盆地，八百里秦川，披山带河，号称关中（地图 3 和 7）。黄河屏障它的东北，黄河南面秦岭迤逦，时而逼近黄河，形成险要关隘。函谷关、崤关、潼关经历了中国历史上一些最惨烈的战争。战国时人已认为关中的战略优势是秦得胜的因素之一。秦汉间张良的评语最中肯：“关中左殽函、右陇蜀，沃野千里，南有巴蜀之饶，北有胡苑之利，阻三面而守，独以一面东制诸侯。诸侯安定，河渭漕挽天下，西给京师；诸侯有变，顺流而下，足以委输。”[13] 边陲势力据关中形胜之地，可以安然发展其南北资源，壮大自己。即使两千年后其他地区更为富庶，关中北边的延安，仍然保护培育了中共革命。汉朝先发制人，虽然君臣都喜爱中原，但毅然建都关中，不让别人利用。它汲取了历史教训：秦就靠关中起家；秦以前，周也一样。

关中是西周的王畿。居住在它西陲的嬴族世与西戎杂处。嬴非子养的马蕃息。周王赏识他的才能，前 870 年封他作附庸，赐他秦地为邑，因此号曰秦嬴。前 771 年，烽火戏诸侯的周幽王为犬戎所杀，尊优贵族皆随平王弃国东奔。秦将护驾有功，平王封他为侯，独自留守关中，答应如果驱逐了戎狄，土地就归秦。秦襄公伐戎战死。其子奋斗不休，终于平息戎乱，收抚留下来的周民。就这样，秦立国就承继了西周的土地人民，但没人预料它能在前 249 年灭东周，承继其天子之位[14]。

前 659 年即位的秦穆公伐戎，益国十二，开地千里，遂霸西戎。戎狄的威胁减少，但未消失。秦未能建立适当的统治机构前，战败投降的戎狄不久就再肆侵扰，反复不休。要到前 272 年，秦才能彻底解决最强的戎国义渠。与罗马收拾强悍邻居的坚决快速手法相比，秦还算慢悠悠[15]。

霸西戎不过是安慰奖，插手中原是秦穆公的野心。他两次大规模运粟到晋以救荒济饥，三次帮晋平息争位之乱。可是当秦越晋伐郑时，晋断然结合姜戎出兵，败秦师于殽。险要的关津犹如两刃剑，能为关中抵御东来攻击，也能阻止关中势力东进。一日它们落在晋强有力的手中，一日秦就只能禁闭在一隅。穆公后秦不振，只能旁观晋楚争霸[16]。

前453年韩、赵、魏三家分晋，局势为之改观。三家积极变法，淘汰陋规。国富兵强的魏西越过黄河，略取秦的大片河西土地。不过秦还算幸运。前361年魏王迁都，从邻近秦的安邑东迁到大梁，故称梁惠王。东方前景光明：新进技术能够开发肥沃的冲积平原，中原那些腐朽的封建贵族也容易取替。把战略重心转移到经济兴旺、外交活跃的地方，本是一个有为国家明智之举。但从事后看，魏犯了个大错。它低估了秦，忽略了防卫。此后魏与齐等东方诸侯争战，消耗实力，却把它空虚的西部去养肥秦[17]。

一连串的昏君庸贵争权夺位，使秦积弱百年。久居晋的秦献公返国，深知就算外来压力因魏东顾而稍减，秦若不自强就无法自保。孝公承其遗业，即位后下令求贤，从魏国引来了商鞅。在他支持下，前356年商鞅开始变法维新。然而，要到前328年，秦才能从魏手中收复所有失地，可见它以前落后的程度[18]。

前316年，秦惠王放弃伐韩立威，宁愿攫取蜀贵族内讧求援的机会。征服巴蜀只须10个月，置郡统治却费了30年。秦安抚经营不遗余力，把四川盆地建设成一个富饶的地区，为日后统一中国打下物质基础。这是边陲势力有发展空间的好处[19]。

前4世纪后期，战国逐渐摆脱宗法封建的束缚。经济蓬勃，内政转轨，外事改型，世局一新。春秋期间大国兼并小国、争取中等盟国以争霸的国际局势，因小国消失殆尽而过时。代之而起的是近10个大国彼此掣肘、互相攻伐的均势局面。战国诸雄争取疆域人口。新式的政治组织使国家更能动员物资人力，战争规模随着升级。大队步兵代替了小队战车，强弩、骑兵等新武器新兵种相续出现。兵法家讲究灵活的野战，辅佐传统阵战。防御工事与攻城技术互斗神通。各国筑长城相拒，此外燕、赵、秦更筑城拒胡。战国期间，娴熟弓马骑射的草原游牧民族开始强大，渐成威胁[20]。

战国七雄中，南方的楚吞噬了春秋末期称霸的吴、越，疆域最大，也要秦用兵最多才能征服。然而楚虽然地大物博，表现却只平平。它根深蒂固的贵族废除了大部分吴起的新法，所以政府的组织效率较低，无法动用资源抗敌。

燕国的都城在今北京附近，地较偏僻，春秋时无闻，七雄中最弱，但留下最多铁剑给考古家发掘[21]。中国历史上最有名的刺客，也自此出。荆轲在送别会上高歌“风萧萧兮易水寒，壮士一去兮不复还”，表现燕赵慷慨之风。他通过守卫森严的秦廷搜身，匕首藏在手捧的地图卷中，可是他的目标注定要将来统一中国[22]。燕痛恨秦，但实际上却因削弱秦的大敌而成全了秦。它的袭击使齐一蹶不振。它和赵也是鹬蚌相争，秦人得利。

赵可谓有双重性格。它的首都邯郸洋溢着音乐舞蹈等雅致文化，同时它受北地风光陶养，兼具豪爽痛快的性格。前307 年赵武灵王发展骑兵，令军士穿胡服、习骑射。除了征服草原游牧民族，赵更兼并了位在河北、胡人所建的中山国，收编了他们的军队，跃为一等强国。齐为燕创而萎缩后，赵是秦的最大敌手[23]。

地位居中的韩和魏四面受敌，也容易四面倒，在国际均势中常定轻重。韩的疆域最小、地理最险。坐跨黄河，秦东伸必经之路，它灭亡前早已被秦蚕食。魏先是七雄之首，虽被齐败而气焰大减，但仍不容轻视。它的人才济济，但不能好好任用。曾助魏文侯改良政治、略取秦地的吴起，便遭贬黜而跑到楚去了。商鞅、张仪、范雎入秦。这些军政治才为敌国策划，是魏倒霉[24]。

在棋盘东西两端的齐和秦，显露华夏文明同中之异。农业是所有国家的经济基本。秦专心一务，齐却兼营渔、盐、商业。秦都咸阳简朴。齐都临淄领户 7 万，口当逾 30 万。街上车轮击、人肩摩，到处吹竽鼓瑟、斗鸡走狗。秦商鞅贬斥文学游说之士，齐威王、宣王喜欢他们。齐壤接孔教大本营的鲁，临淄的稷下学宫多至千人。威王、宣王开康庄之衢，建高门大屋，尊宠 70 多个稷下先生，更授孟子以高卿厚禄[25]。

数百年的世局互动演化，造成军事竞争的漩涡。战国七雄溺陷其中，单方裁军形同自杀，多方和议犹如春梦。弱国割地求和，得到的不是太平，而是更多凌逼。战胜的强国不敢松懈；稍一疏忽，别人便有可乘之机。各国戒备，使局势益加紧张。

众多国家同时并存的情景，世界历史上比比皆是。少见的是由数个强弱相若、文化相同、地位平等、外交密切的接壤大国，组成国际平衡均势。多头势力很难保持势均力敌，所以大国均衡鲜能长久。最后其中一国脱颖而出，或成霸主，或把均势变为帝国，即如秦灭六国。还有，边陲势力壮大也会造成威胁，就像东地中海系统被罗马征服。

历史上势力均衡的局面是少，不是没有。一个例子是中国的战国时代，另一例子是 1648 年终止三十年战争的《威斯特伐利亚和约》后的现代欧洲。英国、法国、奥地利、普鲁士、俄国就像战国七雄，各自全权独立，野心勃勃，好战成性。它们同属基督教，罗马教廷的势力比周王还大。动员打仗是欧洲列强改革政治的大动力 [26]。它们的外交较有制度，譬如长驻大使。但若论外交频繁或勾心斗角，它们与战国的合纵连横不相上下。“奸诈的不列颠”不择手段地防止欧陆诸国统一。与战国最大不同的是，当欧洲均势失衡而大势一面倒时，有局外的美国参战。结果是欧洲继续分裂，而秦统一中国 [27]。

3.3 从均势到统一

战国均势的首次大调整，是魏迁都大梁后被齐挫锋芒。先是赵入侵魏的附庸卫。魏不忿，联同韩围攻赵都邯郸。赵向齐求救。齐卿合议道，假如不救，魏取邯郸而壮大，对齐不利。假如出兵解邯郸之围，魏、赵两全，对齐也不利。于是他们决定先让魏和赵在邯郸打个你死我活，然后趁魏的精锐在外，命齐军直奔大梁，围魏救赵。魏果然中计，回师救大梁时被齐在桂陵伏击。

桂陵之败对强大的魏只是小挫。魏与赵讲和，镇压了秦的乘机蠢动，前 342 年进攻它以前的盟友韩。韩向齐求救。齐故技重施，先让魏和韩打个够，然后挥兵大梁，逼魏回师。这次齐把魏军引到马陵狭道，伏兵万弩齐发，魏军覆没，将军战死，随军的太子被擒。马陵之前，魏惠王自称为王。之后，前 334 年，魏惠王与齐威王在徐州相会，互称为王 [28]。

秦乘魏败，大展宏图。它看中了楔在它本土关中和新占巴蜀之间的战略要地汉中。汉中属楚。楚与齐盟。秦用张仪，一面挑拨齐、楚，一面拉拢魏、韩。击败楚夺得汉中后，秦转而欺凌盟友。魏、韩投靠齐，秦便和楚修好。

这几个例子凸显战国瞬息万变的外交。一国特别强时，别的国家就合纵对抗。强国要拆散合纵联盟，便与成员个别谈判独家连横。无数纵横家周游列国，提供各种“合众弱以攻一强”或“事一强以攻众弱”的外交策略[29]。没有人用“势力均衡”的字眼，但实际行动并不一定需要抽象概念。在个体众多的场合，每人敏捷地因看顾自己的利益而互相交易，可以形成均衡大局。用在经济学上，这唤做市场的“无形之手”。

前 316 年秦不伐韩而伐蜀，其决策显示均势的窍门。秦臣聚议。张仪提倡秦联结魏、楚，伐韩以临周境，逼周献九鼎：“据九鼎，按图籍，挟天子以令天下，天下莫敢不听。”司马错的反驳更有力，“劫天子，恶名也，而未必利也，又有不义之名。而攻天下之所不欲，危”[30]。秦的确垂涎九鼎，但按捺到前 225 年才灭周。它容忍韩的耐心更大，因为它明白，不必要时不宜去挑惹敌意。吞食巴蜀那样的边沿小国没问题，蚕食中土大国的疆域也可以。但如果占取大国，打扰均势，就会犯天下大忌，到处树敌。

在洞察外交要旨上，文学之士充斥的齐不及务实的秦。原来燕王搞禅让，太子不服，效法尧舜的结果是前 314 年的燕贵族争权内乱。司马迁熟悉《孟子》，但衡量所有史料，写《史记》时采用了《战国策》：“孟轲谓齐王曰，‘今伐燕，此文、武之时，不可失也’。”[31]《孟子》透露此说当时的确流行。它五条自辩之词分散各章，虽然模棱，但承认孟子赞许“燕可伐”，并且为了战事而继续留任齐卿，有言责[32]。齐宣王派孟子的多年挚友匡章为将，取燕势如破竹。然而诸侯谋救，燕人不堪齐兵暴虐而叛。齐想学武王伐纣的美梦落空，兼且后患无穷。燕人恨齐乘己之乱，蓄意报复，使苏秦反间，怂恿齐伐宋。前 286 年齐灭宋，激发诸侯更强烈的反应。本来与齐合纵抗秦的赵、魏、韩三国倒戈，联秦歼灭齐军。乐毅乘虚领燕军从北直入，夜下齐城七十。齐虽能收复失地，但元气大伤，此后只望孤立自守[33]。

三国孔明责怪六国不肯团结抗秦。在战国最后20年，此责有理。但此之前，六国的外交战略复杂，并无黑白取舍可言。对每一国来说，秦皆不是唯一的威胁。列国各怀私心，不到生死关头，很难长期结盟。唇亡齿寒的忠言逆耳，息事安人的高调好听。为了巩固合纵，几国有时同任一个共相，虽然苏秦配六国相印以合纵伐秦的故事多半夸大。共相或能统一最高指挥，但不能改变各国军队组织不同、缺乏合作训练的困难。企望盟友首当其锋、自己不劳而获的揩油心理，阻碍联军呼应配合。前293年伊阙之战，秦将白起就利用敌人你推我让的心理，大败兵力倍胜于己的韩魏联军。他用疑兵增加韩军的踟蹰，集中精锐击破魏军，再回头收拾韩军[34]。

秦昭王前306到251年在位。这个长祚君王能得位，全得力于太后及其弟穰侯。昭王前期，贵族权力炽盛。秦破楚侵韩犯魏，斩获甚丰，唯有赵能挫其锋芒。穰侯攫取远离秦境的山东商业城市陶，作为自己的采邑。为了扩大陶邑，他屡次越过敌国去攻打魏的大梁，但都被燕赵援军击退。前266年，魏国仆人范雎入秦，向昭王指出，穰侯所为其实是消耗国力以图私利。攻取遥远的土地一定会徒劳无功，因为不能守，终必会被逼抛弃："王不如远交而近攻，得寸，则王之寸；得尺，亦王之尺也。今舍此而远攻，不亦缪乎？"[35]扩张必须凝结巩固所得的疆土，这在我们看来是营建帝国的常识。"远交近攻"的政策这么晚才被明确提出，而且这么脍炙人口，可见封建割据的思想在战国时代仍然强大。

齐衰后，与秦平衡势力的重量落在赵。赵数次败秦。为了争夺原来属于韩的上党，秦、赵在长平对峙了3年。前260年，白起以25000人奇兵抄赵后路、断赵粮道，并以5000名骑兵把赵营割分为二。饿了46天的赵兵终于投降。白起坑杀降卒，据说超过400000人。这样悬殊的军力的数字，实招夸大的嫌疑，但在中国史籍中并不罕见。不论如何，军力巨损的赵国仍不乏抵抗力，使秦围邯郸三年而不得逞。列国君主摄于秦威，不敢救援，贵族们奋起行动。赵平原君赴楚说服楚王，魏信陵君偷魏王虎符发兵80000人。魏楚联军配合邯郸内应，不但解围，而且击溃秦军，收回大片失地。迟至这地步，合纵还有可为。不幸六国不乘机巩固同盟，反而互争小利。前241年它们最后一次合纵抗秦，雷声大而雨点小。它们灭亡，实难单怪秦暴力[36]。

熟观国际形势的《管子》说："强国众，先举者危，后举者利。强国少，先举者王，后举者亡。"[37]战国初年，秦不经意地耽搁，待先举的齐楚三晋疲于互伐，收后举之利。200年来运转局异，六国皆弱而秦独强。前238年弱冠亲政的秦王嬴政挑起天下大任，决意以战止战，结束这血腥的战国局面。秦廷君臣有雄心但不粗心，不忘战国历史上无数失足成恨的可鉴前车。他们派大批间谍渗透六国，收买权臣，麻痹腐化，防止合纵，以便逐个击破敌人。受秦贿赂的齐相闭境自安，不肯帮助五国抵抗，直到祸难轮到齐的身上。在秦准备周详、行动迅速的战役中，六国如狂风败叶。前221年，秦统一中国，掀开了历史新的一页[38]。

同年在地中海区，罗马接到消息，汉尼拔被迦太基军队选为统帅。

3.4 罗马争雄迦太基

罗马征服意大利期间，亚历山大的帝国像烟花爆竹般一飞冲天，随即爆裂为三个王国，注定后来亡在罗马手上。在抵抗能力上，它们远不及罗马的第一个海外大敌，迦太基。

迦太基位处战略要地，领导前 8 世纪在地中海西沿殖民的许多腓尼基城邦。迦太基人擅长航海，热衷经商赚钱，领土野心不外非洲北部。在别的地方，他们只希望扩展垄断商贸。商港最看重安宁，而维持和平也是他们对西班牙、撒丁岛和西西里岛的一贯政策。西西里的众多希腊城邦在叙拉古的领导下，与迦太基均势相安[39]。

亚里士多德分析政体，认为迦太基与斯巴达相似，还略胜一筹。普里卜斯说迦太基和罗马一般，都是个混合式政体，不过罗马偏重贵族，迦太基偏重民主[40]。西塞罗评说："迦太基的统治明智，否则它不能维持霸主之位六百年之久。"[41]

罗马和迦太基数百年来关系良好。两个共和国曾签订不下三份条约，承认彼此的势力圈子。现代学者提供有力旁证，推测有一条约规定"罗马不涉西西里任何一处。迦太基不涉意大利任何一处"[42]。分隔两者，只是狭窄的马萨那海峡。

西西里岛北端有马萨那城，当时被马梅亭人强占。这些凶残的意大利雇佣兵抢掠附近的希腊和腓尼基城邦。叙拉古出面干涉。一个马梅亭集团向罗马求救，另一集团呼援于迦太基。迦太基出兵，留戍马萨那。罗马元老院犹豫不决，理由想不止因为马梅亭人臭名昭著。不论如何，执政官一面以丰厚的战胜品利诱，一面以迦太基可能占领西西里为恐吓，劝服民众大会投票开战[43]。前 264 年，罗马首次出兵海外。三次因腓尼基人（Phoenician）而名的布匿（Punic）战争，止于前 146 年迦太基毁灭。第一、二次大战，连同其间 23 年的休战期，是二强历时 62 年的长期较量。较为短暂的第三次冲突，是一个解除了武装的人民，面对一个超级大国的垂死挣扎。

第一次布匿战争

“自卫性的帝国主义是罗马外交政策的主导”，一位现代学者如是评论罗马入侵西西里[44]。这论调相当普遍；在欧美帝国主义横行全球的时代，西方学府风行以自卫粉饰罗马侵略。帝国主义收敛，自卫的借口也受到批判。今天大部分西方学者认为，迦太基对罗马实在无客观威胁。假如罗马主观上有远忧，它并没有寻求和平的解决途径，例如外交谈判，或与叙拉古结盟抗衡。它只断然入侵西西里。这政治分析，可与军事行动相对证。

第一次布匿战争中，迦太基自始至终都是被动。战略和运军的主动差不多全由罗马操纵[45]。罗马大军越境，迦太基和叙拉古齐齐吃惊，仓猝间并肩抵敌，难免败北。假如罗马旨在防卫意大利，那么占领戍守马萨那就够了，但它并不停手。第二年，它倍增远征军。叙拉古被逼作城下之盟，沦为扈从。西西里南沿的希腊城邦阿格坚腾容许迦太基新募的军队集合，因而惨遭罗马屠城，余生的希腊公民全被卖作奴隶[46]。

罗马的陆军无敌，但无法攻陷西西里的海港城邦，因为它们有迦太基的海军补给支持。胶着三年后，罗马知道必须改变策略。外行水手奋志，三个月内建造 120 只战船。海军首航即报大捷，从此获得海上优势。前 256 年，罗马的海军扩建三倍，载大军渡地中海，登陆北非。远征军败于希腊雇佣将军指挥下的迦太基陆军。舰队载残兵回家，又因司令不顾天气环境而在暴风雨中全数沉没。罗马不气馁，重建舰队，但只看着它重蹈覆辙[47]。普里卜斯解释：“一般来说，罗马人凡事以力取，认为他们只要立志力行，即无坚不摧，无所不能。他们的坚毅意志常使他们成功……不过当他们面临天威海怒，也一味仗力蛮干，结果难免吃大亏。”[48]

此后，西西里成僵局。罗马海上无能；甚至陆上优势，也受挫于迦太基的新任统帅汉米卡·巴卡。最后罗马咬牙，第三次建造舰队，摧毁迦太基的海军，逼缺乏补给的海港城邦投降。前 241 年，迦太基认输。回顾第一次布匿战争，普里卜斯评道：说勇气，罗马战士稳占上风。论双方将领，最伟大的无疑是汉米卡[49]。前 246 年升任西西里统帅时，汉米卡首获麟儿，命名为汉尼拔。虎父无犬子。

20 多年战事淘空了双方国库。为了建造第三个舰队，罗马发行公债，说明必须战争胜利才得偿还。为了避免加税，迦太基企图折扣它所拖欠的雇佣兵费。结果罗马人的爱国心奏捷，迦太基人的贪婪惹祸。雇佣兵哗变。更糟的是，罗马趁火打劫，不顾新签的和约，趁迦太基要对付叛兵，强占了富庶的撒丁岛[50]。普里卜斯分析：“关于撒丁岛，实在找不到任何理由甚或借口，可以开脱罗马的行为。”迦太基之丧失撒丁岛，“违反了所有公道正义”。他认为这是后来战事的主要起因[51]。

第二次布匿战争

迦太基失去了西西里和撒丁岛的资源，还要付大笔战败赔款。鉴于形势，汉米卡说服国民，重振并扩张他们在西班牙的霸权，以开发那儿的丰富矿藏。汉米卡渡直布罗陀海峡，经略西班牙，直至阵亡。前 226 年与罗马的条约，以西班牙北部的依布罗河为界。条约并无提及迦太基境内的萨贡图[52]。

前 221 年，迦太基政府确认军队的选举，任命汉尼拔为西班牙统帅，加强统治。萨贡图不服，诉诸罗马。详情甚模糊，但大多数现代学者同意，罗马没有合法的理由去阻止汉尼拔攻打萨贡图，事实上它也没有为此采取任何军事行动。萨贡图城陷；汉尼拔的屠城手法，一如罗马之屠阿格坚腾[53]。

萨贡图被围 8 个月，罗马袖手旁观。城破后它又等了 3 个月才向迦太基发最后通牒。一位现代学者形容罗马海外外交的一贯作风，强调说："罗马故意把条件提得极高，与指责的损害完全不相称，使对方无法接纳。"[54] 漫天开价，但只给对方两个选择：接受或开战。据普里卜斯叙述，忿怒的迦太基元老院反驳，引证各项条约，力陈自己的行为合法。罗马一口拒绝讨论任何辩解理由。这般交涉，以前也试过。第一次布匿战争中，罗马登陆非洲时，迦太基求和，罗马统帅的态度，就像自己已经是主宰了[55]。那时迦太基人保持自己的尊严，现在也一样。就这样，第二次布匿战争在前 218 年开幕。

战争摧毁战场；无论谁赢，当地的老百姓遭殃。自从罗马击退入侵的山民后，它一贯到别人的领域里去打[56]。这次依然，它早已准备好了，宣战后马上调派两支军队，一取西班牙，一取非洲。意外的是，这次它棋逢对手，能以彼之术还治彼身。汉尼拔不愧其姓；"巴卡"有闪电之意。他迅速安排西班牙和非洲的防御，遣使前往各处借道，并与高卢人接头联盟，召募多民族的大军，由西班牙向意大利进发，开始史诗般的战役。途经今法国马赛附近，他与开往西班牙的罗马军擦肩而过。罗马军在制海权下享受海运，他则千里跋涉长征。行军和突破沿路阻拦消耗巨大。汉尼拔纵容逃兵，只留精锐。初冬雪暴中翻过阿尔卑斯山，更死伤累累。到达意大利时，军队只剩下一半[57]。

普里卜斯记载："罗马及其扈从盟国总共有后备步兵700000人、骑兵70000人，随时应征。汉尼拔则以20000名军士，入侵意大利。"[58]步军外汉尼拔还有6000骑。艰难的进兵路线意味他既不思退路，也不思增援。在意大利转战15年，他只接到一次海外增援，共4000名士兵。额外的军队他必须在意大利从罗马的附盟中召募。然而，即使波河流域的高卢人，刚被罗马征服，巴不得报仇，但对这备受雪山折磨的憔悴小军队，仍将信将疑。要鼓舞军心、争取支持，汉尼拔必须打赢仗，而且是赢而少受伤亡；他的骨干部队死一个就少一个。

汉尼拔孤军深入敌巢，所持的并非自杀性的狂热，而是个冷静的有限政治目标，即削减罗马的海外扩张。按普里卜斯记载，他后来与马其顿立约，设想强逼罗马放弃一列城镇，然后讲和[59]。罗马辖下的意大利是个联盟，罗马公民只占全人口三分之一，军队大半出自扈从盟国[60]。假如能挑动扈从反叛，那么罗马的势力将大为削弱。汉尼拔企图击碎罗马的无敌威望，使扈从有胆造反[61]。

从意大利半岛北端，汉尼拔提兵南下，数度与罗马交锋，击败越来越强的对手。先几次他迂回埋伏，使罗马人大叫诡计。然而，前216年的坎尼会战，却是两阵对圆的正规仗，并在罗马挑选的战场上进行。汉尼拔领40000名步军和10000名骑兵，其中半数是高卢人。罗马及其扈从共发步军80000人，骑兵6000人，企图以泰山压顶之势全歼狡敌。他们动用有史以来最大的军队，却打了个最大的败仗。汉尼拔在众目睽睽下设陷阱，摆个新月形的中凸阵线，减弱自己的中军。中军的轻步兵边战边退，慢慢把敌人吸引到两翼重步兵的虎钳之间，让骑兵有时间把罗马骑兵打败，然后回师抚敌之背，来个战术大包围。差不多 70000 个罗马兵躺在沙场，汉尼拔的伤亡大约 6000 人。坎尼之战是世界战史上名仗之一[62]。

汉尼拔每次得胜，部将皆怂恿他乘势拔取罗马城。坎尼大捷，他们踊跃之情沸腾，然而他约束部下盲动。孙子所谓“其下攻城”，在西方也有道理。70 年后强弱悬殊，罗马仍须三年才能攻陷迦太基城。而今罗马城墙坚固，政治清明，随时应征的后备军遍布意大利。汉尼拔的兵少，长于野战。若要攻坚，具重器械，难免丧失活动的优势，长期被绑在一地，受敌人内外夹攻，胜算不大。他坚守自己分化罗马联盟的策略，每次胜利后，都把战俘分为罗马公民和扈从兵。他善待扈从兵，毋需赎金释放，告诉他们：“他的来意是恢复意大利人民的自由，帮助他们从罗马手中夺回丧失的土地城池。”[63]坎尼会战之后，汉尼拔更对罗马战俘说：“他与罗马之战，并非生死之争。”他选择战俘陪送使节，把这讯息，连同讲和的提议，带返罗马城[64]。

有限战争的观念并非汉尼拔独创；民族主义要 2000 年后才诞生。西塞罗同样认为罗马和迦太基所争的是荣耀和权势，这类战争应该不比生死挣扎凶残[65]。日后罗马便乘胜与迦太基、马其顿等缔结和约。鉴于当时国际习俗，汉尼拔重创敌人后主动商协，企望合情理的和约，并非异想天开。可是他低估了罗马人异常坚定的意志。他们根本不让迦太基的使节接近城门。公民上下一心，绝不谈判，连战俘都不赎，杀卖随便，不胜利则战死[66]。全面战争的决心，终于使罗马独步天下。不过意大利的人民，付出惨痛代价。

罗马实行焦土政策，不肯与汉尼拔交锋，让他摧残本土，只是坚壁清野，紧紧尾随，伺机骚扰，等汉尼拔一转背便设法夺回投降的扈从，痛加惩罚。汉尼拔赢得盟友土地，也增加了负累。要保护它们，他不得不牺牲机动优势。在这长期的消耗战中，罗马用意大利的社会骨肉，磨损汉尼拔的军队。双方相递增强恐怖手段以资控制[67]。

罗马的联盟崩裂，但没有崩溃。汉尼拔在意大利南部赢得许多附盟，不过罗马直辖的领土横切半岛，隔绝南北，阻止他领导北部的高卢人配合行动。意大利的中北部稳固。各地海港受到海军保护。平民多数宁愿与汉尼拔讲和，不愿为罗马的荣耀牺牲，不过掌权的富豪多能控制他们，效忠罗马。罗马的财阀主义、分而治之政策奏效，它的军国主义同样见功。前 212 年罗马最低潮，丧失了百分之四十的附盟，但仍能发海陆军 240000 人[68]。

服兵役是罗马公民和扈从人民的最大职责。相反地，迦太基的公民只操戈自卫，外战一贯募雇佣兵，而且锱铢必较。政府并不团结，反对汉尼拔的党派强硬。整个战役，迦太基只遣发了 82000 名士兵与罗马在西班牙、西西里等各处周旋；又不肯花钱重建舰队，让罗马海军任意袭击沿海城镇、快速运送军队[69]。

前 210 年，罗马在西班牙的战事失利。人民选举西庇亚为西班牙统帅。西庇亚曾两度体验汉尼拔用兵，第二次在坎尼。到西班牙后，他奇袭新迦太基；这沿海大城不仅是西班牙的首都，而且是半岛对外的重港。他又采用汉尼拔的战术，训练兵团，教他们攻守更灵活。五年间，他把迦太基势力驱出西班牙。之后他说服元老院，出征非洲，动用汉尼拔对付意大利的同样手段。迦太基的邻国努米底亚以骑兵见长，其王企图劝罗马和迦太基讲和。西庇亚乘机把他诱杀。迦太基召回汉尼拔以保家园[70]。

前 202 年，匝马。汉尼拔与西庇亚在阵上会面，前者再次提和无效。然后短兵相接了。双方的兵力如何，众说纷纭，不过一致同意西庇亚的骑兵较强，因为他收服了努米底亚。一位军事家评论：“真奇怪，两位历史上拔尖的将军，以往的战绩满是别出心裁的神机妙算，但在匝马对手时，却不外死打硬拼。”[71] 或许匝马之役象征了两次布匿战争。军事天才纵然耀目，但终不能掩盖战争的底蕴，即两大势力各自坚意立志，动员资源，长期硬拼。所有历史学家都注意到，罗马在人力军力上优势巨大[72]。一位历史学家说：“实力相拼，罗马明显地能拼赢迦太基。”[73]

汉尼拔与西庇亚各自在 25 岁时，受战士们不理元老反对、推举为统帅。两人生辰相隔 12 载，死日却同在前 183 年，而且都在流放中。军事天才外，他们在政治上也高瞻远瞩[74]。汉尼拔对意大利人宣传自由、对罗马提出和议，以行动驳斥了他是个仇恨狂的诬蔑。匝马败后，他有胸襟接受现实，约束好战派，解释罗马的条件不太苛刻，要小心遵守。战后国库竭蹶，人民选他为执政以应付危机。他细查账目，宣布迦太基能够支付对罗马的赔款，不用加重人民赋税，只用叫贪官污吏把偷去的钱吐出来。他说到做到。李维形容汉尼拔压制权贵滥权的改革：“他因此而赢得人民的爱戴，相等于他受到权贵的痛恨。”[75] 权贵和贪官向他们的天然盟友投诉。罗马派来一队大员。汉尼拔悄悄离开祖国，在罗马人抓到他之前，饮毒自尽[76]。

西庇亚大捷后并不逞凶，反而约束罗马人报仇的欲望，安排了合情理的和约，能有效地抑制迦太基，但不刻毒得叫他们怀恨记仇。迦太基保留了在非洲的地盘和内政自主权，不过必须付巨额赔款，而且不得罗马允许，不准作任何武装行动，自卫也不准[77]。这和约带来半世纪的和平繁荣。西庇亚成为人民的英雄。与他对待迦太基适可而止同出一辙，他力争理性外政，尊重希腊城邦王国的权利。最后他也不免被偏狭妒嫉的政客排挤，结束政治生涯，自我放逐。他的大政敌之一是非洲战役时在他手下理财的加图。日后年迈的加图将会用一句口号煽动罗马人民："迦太基必须被毁灭。"[78]

第三次布匿战争

迦太基人战败后可能更快乐：他们可以和罗马人一样，一心专务情所独钟了。罗马在地中海东部赢得一连串胜利时，迦太基生意兴旺，甚至有人说它成为世上最富有的国家[79]。作为柔顺的罗马扈从国挺惬意，除了一件事：国家安危全得看罗马面色。这钱买不通的事真是要命。

努米底亚在罗马的羽翼下坐大，欺迦太基不能还手，日益大胆侵占其土地城池。两个非洲国家时常上罗马打官司。其时普里卜斯住在罗马，与很多达官贵人相交。他注意到"迦太基总是吃亏，并非它不合理或做错了，而是因为仲裁的法官偏袒，认为判它输对自己有利"[80]。

不公平和受屈辱的感受日积月累，怨恨下迦太基人选举强硬的民主派领袖。前 151 年，抵抗努米底亚的入侵升级成战。迦太基大败。最糟的是，它第一次触犯了与罗马的和约，而且拣了个坏时机。自从两年前罗马的视察团称赞迦太基繁盛，监察官加图就不停地鼓吹要毁灭它[81]。普里卜斯说，罗马人早就立意出兵了，"不过他们在找机会，找好向其他国家宣传的借口"。现在迦太基把借口送上门来了[82]。

迦太基的请罪团到罗马，见到它厉兵秣马，绝望下无条件投降，任罗马处置。元老院夸奖迦太基人识时务，许他们保留自由、法律以及全部领域，只要他们听令而行。同时，比常规大一倍的远征军登船向非洲，其中不少是向往劫掠的志愿军。迦太基人乖乖交出所有兵器甲胄，有些头面的公民都送儿子到罗马做人质。然后罗马命令他们交出迦太基城池以被爆毁。他们可以在领域内自由择地而居，但必须离海 10 哩以上 [83]。

迦太基人赖航海经商为生，需要靠近海边的居址 [84]。被逼移居内陆，生计枯竭。四周的努米底亚人虎视眈眈，无城垒保护，又不准武装自卫，他们的自由，何异搁浅的鲸鱼。衡量前景，他们收回投降之诺。

迦太基城里所有公众场地都改做日夜开工的武器制造场。不分阶级贵贱，男人参加劳动，女人剪下长发做投石机的绞索。自从与罗马较量以来，迦太基人第一次同心协力，斗志不下坎尼败后的罗马人。兵临城下，太迟了。然而凭着墙高意坚，他们抗拒了无敌兵团三年。到前 146 年罗马兵才能破城，还得六日六夜惨烈巷战，才清除负隅顽抗的敌人。他们把城市洗劫一空后，纵火烧为平地。所有附属迦太基的城镇遭受同样命运。只有 50000 人余生，被卖作奴隶。罗马终于彻底解决掉迦太基 [85]。

罗马统帅西庇亚·埃米里亚努斯，文化修养深湛，是开明贵族中之佼佼者。凝视着迦太基被自己下令燃放的火焰吞没，他低吟荷马的木马屠城诗句，潸然泪下，抓着身旁教师之手说："啊，普里卜斯，这真是个辉煌的时刻！不过我有种不祥的预感，恐怕有一天，同样的命运会降临我自己的国家。" [86]

莫非西庇亚在火焰中见到迦太基英杰之魂？匝马之战后不久，汉尼拔对他的同胞说："一个大国很难长期保持太平。没有外患时，内敌会滋生；即如人体，虽然没有外症感染，内在紧张也会引发病痛。”[87] 以外敌威胁作内政戒律的意念，罗马人和中国人也有[88]。400 年前，晋楚相持。晋卿范文子主张退兵，不与楚战：“吾先君之亟战也，有故。秦、狄、齐、楚皆强，不尽力，子孙将弱。今三强服矣，敌楚而已。惟圣人能内外无患，自非圣人，外宁必有内忧，盍释楚以为外惧乎？”无人听他的劝告。晋败楚于鄢陵。两年后，两个晋卿合谋刺杀晋厉公。晋国从此步上分裂之途[89]。

罗马至今耸立为“永恒之城”。600 年后从重建的迦太基出发、接受罗马城不战而降的蛮人，杀掠手段远不如罗马人野蛮。配受西庇亚泪汪汪预感的，不是罗马城，而是罗马共和国的政体。13 年后，正当西庇亚清理另一迦太基手尾，焚毁西班牙的努曼提亚城时，提比略·格拉克斯因推行土地改革而被杀，表露共和国的衰落。认为毁灭迦太基是共和国盛衰之交者，不止撒卢斯特一人[90]。

3.5 标榜自由的帝国主义

一位现代学者形容罗马毁灭迦太基：“我们必须知道，它的凶残性质无异于罗马一贯的战事行为，相差只是屠杀的量度。”[91] 迦太基是夙敌，科林斯不是，但同在前 146 年遭受一样待遇。它被焚毁，余生者全被卖为奴，只因它侮辱了前来命令削弱亚该亚联盟的罗马大使。科林斯的废墟位在地颈津要，震慑战栗匍匐的希腊。罗马继续宣传希腊自由自主，不过半世纪前它在科林斯运动比赛会上宣传“自由希腊”所引起的幻梦，想必已破灭了。

地中海东部是希腊世界。前 3 世纪后期，其国际系统的重心在瓜分亚历山大帝国的三大王国，位于巴尔干半岛的马其顿、中东的叙利亚、非洲的埃及。此外，希腊许多内政独立的小城邦，组织成强大的亚该亚联盟和埃托利亚联盟，协同外交以及其他约定项目[92]。列强大致势力均衡，一如早百来年的中国战国七雄。不同的是，这儿的失衡是由外来者造就。

前 200 年，刚打败汉尼拔，罗马即挥军指向马其顿王腓力五世，不经谈判便燃起战火。普里卜斯记载元老院给腓力的信说："如要和平，必须如此这般。如不听令，那与罗马开战，在所不免。"这唯一通牒所提的要求，全是当时情况下腓力绝无可能接受的[93]。现代学者指出，这是罗马的特色："服从或不服从，是罗马一贯给予希腊世界的仅有选择。"[94]马略表演罗马特色，对米特里达提王喝道："除非你能比罗马强，否则闭嘴听令。"一个罗马使者传递元老院的通牒，在叙利亚王的脚下画个圈子，叫他答复了才踏出圈外[95]。罗马人粗鲁，不过他们的强权外交是希腊惯熟的。文化深厚的希腊人更能阐论现代叫作"帝国主义"的内涵。前 5 世纪的雅典帝国内政民主鼎盛，对外横行霸道，一意压制斯巴达崛起争雄，引致希腊城邦间的长期血腥大战。雅典对斯巴达宣称："弱者必须服从强者是世上的一贯规律。"岛国米罗斯要求中立，诉诸公义，雅典叫它别太天真："实力相若才有道理可讲。强弱悬殊时，强者任意而为，弱者必须顺服。"[96]亲身经历的修昔底德记载战事及自由辩论，他的《伯罗奔尼撒战争史》成为强权外交的经典，今天也常为政论家提及[97]。暴力就是理由的现代欧美帝国主义"炮舰外交"，本是西方传统，古代的武器不同而已。传统不变，时局势转。罗马兴建帝国，希腊遇上更强的对手，屡战屡败，只得接受帝国主义的必然逻辑。前 168 年彼得那一战，罗马败坡斯尔斯，决定性地征服了马其顿。普里卜斯按道："从此世人普遍接受现实：无人能避免归顺罗马，俯首听令。”[98]

鞭策屈服同时，罗马宣传自由。希腊人并不感到讽刺；这一招原来是他们自己发明的。征服者习惯一面宣传“自由民主”以安抚战败者，一面加以镣铐。“解放人民”的口号为侵略战争、倾覆政权披上合法的外衣[99]。罗马青出于蓝。矛头东向，即展开“解放希腊”的宣传攻势，以分化挖取马其顿的附盟。戏剧化的高峰，是前 198 年罗马击败腓力后，执政官在科林斯运动比赛大会上宣布，支持所有希腊城邦的自由，包括位于小亚细亚的城邦。言下宣称：罗马的势力范围直达叙利亚王国门前。不出 10 年，叙利亚本身也被征服[100]。

罗马击败腓力后，不留驻军而撤退。希腊人欢呼，不知主子所赐的自由，主子喜欢时随意收回。兵团 3 年后重临，此后再三再四，终于长留。彼得那战役后，罗马把马其顿分割为 4 个隔离的政体，关掉它们兴隆的矿场，吃掉它们一半的税收；但要等 20 年才兼并它们。罗马是个标榜自由的帝国。“马其顿的人民一定自由！”它宣扬：“所以世界上的自由人民都应知道，他们的自由在罗马人民的保护下，永远长存！”同样地，兵团宣布将从马其顿的旧盟国伊庇鲁斯撤退，让伊庇鲁斯的人民“像马其顿人民一样自由”。用同一口气，军队命令伊庇鲁斯人交出金银，随着展开有系统的洗劫。150000 名刚受到自由保证的伊庇鲁斯人，发现自己身陷奴隶拍卖场[101]。

无论民主或寡头，希腊城邦一般包含多个党派集团。前 180 年开始，罗马积极介入城邦内政以镇压反抗。官将巡察自由的城邦，表示知道谁热心拥护罗马、谁只是敷衍应付，宣布敷衍者与叛徒同罪。于是人人胆战心惊。罗兹的反罗马人士多数身亡，不少是自尽。1000 名亚该亚联盟的首席公民被送到罗马作人质。16 年后，只有 300 名幸存回乡，其中之一是普里卜斯。从另一方面看，通敌卖国的希腊人也是不少。政客为了加强自己的地位，求外人介入内政权力斗争，是希腊民主政体的一个传统[102]。譬如，亚该亚的卡里卡拉提斯坚持，凡是罗马的要求，都必须尽忠执行，不顾法律、盟约、誓言，不理对错，不管一切。他们之流，尽管被希腊学童在街上骂作“卖国贼”，在罗马翼下却跋扈嚣张[103]。有现代学者按道：“罗马的枷锁，是由希腊人的手，加在希腊颈上的。”[104]

只要它们服从罗马的命令，别的事希腊城邦可以自由办理。它们习惯性的争吵给予罗马不少借口去扶友锄敌。亚该亚联盟想劝止斯巴达退出。罗马不但命令联盟让斯巴达去，而且命令科林斯及一些珍惜联盟的城邦脱离。在科林斯集会的亚该亚议员不忿罗马削弱他们的联盟，侮辱了罗马的传令使者。罗马再遣使者，说无意削弱联邦，但重复同一命令。亚该亚盟国决定保卫它们的联盟。广泛的人民支持不抵罗马兵团之锋。科林斯变为废墟[105]。

“文字不能表达海外人民对我们的仇恨，因为我们派遣去管辖他们的人，行为贪婪横暴得可耻”，西塞罗告诉罗马人[106]。难怪米特里达提大受欢迎。他不过是个波斯种希腊化边陲小国之王，但前 88 年起事，即赢得大部分希腊城邦拥护，连雅典都投过去了。有了撑腰，希腊人积怨并发，约 80000 名侨居的意大利人罹难。罗马虽然内政纷争，仍然重手镇压。苏拉不惜发动内战，抢做统帅去教训米特里达提。米特里达提败北，喘口气卷土重来。最后庞培 4 年东征，剪除米特里达提，改革政治，前 64 年把叙利亚组织成行省。至此，一个有明确统治疆域的罗马帝国成型（地图 9）[107]。

地中海西部的野蛮人彪悍，数次打败罗马兵，不过没有人能抵挡罗马坚毅的求强意志。地中海平定后，罗马北越阿尔卑斯山，侵占今天的法国。恺撒征服高卢是罗马最出名的帝国战役，也可谓是征服希腊的缩影。恺撒始而宣传解放高卢人民，终于剥夺了他们的自由。他并无全盘计划，只是不放过任何挑衅的机会，无论是盟友是敌人，或是隔着海峡的不列颠，只要有可能就打；说是保卫意大利安全，并受到罗马人无穷赞美。八年征战，他为共和国赢得一大行省，也为自己赢得巨大权力。至于高卢原来的居民，三分之一被杀，三分之一被卖为奴。这些由普鲁塔克提供的数字可能夸大，但虎口余生的老弱孤幼殄瘁枯竭，则毫无疑问。恺撒率兵去后，没有大规模的叛乱爆发。辉煌的战役不但征服而且绥靖了高卢[108]。

3.6　义战与圣战

“高卢人为自由而战，但那是什么自由？没什么证据显示，假如由得他们，他们会化解彼此纷争。如是，一代人流血、受苦、死亡，但后代享受和平，全得感谢他们先人的牺牲，以及伟大征服者的英明安置。”这对恺撒征战的评价，来自鼓吹自卫性帝国主义的现代学者[109]。

“他们掳寇、屠杀、掠夺，谎言美誉为帝国王权。他们制造了荒无人烟之地，叫它和平。”生逢帝国全盛时代的罗马首席史笔塔西佗，把这针对罗马征战的名句放在一位抗战领袖口中[110]。

“窃钩者诛，窃国者为诸侯。诸侯之门，而仁义存焉。”战国时庄子道破虚伪面具[111]。凯旋的侵略者撰写历史，歪曲事实，以仁义粉饰强权，使正义受到双重打击。诋毁败家，于暴力伤害上加道德冤枉。正义之名也被僭称玷污，一如名牌被假货卖坏。

秦始皇为自己灭六国辩护，数战国时各国的暴行，总结曰："寡人以眇眇之身，兴兵诛暴乱，赖宗庙之灵，六王咸伏其辜，天下大定。"[112] 他不得响应。秦朝 15 年而亡，历史当然由反叛它的对头来写。司马迁的评述比后世为公允：战国七雄皆"务在强兵并敌，谋诈用而从衡短长之说起，矫称蠭出，誓盟不信"。在这诡谲暴戾的时代，"秦取天下多暴，然世异变，成功大"[113]。

按照罗马帝国的大诗人弗吉尔所说，罗马到处征讨乃奉行四大使命：扶弱、锄强、统治天下、以法律辅治太平[114]。罗马帝国的自我宣传比秦始皇要成功得多，而且得后世模仿。19 世纪中叶，欧美帝国主义威风，高级知识分子发明自卫性帝国主义论以开脱侵略："罗马只希望随其所好、自由行动，不意成为时局的牺牲品。"[115] 此论主导学府逾 100 年，到 1970 年代才开始式微。新一代的学者揭发罗马深固的军国主义，指责其帝国主义之旨不在自卫而在掠夺[116]。然而世情如转烛。2003 年美国入侵伊拉克，帝国风头复劲，自卫性帝国主义论又死灰复燃[117]。历史评论所暴露的，不止评论的对象，还有评论家本人的性质。

自卫性帝国主义论的一个论证，是罗马征服别国后，往往要等很久才吞并它的领土。不错，而且战国也一样。秦前 352 年首次攻取魏的安邑，66 年后才兼并它。它取蜀后 31 载才废去蜀侯，设郡统治，耐性比罗马之待马其顿还长[118]。秦这么做，理由主要在军政，不在道德，罗马也一样。两者都不轻率，知道毁灭敌人的军队，不过是扩张的第一步。巩固政权的漫长路程更艰巨危险，更需要资源。占领败国会冒险让起义者潜心伺候，窥隙而动。守军不足，徒供给义军攻击的目标，甚或让他们夺得军库。强大的驻军又容易诱发将领割据的野心。国家的人力资源有限，无所不守则无所不寡。与其分散兵力，到处占据驻守，让义军操主动，不若退而保留强大的机动军队，自己暂时羁縻，抓紧主动，随时可以降临，痛加惩罚，以阻吓不轨。此外，机动军还可以征伐新的地域。罗马胜利后退兵，战争胜利后归还土地，并非正义仁慈，而是摒弃呆板守势，采取灵活攻势。它们自己选择时机重临败国以加强控制。罗马之对付迦太基，便是好例子。

希腊罗马和东周列国虽然侵略性强，但皆有义战的思想，而且不止用作粉饰宣传；显著的无道猖獗会引起对自己不利的公愤抗意。楚庄王所谓“止戈为武”，并不单指“武”字的结构：“夫武，禁暴、戢兵、保大、定功、安民、和众、丰财者也。”此等义战思想，即使在兵法和主张富国强兵的法家论著中也常见。前597年楚庄王刚在邲地胜晋，登上霸主之位，但长篇检讨自己行径，结论曰“武有七德，我无一焉”[119]。孟子说“春秋无义战”[120]。司马迁认为战国更糟，史学家一般同意。

亚里士多德说，在三种情况下，战争是正义的：“其一，防止我们被别人奴役；其二，使我们取得霸主 *hēgemōn* 的领导地位：领导是为了照顾臣民的利益，而非为了奴役他们；其三，让我们成为那些天生奴隶的主子。”[121] 西塞罗说罗马的征伐是为了生存，保护盟友，或建立帝国，三者都合义。毁灭迦太基和努曼提亚，肯定属正义；毁灭科林斯，或可斟酌[122]。

防卫性帝国主义论说罗马出兵海外是为生存而战；当没

有实在威胁的时候，罗马人想象自己有危险，部分因为他们对东方政事无知[123]。此论被详细踏实的研究推翻。史实证明希腊世界自己困难重重，无暇也无兴趣去理会遥远野蛮的意大利[124]。而且罗马人也不是那么无知，不过别有居心而已。很多罗马贵族学习希腊文化，因而相当熟悉东方情况。不过他们的知识，被摒弃在军政决策之外[125]。贵族渴望荣耀，用吓唬手段博取统帅之职；政客危言耸听，煽动人民宣战。存心不看事实，连年发兵攻击遥远的国家，哪有半点自卫的意味？

预防之战并不同战事上先发制人，前者主观，后者客观。若对方积极备战，随时进攻的证据确凿，先发制人可算是先见的自卫。预防之战却既无目前威胁，又无客观证据，只凭主观猜想，空说将来可能有问题，便发兵打人，例如美国入侵伊拉克。不论国际法律或义战理论，都认为预防之战无异于侵略之战[126]。

防卫性帝国主义论与罗马人一般，把预防之战当作自卫。加图鼓吹毁灭迦太基便是一例。加图翻 50 年前的旧账煽动民情，但毫无客观证据显示历史可能重演。据普里卜斯观察，匝马败后的迦太基人一直对罗马俯首帖耳。他们本身居富柔弱，传统的雇佣兵源又被罗马封闭。连努米底亚小国都打不过的脓包，怎能如加图所说，危害到超级强大的罗马？无数类似例子引致学者总结说，罗马一贯认为世界上只要存在一个真正独立的国家，或一个将来一朝可能会强大得有力攻击自己的国家，都是威胁，都值得开战抑制[127]。把这等横蛮态度算作“防卫”，是否反映评论者本身侵略成性？

要把救护盟友作为开战的理由，我们必须注意结盟的条件。战国盛行合纵连横，但这等联盟一般被认为不过是权宜手段，不成义战的理由，如《吕氏春秋》说：“不别其义与不义，而疾取救守，不义莫大焉。”[128] 同样地，讨论义战，必须研究罗马盟友的身份及其要罗马救援的理由。罗马为救援马梅亭人进攻西西里，因而引发布匿战争。且不论马梅亭人凶残，干下许多罗马法律不容的暴行。问题症结是，马梅亭人在与迦太基和叙拉古交战之前，与罗马根本没有任何盟约。罗马蓄意选择一个身陷战火的新盟友，以救援为挑衅的借口。现代学者评按：“前 264 年的事件开明显先河，后来成为罗马的标准手法。罗马在没有任何盟约束缚下，明知后果是对两个新敌人开战，仍欣然接受马梅亭人为新盟友……这手法可以提供守信赴盟的道德大旗，用以掩饰任何侵略扩张。”[129]

亚里士多德的第三类正义战争关乎自由和奴隶：“狩猎是应该的，不单是对付野兽，而且对付那些自然注定要受人控制、但却不肯服从自然法则的人。此等战事，自然正义。”[130] 希腊人多以非希腊人为野蛮，更认为野蛮人的天性与奴隶无异[131]。雅典人推衍自由和奴隶的概念，用以推广“正义战争”的范围。他们说小亚细亚的希腊城邦一度投降给波斯，所以永远沦为奴隶，不配自由，应受攻击。雅典自己民主兴旺，是最自由的城邦，因此应该控制它们，享受无穷的自由权益[132]。现代学者研究古典希、罗世界的自由概念，发现它有三大根源，民主和奴隶之外，第三就是帝国强权[133]。三者都是雅典在世界历史上领先，把“自由”变为压逼别人的手段、实行帝国统治的理由。热爱自由与热爱强制支配别人密切相连，成为希腊的特色之一[134]。自由地压制别人这一思想，最合罗马性情。西塞罗论说，罗马人比世上所有其他人都优越，独得诸神青睐，授予统治世人的自由。“自由是帝国王权的特权。”[135] 以强权的自由为“义战”，中国并无此思想。

罗马人把其帝国王权归溯至天神。西塞罗说："我们能征服所有国家民族，皆因我们谨严地遵奉宗教，明智地把握最高真理，即所有事物，全属诸神主宰。"[136]罗马人坚信他们的帝国是诸神的旨意，凡是诸神站在他们一边的战争，都属正义，因此不遗余力讨好诸神，一丝不苟地执行祝福战事的宗教礼仪。不过这些宗教礼法并不理会面临的战事是否合乎道德。诸神的意向明显：罗马战胜，即证明诸神意许、战事正义。败仗或许不正义，但为下一仗提供好理由：报仇雪恨，赎回荣誉[137]。

罗马的正义之战诉诸神意，亚里士多德正义之战的第三准则诉诸自然规律。撇去罗马宗教和希腊自然规律的细节，留下的是个较为抽象的通用理念：战争有天职，它的最终理由是执行超越人类的神圣使命。这普遍性的理念，应用到另一神祇，盛行于地中海另一民族[138]。《圣经·旧约》里，上帝命令以色列人："主上帝赐给你们承继的城镇中，你们不能让任何有呼吸的生物活着，必须完全杀掉他们。赫太人、亚莫里塔人、迦南人、庇里兹塔人、赫维提人、耶布斯梯人，统统杀尽，如主上帝命令。""现在你们去攻打阿马力，把它一切全部毁灭。不要放过什么，要杀尽所有男人和女人、小童和婴儿、牛和羊、骆驼和驴子。"[139]以色列人一一遵令：若不赶尽杀绝，上帝即严加惩罚[140]。基督教成为罗马国教之后，有历史学家引用上帝之命以训诫容忍野蛮人[141]。影响更深远的，圣奥古斯丁结合希腊罗马思想和犹太基督教的意念，启发了西方"正义战争"的传统理论，包括赞许有超越使命的圣战。圣战的例子，莫如从 11 世纪开始，基督教国度对伊斯兰教徒的十字军东征。圣战的目的并非可触摸的事物，而是绝对的理想，所以无情可讲，比一般战争更血腥残酷[142]。

很多战争有宗教意味，但并非圣战。圣战基于神的偏向：我们的行动是神圣的，因为它是神的意志。正义之战基于道德：神佑我们，因为我们善良，或我们的敌人邪恶。后者一例，是周人发明以申辩伐商有理的“天命”。上天监视四方，见殷商恶待人民，所以把天命转授文王，同时加以警戒：“天命靡长”，“宜鉴于殷，骏命不易”[143]。灭商后，周封殷室贤良之后于宋。中国的超越意念，像苍天般覆盖兼容万物，没有肃清异教的圣战意念。西方学者发现义战的概念洋溢《武经七书》及其他军政经典；“然而在中国文献中，我找不到像《圣经·旧约》般证明杀尽整个民族的圣战是正义的。”[144]

3.7　战国与战士之国

国际舞台多数是无政府状态。国与国之间竞争露骨，却又难知彼此底蕴。若怨愤积聚，忧患感会驱使各国自强，甚至被卷入军事竞赛的漩涡。然而，即使环境艰难，仍有不少方法态度去衡量风险、制定对策。有人觉得打仗是乐趣，也有人不得已而打仗，但既做一件事就要负责做好它；狂暴的漩涡笼罩着欧亚大陆东西两端各数百年，显示出两种观点。

一位杰出的古史学者说：“值得注意的是，对帝国强权，雅典或罗马的内部均无抗议。在雅典，我找不到半点反对意见。在罗马，只有一丝微弱呼声。”[145]罗马人认为任何欲振威德的国家都必须从事战争，因为战争是高贵的行动。罗马海外征战不断之时，文献中差不多没有渴望和平的意念[146]。相反地，战国时儒、道、墨家异口同声谴责他们无法阻止的战乱。罗马人凯旋游行，老子提议“战胜以丧礼处之”[147]。

这不止是无权势者的呼吁。力图强兵的法家，以及写兵书的将军，都同意战争不及政治，最好不战而胜。在秦都咸阳城门上公布的《吕氏春秋》便明言："凡兵，天下之凶器也；勇，天下之凶德也。举凶器，行凶德，犹不得已也。"[148] 这中国特色颇惹西方学者瞩目："与希腊罗马相反，中国传统文化视战争为无可奈何的凶事、别无选择才采取的行动。""这儿我们看到中国传统的和平主义倾向。战争很难获得荣誉，因为理想上它根本不应该发生。所有道德全向和平一面倒。"[149]

不论理想如何，现实无情。空说仁者无敌，以为让人民掣木棒便能打败敌人之坚甲利兵，其实没有认真关心人民的死活，只会导致原可避免的伤亡。军备国防是政府不可卸的责任，不过它是否凌驾所有其他责任之上，则看各国的价值观念而定。秦的农战政策"兵动而地广，兵休而国富"[150]。罗马本身的公民兵团也兼顾军事和经济，但它联盟下的意大利扈从却专注战争。罗马所索的唯一"税贡"是自备武装的军队，因此只有领导扈从出征才能得联盟之益。一年和平，等于豁免扈从一年税，所以学者说"征战是罗马意大利联盟的命脉"[151]。

意大利本土在第二次布匿战争中饱受摧残，亟望重建。然而甫胜汉尼拔，元老院即驱使精疲力倦的人民开辟新战场，进攻马其顿[152]。长平不在秦本土，然而大捷后，秦昭王因为人民疲惫，拒绝白起乘胜灭赵之请，休兵 9 个月。秦王政决意统一中国，战事紧张时，犹听取韩国水工兼间谍郑国的理性分析，抽调人力完成灌溉农田的郑国渠[153]。对"枪或牛油"的轻重取舍，可见两下黩武穷兵的程度不同。

初读古典文献，即得不同的印象。关于罗马共和国的史籍满载勇猛战役、光荣胜利，实写细描。这些热血豪情的大场面，使记载帝国升平的塔西佗眼红："他们的题材是辉煌大战、交刃屠城、灭国擒王……我的题材，唉，真是狭窄而不光彩。和平难得间断，有时简直无止无终。"[154] 相反地，中国史墨对战事无甚兴趣，寥寥数笔，难得提一下战术[155]。由于史笔选题不同，我们知道罗马人实际上怎么打仗，远过于我们知道中国人怎么打。

中国没有近乎恺撒《高卢战记》的战史，但在军事理论上却胜一筹。汉初张良、韩信整理历来兵法，凡 182 家，删取要用，定 35 家[156]。孔子同时的孙武所作的《孙子兵法》最为精到。然而高妙的理论不能保证胜利。雄辩的学者，或有经验的将军，你宁愿与谁对敌？秦明智地选择前者。为了打破长平僵局，秦用间，使赵王以饱读兵书的赵括替代老将廉颇。赵括送掉赵军，带来一句成语：纸上谈兵。韩非曰："藏孙吴之书者家有之，而兵愈弱；言战者多，被甲者少也。"[157] 罗马人听了大概会点头称是。罗马壮男人人披甲，普通士兵所受的尊敬，比秦以外的中国士兵高得多。兵团以自己的传统和主动性为荣，使战士有归属感。罗马人一般认为在城邦神祇的护佑下，兵团自能取胜，个别将领的战术战略只属次要，所以共和国战绩浩然，却名将无几[158]。

"罗马人似乎是手握兵器出娘胎的。他们训练不辍，从不待危机才临急备战。"这一世纪史笔约瑟夫斯的评述，得到现代学者同意："罗马整个社会，从高到低都黩武穷兵，其程度远过任何希腊城邦，包括斯巴达在内。"[159] 农民战士是公民大会的主干，操和战之决定权。他们欣然忍受沉重伤亡，从事艰苦的海外远征百多年，显露罗马的军国主义，扎根在广大人民心中[160]。一位史家把美国冷战时的口号赠予罗马，说它是个"战士之国"，其公民"真心情愿为国家'负任何重担、作任何牺牲’。”[161]

战士不同角斗士或武术师；后者各自为政，缺乏培养战士团结纪律的共同目标。中国不乏个人英雄主义，战国时的壮士豪气，尤其蓬勃。荆轲、豫让等刺客凛然赴难捐躯，以报知遇之恩，不过其中之佼佼者[162]。东周列国莫不利用当时士气，但所用的手段不同。齐国训练技击之士，不论战事胜负，谁斩到敌首谁就得赏，好像雇散工，士卒虽然个人武功高，但军队遇到强敌容易涣散。魏国选择勇猛之士，通过严格考试者免徭役、利田宅；虽得锐卒，但庞大的费用腐蚀国力。荀子比较各国的军事制度，发现齐和魏皆不及秦[163]。

秦的法治尚公共精神。荀子注意到，秦人本性酷烈好斗。商鞅变法，严禁私斗，以农战为上进的唯一渠道，组织全民，集中勇气，用于国事[164]。其结果今天尚历历见诸始皇墓侧的兵马俑。虽是陶制，战士们风骨傲然，不愧他们所受的尊荣。巧手工匠赋予7000多名战士个个不同的独特性格，充分表现对普通士兵的敬意[165]。日后皇朝重文轻武，士卒所受的可耻待遇，如宋时要像罪犯般在脸上刺字，与此真有天渊之别。

变法后的秦和罗马共和国早中期一样，军队主要是征发农民。现代国家赖以动员国力的全民征兵制，它们早已炉火纯青。法定每个男子一生有义务在适龄期内服兵役若干年月，然而国家未必需要人人都尽此义务。很多人只入伍部分限期，很多从未被征发。不应召时，兵册上的后备人员照常生活，从事生产。国家以可征军力计算国力。把可征兵册的人数错当作常备军，是宣传家夸大谴责黩武的手法。

秦人的兵役年期约在15到60岁之间。每人一生要服役2年，不一定连续。出土秦简显示，两年的期限不一定准确，但去事实不远[166]。长平胶着三年、秦断赵粮道后，秦昭王亲自跑到前线，尽发附近 15 岁以上的男子，各赐民爵一级，令他们去阻挡赵军增援。这次地区性的全民动员为时不足两个月 [167]。谴责秦兵役暴酷的儒生可以看看罗马。罗马男人在 17 到 46 岁的年龄之间有兵役义务，法定的一生限期是 16 年，危机时可以再加 4 年。新近的研究显示，罗马海外扩张后，不少人就算不服足限期，但亦不止以前推测的 6 到 7 年。前 200 到 168 年间，每年平均百分之十六的公民在海外服役。前一世纪的战役，三分之一的壮男连续入伍数年。军人脱离生产，要靠别人供给军饷。若非罗马的军费有抢掠和奴役补偿，它长期的高度征兵率足以拖垮经济 [168]。

秦和罗马各有详备的奖罚系统以激励军心。秦军野战斩首 2000 人，或攻城斩首 8000 人以上，各级将吏皆得获奖升爵 [169]。罗马军一次战役杀敌超过 5000 人，将领获得贵族最向往的荣耀，凯旋游行罗马城。帝国扩张年间，平均每年皆有一次凯旋游行 [170]。

个别秦兵斩得甲士之首，即升爵一级，并得田宅，由地方官吏配发。“富贵之门，必出于兵。是故民闻战而相贺也。” [171] 罗马兵团有规定程序，令士兵掠夺得酬报。为了洗劫投降了的伊庇鲁斯，军队配合在 70 多个城镇同时行动，使人无处可逃。他们先收集人民依令交出的金银，然后在同一时间，发讯号开始搜夺 [172]。劫掠摧残人民，但若有纪律地进行，能训练士兵合作。劫得的财物聚在一起，然后公平分赃，加强兵将团结，不像秦的首功，有时会引发士兵为抢首级而自相残杀。

对不愿为赏冒险的人，秦和罗马擅长施肉体上和精神上的压力。秦兵攻城时怕死退避，即在城下众前受黥刑或劓刑。一伍中一人逃亡，其他四人皆判两年苦工。秦法务使人民不敢怯战，“父遗其子，兄遗其弟，妻遗其夫，皆曰‘不得，无返’，又曰‘失法离令，若死我死’。”[173] 罗马士兵在严格训练下养成深刻责任感。任何人守夜时瞌睡或擅离，即在全营前被杖杀。集体犯法者面临十一抽杀：一队人溃退，即任意挑十分之一人，营前杖杀，余者罚任危险低贱的职务。普里卜斯记载“仗败时，不少战士纵能侥幸，亦宁愿战死，以免日后忍受无可逃避的耻辱和亲友奚落”[174]。

3.8 战事与军纪

有些学者引东周列国战事频繁，说中国比罗马好战。其实他们以苹果比橙，犯了范畴上的错误。东周时，中国并非一个国家，而是一个国际系统，类似整个地中海区域。西方缺乏《春秋左传》般的详细编年史可供统计，但无记录并不等于无战事。从零散史籍可见，古典地中海区的大小战争，数也数不清。

可与罗马相比的，不是中国，而是个别诸侯国。春秋时代，最繁忙的是晋国，平均大约两年中一年有战事。前 453 年三家分晋，到前 221 年秦一统天下，232 年间，秦至少有 114 年动兵[175]。自从罗马兼并拉丁邻居以后，近三个世纪，它差不多每年都开战。说精确一点，前 264 年兵团入侵西西里，到前 49 年恺撒进军罗马城，215 年间，罗马至少有 203 年动兵。它习战为常，即使在黩武的古代也属罕见。雅典在波斯战争后的一个半世纪，也不过是三年里两年赴战而已[176]。不过请注意，即是雅典，也比中国最好战的秦国勤于动兵。

战争的规模比较难说。写成西方第一部详细战史的修昔底德注意到："当事双方所提供的数字根本不可靠，因为夸大自己的兵力是人之本性。"[177]罗马的军力比较容易估测，因为其兵团编制划一，执政领兵有常规，而且史笔注重实力，资料较为齐全。共和国最大型的长期外战是与汉尼拔较量，高峰时它每年发兵240000人。共和国末年的内战，最大一仗在前42年的腓力比，双方共出动200000名罗马公民兵，以及数目相若的附属兵[178]。

中国的"万"最容易被滥用。"十万军"常见战国史籍。长平对峙三年，据说赵国丧失了逾40万精壮，但它还有余力强韧保卫邯郸，使秦攻三年不下。鉴于其时的生产力，要有盈余长期给养大军，不是文墨渲染那么容易。100多年后中国统一，人口增长，铁器盛行，生产力高扬，经济繁荣，汉武帝倾全国之力击匈奴，兴师13万到30万人，《汉书》说弄得"天下虚耗，人复相食"。说战国七雄，随便一个能动辄发兵数十万，实在令人怀疑。《史记》载楚汉相争时，"项羽兵四十万，号百万；沛公兵十万，号二十万"。《三国志》载曹操下江南，把军力夸大了5倍。《汉书》载霍去病胜匈奴，"降者数万人，号称十万"[179]。夸大兵力以事宣传的习惯，是否战国时代已经养成？

中国的战术重视攻心及出其不意，所以《孙子兵法》能成为今天西方商学院的读物。战术之一是能而示之不能，佯弱骄敌，使其大意犯错。前342年齐伐魏救韩，军师孙膑设计，命令齐军入魏境后逐日减少行营的灶。在随后的魏将庞涓眼中，灶稀显示兵士逃亡，加强他鄙视齐兵怯弱的主观。他轻骑追赶，结果在马陵中伏，全军覆没[180]。罗马将领中，西庇亚和恺撒是例外；其他人喜欢直截的列阵交锋，咒骂汉尼拔的伏兵奇袭[181]。不过，对他们有利时，他们也乐施诡计。前 207 年，哈斯杜鲁拔翻越阿尔卑斯山到意大利，企图与其兄汉尼拔连上。罗马结集两个执政官领的军队，又怕哈斯杜鲁拔见敌军太强而拒绝会战。于是命令后到的军队，在夜色掩护下潜入先到者的行营。两支军队挤住一个营，骗住了哈斯杜鲁拔，直到每个军队各自依规律吹宣扬其执政官的喇叭[182]。

破坏敌人的策划能力，使其不战自乱，是中国兵法原则之一[183]。《孙子》有用间篇，并曰“上兵伐谋，其次伐交，其次伐兵，其下攻城”[184]。战国勤用间谍，秦亦不例外。范雎向秦昭王解释怎样围陉城以使韩国就范：“今王将攻韩围陉，臣愿王之毋独攻其地，而攻其人也。王攻韩围陉，以张仪为言。张仪之力多，且削地而以自赎于王，几割地而韩不尽。张仪之力少，则王逐张仪，而更与不如张仪者市。则王之所求于韩者，言可得也。”[185]一如罗马利用希腊叛徒，秦在敌国中找寻迂阔贪安的卿大夫交易，诱他们暗中卖国。有耿直能干的官将就设法用间铲除。赵的名将廉颇和李牧，就没死在沙场而死在朝廷权谋。

间谍阴谋是血腥，但与沙场上的杀戮不可同日而语。有西方学者断章取义，把范雎的“毋独攻其地，而攻其人”歪曲为“a policy of mass slaughter”（大规模屠杀的政策），以示中国崇尚暴力[186]。恐怕是情人眼里出西施，凶人眼中出暴政。伐谋用间正是要减低战事伤亡，避免大型屠杀。战国相争，一般不求赶尽杀绝。孙子谓“围师必阙，穷寇勿迫”。商鞅曰“溃而不止，则免”[187]。避免穷追猛打，也避免自己因敌人困兽之斗而损伤。这种军事想法与西方不同。一位世界军事历史学家写道：“无论会战、攻城或消耗战，西方战略的宗旨一贯是全部摧毁歼灭敌人。这与世界上其他社会的军事行为相反。希腊甲兵和罗马兵团断然残酷，很惹古代作家瞩目。现代早期，意味‘绝不留情’的‘罗马之战’（*bellum romanum*），成为欧洲经略海外的战术标准。”[188]

人们围观行刑或欣赏角斗士互砍的时代，战争残酷，并不出奇。无人因武器大杀伤而不安。水火无情。火是古人普遍喜爱的武器，如罗马兵攻入迦太基后四处纵火，清除残墟以便巷战进展。躲在房屋中的老幼多被烧死，也有随楼塌而堕，头焦足折，压在瓦砾下哀呼[189]。中国的地理宜用水。战国常堵河破堤，引水淹没敌人的田地，或浸蚀城池堡垒。前279年白起伐楚，楚军坚守鄢城。白起筑长渠，引洪水冲破城墙。水从城西灌到城东，百姓随水流，死于城东者数十万，城东皆臭，因名为臭池[190]。大水就像地毯式轰炸。或许白起意在楚军，百姓不过是附带牺牲品，并非国家实行恐怖主义的对象，但对淹死者来说，这不过是宣传空话罢了。

搬取敌国宫殿的库藏，不同抢劫老百姓的家室、摧毁他们的生计。然而军队要纪律严明、补给充分，才能分清二者。理想中，《吕氏春秋》说义兵“不虐五谷，不掘坟墓，不伐树木，不烧积聚，不焚室屋，不取六畜”[191]。实际上，受孟子多年友情教化的匡章领齐军伐燕，尚不能勒止部众暴虐，使燕人叛变[192]。其他战国军队的行为如何，可想而知。

军与民的界线，在中国模糊不清，在希腊罗马世界几乎不存在。在那儿，蓄意屠杀，司空见惯。希腊有记载的战事中，约四分之一涉及屠杀俘虏，卖俘为奴同样普遍[193]。雅典击败同文同种的米罗斯后，即把男人杀尽，妇孺全没为奴[194]。残忍如希腊人，见到罗马人的凶暴，仍不免胆战心惊。罗马法例担保，凡在攻城开始之前未投降者，都难免屠城之灾，但它不担保投降者安全[195]。普里卜斯形容前210年攻陷新迦太基："西庇亚估计有足够的兵众入城。于是依照罗马惯例，派大部分去对付城中居民，命令他们见人就杀，一个不留，不听到开始洗劫的讯号，不许止杀务抢。他们这么做，我想是为了散布恐怖。所以在罗马人攻占的城镇中，常常可见不单是人，连狗也被砍作两段。这种屠杀，在新迦太基非常巨大。"[196]他们有权这么做。柏拉图、亚里士多德、李维等都证实，根据希腊罗马的战争法律，"战胜者对其胜利的成果，自然地取得无条件的绝对财产权……不论人或物，他们有权毁灭，亦有权保留以自利"[197]。不尽用这权柄的胜利者赢得仁慈的称誉。奥古斯都在其《功绩录》里写道："当外国民族能被安全地赦免时，我喜欢保存他们甚于根绝他们。"[198]宽容的微笑同时宣扬自己毁灭别人的权柄。现代学者评说："他所表现的坦然良心，比危言恐吓更可怖。"[199]

注重事实的学者指出，古代史籍所述的大整数，亿亿万万，一般不可靠，必须广征旁证，细心分辨。大伤亡数字，尤其不可靠。人们惯于为了逞威而夸大自己军力，为了争功而渲染敌人伤亡。战场混乱，更使统计无比困难[200]。以今天的计算机和高级情报科技，统计 2003 年美国入侵伊拉克以后 6 年间伊拉克人民的死亡数字，结果尚上落甚大，由 98170 到 1033000 人不等[201]。记住这警告，我们可以看一下常举的数字，以领略古代暴力。中国统一之前的 130 年间，战火达顶峰，秦据说共杀了 1500000 名敌人。有"人屠"之称的白起最凶猛；他 30 年间四大战役，包括灭郢，杀人逾 1000000 名。其时，全中国的人口约 20000000 人[202]。秦以暴称。恺撒有宽厚之誉；有时他不杀掉所有战俘，只砍掉他们的手。他 8 年高卢之役，据说杀敌 400000 人到 1000000 人之间。其时高卢的人口约 3000000 人。加上内战和东方之役，一说他的兵团结束了1200000条生命[203]。所有数字都包括士兵和平民、在种种情况下死于刀剑水火者。这样的大屠杀，要到由宗教引发的基督教欧洲三十年战争，才得超过。那次列强的阵亡共达2100000人，全民死亡逾5000000人。第一次和第二次世界大战，列强的阵亡分别达7700000人和13000000人，那还不计平民伤亡，不计中国和其他不算列强的国家[204]。

恺撒报导说，征服阿土亚土刺后，他把城中男女老幼，共53000人，一批卖掉。整个高卢战役，他所卖的奴隶，高达1000000人，收入满足了他的将领士兵[205]。他得益于高效率的奴隶买卖市场。白起没有这便利，长平胜后，为大批战俘头痛。他盘算："赵卒反复，非尽杀之，恐为乱。"三年后，他因不肯指挥围攻邯郸而被贬。接到自裁之剑，他呼道："我何罪于天而至此哉？"良久，曰："我固当死。长平之战，赵卒降者数十万人，我诈而尽坑之，是足以死。"遂自杀[206]。

【注释】

[1] Parker 1996：1-3.

[2] Starr 1991：456-7.

[3] Hui 2005.

[4] Hui 2005：95. Li，X. 1985：327f.

[5] Luttwak 1976：2. Yates 1999：29.

[6] Horace quoted in Hopkins 1978a：76，79.

[7] McNeill 1982：148. Mann 1986：161-165.

[8] Collins 1978. Mann 1986：161-165. 吕思勉 2005a：144.

[9] Fuller 1965：88-9.

[10]《史记》40：1731。Polybius 5. 104.

[11] Bodde 1986：20. 张分田 2003：686-7。

[12] 唐长孺 2011：238-9。

[13]《史记》55：2044；6：277。《汉书》43：2120。

[14]《史记》5：177-9。祝中熹 2004：80-7，132-40，166-80。张分田 2003：12-28。

[15] 祝中熹 2004：158-64。杨宽 2003b：356-7，407。

[16]《史记》5：185-92，202。童书业 2006b：54-5。

[17] 杨宽 2003b：292-303。劳榦 2006：46-9，60-1。

[18] 张分田 2003：41-53。杨宽 2003b：343-4，347-8。

[19] 杨宽 2003b：354-6，401-2。谭红 2006：27-31。

[20] 杨宽 2003b：303-40。

[21] Li，X. 1985：327-8.

[22]《史记》86：2532-5。

[23] 杨宽 2003b：371-3。

[24] Hui 2005：60-3.

[25]《战国策・齐策一》。《史记》46：1895；74：2346-。8 杨宽 2003b：120，464-5。

[26] Tilly 1975.

[27] Hui 2005. Kissinger 1994：21，98.

[28] 杨宽 2003b：341-7。

[29]《韩非子・五蠹》。

[30]《战国策・ 秦策一》。

[31]《战国策・ 燕策一 》。《史记》34：1557。

[32]《孟子・ 梁惠王下，公孙丑下》。

[33] 杨宽 2003b：381-401。

[34]《战国策・中山策》。

[35]《战国策・ 秦策三》。杨宽 2003b：397-7，409-11。

[36]《史记》73：2333-6。杨宽 2003b：412-9。

[37]《管子・霸言》。

[38] 张分田 2003 ：137-79。

[39] Whittaker 1978：85. Bagnall 1990：37-38.

[40] Aristotle，*Politics*，1272b-1273b，1265b. Polybius 6.51.

[41] Cicero，quoted in Scullard 1980：164.

[42] Polybius 3.26. Toynbee 1965：522，542-51. Scullard 1989：534-5. Forsythe 2005：311-2.

[43] Polybius 1.10-11.

[44] Scullard 1980：167.

[45] Bagnall 1990：104-5；41-5. Harris 1979：182-90.

[46] Polybius 1.19-20. Bagnall 1990：49-59.

[47] Bagnall 1990：chs. 4 and 5. Scullard 1980：167-74.

[48] Polybius 1.37.

[49] Polybius 1.64.

[50] Bagnall 1990：ch. 9. Scullard 1980：177，183-6.

[51] Polybius 3.28，3.10.

[52] Polybius，3.27.

[53] Scullard 1980：199. Harris 1979：200-5.

[54] Bernstein 1994：65.

[55] Polybius 3.21，1.31.

[56] Cornell 1995：268.

[57] Lancel 1998：6. Connolly 1981：147-71. Bagnall 1990：155-67.

[58] Polybius 2.24.

[59] Polybius 7.9.

[60] Scullard 1980：151. Brunt 1988：126，128.

[61] Polybius，3.77，3.85，7.9. Livy，22.7，22.58，22.61. Walbank 1981：232. Bernstein 1994：67-8.

[62] Polybius 3.112-118. Bagnall 1990：171-95. Connolly 1981：166-88.

[63] Polybius 3.77，3.85.

[64] Livy 22.58，61.

[65] Cicero，*Obligation* 1.38.

[66] Livy 22.58，61.

[67] David 1997：Ch. 3.

[68] Brunt 1971：422. Finer 1997：412f. Scullard 1976：18. Lazenby 2004：87-8.

[69] Polybius 2.23. Lazenby 2004：235，239.

[70] Bagnall 1990：Chs. 6，7.

[71] Bagnall 1990：295.

[72] Connollly 1981：203-6. Liddell Hart 1926：164-90. Bernstein 1994：83-4.

[73] Lazenby 2004：235.

[74] Livy 21.3-4，26.18-9. Liddell Hart 1926.

[75] Livy 33.46.

[76] Livy 33.46-7，36.4. Polybius 15.19. Lancel 1998：180-2.

[77] Polybius 15.18.

[78] Plutarch，Cato the Elder，27. Liddell Hart 1926.

[79] Polybius 18.35.

[80] Polybius 31.21. 参考 Livy 42.23-24.

[81] Harris 1989：149，153. Plutarch，Cato the Elder，27.

[82] Polybius 36.2.

[83] Polybius 36.4，36.6. Harris 1979：234-40. Astin 1967：270-81.

[84] Plato，*Laws* 704b. Harris 1979：239.

[85] Harris 1989：156-162. Scullard 1980：311-7.

[86] Polybius 38.21. Astin 1967：302-3.

[87] Livy 30.44.

[88] Putarch，Cato the Elder，27. Harris 1979：266-7.

[89]《左传》成 16，成 18。

[90] Sallust，Catiline 10；*Jugurthine War* 41.

[91] Gruen 1984：155.

[92] Finer 1997：372-9.

[93] Polybius，16.34. Errington 1989：264.

[94] Derow 1979：5. 参考 Bernstein：1994：64-5.

[95] Plutarch，Caius Marius 31. Livy，45.12.

[96] Thucydides 1.76，5.89.

[97] Garst 1989.

[98] Polybius，3.4. 参考 Scullard 1980：288.

[99] Walbank 1981：92-4. Scullard 1980：288. Gruen 1984：142.

[100] Errington 1989：270，266-8. Walbank 1981：232-3. Gruen 1984：143-4.

[101] Livy 45.18，34. Polybius 30.15. Derow 1989：317-9.

[102] Rhodes 2007：37. Gruen 1973. Derow 1989：316-20.

[103] Polybius 24.9，30.29.

[104] Toynbee 1965：508.

[105] Derow 1989：322-3.

[106] Cicero，On the Command of Cnaeus Pompeius 22.

[107] Kallert-Marx 1995.

[108] Brunt 1978：178-83. Sherwin-White 1957. Goldsworthy 2006：

355，469.

[109] Scullard 1976：138.

[110] Tacitus，Agricola 30.

[111]《庄子·胠箧，盗跖》。

[112]《史记》6：235-6。

[113]《史记》15：685-6。

[114] Virgil，*Aeneid* 6.851-3. Brunt 1978：175-6. Gruen 1984：275-8.

[115] 撮要批评，见 Garnsey and Whittaker 1978：1-3. Gruen 1984：5-7.

[116] Bang 2012：200-3.

[117] Madden 2007.

[118] 杨宽 2003b：355-6。

[119]《左传》宣 12。中国军事史编写组 2007：52-3。

[120]《孟子·尽心下》。

[121] Aristotle，*Politics* 1333b，see also 1333a-1334a .

[122] Cicero，*Obligation* 1.35，1.38，2.26；*Republic* 3.34-36.

[123] Holleaux 1930：239-40.

[124] Gruen 1973. Brunt 1978. Harris 1979. North 1981.

[125] Gruen 1984：chapter 6.

[126] Walzer 2006：74-85.

[127] Brunt 1978：170，183. Gruen 1973：274.

[128]《吕氏春秋·孟秋》。

[129] Harris 1979：189-90. 参考 Brunt 1978：176.

[130] Aristotle，*Politics* 1256b.

[131] Aristotle，*Politics*，1252b. 参考 Finley 1983：104-105. Schiavone 2000：115.

[132] Thucydides 6.76-80；6.82. Raaflaub 2004：172-3，189-92. Rhodes 2007：28-9，35.

[133] Patterson 1991：chs. 3-6.

[134] Walbank 1970：解 Polybius 5.106. Raaflaub 2004：180.

[135] Brunt 1978：183；1988：312，292-3. Richardson 1991：4，8.

[136] Cicero in Brunt 1978：165.

[137] Harris 1979：170，119-20，166-75. Brunt 1978：178，165；1988：58，293，302. Beard and Crawford 1985：31.

[138] Collins 2003.

[139] Deuteronomy 20：16-17。1 Samuel 15：3.

[140] Judges 1 and 3.

[141] Goffart 1989：2.

[142] Orend 2006：12-14.

[143]《诗经·文王》。梁启超 1996：23-33。

[144] Turner 1993：304-5. 参考 Johnston 1995：69. Strobe 1998：175-8.

[145] Finley 1978：5. Garlan 1975：68-72.

[146] Campbell 2002：12. Garlan 1975：68-72. Harris 1979：35. Mattern 1999：162-6.

[147]《老子》31。参考《孟子·离娄上》。梁启超 1996：201-4。

[148]《吕氏春秋·仲秋》。参考《孙子兵法·谋攻》。《商君书·战法》。

[149] Loewe 1999：1020. Fairbank 1974：7. Strobe 1998：168-72. Turner 1993：297-8.

[150]《战国策·秦策三》

[151] Cornell 1995：367. 参考 North 1981：7. Brunt 1978：173. Beard and Crawford 1985：74-5.

[152] Crawford 1993：56，61-4.

[153]《战国策·中山策》。《史记》73：2336；29：1408。

[154] Tacitus，*Annals* 4.32.

[155] Di Cosmo 2009：8.

[156]《汉书》30：1762。

[157]《史记》81：2446-7。《韩非子·五蠹》。

[158] Rosenstein 1999：205；2009：34-5. Fuller 1965：74-5.

[159] Josephus，quoted in Keppie 1984：198. Crawford 1993：46.

[160] Hopkins 1978a：30. Harris 1979：41-2.

[161] Bernstein 1994：61.

[162]《史记》86；124.

[163]《荀子·议兵》。

[164]《荀子·议兵》。《韩非子·初见秦》。《史记》68：2230-1。

[165] Portal 2007：144-53，167-70.

[166]《汉书》24 上：1137。杨宽 2003b：247-9。Hulsewé 1986：

537-8.

[167]《史记》73：2334-6。

[168] Harris 1979：44-7. Astin 1967：169-70. Hopkins 1978a：35. Finley 1978：4.

[169]《商君书·境内》。杨宽 2003b：251。

[170] Hopkins 1978a：26. Sherwin-White 1980：178.

[171]《商君书·境内，赏刑》。

[172] Livy 45.34. Polybius 6.39，10.15-6. Crawford 1993：75. Harris 1979：49-50，74-5.

[173]《商君书·画策，境内》。

[174] Polybius，6. 35-38. Bernstein 1994：60-1.

[175] 我根据以下资料的统计：顾德融，朱顺龙 2003：529-564；杨宽 2003b：696-722，叶志衡 2007；Hsu 1965a：56，64； Hui 2005：242-8。

[176] Harris 1979：9-10. Bernstein 1994：57-60.

[177] Thucydides 5.68.

[178] Brunt 1971：422. Osgood 2006：95.

[179]《史记》8：364。《三国志》54：1262。《汉书》55：2482。

[180]《史记》65：2164。

[181] Polybius 36.9. Walzer 2006：225-7.

[182] Livy 27.46-47.

[183] Sawyer 2004：Chs. 3，8，10.

[184]《孙子兵法·谋攻篇》。

[185]《战国策·秦策三》。此张仪不是常与苏秦并称者。

[186] Lewis 1999：639-40，2007：38.

[187]《孙子兵法·军争篇》。《商君书·战法》。

[188] Parker 2005a：5.

[189] Appian，quoted in Bagnall 1990：319.

[190] 杨宽 2003b：403-4。

[191]《吕氏春秋·孟秋》。

[192]《孟子·梁惠王下，离娄下》。

[193] Garlan 1975：71.

[194] Thucydides 5.116.

[195] Veyne 1993：354-5. Harris 1979：51-3.

[196] Polybius 10.15. Bernstein 1994：63-5.

[197] Garlan 1975：68-70.

[198] Augstus 3.2.

[199] Veyne 1993：354.

[200] Brunt 1971：694. Bodde 1986：98.

[201] http：//en.wikipedia.org/wiki/Casualties_of_the_Iraq_War.

[202] 杨宽 2003b：423，9。林剑鸣 1992：534-5。Bodde 1986：99-100. Lewis 1999：626-8.

[203] Suetonius，Julius Caesar 74. Gelzer 1968：284. Goldsworthy 2006：353，355.

[204] Tilly 1990：166.

[205] Caesar，*Conquest of Gaul* 2：33. Harris 1979：74-5.

[206]《史记》73：2335，2337。

第四章　初建太平

4.1　帝国内乱

乾卦象征天道刚健，是《易经》六十四卦之首。它的六爻采用龙的进程，从下爻的“潜龙勿用”，经“见龙在田”及战国时代也似的“群龙无首”，进至第五爻“飞龙在天”，九五之尊，德配天下，常用以喻帝王。不过乾卦并未完，它的上爻是“亢龙有悔”。

取胜只须克服别人，要和平必须克服自己，克己最难。征伐扩土在秦始皇和恺撒手下登峰造极，中国和罗马即面临最难应付的敌人。历史上对外所向披靡的帝国，不少败亡或分裂于内乱的灾星。中国和罗马挺过凶残的内战，但各自为赢得太平付出沉重的代价。

帝国扩张过火而引发内外危机，世界史上屡见。被征服的人民虽然暂时忍气吞声，但敌意不灭，有机会便会爆发叛变。若没有适当的政治机构以治理人民、凝固势力，战胜带来的可能不是稳定的帝国，只是短期占据或长期动乱而已。挣不到利，还可能亏本。战胜者祸起萧墙：军费庞大，可能耗斁经济；新人口带来复杂的管理问题，可能错乱政府；胜利品分赃不均，可能增加社会摩擦。研究现代帝国主义的学者叫这现象“反燎”：征服别人的后果，负面反馈，使征服者自受其害[1]。这样看来，最大的危机是时局变迁太大太速，征服者的统治精英自满腐败，使政治社会制度乏能应变。

罗马和秦朝的战绩异常巨大，所受的反燎，也同样巨大。征服得的辽阔疆土上，民族驳杂，风俗万殊。怎样治理各地方？怎样罗致地方官吏？中央政府怎样控制地方政府，不让它们演化为地方割据？统治一个宏伟帝国，需要政治宏观远瞩。但新意念难免抵触旧势力，尤其是偏狭的元老贵族或封建诸侯。日后罗马帝国和两汉皇朝悠久资深，可能会令我们忘掉它们立国时的革命性创建以及巩固创建所经历的战火洗礼。以为帝国升平理所当然的人，可以回顾一下亚历山大的帝国。

“帝国”这翻译名词容易引起两个意念：一是专制，所谓“帝制中国”；二是统一政府下的地域大国，地图上的同色一块。两个意念都不尽正确。帝国并非一定由皇帝统治；雅典帝国便是个民主政体，罗马的帝国也是共和国打下来的。此外，雅典和罗马共和国都没有兼并很多它们控制下的疆域，说它们是“霸权”也许更适合。此说也较为符合名字的渊源。Empire 一词源自罗马的 *imperium*。罗马人眼中的 *imperium* 旨要是无上权力。*Imperium populi Romani* 指罗马人民支配别人的权力，不论罗马是否兼并了他们的疆域。要到前 1 世纪中期，罗马共和国末年，行省逐渐建立，领土观念才显著，*imperium Romanum* 才开始具有我们熟悉的“罗马帝国”之意义[2]。

罗马共和国的权力广及，但管治拙劣。统治辽阔的领土需要许多管理人才。秦大量起用平民。相反地，罗马贵族一要维护统治小圈子，二要防止圈子内任何人太出众、揽权专政。统兵的地方大员最容易擅权。与其冒险设行省置省督，共和国喜欢利用土权贵、卖国贼或承包收税人替他们刮削。这些人只顾营私利，又没有政府监督，对人民刻毒无比，对国家的效率也低。尽管这样，大部分贵族仍然满意，只有庞培、恺撒等几个大政治家看到这情景不能持久，但在强硬的反抗中倒台。直到奥古斯都才找到办法，建立君主集权的帝国政体，令罗马长期享受征服的成果，然而不免为此而牺牲了无价之传统共和精神[3]。

古人说秦蚕食诸侯。蚕虫只顾啃食，不知桑叶整体。战国忙于侵蚀邻国，也没有统一整体的观念[4]。后来儒生断章取义，挖两个不着边际的三字真言“大一统”、“定于一”，不理这“一”是指日历、观念或什么，矫情争功，冒认政治统一的先驱。孟子说“不嗜杀人者能一之”，此外并无任何发挥“定于一”之语[5]。它至少有两种读法。一是圣人改造世人思想，使列国一致厌战，因而天下安定。二是不嗜杀人者能奇迹般席卷天下。即使我们采取第二种政治统一的说法，从孟子一贯强调先王之道、拥护世官世禄，可见他憧憬的“一”不外是周初般的盛世，如图 4a 般的宗法封建[6]。法家对壹言、壹法、壹务等政治概念有踏实的阐释，应用于建立图 4b 的集权制度。不过即使商鞅、韩非，以至秦王政亲政前一年发表的《吕氏春秋》，眼光也只限于一国，未及混同七个独立国家的统一皇朝体制。这革命性的政治构想，是在年轻秦王的朝廷上，在李斯等大臣辅佐下，综合法家百多年努力的经验，逐渐成形。

用恺撒征服高卢差不多长短的时间，秦兼并了人口 6 倍于己的疆域。秦始皇不但停止了争战局面，而且废除了宗法封建制度，代之以缘法而治、科层管理、君主集权的皇朝，彻底改变了“统一”和“中国”的意念。然而封建复辟的势力，不是焚书所能制止。秦为大胆创建而亡。更大的牺牲品是法家的理性思维、法治精神，在“法家亡秦”的黑帽子下，2000 年来黯然埋没于儒家的人治教条。

战国七雄数百年培育的兵将游士，转瞬间复员失业。旧贵族君子在中央集权下丧失特权特利，恨入骨髓。统一皇朝急速的政治改革，使社会一时难于适应。难怪九百戍卒在大泽乡起义，即能燃起反秦的大火。与秦不同，罗马有能力镇压地方的动乱。不过被征服的人民看到从他们身上榨取的钱财，支付罗马人大规模自相残杀，也算报仇雪恨了。东西两地的帝国反燎，皆导致统治阶层暴力内讧。为了追求稳固的政府结构，或拥护君主制、或拥护贵族制，始而派系斗争，最后割据内战。

恺撒或秦始皇死后内战爆发，荼毒罗马或中国的社会人民，甚于扩土战役。它们也打击了顽固的旧势力，发泄了怨恨，铺下日后和平的条件。大动乱的恐怖使殄瘁骨销的人们大开眼界，接受以前不可思议的事物。被征服者无心再反抗，按捺不甘，成为帝国省郡的子民。刺杀恺撒的元老贵族一蹶不振，不得不向奥古斯都及后来的皇帝俯首称臣。被秦始皇废除的封建贵族，汉初重振，终不能持久，不过它已把思想价值遗传给儒家，造就日后皇朝的统治精英。权力斗争在内战期间达高潮，到帝国、皇朝时大为收敛，但未烟消，变为政治暗流。

30 年大动荡是罗马或中国历史上的转折点。站在两个大时代之间的过渡期，可以偏向前或偏向后。恺撒结束旧世代，秦始皇开创新纪元。罗马的旧政治体制失效，无能统治征服来的庞大疆域，其引发的内战，可谓是共和国的黄昏。划时代的政体改组要待赢家奥古斯都。秦是皇朝中国的黎明。秦始皇一统天下，创立了划时代的持久政治体制，传统史学称以往岁月为“先秦”，以别于“秦汉”。按历史逻辑，秦朝应该放在本书的第二篇，我也把它的制度留待那儿分析。本章探讨秦朝兴亡的因果，以资与罗马的过渡期比较。

4.2 共和式微

前 59 年，朱利乌斯·恺撒出任执政官，向元老院提案，要分配田地给复员军人和贫苦家庭。小加图竭力反对。元老院如常胶着，不能投票表决。恺撒下第二步棋，召集部落民众大会，邀请庞培和克拉苏演说。他问庞培肯不肯支持提案，抗拒反对派。庞培回答：“若有谁胆敢拔剑，我亦将举盾相拒。”民众喝彩，很多元老贵族打颤。投票的日子定下了，庞培的老兵集合参加。大多数元老怂恿执政同僚毕布鲁斯去否决投票，但兜头一桶粪便把他赶回家去了。恺撒的提案通过成法。斗争继续，终于元老发誓遵守法案[7]。

恺撒在民众大会上表露他与庞培和克拉苏联手干政。日后史家回顾，认为三头同盟是导致 10 年后内战的第一步。不过当时来说，最得益的似乎是人民。共和国后期，形式上是民主势力增强：投票改为匿名，使选民免受庇护人的压力；没有财产分野的部落民众大会成为立法的主将；执政官或保民官时常不待元老院批准，径自提案要它表决；很多居住在罗马城的公民获得粮食津贴，甚至免费供应[8]。然而，阴影也重重：收买选票的贿赂流行；人民有结合的自由，政府无维持治安的警察，所以街头帮派滋生，左右政治；控制演说投票的广场，成为民主政治的重要手段。政府瘫痪，无能解决战胜扩土带来的问题。暴力逐渐抬头[9]。

号称民众派的政客常避过元老院，直接到民众大会推行事项，一面振兴人民的立法主权，一面加强自己的势力。恺撒的土改法案为人民争取到田地，他自己也得益不少，因为受田者按传统奉他为恩主，日后成为西塞罗所谓“恺撒的军队”，大量响应他的招募。与民众派对立的高贵派，坚持传统的贵族平等、元老院集体统治。两派的分界并不明确，墙头草也不少：庞培至少两次倒戈[10]。他们全是贵族，既定利益相同。一位现代史家按道：“民众派政客，不论他是庞培或是恺撒，一得权就马上尽力抑压人民的自由。民众的自由是危险的；抑制它是每个罗马统治者的首要职责。”[11]

前 83 年苏拉从东方回师，指挥饱受海外赃物贿赂的罗马远征军，对付民众派的政客，尤其是人民英雄马略。庞培和克拉苏每人自资招募军队，主动加入苏拉的高贵集团。苏拉胜利后独裁，大肆屠杀放逐政敌，压制保民官，增强元老院。改革完毕，他自动放弃权力退休，被恺撒讥为“权谋文盲”[12]。他的措施有些长期奏效，但他压制民众派的宗旨，却被手下违背。前 70 年，庞培和克拉苏同选为执政官，恢复保民官全权，因而获得民众的爱戴[13]。

罗马征服地中海的社会经济后果，总的算来，到此时还有害无益。譬如，海上治安本来由罗兹维持。罗兹被毁后，海盗横行，甚至威胁到罗马城的粮食供应。前 67 年，罗马人民任命庞培剿盗。他只用三个月便肃清地中海，显示他组织大规模行动的天才。人民因此再授特任，让他全权对付老敌人米特里达提。四年东征，他彻底消灭米特里达提，抑制罗马代理人滥权，安抚地方，设置行省。他的政治改革使当地社会安宁，人民喜悦。此外，因为裁制了中间人贪污，使罗马每年的税收增加百分之七十。这政绩向罗马证明，行政管理有效，大家都得益。庞培本人也成巨富，赢得大批附从[14]。

庞培大捷回师，罗马忐忑。苏拉独裁的历史会不会重演？幸而庞培登陆意大利即依法遣散军队。不知恺撒有没有暗笑：又来一个权谋文盲！庞培是个精明的将军和政治家，但却是个幼稚的政客，长于管理，而短于权谋。在帝国各地，从西班牙到叙利亚，他的影响巨大。但在罗马城，他却不行。他出身新兴家族，走外围路线，没入元老院便选任执政官。权力跃进使他缺乏高层政治圈子里的门路，虽得民众拥戴，但他在元老院处处碰壁，无法劝它批准认可他的东方措施，或配发田地给他的老兵[15]。

恺撒的朱利世家属老牌贵族，自称诸神后代。恺撒按照元老院常规，等到法定的 42 岁才竞选执政官。耐心上爬的经验积聚了人事关系，训练出高超的政客手腕。恺撒的姨妈嫁给马略，他本人的民众派倾向也惹高贵派猜疑，小加图尤甚。小加图一口拒绝庞培向他侄女的求婚，恺撒却利用独生女儿朱利娅，把比自己老 6 岁的庞培变作女婿。贵族政客的花费大。恺撒负债累累，一向感激克拉苏的经济支持。恺撒、庞培、克拉苏结为三头同盟。他们帮助恺撒竞选执政；当权后恺撒认可庞培的东方措施、优惠克拉苏的承包收税人。恺撒本人获得特任，即时开始，5 年内掌山南高卢军政全权。碰巧山北高卢的省督去世，在庞培的提议下，民众大会把恺撒的特权延展到阿尔卑斯山之北[16]。

每年任派兵团统领和行省省督，本来是元老院的职责，因为它有知识经验和督察能力。民主风气把它放到民众大会手中；那儿政客煽动民意，一时热情，可以作出后果无穷的决定。正如李维指出，执政官的权力无异国王；共和国约制滥权，主要在任期短暂[17]。不受元老院督察的长期军政全权一向罕有，而且都是为了明确实在的军事需要而设。庞培的特任，便指定为了对付纠缠不休的米特里达提。恺撒的特任史无前例：高卢无事，5 年特任纯粹是为了恺撒个人的政治野心。民主的形式为独裁开路；恺撒一拿到兵权就利用它来镇压元老院。据罗马传记家苏维托尼乌斯记载，恺撒警告政敌，“他会踩在他们身上”。山北高卢有大片可以征服的土地。“不管怎么无理或危险，对善意盟友或敌意蛮人，恺撒有机会就找茬儿，开战进攻。”[18] 恺撒从人民手中获取无限权力去打仗，并借此建立他自己的威势[19]。

恺撒在高卢征战，同时也必须应付在罗马的政敌。为此，他加强三头同盟。前 56 年，他放麾下士兵的假，让他们到罗马投票，选庞培和克拉苏为执政官。他们当政，即把恺撒的高卢特任再延长 5 年，并安排特任结束时，恺撒将再任执政。他们也各自获 5 年特任，克拉苏在叙利亚，庞培在西班牙。普鲁塔克所谓“破坏政府、分割主权的阴谋”，如愿进行。唯一的问题是，前 49 年恺撒坚持不到罗马竞选便出任执政，成为内战的直接导火线[20]。

西塞罗为三头同盟的提案奔波，宣传它“将使高卢全部臣服于我们”，鼓励人民因爱国而支持它[21]。恺撒从前线送来的精彩书信《高卢战记》，使人民沉醉于胜利的荣耀。庞培留在罗马附近，让部下去经营西班牙。克拉苏决意模仿恺撒，从叙利亚进攻帕提亚。入侵帕提亚与入侵高卢的情况相若，不过克拉苏打败了，所以他的战争不正义。前 53 年，在幼发拉底河上游的卡雷，罗马全军覆没，鹰标军旗被夺。那儿，罗马人首次尝到游牧民族的骑射本领[22]。他们也诧异于在阳光下闪烁的帕提亚旌旗。有学者说那些是丝旗。不论如何，中国丝绸确在那时左右传到地中海[23]。

克拉苏之死，比朱利娅之死，更损害恺撒和庞培之间的关系。三头权威相若，或有希望保持共和均势。没了克拉苏的斡旋，恺撒和庞培是友是敌，调协余地日消。凭着辉煌的战绩、高卢丰厚赃物买来的政治资本以及百战成钢的忠贞军队，恺撒权倾政府。元老院在威逼之下，无奈向庞培靠拢。庞培先是犹豫，逐渐想到若恺撒再任执政，共和国会被毁，自己的势力也会受损。派系纷争下，元老院终于采取小加图之见，坚持要恺撒依法放弃兵权才能竞选执政。在恺撒看来，这无疑是权谋文盲自寻死路：他一放松兵权便马上会因以往的非法行为而受指控。无人要内战，但每人都有他不能妥协的理由。宣传口号满天飞，淹没理智判断，互相猜忌扼杀了合情理的协商[24]。

4.3 鸷鹰自残

“骰子掷下了”，前 49 年恺撒跨渡鲁比肯河时说。鲁比肯河是高卢和意大利的分界。恺撒进军意大利发动内战相当冒险。意大利的人民可以挺身捍卫共和国，但他们没动。庞培撤退，到东方召集资源。大多数资深元老跟随他，却又深怀戒心。他们三心两意，使庞培指挥无效。滚动的骰子 9 个月后在马其顿的一个平原上停下来。凝注着法萨鲁战场上死伤累累的罗马人，恺撒说：“他们咎由自取。”[25] 庞培不在其中。他东奔，在埃及岸边被人谋杀[26]。

恺撒写道：“庞培不愿任何人与他分占威望的顶峰。”他更剖明自己的心声：“我一向认为威望最重要，珍惜它更甚于珍惜生命。”[27] 论野心，西塞罗认为他俩一样猖狂，但他最后选择加盟庞培。一位现代学者解释："庞培不值恺撒所为，因为他仍能从元老集体统治的观点着想，感到不妥。"[28] 事情对恺撒来说就简单得多了。他明言："共和国空有其名，其实根本什么都不是。"[29] 假如庞培病在眷恋传统，那么恺撒病在小看了共和国。

恺撒收服东方，其轻易处显露于他的名语：*Veni*，*Vidi*，*Vici*。（"我来临、察看、征服。"）他重建迦太基和科林斯，大量设置海外殖民地，安抚老兵，缓和意大利的恐慌，又凝固了帝国。差不多所有元老都接受他的宽恕，复任公职。西塞罗外，最重要的是布鲁图和开思阿斯，未来刺客集团的首领。只有小加图宁愿自尽，不肯事奉暴君。西塞罗作颂词，赞美他为共和国殉难，表现出真正的罗马节操。《加图》风靡一时，使恺撒领会到，一如他自己热爱威望过于生命，也有别人热爱自由过于生命[30]。

共和国的实质与形式分歧，使政府瘫痪，无能解决迫切问题，然而共和国还未落到徒具虚名的地步。憎恨君王专制的传统犹存。恺撒任独裁者之位，掌无限权柄，差点受祀为神，其实不过依仗赤裸的兵力，坐镇共和国的失效机构、桀骜贵族。他虐待保民官，禁止政治聚会，玩弄投票程序，不咨询任何人而发一连串指令[31]。就算一向因为战功荣耀、田地恩赏、竞技表演而崇拜他的大众公民，也开始埋怨他的专横。恺撒时常说："假如我有不测，别想罗马会享受和平。新的内战会爆发，而且比前一次更糟。"[32] 他明知危险，却不设法防免。在罗马独裁两年，没留下任何计划使政府不单是自己的应声虫。放着必要的政治改革不理，却忙着准备可免的战争，去打帕提亚。前 44 年，恺撒正式赋予自己终身独裁之职，无异国王。此举把仁慈宽恕所赢得的好感付诸东流。

忠贞于共和国的元老贵族把他刺杀。

那年，观察天象的中国古人记载客星。白昼可见的彗星在追悼恺撒的竞技表演上空出现，被认定是恺撒之灵魂升天[33]。不久恺撒便正式被奉为神。罗马历书一致把彗星看作吉兆。它们大错特错：恺撒之星带来的岁月，满是凶暴死亡[34]。

凶暴岁月由3月15日开始。刺客集团听从布鲁图，放过恺撒的首将安东尼。他们自称捍卫共和国，但深知共和国的制度依然没法阻止安东尼或其他野心家重走恺撒夺权之路，尤其他们已有恺撒的旧属军队作后盾。罗马城中交涉密谋炽热。在意大利和帝国各地，招兵买马、叛变交易、接刃冲突，如雨后春笋。谈判失败，布鲁图和开思阿斯跑到东方去招募。他们去后，谈判期间避离的西塞罗回到罗马，自以为手持秘密武器，一个18岁的“孩子”。“看看他的姓名和年龄”，西塞罗写道。他图谋利用恺撒的继承人去帮恺撒的刺客打击恺撒的将领。到头来，老狐狸被小狐狸摆布了[35]。

史笔叫他屋大维以免混淆，可是终其政治生涯，恺撒的义子从不用自己生父之姓。恺撒之姓是他的资本，安东尼说。不错，但不是他唯一的资本。屋大维承继了恺撒庞大遗产四分之三；其余四分之一足够分赐每个罗马公民75个小银币。他有为义父复仇的忠孝理由。也许他最大的资本是冷静的头脑，冷酷的心肠，和承继恺撒政治权力的热忱。他一面联络恺撒的旧心腹，一面针对西塞罗的自负虚荣，大写恭维书信。凭西塞罗的帮助，他利用共和集团，当上执政官。获得与恺撒集团巨头平等谈判的实力之后，恺撒之子合逻辑地倒戈，与恺撒旧属安东尼和雷比达联手。前43年，三人大吹大擂，领军进入罗马城，设立权力无限的新三头同盟[36]。

恺撒的宽仁不再，苏拉的恐怖重演，只是更凶残。新三头决意铲除共和集团，清算所有政敌。公敌的名单高挂；捕杀公敌者得重赏，帮助公敌者与其同罪。西塞罗并不因为对屋大维有恩而幸免，他的头和手被悬在广场示众[37]。

很多人遭受流放，只因怀璧之罪。他们富有，三头急需钱财。内战时各集团皆自称正义，但都难令人心服。哗变投敌，习以为常，因此募兵的价格特别高。屋大维当上执政后的首务就是淘空国库，分给自己部下每人2500个小银币，20倍于恺撒前的士兵年薪。银子不过是定金，田地是士卒的最大向往。三头划定18个最富庶的意大利乡镇，答应将来驱逐居民，安置老兵。目前他们用专制权力没收财产，横征暴敛。恺撒集团必须努力；共和集团在东方也忙着干同样勾当。于是罗马人纷纷动员，一边喊忠孝，一边呼自由。意大利的自由男民，四分之一以上入伍参战[38]。

前42年，腓力比。操戈相向的罗马军队三倍于恺撒与庞培之对阵。安东尼指挥恺撒集团，屋大维卧病帐中。战役历时20多天，两场大仗，搏杀惨烈[39]。投身共和集团者知道这是他们的最后立场。命运果然。马库斯·布鲁图和很多共和将领战败自尽。安东尼取过自己最珍贵的紫袍，为布鲁图掩盖遗体。屋大维命令将布鲁图的头割下，丢在恺撒像前[40]。一位现代学者叹道："在腓力比阵亡的战士为原则捐躯。他们的阶级传统狭窄陈腐，但尽管有其缺憾，仍是罗马的精神灵魂。""这是自由国家的最后挣扎，定局再也无可挽回。此后一切，不过是暴君们在自由的尸体上争权夺利而已。"[41]

"罗马初建城时，统治者是国王。后来路起斯·布鲁图创立了执政官和其他自由共和国的体制。"塔西佗的《编年史》开篇，一段短文追述了500年罗马历史，直到奥古斯都的"个人统治”。自由共和始兴终亡，气数将尽。它的晚期乱者为王：“法律道德无存，罪行不受惩罚，正直常能致命。”[42] 政府里，党派集团各自肃清政敌。社会中，内战的军队此退彼进，军纪松弛以纵士兵剽掠。这样情形下，免受随意压逼的自由成为空话。雅典所发明“压逼别人的自由”，原来为了文饰对外征战，但用作内政口号，同样响亮[43]。现代学者确定塔西佗的观察：“他们当然用动听的借口，高唱自由解放。有意奴役别人的暴君没有一个不擅长此等口号。”[44] 苏拉宣传他引军进攻罗马是“为了把它从暴君手下解放出来”[45]。恺撒说他向共和政府开战是“为了恢复他自己以及罗马人民的自由”。恺撒的刺客们自称“解放者”。为义父报仇的屋大维做了皇帝后在其《功绩录》里宣扬：“我使国家恢复自由。”[46] 那是个人专制下的自由。

自从恺撒挥兵解放罗马，大约 200000 名罗马公民经常从伍，非公民辅助军的数字也不相上下[47]。各地行省因军费而被搜刮一空。政治积极分子把共和国当作他们野心的自由竞技场，不惜破坏社会，蹂躏生民。随着他们自相砍杀，自损声势，时局变了。听厌了政治口号的普通人民宁可选择实际升平。逐渐地，人们认识到，“自由”名义下的实质其实不值生死斗争的牺牲[48]。

第三世纪的希罗史家狄奥把罗马历史分作三大期。第一期民主，从共和立国到前 42 年的腓力比战役。第三期君主集权，始于前 27 年奥古斯都即位。两者之间的军阀时代，先是三头同盟，续之以屋大维对敌安东尼与克莉奥帕特拉[49]。

腓力比战后，安东尼与屋大维勉强合伙统治帝国。安东尼本来较强，有两次机会铲除屋大维，皆不忍下手。他留居东方，在纷杂的行省、附庸国、隶属盟友间，维持秩序。两次与帕提亚交手不胜，改变了他的命运。安东尼犯了不少军事失算、政策错误，但通俗传说他被克莉奥帕特拉色迷，却可能性不大[50]。

克莉奥帕特拉在前 51 年登上埃及王位，时年 18 岁。埃及是亚历山大帝国遗产中最长寿者。她是马其顿人，但采取本地臣民的习俗。前 48 年恺撒进军埃及，她巩固了自己的地位，并且与他生了个儿子。恺撒和安东尼都没有兼并埃及，让它继续做罗马最富庶的扈从盟国。前 41 年，安东尼召克莉奥帕特拉到叙利亚，责问埃及为什么不帮恺撒集团攻打共和集团。那年，他到亚历山大港过冬，与她得双生子女。他俩 4 年后才在叙利亚再次会面，又得一子[51]。

屋大维从腓力比回到意大利，快速为老兵觅得田地，赢得军队拥戴，却激怒财产因而被没收的地主。意大利人最后一次起义。屋大维残暴镇压，使意大利人熟知他的手段，日后他变为仁慈的国父时仍然难忘。他本身无甚将才，但依仗大将如阿格里帕，打败所有敌人。他又以减税免债、修建公共建筑等措施赢取民心。残余的贵族稀落回笼，垂头丧气，侍奉新主子。帝国的心脏基地开始痊愈。安东尼在海外，独踞罗马的屋大维有优势任派元老执政、操纵政府，制衡中渐占上风[52]。

前 32 年，三头同盟的法定期结束。屋大维主动备战，他知道罗马人不愿与罗马人为敌，因此不向安东尼宣战，把矛头指向克莉奥帕特拉，说她蓄意做“罗马人的女王”。罗马权谋一向尊重言论自由，但屋大维无所忌惮的诬蔑，仍属空前。他的宣传涵盖军事政治、宗教文化，从每一方面荼毒埃及人，煽动民族仇恨。如是，屋大维小心遵行罗马宣战的宗教礼仪，领导爱国的意大利人，向禽兽般的埃及人展开圣战[53]。

安东尼不负克莉奥帕特拉。他是否深陷恋爱，我们无从得知，但诚信一向是罗马人的气节。他们那一面之叙述，早已失传。在敌人的片面之词中，安东尼在亚历山大港住了两年，本土化了，而且惧怕老婆[54]。

前 31 年，双方会战于希腊北部的亚克兴半岛。屋大维海军大捷，只是没抓到两个敌方主角。他逼近亚历山大港时，安东尼置晚宴，对含泪的部下说，他向往明天在沙场上光荣阵亡。那天晚上，城内酒神圣歌四起，传言是诸神遗弃安东尼的凶兆。黎明，先是海军，续而陆军，随诸神投向屋大维。安东尼误以为克莉奥帕特拉已死，自刺，但挺到运至她跟前，在她怀中咽气[55]。

屋大维控制了埃及，设警卫看守克莉奥帕特拉。然而安东尼死后第九天，她在金榻上盛装安躺而逝。她怎样逃过监视，众说纷纭。有人说是暗藏毒药，因为她身上不见任何齿噬刀创的伤口。屋大维的凯旋游行展示她蛇附身的图像，呼应战前“崇拜爬虫的卑鄙埃及人”的宣传[56]。不论如何，埃及最后一位法老王，击败了罗马第一位皇帝的意图，不受其驱赶游行示众之辱。克莉奥帕特拉被葬在安东尼侧。她庄严的死，堪配为高贵王族的休止符[57]。

4.4 秦朝兴亡

嬴政在赵国出世。其时赵人初遭长平之痛，对秦人切齿。嬴政童年，想非好过。他的父亲异人是个庶出王孙，被秦昭王丢在赵做人质。到邯郸经商的吕不韦见异人落魄，认为奇货可居，于是投资大量黄金，设法把异人立为太子的嫡嗣。他下重注希望赢无数倍，手法高，运气也好。太子登位三天便一命呜呼，异人继位为庄襄王，吕不韦封侯拜相。4 年后庄襄王去世，嬴政才 12 岁，吕不韦便以相国辅政[58]。

秦王政幼时，掌大权的除了吕不韦外，还有太后及其面首嫪毐。吕派嫪派各树羽翼，勾心斗角，权倾朝野，然而届时都不是年青君主的对手。前 238 年秦王亲政后马上平定内乱。太后被迁，嫪毐伏诛，免相后的吕不韦畏罪饮鸩。不到两年，秦王政便为外政宏图建立了稳定的内政基础[59]。

嫪毐、吕不韦，及吕氏的 3000 名宾客多是外国人。水工郑国又被发现是韩国派来的间谍，意图转移秦的人力物资去建渠，以减轻对韩压力。在秦的宗室大臣怂恿下，秦王下令逐客。被逐者中有李斯，原为楚小吏，入秦后由吕不韦推荐给秦王。李斯上书力谏，数历代客卿对秦的贡献："王者不却众庶，故能明其德，是以地无四方，民无异国。"秦王受谏，除逐客令。李斯成为秦王最得力的辅臣。他指出秦势"足以灭诸侯，成帝业，为天下一统"[60]。活力充沛的秦廷君臣决定不放过这万世一逢的时机。

前 230 年秦灭韩，宛如恺撒跨过鲁比肯河，把旧制度抛在背后。此后统一中国的新策略挂帅。秦的方针明确，意志坚定，迅风疾雷，使列国无法合纵；南征北讨，前 225 年到前 221 年四年间，相续灭魏、楚、燕、赵、齐[61]。

"天下和平"是秦始皇帝自认的最大功绩，屡见于他的石刻："禽灭六王，阐并天下，甾害绝息，永偃戎兵。"[62] 他收集熔化六国的兵器，拆除城墙关隘等防御工事，使地势开朗，到处通途。即使尽力诋毁秦的汉儒亦承认："元元黎民得免于战国，逢明天子，人人自以为更生。"[63]

险阻夷平，驰道、驿道从咸阳四向伸展，运河使交通网更畅达。今天仍供航行的灵渠连接湘江和漓江，沟通长江流域和珠江流域。汉儒指责秦朝工程轻用民力，其实基层建设对公共社会大有贡献。秦的驿道运河和罗马帝国的大路网络一样，不单有军事用途，而且联结广大疆域，加强统一，便利商旅，促进经济，广泽民生[64]。

怎样统治空前的疆域人口？政府应如何组织？中央政府与地方政府应是什么关系？面临政府体制这重大决策，秦始皇聆听众议后，毅然采取李斯的提议，废封建、设郡县。官僚式的机构，把权力集中在以皇帝为首的中央政府。全国划分为三十六郡，皆听令于中央。郡下设县。郡县的组织划一，中央任免郡守县令，由他们各自选用地方人才为副，行政治理。郡县在战国时已经出现，但与封邑侯国并存。把郡县划一推行全中国，全盘取缔诸侯国和封建贵族，是中国历史上的转轨创举。假如优胜劣败的进化论也应用于政治，那么此后2000多年，封建屡次复辟皆引致祸民战乱，中央集权体制屡遭打击但屹立不倒的记录，实示孰优孰劣。然而，当时秦始皇的措施，受到拥护封建的复古派道德谴责、顽固反抗，引起焚书事件，关及秦亡。这些以下再说[65]。

中国人说多种方言，常有互相听不懂的。方言可能衍化为不同的语言，就像拉丁话衍化为罗曼语系中的众多言语。中国话能避免分化，因为说不同方言的人书写同一形重于音的文字。东周时有数种相似而不尽同的文字并存。李斯等努力推行统一而易于书写的文字。文字外，秦更致力统一法律、货币、度量衡，甚至车轮之间的距离，使全国的车辆都能使用同一辙轨。一位美国史学家说："全国通行的标准在今天看来是理所当然，所以我们必须运用丰富想象力，才能认识它们在前三世纪时的新意。很多秦的创建在欧洲要待二千年，到法国大革命时才出现。"[66]

据《史记》所载官方纪录，秦灭六国后 6 年无大战事，虽然山间或有零星的肃清行动。前 215 年秦始皇巡视了北疆后，下令戍边的蒙恬发大军，把匈奴驱逐出阴山以南的河套地区，筑城建县以保卫边境。次年又开拓南方，徙谪移民，设桂林、象郡、南海，奠定中国的恢廓版图（地图 9）[67]。

秦始皇在位的最后三年大兴土木。原来燕、赵、秦三国的长城，修建加长，连接成一个绵延万里的边防系统。军需由从咸阳通北境的新筑直道补充。中国的路夯土而成，工程少于罗马厚石铺砌的路。比长城直道更奢侈的是咸阳一带的建筑，据说动用了 700000 名囚犯。从未落成的阿房宫外，骊山的始皇墓也进入密锣紧鼓的阶段[68]。首都建筑宏伟壮丽，毫无疑问。可惜它们毁灭了，所以我们无法把它们与奥古斯都留在罗马的“大理石之城”相比。

为了抚省士卒和绥靖远方黎民，秦始皇 5 次长途出巡，并行帝王祭天地的封禅典礼。他在各地留下石刻，自我歌颂外，也显示他注重道德和经济，针对地方特情加以建树。会稽石刻记载改正当地的淫佚风俗，碣石石刻记载决通从前战国用以浸淹邻国的水堤。巡行中他顺便游览江山，尤其喜爱海洋，甚至出海射鲸鱼[69]。

前 210 年，秦始皇死于第五次巡狩途中。他讳言死，未立太子，到病危才作玺书赐予当时同蒙恬监军的长子扶苏。书未发而皇帝崩。随行的宦官赵高说服丞相李斯，阴谋篡改玺书，赐扶苏、蒙恬死，立少子胡亥为二世皇帝。

秦二世的昏聩暴虐，有如罗马城大火时唱戏的尼罗皇帝，加上被获释奴隶摆弄的克劳迪乌斯皇帝。秦始皇有过分处，二世变本加厉。他听信赵高，残杀宗室大臣以巩固自己阴谋夺得的皇位，李斯亦不幸免[70]。

二世即位后10个月，900名开往渔阳的戍卒被大雨困在大泽乡，料想必会误期报到，要依秦法受罚。两个队长陈胜、吴广商量：逃亡也是死，举大计也是死，与其等死，不如为称王立国拼一下。做了一番心理准备工作后，他们杀掉统领的秦军官，用卫戍的苦况煽动士卒起义[71]。陈胜“率罢散之卒，将数百之众，而转攻秦。斩木为兵，揭竿为旗，天下云集响应，赢粮而景从，山东豪俊遂并起而亡秦族矣”[72]。陈胜攻占曾为楚首都的陈作为根据地，自立为王，号张楚，派手下周文等兵指咸阳。

消息很快转到咸阳。博士叔孙通谀言动乱不是反，仅是盗。二世爱听，惩罚据实报告的使者，直到周文的兵逼近咸阳，才赦免和武装在骊山工作的囚徒。章邯率领这队免刑徒军击溃周文，跟着进攻楚地。陈胜败退，被自己的车夫所杀。然而秦的时机已失[73]。愤恚秦的山东豪俊早已各杀其郡守县令，相立为侯为王。六国的旧贵精英纷纷复出，草莽英雄乘机而起，刘邦夺取沛县，项梁项羽杀会稽郡守而发其兵。赵王等聚居巨鹿，章邯围攻。项羽领楚军渡黄河，破釜沉舟，只带三天粮，救巨鹿，破秦军。章邯求援兵不得，终于投降。项羽在中原厮杀时，刘邦直走咸阳。前206年，秦降而亡[74]。

新星也似的大帝国，即如亚历山大的帝国或蒙古汗国，一时灿烂，震撼寰宇，但转瞬湮灭，影响肤浅，数世纪后便只留下遗迹让考古家去研究了。秦朝是例外：它不是个短暂帝国，而是一个耐久帝国的始祖皇朝，祚虽短但影响深远。它灌输不可消磨的统一观念，遗留有远瞩效率的国家体制，为中国带来革命性的变化。此前“中国”只是个地理文化的概念，之后“中国”更是个政治概念，指有中央政府的强大国家。借用生物进化论的比喻，秦使中国的政治基因变异。

它新的观念制度基因，汉朝继承下来，略加修改以适应环境，遗传下代。百代演化后，秦基因的功能，至今尚有表露[75]。

4.5 亢龙有悔

为什么秦朝覆亡？为什么后代一面诟病秦，一面承用它的体制？秦朝兴亡是中国历史转折点。它涉及的权益争夺、思想冲突，继续 2000 年尚存。正因如此，对于它兴亡的原因，宣传多于分析。

历史兴衰，因素繁杂，但少不了运气和个人得失。某些处，秦始皇颇似恺撒。两人都有与其无穷自负相配的精力、与其庞大帝国相称的责任心。恺撒看竞技时也不断写信；始皇每天不批阅完一定重量的书简，不肯休息[76]。元老博士说他们勤政无非贪权。这些元老博士可能自己贪权不逞而发牢骚，但他们的批评也非无理。恺撒和始皇凡事亲理，使决策机构因缺少工作训练而虚弱，政府过分依赖自己个人。两人都不愿准备后事。恺撒 56 岁遇刺，始皇 50 岁病逝。不计划好权力转移是他们最大的失误。

权力转移是任何政府的重要关节。非常规的继位最容易引起政治动乱，因为越规使别人不服，并提供反抗的理由。篡弑者心虚猜疑，逼害政敌，使众叛亲离，自取灭亡是小事，大弊是误国殄民。世界史上例子无数，秦二世便是一显著者。

和平无疑甜美，但战后大规模遣散复员，可能为很多人带来一时苦难，造成严重社会问题。第一次世界大战的后遗症引发第二次世界大战，便是今人熟悉的例子。内战后罗马保留大量军队，努力为解甲者觅田，大开海外殖民地，仍不免意大利本土暴动[77]。秦朝寝兵引起的社会问题更大，尤其在六国地区。战国七雄每国带甲逾十万，专业武卒优养于魏，技击之士兴隆于齐。将领外，中下级军官无数，全临失业难题[78]。长期的国际竞争培育了大量干才，因能取职的机会把上进心散入社会低层。纵横家周游列国，贵族的食客动以千计。游士以投助别国为要挟，谋取权益。战国七雄遽变为统一中国，这些发战争财的人前途渺茫，他们的坎坷助长被征服之痛。响应陈胜的山东豪俊，不少属于这类人，有的如周文更在历史留名。销甲兵是为了和平，但汉人评论，却把它数作秦之暴政，可见当时的问题[79]。

秦一统天下后，必须刹住战乱历史火车般的冲劲，还得铲除封建势力的牢固大山。边陲的秦在战国七雄中属新起暴发户。资历深文化高的东方诸侯一向歧视它，以“夷翟遇之”，敌国也常宣传它是“虎狼之国”[80]。六国各有800年的历史，文化、风俗、方言独特，齐人和楚人在那时就像英国人和法国人在今天一般自然。想象一幅政区地图，几年之内，东亚地区从现在西欧般的杂色拼凑变成纯色一片，你就认识秦干了什么[81]。齐人和楚人不诅恨老敌人所变的新主子才怪。长久战争中，多少人的父兄亲友丧生在这老敌人手中？积怨这么深，不是一时所能消解。统一后9年，扶苏还指出：“天下初定，远方黔首未集。”为了争取民心，陈胜标榜楚国最后保卫战中牺牲的项燕，项梁寻找楚室后人立为楚怀王[82]。他们的行动凸现人民怀念故国故君。与其说他们在反抗统治者，不如说他们要赶跑占据家园的外国敌人。所以山东六国故地动乱蜂起，秦本土却安然。

汉儒夸染秦亡的惊奇，以宣传秦朝特别凶暴。其实他们漠视历史。吴起曰：“战胜易，守胜难。”荀子曰：“兼并易能也，唯坚凝之难焉。”[83]这些从战国经验中提炼出来的智慧，普世皆然。重创的战败者无法不屈服，但经过一段生聚休养，积怨会像火山般爆发。占据者措手不及，常吃大亏。例如齐乘乱取燕，易如反掌，但纵有孟子为三卿，受他教化多年的匡章为统帅，也难免后来被燕人踢出来[84]。我们将看到罗马扩张史中遇到的类似叛变。今天德国的条头堡树林中屹立巨像，纪念日耳曼人起义，把罗马帝国席卷回莱茵河西[85]。

坚凝难，急促坚凝更难，急促坚凝广大疆域难若登天。坚凝巩固新政权需要行政治理，而大批忠贞干练的人才需要时间培养。新组织靠经验改进，运作在实践中圆熟，凡事不能一蹴而就。要克服风俗歧见、争取民心，新统治者不单要管理清明，还必须有耐心。一位历史学家总结秦朝、罗马帝国和英国统治印度的经验："一举成功的帝国创建者，最有原因惧怕他们的功业会一朝被暴力推翻，尤其如果帝国兼并了地方观念深刻、土豪势力深固的国家。"[86]秦的情景恰恰如是。它的体制优越，历史将会证明。假如它像后来汉朝般逐步贯彻政策，可能软化封建权益势力的顽强抵抗。秦始皇一下子推行种种改革，即如疾拗一根钢条，难免被反弹所伤。

统一后发生叛乱不稀奇，奇的是秦不能平息它。传统解释归咎于秦的残暴不德，多引汉初贾谊《过秦论》之语："仁义不施而攻守之势异也。"[87]这说法过于笼统。秦怎样不仁不义？我不同意秦的一般行径特别残暴；假如它真的那么黩武，它的镇压手段应该强硬得多。以下辨正的旨要是：秦所触犯的是宗法封建道德中的仁义。它的新政体把家与国分开，触犯了封建贵族在政治上亲亲之仁；它坚持法律下人人平等，遗弃了封建制度严守贵贱尊卑之义。我的解释近乎一位现代国学大师之见；细察秦末群雄的言行，他总结："封建之残念，战国之余影，尚留存人民之脑际。于是戍卒一呼，山东响应，为古代封建政体作反动，而秦遂以亡。”[88]不同的是，我进一步认为封建道德镌刻在儒家经典中，支撑持久的“法家亡秦”论调以维护皇朝统治精英的权益。

“天下苦秦久矣。”谁最苦？古代的普罗大众从不好过，但统一战役的余震外，没有什么可靠证据显示他们的生活水平下降。我认为最苦的不是大众，是旧贵族君子。他们在封建政体里享受的权益地位，因秦废封建和坚持法律公平而消减，苦也。秦不能笼络统治阶层，包括它政府内的官吏，使它乏力应付帝国骤然膨胀、大量裁兵所带来的危机。秦亡后，统治精英制造舆论，夸大甚至捏造它的缺点，拉“王道”的大旗以掩饰自己造反祸国殃民，警告威胁新皇朝必须照顾自己的特权特利。

研究起义原因，不同以现代标准作道德褒贬。秦无疑残暴，但它处身残暴的时代。我们用来与秦比照的，应是当时流行的现实情景，不是绝对道德或空想。譬如，秦建阿房宫、骊山墓等工程备受谴责，但骄恣在战国贵族中本是习以为常。齐宣王“为大室，大益百亩，堂上三百户”，逾三年而不能竣工。孟子与宣王相处甚欢，提及建巨室求大木，但没有批评其挥霍[89]。阿房宫殿“东西五百步，南北五十丈，上可以坐万人，下可以建五丈旗”[90]。秦殿奢侈，但与齐宫相比，作为统一中国的廷议场所，是否过度得会激发造反？秦朝二世而亡，是否因它比旧六国残暴得多？若是，为什么在长期竞争中，秦比六国更能发动人民的力量，至能取胜？

大儒荀子原籍赵，久居齐、楚，并在范雎当政时访秦，报告在秦所见：“入境，观其风俗，其百姓朴，其声乐不流污，其服不挑，甚畏有司而顺，古之民也。及都邑官府，其百吏肃然，莫不恭俭敦敬，忠信而不楛，古之吏也。入其国，观其士大夫，出于其门，入于公门，出于公门，归于其家，无有私事也；不比周、不朋党，倜然莫不明通而公也，古之士大夫也。观其朝廷，其间，听决百事不留，恬然如无治者，古之朝也。故四世有胜，非幸也，数也。是所见也。故曰，佚而治，约而详，不烦而功，治之至也，秦类之矣。虽然，则有其諰也……则其殆无儒邪。”[91] 儒家以古代为理想。荀子认为秦的行政类似古代的最佳统治，然而秦仍然恐惧六国合纵，远不及王道，因为它缺少儒者。齐鲁儒士众多，可惜荀子未将它们的政绩与秦比较。楚汉相争时，鲁国兵临城下犹弦歌不绝[92]。儒风教化盛矣，但为什么不能赢取民心，与秦抗衡？

荀子认为秦能 4 个世代相续得胜，不是幸运，而是因为它的清简治术。他所见到的秦是个奉公守法的社会。秦人的恭俭忠信莫非道德实践，可见秦所缺乏的不是道德，只是儒家的繁文缛礼、伦理教条。儒家教条要人绝对服从长者尊者，不能容忍法家政策稍为年轻人和卑贱者撑腰。法律平等外，秦鼓励分家及配田给小家庭。经济独立增强了年轻人的自尊。儿子借农具给父亲时面有得色，媳妇居然有时敢反驳家姑。汉儒视此等行径为禽兽狼俗，举为秦亡原因之一[93]。其实秦从未摒弃孝悌。湖北睡虎地出土的简牍实证秦律优待老者病人，并尊重父权，不接受儿子对父亲的控诉[94]。研究证据的学者早已推翻诋毁秦的宣传样板[95]。从秦始皇的石刻，到睡虎地的《为吏之道》和《语书》，秦一贯提倡传统伦理、改风正俗，对官吏进行德育[96]。张家山出土的《奏谳书》实例，除断事精明外，秦还以廉洁敦厚、公平端正升任法官，以作其他官吏的典范[97]。眼光阔大、对秦有所针砭的《吕氏春秋》在咸阳市门上公布[98]。《史记・礼书》记秦朝“悉采六国礼仪，采择其善”。秦始皇设博士官，就算不采纳，也先听取他们的意见。后来他认为复古派反对废封建太顽固，威胁政体稳定，危及社会安宁，所以才焚书。但博士官并不因此而废。伪解情报谄媚二世的叔孙通，便领儒生弟子过百，后来叛变，遍事群雄，终于为汉朝制定礼仪[99]。

司马迁注意到，儒生博士怀恨，秦一亡便散布谎言坏话。“学者牵于所闻，见秦在帝位日浅，不察其终始，因举而笑之，不敢道，此与以耳食无异。”[100]客观研究的西方学者警告：汉朝文章不宜轻信，“因为它们常常包含明显的反秦偏见，所以读者必须极小心地探讨衡量”[101]。诬蔑秦对汉有利。汉以暴力继承秦，要为自己的叛逆辩护，但要阻止别人学样。要宣扬反秦有理，但否定造反有理，莫如痛诋秦。《汉书》有许多记载，叙述汉儒讨论政事时“借秦为喻”，把种种恶行随意加在秦头上，说秦因此而亡，跟着谏说类似行为万万不可[102]。夸大是常规，证据就难说了。有政客用自相矛盾的故事，推销两个不同的政策[103]。同仇敌忾者你抛我引，重复得多，假也当真。“暴秦”成为至恶的样板，一如“尧舜三代”是至善的样板。其实两者都真伪混杂，是虚构的教条，不算历史。西方学者总结：“考古发掘和历史文献的证据，揭露很多批判暴秦的论调，其实是汉朝谋私利的宣传，与秦的政策和过失无甚关系。”[104]

秦的赋税便是在谣言中越夸越重。六国的赋税原本不轻，例如《左传》记载齐国一度“民叁其力，二入于公，衣食其一”[105]。孟子并非唯一高呼要减税者。统一后人民的负担是否增加？司马迁列举秦的措施，并没有提到加税。秦末义军很少怨秦重敛，更没有用减税的口号来赢取民望。论秦亡原因，身历秦世的陆贾没责赋敛，贾谊把它列在长长的过失清单之末。那么，暴敛之说何来？汉武帝时淮南王刘安谋反。谋臣伍被力谏的主调是：从前刘邦看着秦朝越来越坏，但屡次说还未能造反。他等秦坏透了才举事，所以成功。汉朝现在不算坏，你举事很危险。别想吧。伍被的说辞情文并茂，满是明显的虚构故事。《史记》把它放在《淮南王传》以记其造反阴谋本末。班固不举旁证，抄了几句伍被的说辞，放在《汉书·食货志》，当作财政史实。其中秦“收泰半之赋”，注家解为“三分取其二”[106]。《食货志》成为责秦重敛的最权威资料，传统学者沿袭不疑，有的甚至说它是根据《史记》的“记载”。西方学者从历史证据、社会情况各方面研究，却认为“泰半之赋”是无稽之言，并且与董仲书所谓秦小民“或耕豪民之田，见税十五”抵触。若地主向佃户收一半，却要交大半给政府，谁要做地主[107]？这不过是一个例子。《食货志》谓秦税使“男子力耕不足粮饷，女子纺绩不足衣服”。类似的动人心弦但模糊笼统的指责，常见于后世秦史。假如你追溯它们的来源，你会发现很多是汉朝政客推销已见的说辞。

汉初的地税是十五分之一[108]。税率怎样降到这么低，应是汉朝史笔熟知之事。司马迁没提及高祖减税。班固《食货志》承接上文秦“收泰半之赋”，谓高祖“轻田租，十五而税一”。从《史记》开始，正史中记载军国大事，最重要可靠的是皇帝本纪，因为它们根据政府编年纪录，而且常收集官方文献。《汉书·高帝纪》的篇幅长，详细记载刘邦的各种税务措施，连豁免小撮人几年税都不漏。它更记载高祖广播自己的恩惠，但偏偏就只字不提全面大幅减税这最得民心、最值得吹擂的大仁政。这缺漏很明显，尤其比诸文帝景帝“赐天下租税之半”，把地税减到三十取一的细节记录。如果《食货志》所言属实，那么班固在《高帝纪》删去除秦重敛这仁政的证据，真是有负汉恩。

古今史家和考古学者一致同意汉承秦制[109]。董仲舒更指出汉初的税制也是跟秦[110]。最有力的证据是新出土的秦简汉牍。秦汉收地税的形式同是粟、刍和藁，刍和藁是喂牲口的草料。据前 217 年，即秦统一后 4 年入土的田律："顷入刍三石，藁二石。"前 187 年，即汉朝建立后 15 年公布的田律是："顷入刍三石，上郡地恶，顷入二石；藁皆二石。"[111]假如税收的粟也一样不变，那么汉初十五取一的税率很可能是承秦旧制。以资比较：孔子时鲁税十分之二，孟子的井田理想抽九分之一[112]。

赋税外，徭役是人民的最大负担。秦汉规例是每年一个月。战国时修建军用工事的人力，统一后调为民用建设。徭役是否因而增重，没证据，不能说。据湖南里耶出土的秦简，统一后次年洞庭郡守下令各县：传送运输，必先动用各类刑徒及债务犯。急事不可留，才兴徭役。田作季节，不欲兴发普通人民[113]。这文件与《史记》一致，凸显秦尽量用刑徒及社会上的"贱民"。譬如，遣发去守岭南三郡的人或行贾、或入赘、或企图逃避户籍徭役[114]。迁徙良民，如始皇四次迁户数万，皆或免他们赋税、或拜爵一级，以资抚恤[115]。大型建筑多用刑徒，以致管工程的司空常被叫"主刑徒之官"。始皇死后，为陵墓复土的不是服徭役的人民，而是原来营建阿房宫的刑徒[116]。秦制固然压逼"贱民"，但有利普罗农民，汉亦沿用。从明文法律看，秦兴发徭役颇有分寸规定[117]。当然，行政实践中难免滥权，但是否比六国差？里耶文书督促勿碍农时。如果齐、魏惯于不碍农时，孟子何须疾呼力劝？

比较兵役容易得多。战国后期的大战每国动辄出兵数十万。七国合一后最大的是蒙恬击匈奴之役，发兵 300000

人[118]。所有数字都可能夸大。然而从一个大帝国的国力看，这短期兵役不算过分；罗马帝国的常备军就有 300000 人。秦的征兵制因军情所需而发兵，事毕便遣兵复员，减低养兵费用。睡地虎秦简实例，统一战事高峰期间，名叫喜的男子三次被征入伍，第一次服役 8 个月，第二次 11 个月[119]。法定役期最高两年，所以要长期维持大军，政府必须要不断征发新兵补充。

蒙恬逐匈奴的战事历时两年。胜利后坚凝疆土，军民措施并用。民事移民实边，将河套一带发展为后称“新秦中”的富庶农区，我们不去谈它[120]。军事上和平时戍边，兵力一向很少；汉朝的经验最是显见[121]。在大泽乡起义的戍卒不过 900 人，领队的陈胜吴广还不是同县人，而且也未闻其他戍卒响应哗变。那么前 215 年始皇令下、蒙恬所发的 300000 人的大军，维持了这兵力多久？这是个谜。蒙恬负责建长城直道，但为什么前 209 年政府急需军队去平乱时，没人提起调回筑城之兵？为什么李斯等为了安抚人民，提议二世停建他心爱的阿房宫，而非他无所谓的长城[122]？是否因为长城已经差不多竣工，大部分士兵已经遣散？这很可能。秦的夯土长城，规模远远不及我们熟悉的明朝砖石长城，建筑工程也不是那么巨大，大军一年左右就可以成事归田（见附录三）。诋毁秦特别黩武穷兵的人忘了一个事实问题：性命交关时，秦的兵在那儿？

总结上述，洗去宣传看真面目，秦朝对大众人民的压迫不比东周列国更厉害，不能解释为什么它二世而亡。可是，对操纵舆论的特权阶层，情况就不一样了。筑长城是战国秦汉的常事，如“齐宣王乘山岭之上筑长城，东至海，西至济州千余里，以备楚”[123]。一样的工程，在燕赵齐楚汉，皆处之泰然，只有在秦朝惹来令人发指的故事，不无缘故。秦不单征发普通百姓；始皇依法判治狱不直的官吏去筑长城，触怒了权贵[124]。国家和权益阶层的抵牾，是秦的最大忧患。

封建贵族和集权君主的势力此消彼长，但争权夺利，终战国而未松弛。即使在秦，也有穰侯等贵族长期擅政，各抢封邑，家中珍宝多于国库。到范雎助秦襄王重新杜私门，已是商鞅变法后 90 年了[125]。六国的贵族更强横。战国末年魏信陵、楚春申等公子显赫，养士以千计。可见贵族势力虽然后退，但仍经常伺机反扑。

统一的中国应采取什么政府体制？这重大问题把君主与贵族的权力斗争带到决战关头。朝廷辩论，群臣都拥护丞相王绾的提议：重事封建，皇帝封多个儿子为王，分别统治六国故地。李斯力排众议，指出周王封的诸侯多是子弟同姓，到后来还不是势如仇雠，互相诛伐，糟蹋人民。现在天下一统，不宜再置诸侯，宜设郡县统治全国。诸子功臣用国家赋税重加赏赐就够了。秦始皇同意李斯："天下共苦战鬬不休，以有侯王。赖宗庙，天下初定，又复立国，是树兵也。"[126]

"废先王之道"是贾谊、董仲舒、班固等异口同声谴责的秦头号过错[127]。秦始皇并非如儒生所说般不顾历史，而是采取法家的历史观。孟子的"遵先王之法而过者，未之有也"，认为历史静止不变。李斯的"时变异也"重视历史的动态；固执周王之道会重蹈战国的覆辙[128]。秦始皇的决定并非如汉儒指责般只是"立私权"；他提出为天下和平的客观理由，历史证明正确。楚、汉恢复封建，引致他所预料的战乱恶果，贾谊和班固都熟知，可是都不肯谅解秦废封建，怪它无尺土之封："子弟为匹夫，内亡骨肉本根之辅，外亡尺土藩翼之卫。"[129] 他们的心理矛盾，有道德教条和自利权益的双重根源。两者都是亡秦的动力。

前 213 年，即废封建后 8 年，博士齐人淳于通提倡恢复先王之道："今陛下有海内，而子弟为匹夫……事不师古而能长久者，非所闻也。"始皇命朝廷议论。李斯驳道：时代不同，为什么一定要走三代的老路子？诸生道古害今，虚言乱真，惑乱人民。为了制止他们结党造谤，危害安定，他提议焚书。始皇采纳[130]。他们的目的主要是政治统一，保护国家的体制和稳定，所以保留博士官藏的书籍，也保留医药卜筮种树等实用知识；烧的主要是六国历史以及民间所藏的《诗》《书》，因为它们是鼓吹分封诸侯、政治复古的凭借。诸子百家语虽然名列焚书令，但不属重点，也少执行，所以无甚损失。思想继续活跃；很多托名先秦诸子的文章，例如《大学》《中庸》，其实是秦汉年间写成。要到汉朝儒术独专，战国自由思想的活力才被扼杀[131]。

焚书次年发生坑儒事件。原来始皇受东方文化熏染，欲兴太平，博士官外，还召集了大批儒生方士。方士们抓住皇帝的心理弱点，进仙家长生之术，大发横财。其中有侯生卢生二人，撺掇皇帝做了不少蠢事，交不出仙药，怕受法律惩罚逃走，又骂这贪权暴君不配长生。始皇大怒，令查究妖言乱众。诸生互相告引。始皇坑杀在咸阳犯禁者 460 人，不顾扶苏之谏言："诸生皆诵法孔子，今上皆重法绳之，臣恐天下不安。"[132] 扶苏有眼光。三年后，鲁的缙绅先生们手持孔子礼器，赶着归附陈胜。孔子的八世孙孔甲为陈胜博士，儒士陈余劝陈胜复立六国之后[133]。王充已注意到汉儒渲染，把坑咸阳 460 人一案，夸大成秦皇坑尽天下儒者。现代研究发现这夸大并无事实根据：儒生在秦汉年间甚为活跃，单姓名可考的就不少[134]。

焚书意图制止封建复辟派搞颠覆，坑儒缘起骗局。然而“焚书坑儒”常混同一体被称为秦朝的最大罪行，不无道理。君主贵族争权外，它们透露了儒、法之辩[135]。表面的是儒生法吏争宠夺权，如侯生卢生埋怨秦始皇“专任狱吏，狱吏得亲幸。博士虽七十人，特备员弗用”。深一层的思想冲突，影响更长远。贾谊的《过秦论》为《史记》、《汉书》引用，表现士大夫对秦亡的一般看法。清儒概括其大旨：“谓秦尚法律，不施仁义，以至一夫作难，天下土崩。”[136]

以守法为道德的西方人会莫名其妙：为什么法律和仁义截然对立？客观分析必须探讨“法律”和“仁义”的内容：坏秦的是什么法律？ 秦缺的是什么仁义？探索端倪，莫如汉初司马谈所言儒、法两家的主旨及其政治影响[137]：

“儒者以六艺为法。六艺经传以千万数，累世不能通其学，当年不能究其礼，故曰‘博而寡要，劳而少功’。若夫列君臣父子之礼，序夫妇长幼之别，虽百家弗能易也。”

“法家不别亲疏，不殊贵贱，一断于法，则亲亲尊尊之恩绝矣。可以行一时之计，而不可长用也，故曰‘严而少恩’。若尊主卑臣，明分职不得相逾越，虽百家弗能改也。”

法家把家与国分开，我们今天认为在政治上是理所当然。可是在儒家君臣父子的思想中，它却是贼恩不仁。“家庭生活就是政治生活，家庭理想就是政治理想”，这2000年来的士大夫意识形态，产生于家国不分的时代[138]。亲亲原是宗法封建的纽带，儒家将之蒙上仁义圣光，奉为普行天下的政治圭臬。孔子论政曰：“仁者，人也，亲亲为大。”他列亲亲为治国九经之一：“尊其位，重其禄，同其好恶，所以劝亲亲也。”[139]孟子发挥“亲亲，仁也”，举舜为例。舜是仁人，他封不仁不义的象为侯，只因为象是他的弟弟：“身为天子，弟为匹夫，可谓亲爱之乎？”[140] 淳于通提倡恢复封建的论调、甚至字句，同出一辙。儒家的人治讲究君主典范。秦始皇身为皇帝，子弟为匹夫，立不仁的榜样，难怪“去仁恩”之斥责盈耳[141]。

“仁义”的口号掩饰了君子追求的权益。秦时有人在陨石上刻字：“始皇帝死而地分。”裂土封侯是权益阶层的普遍渴望[142]。反秦的领袖莫不称王称侯，跟随的人如张良所说：“日夜望咫尺之地。”汉高祖鉴秦覆辙，见封赏不够快，功臣不满意，于是加紧行动，大肆宣传其恩惠：“其有功者上致之王，次为列侯，下乃食邑……吾于天下贤士功臣，可谓亡负矣。”[143]

秦灭六国，旧贵族大夫怨恨。它废封建，天下士人因自身利益受损而失望。战国贵族盛行养士之风。废了贵族，清客的出路大减。出仕的性质也变了。贵族的人治思想下，君子大夫空谈眄视，以为自己只要出任高位夸道矜德便大功告成，不必为政绩负实在责任。在科层机构工作的是国家的职员，不论为君主或为人民，他们是服务者，必须负责任、呈成绩。身份降低了，工作要求高了，没人乐意。政府不断地需要大批官僚。要培养有责任感、有行政能力的人才，并不容易。倾向教育的儒家绊脚多于推助，因为它把“仁义”局限在亲亲尊尊等个人关系。培育公德心、发展公平公正的思想，到今天还是问题。秦用法律制约行政实施，督察官僚负责，只引起自命治人者的反感反动。

贾谊之前，儒生陆贾已把秦亡归咎于“任刑法不变”。董仲舒责秦“师申商之法，行韩非之说”，以致大坏天下[144]。类似的“法家亡秦”论调历来屡见，到21世纪不衰[145]。儒生的论调多基于他们“法等于刑”的思想，不知法律的范畴远不止刑罚（见第 6.9 节）。我们分开讨论。

秦的刑罚的确酷虐。血淋淋的形容最易挑动感情，但它们是不是秦的独家发明，使六国遗民不能忍受？很多秦的酷刑西周已设，春秋战国时沿用[146]。大罪连坐，奴戮及子孙，《尚书》屡见，出土简牍证明盛行于齐国[147]。秦法，偷窃罪一般罚几年徒刑，轻重因窃量而异。秦囚徒穿红褐色制服。班固的“赭衣塞路”可与晏婴的“履贱踊贵”比照：春秋时齐国因为受斩足之刑的人多，假足卖得比鞋子还贵[148]。睡虎地秦简实证：秦始皇统一战争炽盛时，赴役若不能准时报到，“失期三日到五日，谇；六日到旬，赀一盾；过旬，赀一甲”[149]。是二世把罚盾甲等物加重到死刑，还是要起事的陈胜等夸大？军法较严，出征会战失期当斩，但当斩的是将领，还是所有士兵？陈胜煽动戍卒说：“失期当斩，藉弟令毋斩，而戍死者固十六七。”[150] 若法令真是全斩，他不用以戍边的凶险为恐吓。秦的实情，资料不足。《尚书》对周代的记载，却不模糊。圣人周公旦之弟发兵时诏告鲁国人，凡是不带着干粮准时报到、或不预备好筑堡工具、或不供应足够喂马饲料的人，全部死刑[151]。周公宣布王令：周人聚众饮酒者，统统押回京城杀掉。对那些造谣惑众、损害君王以获取声誉的人，最要紧杀无赦[152]。现代学者总结：“周初之果于杀戮实可惊。”[153] 杀气不止于周初。《礼记 · 王制》载：“析言破律，乱名改作，执左道以乱政，杀。作淫声异服、奇技奇器以疑众，杀。行伪而坚，言伪而辩，学而非博，顺而非泽以疑众，杀。假于鬼神时日卜筮以疑众，杀。此四诛者，不以听。凡执禁以齐众，不赦过。”不听审便杀无赦，不论那真是周朝的王制，或是儒家的理想，对付孟子喻为洪水猛兽的“邪说”、“淫辞”[154]，酷烈不下秦始皇之焚书坑儒。这儒家思想在汉朝“经义断狱”中实践，一案所杀者以万计（见第 6.9 节）。

严刑重罚，周和秦相若，不过只是对大众人民而言。对权贵，则有天渊之别。汉儒崇周贬秦，不尽是虚伪；他们的重点不在刑而在规约用刑的法。周礼优惠权贵：“礼不下庶人，刑不上大夫。”秦坚持法律下人人平等：“刑过不避大臣，赏善不遗匹夫。”[155] 贾谊衡量二者，认为周礼远胜于秦法，而它们之分别，是解释周祚长、秦祚短的关键。君主、群臣、众庶，尊卑等级森然。要安定长久，最要紧是优待笼络大臣，因为他们环绕君主，同操权力。“里谚曰‘欲投鼠而忌器’，此善谕也。鼠近于器，尚惮不投，恐伤其器，况于贵臣之近主乎？”一言而蔽之，“安定者贵顺权”。秦王仗法令，投鼠不忌器，贵臣犯法与庶民一般处理，终于“怨毒盈于世，下憎恶之如仇雠，祸几及身，子孙诛绝”[156]。

督责官僚执法清明，保护了老百姓。罚贪官污吏去修长城，却难免权贵精英切齿大叫任法不仁。儒生埋怨秦法繁密。《周礼》《仪礼》《礼记》的礼教教条，何尝不是繁若秋荼。不过繁密的教条摒弃庶人，维护精英的特权，精英甘之如饴。从出土秦简看，秦律多有官员行政服务的规例、旷职滥权的惩罚。权贵精英为自身利益，视若砒霜，口诛力抗。贾谊注意到“群臣之不信”渗透秦政府上下[157]。陈胜惧罚起事。刘邦做亭长押送刑徒，因为路上有人逃跑，情知要受罚，索性把大家都放了，一起入山为盗。沛县令和会稽郡守一嗅到机会就谋反，其他秦官也是尽忠的少，弃职的多。孟子教诲：“为政不难，不得罪于巨室。”“君之视臣如土芥，则臣视君如寇雠。”[158] 秦不听，不肯纵容群臣枉法，不肯用封邑收买巨室，得罪了统治阶层，要为政长久，难矣。视君如雠的官僚各谋私利，使政府无效应付小灾，卒成大祸，黎民涂炭。

秦失其鹿，天下共逐之。逐鹿者的社会背景沓杂。曾做佣耕的陈胜出身最低微，但仍识字而不乏新闻知识。刘邦应秦试，得任地方警长似的小吏。地位高的有世代为楚将的项氏。类似他们的旧贵族大夫，构成秦末群雄的主体。六国王室之裔都趁机复立[159]。

项羽本是群雄中最强者。秦亡后他不负众望，恢复周制，自立为西楚霸王，其余 18 个王，分封各地。秦始皇的预言应验了："又复立国，是树兵也。"诸王割据，迅速沦为军阀混战。受封在四川汉中的汉王刘邦，待项羽一转背便夺取了关中。赖秦的政治经济建设，刘邦在历时 5 年的楚汉战争中有稳固的基地。

项羽和刘邦之争，有点像安东尼和屋大维之争。项羽与安东尼一样，将才高，贵族渊源深，雄霸富庶的东土，有机会杀害对头，但不忍下手。刘邦和屋大维同属暴发户，较少旧贵夙习的暮气，能汲取发扬平民社会的活力和新思。屋大维控制意大利，刘邦占领秦故地，都是军政皆优的基地。刘邦初时屡败，遂避免大战，旁袭侧击，略夺兵饷，逐渐削弱项羽实力。又用封王为饵，聚各路大军合围。

在垓下围困项羽的汉军奉令学唱楚歌。本已粮尽的楚兵闻歌，怀家四散。项羽以为唱的是楚人，与诸将置酒帐中，自作歌曰："力拔山兮气盖世，时不利兮骓不逝，骓不逝兮可奈何，虞兮虞兮奈若何。"虞姬作歌和曰："汉兵已略地，四方楚歌声。大王意气尽，贱妾何聊生。"[160]

项羽骑上随他转战 5 年、名叫骓的骏马，领 800 名骑士突围，到达乌江畔，所余无几。乌江亭长预备好船，并告知江东安然未失。项羽把骓交托给他们照顾，但自己不肯渡江，说领了八千子弟出征，如今无一而还，实在无脸见江东父老。

他徒步再战，杀汉兵无数，自己也身受重创。最后他在敌军中遇到故人，说，汉悬奖千金、万户封邑要我的头，送给你吧。自刎而死。

4.6 断裂与延续

风云际会三十载，欧亚大陆东西两端的政治局面各自焕然一新。说恺撒建三头同盟到奥古斯都奠立帝国那段历史，《罗马革命》想是现代作品中最具影响力者[161]。一位西方史学家评鉴："秦朝改变中国，无论质或量之大，皆无可比拟，实在不愧'革命'之称。"[162]

罗马和中国的革命，皆立君主制以取替共和制或封建制。从此辽阔的疆域划分为行省或郡国，统治权柄集中在皇帝手中。革命的输家是旧制度的统治阶层，共和国的元老贵族、宗法封建的诸侯世卿。他们反抗剧烈，天生痛恨国王的罗马贵族尤甚。中国的天子一向世袭，但政治精英不忿秦朝废除封建贵族。恺撒被刺。秦始皇遇到荆轲、张良主使的大铁椎、高渐离三次袭击，难怪他要行动保密[163]。恺撒曾宽恕布鲁图，秦始皇一度放过高渐离，不过这些是例外；无情镇压是常规。恺撒禁止所有政治团体，他的继承人的清算黑名单包括大约 130 名元老和 2000 名骑士[164]。秦始皇焚书，并坑杀约 460 名方士儒生[165]。这些屠杀的损害，远比不上腓力比的沙场，或秦末群雄的混战。

罗马贵族呐喊自由，儒生旧贵呼吁卫道。教条口号醉人，使他们看不到自己的自私自大、脱离现实、颟顸无能。恺撒的刺客说要解放罗马，结果陷它于大难，因为他们完全没有计划如何为自己的行动善后。儒生炫耀学问，但提不出任何踏实可行的答案，以资秦始皇所问的封禅典礼或汉相曹参所问的治国原则[166]。

虽处下风，精英们仍稳拿一张王牌。皇帝要顺利统治，必须倚靠他们辅佐。雨过天晴，和平重降罗马帝国和两汉皇朝时，他们的思想会部分重振，在新政体里延续旧传统。元老说的自由，儒生说的仁义，最大的功能是维护权贵君子的利益，所以终会被政治精英采纳。恺撒和秦始皇失败在不能笼络权贵精英，他们的继承者会成功。罗马元老将会放弃集体统治的理想，参与财阀统治，自由地剥削人民。儒家士大夫将会任职科层机构，以亲亲等私谊腐蚀公平的法治制度。东山再起的政治精英将会蚕食革命的效果。

与贵族争权的君主能向比较广阔的社会开放。恺撒接纳很多意大利人和非贵族进入政府，秦始皇的功臣多有出身寒微的外国人。他们的继承者更进一步。屋大维和刘邦本身暴发，前者的将领多是“上流社会之敌”，后者手下“多亡命无赖之徒”[167]。这些形容虽不全面，但指出触目的特色。政运步步高升时，自然吸引到身世显赫的谋臣。屋大维得伊特鲁里亚的巨富马克拿，刘邦得五世韩相之后的张良。不过朝气最盛的，仍是他们的早期班底，出身草莽但忠诚能干，无夙习束缚而思想活泼。普林尼评骘屋大维的同年伙伴阿格里帕：他粗鲁不文，但身具传统罗马农民战士的优秀品德。西班牙大捷后，他能贵族之所不能，放弃凯旋游行的荣耀，以免反衬屋大维战败之耻辱[168]。汉朝的首任宰相萧何原是秦朝沛县的小吏。刘邦入咸阳，诸将忙着抢金帛争府邸，唯有萧何收藏秦的律令图书。他又识英雄，向刘邦推荐家贫无行、不得为吏的韩信，拜为大将[169]。民间卧虎藏龙，无数人才因缺乏机会而被埋没。未来的集权君主有用人的胸襟眼界，大受其益。

不顾元老贵族怨恨、缙绅之儒牢骚，中西的革命把政府之门向两方面略为开放；中国的开放程度较大。一方面，帝国向外发展，征服者向被征服者伸手，逐渐消除中央对外围的地域歧视。另一方面，政府向下伸展，突破贵族阶层，引用低一层的人才，丰富统治精英的社会成分，增强社会的上进流动力。罗马革命打碎了旧统治阶层。意大利人和无意干政者，战胜了罗马人和热衷干政的贵族[170]。秦汉之间，更是“天地一大变局”。平民天子之下，千年来的世侯世卿变为“汉初布衣将相之局”[171]。不着丝绸文绣的布衣，不单指社会出身。汉初将相的思想切实，重经验知识，质胜于文；不似儒家独尊后文章刺绣，君子不器，埋头古代贵族的经典。

历史变局中，妇女的才干也稍得赏识。巴蜀有生产丹的家族，寡妇清守业，不受侵犯。秦始皇筑女怀清台，以奖励贞妇。刘邦做亭长时娶的妻子吕氏，佐夫定天下、诛功臣，更以太后身份支配惠帝，惠帝死后自己临朝称制[172]。屋大维做三头、玩权谋时，与生育独女的妻子离婚，以便娶利维娅。利维娅出身显族，前夫克劳迪乌斯亦属老牌世族。屋大维因她而获得不少贵族支持，利维娅亦渐插手政谋[173]。吕后和利维娅是最显赫的皇室女性。

恺撒与共和国格斗，终于不敌。秦始皇镇压封建贵族复辟，身死则事败。奥古斯都与汉朝承继他们的事业，成功奠立稳定的君主集权体制。一位经历过拿破仑时代的德国大哲，回顾恺撒父子说：“纵观世界历史，政治革命若反复重演，即会获得民心认可……首次革新，人们以为不过意外偶然。再来一次，人们目睹事实，认为理所当然，欣然接受。”[174]重演的历史也能得益于经验教训，避免前人所犯的错误；而且行事成熟，缓和倾覆先驱的雷厉风行。奥古斯都和汉高祖有前车可鉴，比较肯与旧势力妥协。前者口头上敷衍共和，后者大封诸侯王。

假如颠覆共和国或灭六国是罪过，那咎责的担子恺撒和秦始皇挑了。奥古斯都坦然宣称合法承继，汉朝攻讦秦朝以宣传自己造反有理。他们也得益于暴力和时光的洗练。内战杀戮顽固势力，教余生者屈服；糟蹋社会，使人人亟盼和平。挫折恺撒的共和党人多在腓力比阵亡，余者跟随安东尼，再遭损折。秦亡后，六国宗室纷纷复国，但都不敌新兴的民间力量。军阀割据的最后一幕，是齐王田横及手下五百壮士不愿臣汉而全体自杀[175]。人死不能复生，时光消磨记忆。到战火熄灭时，新的一代对共和国或先秦旧事，逐渐忘怀。目前的集权帝国、皇朝，显得合理自然。

凶残的混战使人领会到，比起无政府内乱的恐怖，什么政府秩序都容易忍受。罗马军阀沿用苏拉对付政敌的手段：战、火、屠杀。虽然内战的主要战场在马其顿，但一说它对意大利的损害，更甚于汉尼拔入侵。恺撒有心约制部下，不令抢掠。不过当敌方高价召募逃兵时，军法严明的危险，不止被道学家咒骂为峻刻不仁。恺撒的军队若无他亲临，即难以管束[176]。从大泽乡起义到垓下之战，8年军阀割据，摧残社会远过于秦的统一战役。乱军乌合之众，不比国家军队有纪律训练，又常缺乏经济基地以供应粮草，士兵多就地觅食。群雄大军往来，人民无异屡遭蝗灾。汉初，天子也找不到一色驷马。前200年，即秦始皇死后10载，汉高祖路过曲逆，见其屋室壮大，地方官告诉他："始秦时三万余户。间者兵数起，多亡匿。今见五千户。"[177]曲逆还不算最糟；它地在北方，避过中原最惨烈的战火。难怪中国人闻乱心惊，但这并非他们的独家心理。塔西陀解释奥古斯都的胜利因素："他带来最受欢迎的礼品——和平，因而赢得所有人的好感。"[178]

罗马公民数世纪来一贯每年投票选举首领。然而鉴于现实，知道在某种情形下，民主普选并非最好的政治制度，因为它会致乱。人民放弃主权，接受了君主集权。至于帝国取缔了的议政权、议院言论自由，那不过是千多名政治活跃分子的特权。为了这些权贵的理想，广大人民流够了血。政客鼓吹自由尊严，老百姓渴望安宁安全[179]。"他们一心只顾他们的田地、房屋、钱财"，西塞罗嗤鼻[180]。他小看了这些简单欲望的力量。高贵的政客侮弄没有政治野心的人，但从那些人的行列里，屋大维罗致了他的最初班底。奥古斯都和以后皇帝所最信任的，也是他们。他们不呐喊政治口号，只为皇帝或政府服务供职[181]。

天为民而立君。政府存在的理由，是长期有效地看顾社会的需求。实际欲望无穷，无法完全满足，每个社会因其独特的经济文化为自己作取舍。人生有许多意向范畴，如健康、自尊、亲情、财富、正义、参与政治。每个范畴内有高下之分，但范畴与范畴之间，却常难以衡量，因为每个范畴都具无价之宝。皇路清夷，人们容忍一些不相称的价值，以求和谐。例如现代民主社会为了适当保安，稍微限制公民自由。时穷节现，选择不免痛苦。难题不在正邪不两立，而在一个范畴之正与另一范畴之正，两者不可兼得。深入探讨正与正的冲突，表现出重如泰山的取舍，是西方文学之冠的悲剧精华[182]。罗马人民终于想到，共和民主诚可贵，稳定治安价更高。《罗马革命》的作者总结道："人生有比政治自由更重要者。政治权利只是手段，并非最终目标。那目标是生命财产，其安全罗马共和国的制度将无法保障。饱受内战混乱折磨的罗马人民，终于舍弃灾祸重重的自由，顺服于严厉统治。”[183]

罗马共和国在历史上留下光辉典范，深远影响政治思想，例如美国宪法和法国大革命[184]。它的某些原则，如定期的普选，保护小民的民权自由，防止滥权的政府内部权力制衡，在很多现代人眼中无疑是天理。然而，那个颠覆这些原则的人物却赢得高誉赞美。德国的皇帝尊号 *Kaiser*，俄国的沙皇 *Czar*，都源自 Caesar，恺撒。美国人也喜欢喻其总统为恺撒。一位美国国父说：“有史以来，最伟大的人物是朱利乌斯·恺撒。”[185]

创立统一中国的人，与颠覆罗马共和国的人，获得截然相反的评骘。秦始皇奠基的政治体制继续为国家服务，但他本人却被妖魔化。士大夫制造样板教条，使“暴秦”成为邪恶的同义词[186]。

宣传粉饰减轻过渡期的崎岖。奥古斯都扬言保持共和国，暗下以自己的专权取代共和制度。汉朝大声贬斥秦，但悄悄地沿用它的集权制度。歪曲事实是否有历史代价？

【注释】

[1] Johnson 2000.

[2] Kallet-Marx 1995：25-27. Richardson 1991：1，6-7.

[3] Brunt 1978：174-5. North 1981：2-3. Sherwin-White 1980：179.

[4] Pines 2009b：82-7.

[5]《孟子·梁惠王上》。

[6] 萧公权 1946：100-1。

[7] Gelzer 1968：72-74，78. Millar 1998：126-7.

[8] Nicolet 1980：386-7. Millar 2002a：ch. 6.

[9] Brunt 1988：54，306. Millar 1998：125.

[10] Lintott 1999：173-5. Brunt 1988：32-3，61-4，329-30. Gelzer

1968：13-4.

[11] Syme 1939：154，51.

[12] Suetonius，*Julius Caesar* 77.

[13] Ward 1977：60-4，69-70. Seager 2002：26-37.

[14] Millar 2002a：223. Seager 2002：44-50，60-2. Scullard 1976：107-8.

[15] Seager 2002：76，79-81. Syme 1939：30-3.

[16] Gelzer 1968：19-21，31-2，69. Goldsworthy 2006：164-7，174-81.

[17] Livy 2.1.

[18] Suetonius，*Julius Caesar* 22，24.

[19] Crawford 1993：84. Gelzer 1968：86-7，95-6，103，108.

[20] Gelzer 1968：119-23.

[21] Cicero quoted in Crawford 1993：157.

[22] Mattern-Parks 2003：387. Bivar 1983：48-56.

[23] Boulnois 2005：2.

[24] Gruen 1074：xix，449-97. Scullard 1976：124-7.

[25] Suetonius，*Julius Caesar* 32，30.

[26] Seager 2002：162，165-8. Gelzer 1968：238，240.

[27] Caesar，*Civil War* 1.4，1.9.

[28] Gelzer 1968：79. Seager 2002：169.

[29] Suetonius，*Julius Caesar* 77.

[30] Gelzer 1968：243，287-320.

[31] Gelzer 1968：287-8，290，298-9，310-2，317，319-20.

[32] Suetonius，*Julius Caesar* 80，86.

[33] Ramsey and Licht 1997：61-94. Syme 1939：117.

[34] Osgood 2006：136.

[35] Syme 1939：113，142-3；163-7. Rawson 1975：278-9，288-9.

[36] Southern 1998：ch. 2.

[37] Syme 1939：190-2. Osgood 2006：62-4. Rawson 1975：296.

[38] Syme 1939：187，192-6. Osgood 2006：45，48-9，51，82-3，88-9. Brunt 1971：512.

[39] Osgood 2006：95. Huzar 1978：124-7.

[40] Plutarch，*Brutus* 53. Suetonius，*Augustus* 13.

[41] Syme 1939：205.

[42] Tacitus，*Annals* 1.1，3.27.

[43] Nicolet 1980：322. Crawford 1993：146. Brunt 1988：263-5，308. Raaflaub 2004：179-80，192.

[44] Tacitus，*Histories* 4，73. Syme 1939：155.

[45] Tacitus，*Histories* 4.74. Appian 1.57.

[46] Caesar，*Civil War*，1.22. Augustus *Achievements* 1.

[47] Nicolet 1980：322-3. Brunt 1988：255，327-30. Wirszubski 1960：88-91.

[48] Wirszubski 1960：95.

[49] Dio Cassius 52.1. Eder 1990：74.

[50] Syme 1939：216，220，226，263-6. Huzar 1978：139，176-83.

[51] Syme 1939：260-1，Huzar 1978：153-4，167-8.

[52] Southern 1998：65-77.

[53] Osgood 2006：338-9，353-6，368-9. Huzar 1978：200-1.

[54] Huzar 1978：208，215-5. Syme 1939：274.

[55] Plutarch，Antony 75-77. Huzar 1978：219-226.

[56] Osgood 2006：355. Huzar 1978：227-8.

[57] Plutarch，Antony 85.

[58]《史记》85：2506-9。《战国策·秦策五》。

[59]《史记》6：227。张分田 2003：97-103。

[60]《史记》6：230；87：2539-46。

[61] 张分田 2003：137-79。杨宽 2003b：429-33。

[62]《史记》6：247，250。

[63]《史记》112：2958。钱穆 1957：14。

[64] 张分田 2003：524-9。钱穆 1957：15-6。

[65]《史记》6：239。钱穆 1957：12-14。

[66] Lewis 2007：55. 钱穆 1957：27-9。

[67]《史记》6：252-3，256。张分田 2003：179-86。钱穆 1957：17。

[68] Cotterell 1981：55-81. Hiromi 2007：92-3.

[69]《史记》6：241-63。钱穆 1957：16。

[70]《史记》6：264。张分田 2003：667-74。

[71]《史记》48：1950-3。

[72] 贾谊《过秦论》，载于《史记》6：281-2。

[73]《史记》6：269-73；48：1954；99：2720-1。

[74]《史记》7：304-10。钱穆 1957：30-4。

[75] 傅乐成 2002：103。张分田 2003：686-94。

[76] Millar 2004：8-9.《史记》6：258.

[77] Syme 1939：207-11.

[78]《荀子·议兵》。杨宽 2003b：309-11。

[79]《史记》6：281。《汉书》64 上：2796。

[80]《史记》5：202。《战国策·楚策一》。

[81] 图见 www.chinaandrome.org/Simplified/culture/emperors.htm.

[82]《史记》6：258；48：1952；7：300。

[83]《吴子兵法·图国篇》。《荀子·议兵》。

[84]《史记》34：1557。《孟子·梁惠王下，公孙丑下》。

[85] Todd 1992：265-7.

[86] Toynbee 1957：6.xxv.3.

[87]《史记》5：282。

[88] 钱穆 1957：30。

[89]《吕氏春秋·骄恣》。《孟子·梁惠王下》。

[90]《史记》6：256。

[91]《荀子·强国》。

[92]《史记》121：3117。

[93]《史记》48：2244；56：2504，2510。

[94] 刘海年 2006：69，84-6，364-77。王子今 2006：102-3。于振波 2012：10，268-70。

[95] Hulsewé 1975：182-4. Kern 2000：183-96.

[96] 刘海年 2006：69，84-6，364-77。王子今 2006：102-3。于振波 2012：10，268-70。

[97] 蔡万进 2006：80-3。

[98]《史记》85：2510。

[99] 钱穆 1957：23-6。《汉书》43：2124。

[100]《史记》28：1371；15：686。

[101] Bodde 1986：59.

[102]《汉书》51：2327，2338；36：1954；45：2171，2174；51：2369；56：2504；64a：2783，2800；64b：2811；67：2918。

[103]《史记》112：2954，2961。

[104] Lewis 2007：71. 参考 Bodde 1986：85-6；95-102. Dull 1983：285-6. 张分田 2003：708-9.

[105]《左传》昭 3。许倬云 2006a：135-6。

[106]《史记》118：3086，3090。《汉书》24 上：1126；100 上：4207。

[107] Dull 1983：286-94.《汉书》24 上：1137。

[108]《汉书》2：85，87。

[109]《史记》23：1159-60。《汉书》19 上：722；100a：4207。钱穆 1957：41。

[110]《汉书》24 上：1137。

[111] 曹旅宁 2005：130。高恒 2008：134。于振波 2012：70-1。

[112]《论语·颜渊》。《孟子·梁惠王下》。

[113] 李学勤 2004：71。于振波 2012：144。

[114]《史记》6：253。Hulsewé 1978：216；1986：533-4.

[115]《史记》6：244，256，259。邢义田 2011：69。

[116]《史记》6：253，268-70。高恒 2008：7。

[117] 于振波 2012：144-6。Dull 1983：289-90. Hulsewé 1978：216；1986：533-4.

[118]《史记》6：252；110：2886。

[119] 杨宽 2003b：248-9。

[120] 田昌五，安作璋 2008：57 。

[121]《汉书》24 上：1137。

[122]《史记》6：269-71。

[123]《史记》40：1732，注引《齐记》。

[124]《史记》6：253。

[125] 杨宽 2003b：377-8，410。

[126]《史记》6：238-9。

[127]《史记》6：280，283。《汉书》23：1096，56：2504，2510；64a：2796。张分田 2003：702-3。

[128]《孟子·离娄上》。《史记》6：254。

[129]《汉书》14：393。《史记》6：284。

[130]《史记》6：254-5。

[131] 钱穆 1957：20-1，26-7。冯友兰 1944：38-40。

[132]《史记》6：258。

[133]《史记》121：3116；89：2573。《汉书》32：1830；88：3592。

[134] 王充《论衡·语增》。周芳 2013：22-31，47-9。

[135] 阎步克 1996，第 5，6 章。

[136] 赵翼《二十二史劄记》卷一。

[137]《史记》130：3290-1。

[138] 钱穆 1989：124。梁启超 1996：48-9。

[139]《礼记·中庸》。

[140]《孟子·尽心上，万章上》。

[141]《汉书》48：2244，63：2754，64a：2796。

[142]《史记》6：259。雷戈 2006：42-8。

[143]《汉书》40：2030，1 上：61，78。

[144]《史记》97：2699。《汉书》56：2510，2504。徐复观 1985：99。邢义田 2011：24-5。

[145]《汉书》23：1096；48：2253； 63：2754；64 上：2796。李玉福 2002：48。汪荣海 2010：117。

[146]《尚书·吕刑》。《汉书》23：1079，1091。徐祥民，胡世凯 2000：25-6，37。

[147]《尚书·甘誓，汤誓》。刘海年 2006：39，260。

[148]《汉书》23：1096。《左传》昭 3。

[149] 刘海年 2006：81。杨振红 2009：12。

[150]《史记》48：1952。

[151]《尚书·费誓》。

[152]《尚书·酒诰，康诰》。

[153] 梁启超 1996：60。萧公权 1946：67 。

[154]《孟子·滕文公下》。

[155]《礼记·曲礼》。《韩非子·有度》。

[156]《史记》6：283；《汉书》48：2253-7。

[157]《史记》6：276。

[158]《孟子·离娄上下》。

[159] 钱穆 1957：31。

[160]《史记》7：333-4，注引《楚汉春秋》。

[161] Symes 1939.

[162] Bodde 1986：90.

[163]《史记》6：249，55：2034；86：2534-7。

[164] Gelzer 1968：287. Osgood 2006：63.

[165]《史记》6：255，258。

[166]《史记》6：242；28：1356；54：2029。

[167] Syme 1939：130，201. 赵翼《二十二史劄记》卷二。

[168] Pliny 35.26. Syme 1939：341，231.

[169]《汉书》39：2005-7；34：1861-3。

[170] Syme 1939：8.

[171] 赵翼《二十二史劄记》卷2。钱穆 1957：32-4。

[172]《史记》129：3260；8：346；9：395-6。

[173] Syme 1939：368.

[174] Hegel 1965：313.

[175]《史记》94：2648-9。

[176] Brunt 1971：285，287，289.

[177]《史记》56：2058；30：1418。钱穆 1957：39-40。

[178] Tacitus，*Annals* 1.2.

[179] Wirszubski 1960：92. Lintott 1999：40，199-200. Brunt 1988：13. Nicolet 1980：322-3.

[180] Cicero，quoted in Crawford 1993：189.

[181] Syme 1939：513. Meier 1990：67.

[182] Bradley 1962.

[183] Syme 1939：513.

[184] Sellers 2004. Millar 2002b.

[185] Alexander Hamilton，quoted in Freeman 2008：362.

[186] Lewis 2007：70，72.

下篇　秦汉皇朝与罗马帝国

第五章　国运历程

5.1　偃兵生息

他们从此幸福过活。这是常见的奋斗故事大结局，但并不限于童话。20 世纪末，苏联解体、冷战结束后，便有胜利主义者宣称世界已发展到“历史终点”[1]。此种兴奋即非虚妄，亦难持久。摆脱动荡的历史就像从山谷冲到平原的河流，影湛波平，容易使人沾沾自喜，忽略藏在水面下涌动的暗流或等在河湾后的激流。

两汉皇朝和罗马帝国各有一个雄才大略的皇帝。奥古斯都在位 41 年，还不计他在屋大维名下独裁的岁月。汉武帝统治得更长久，足足 54 年。他们开疆扩土、武功盖世，但最大的历史影响却在政治制度。奥古斯都承继了恺撒的无敌军事机构，而且与富有的元老贵族协议成功，驾驭他们，共同统治帝国。汉武帝承继了法家设置、秦始皇推行全国的科层行政系统，但罢黜百家，让儒生霸占系统中的职位，启迪了世界史上最成功的非宗教灌输教条机构。秦皇、汉武常并称为皇朝中国的塑造者，即如恺撒和奥古斯都并称为罗马帝国的塑造者。他们以后，龙与鹰的性格，逐渐成形。

皇朝、帝国伟大鼎盛，赢得大量歌功颂德。然而即使日正中天，也不免投下阴影。为了笼络统治精英，为了安享繁华，它们各自抛弃了奋斗时代的创新进取的精神。陋习复苏，撒下颓废腐败的种子，其弊在日后岁月艰难时滋生。

罗马公民的政治权力和自由，因共和国覆没而大跌，到帝国里丧失殆尽。富人与贫民之间的分界，逐渐代替了公民与被征服臣民的分野。帝国建立后200多年，皇帝把罗马公民籍赐予帝国的所有自由民，但并没有激发爱国热情，因为那时公民籍早已有名无实。贫穷公民也许遭受奴隶般的待遇，比中国的臣民还少政府保障。这种政策培养公民对政府的冷漠，在帝国末日表露无遗。即使罗马城的居民，长期享受皇帝供给的面包和娱乐，亦不肯捍卫国家，不战而投降蛮人。

中国法家提倡君臣共守法、法律下人人平等的意念，是法治精神的萌芽，开拓革命性的思想范畴。然而它被控为深刻寡恩，导致秦朝灭亡，而屈死胎中。儒家独尊，人治主义挂帅，把一切寄望于统治阶层君主君子的个人品德。公德概念因求社会功利而受思想不正确的攻讦。复古声浪下，政治思想重新被压扁，行政从此被局限于人事关系的框框。儒臣沉酣经学，引经断事。然而他们的“道德”常与罗马帝国后期的“公民”一般空洞。其脆弱在西汉末、东汉末暴露无遗。满口明道救世的士大夫，两度变为乱世殃民的军阀。

滋生危机的因素在繁盛时代已露端倪，然而拖垮皇朝、帝国的癌症要经长远时间才慢慢发展而成。人孰无过。本卷开章即道及末日，只是居安思危，不应掩盖龙与鹰伟大之处。

本书第二卷叙述秦汉皇朝与罗马帝国盛衰，各自历时500载。其中堪称升平的，虽有间断，仍有300年。它们的疆土，各自广大得犹如覆盖整个文明世界。维持如此大帝国稳定如此长久，确是旷世奇功。

巅峰时，罗马帝国涵括地中海沿岸地区以及大块欧洲，西临大西洋，北至莱茵河和多瑙河，东达幼发拉底河和底格里斯河上流，南抵撒哈拉沙漠。从不列颠到埃及，距离约4000公里（地图11）。汉朝从今天的朝鲜到越南北部，覆盖中国的辽阔腹部；东与东南临海洋，西南入群山峻岭，北濒草原沙漠。它中间没有大海阻隔，距离较小。从玉门关到交趾（越南），纵横3000公里。西出玉门关，位居新疆的西域都护府再延伸1000公里（地图12）。

地域规模对统治帝国造成的困难，单说距离，很难明白。古代的通讯和运输技术简陋。传讯最快速的是烟火系统，希腊悲剧里有形容[2]，但远不及汉朝的进步。大漠孤烟直；汉代的烟火传讯速度，比驰马邮亭快11倍。从深入内蒙古的居延要塞，到位于甘肃的郡会张掖，距离547公里，烟火传讯13小时可达。居延的警报抵达长安，只要35小时[3]。不过烟火通讯的费用高，可传的讯息比较简单，只能应用于军需急务。

秦汉与罗马皆勤力筑路。学者估计公路网的长度，在罗马帝国达78000公里，在东汉（不计西域）达35000公里：其中约十分之一属干线[4]。政府官员出干公事，有权征发沿途的人力车马，两地一样。政府经营的邮驿系统，秦朝已建树，罗马要3世纪时才置设。快马传檄，驿站交替，昼夜驰骋200多公里，边郡急讯数天便可达京师，但因贵昂不宜轻用。行海可以快，但要看天时气候。一般来说，叙利亚的书信，要两星期、甚至两个月，才到达罗马。不论纸上怎么谈中央集权，地理现实限制下，很多措施决定，必须由地方政府担任[5]。

阻碍政治统一的，除了通讯缓慢，还有运输困难造成的经济隔膜。中央政府所在的长安或罗马城，人口密集，非靠远方出产的粮食不能生存。输送京师是政府要务；其次是供应军队。3 世纪末的罗马皇帝戴克里先为了抑制通货膨胀，制定各种运输方式的价格。现代学者把它与 18 世纪英国的运输资料比较，得下列结果 [6]：

价格比较

	海运：河运：陆运
戴克里先的价格规定：	1：6：55
罗马帝国的资料：	1：5：28
18 世纪英国的资料：	1：5：23

中国古代运输一样依靠风力、水流或筋力，所以我们可以假定以上比例同样适用。陆运需要牲口饲料，价格因地形而异，比河运贵五到九倍不等，难怪罗马帝国的兵团多沿大河驻扎，取其漕运之便。中国努力通河凿渠，但因为缺乏南北河道，所以委输北疆，负担倍重。海运比河运便宜五倍。地中海虽然增大了罗马帝国内的距离，但提供海运，足以抵偿。日后中国南方富饶，漕运北方，但宁愿靠运河，不肯发展海运，可见保守思想的惰力。

罗马城是帝国利润的最大消费者，其人口超过 100 万。其他大城相形见绌：亚历山大港与重建的迦太基人口各自不过 50 万 [7]。罗马城的规模记录要到 7 世纪才被长安打破：其时长安为唐朝京师，人口将近 200 万。作为西汉首都时，户籍记长安有民户 8 万，民口 24 万，但这不包括朝廷贵族及其附属的大批人口 [8]。考古家根据居住遗迹，估计总人口接近 80 万。此外京城附近的先皇陵墓周围，也移居了大批人民，如高祖长陵近 18 万口、武帝茂陵 27 万口，其中有不少豪富 [9] 。

罗马和长安继续边陲起家、征服世界的精神，踔厉风发，各自抽调领土东部、先进地区的资源，投向较落后的地区，努力开发大西北。战略上，罗马俯视北欧的前沿，长安雄踞通往西域的要津。进取精神消退时，帝国、皇朝的重心逐渐东移。由于皇帝时常居留别处，罗马城的政治影响日益暗淡。330 年建立的君士坦丁堡，位于多瑙河与波斯前沿的枢纽，不仅应战略需要，而且象征经济文化深厚的东方重振政治势力。作为帝国东都，君士坦丁堡的人口约 50 万，与东汉京师洛阳不相上下 [10] 。25 年东汉决定把首都撤离前线，迁至中原，消极看是战略退缩，积极看是重视长江三角洲的经济潜力。首都所在的变化最为显著。从这层面，即可见帝国、皇朝的不停演变。

前 202 年项羽死，中国开始偃兵。前 30 年安东尼死，罗马内战平息。两地的战胜者皆将才平平，演技高超，自编自导一场称帝活剧。刘邦再三推辞，最后才在 7 位诸侯王的恳请下同意做皇帝，以“便于天下之民”。然后急不及待，在战场附近的汜水北岸草草行即位大典，离垓下之战不过两个月。屋大维却要等亚克兴之战三年后，才施施然降临罗马元老院，名义上交出权力，恢复共和国；实际上在不同外衣下，不但取回交出的权力，而且篡取更多，包括奥古斯都的尊号。屋大维称奥古斯都时，年仅 35 岁，比刘邦变汉高祖时年轻了 20 岁，但年龄不是他行动悠暇的原因。他拖延，并非他缺乏信心像刘邦般快刀斩，或他的胜券不比刘邦的稳。事实恰恰相反。

身为汉王的刘邦所恃，只是比其他诸侯王较强的军力。

他趁战胜项羽之威、诸侯王首肯，马上攫住天下的最高尊号。新皇帝连首都也未定。他的核心集团喜欢洛阳。拉车的卒士娄敬求见，陈说战略上洛阳远不及秦都咸阳，后来改名长安。择地建都这般大事上的犹豫，可见刘邦集团的政治经验不足。秦始皇满怀信心天下太平，拆除城防工事。汉高祖却担忧动乱，令天下县邑加建城墙。他称帝后仍然戎马生涯，凝固其脆弱的新皇朝。但有了趁热打铁攫取的帝位，他此后剪除功臣诸侯王，可以名正言顺，不是兼并，而是平定“叛逆”[11]。

屋大维身为三头之一而掌独裁权力，已不止 10 年。他大为成熟，早已摆脱屠杀元老、焚烧意大利珀鲁斯亚城的年青恐怖分子形象。亚克兴战役之前，意大利已开始修好复原。内战胜利后，安东尼的东方附庸又蜂拥投降。他全盘控制大局。深厚经验培养出来的手腕和耐心，使他满怀自信可以“气定神闲，营建急务”[12]。

5.2　共和外衣下的专制

前 29 年，即亚克兴战后两年，屋大维返回罗马城，举行三天盛大的凯旋游行。欢腾的人海中，有只能言渡鸦高叫：“优胜的最高统帅恺撒万岁！”屋大维喜爱这“忠心的鸟”，赏给养鸦人一大笔钱。然后那人的伙伴，分不到钱，透露他们有另外一只渡鸦。奉令被交出，那鸟尽忠叫道：“优胜的最高统帅安东尼万岁！”[13]

这种中立立场，内战中并不限于平民，但也不是普遍。数百名元老投奔安东尼。两个对手的观点和政策都不同。安东尼承继了恺撒涵容世界的大度。假如他得胜，说拉丁话和说希腊话的帝国两部分，在政府中可能有较平等的地位，合作统治，整合疆域。与他打对台的屋大维倡导“主宰世界的罗马人”[14]。拉丁势力因他胜利而占支配地位；希腊诸省虽然文化经济皆优，但要等几百年才能形成政治均势[15]。

恺撒的养子当然不是权谋文盲。奥古斯都绝不放弃兵权，他维持庞大的常备军，要将士都对他个人宣誓效忠。返回罗马后不久，他开始第一次清算元老院，开除异己，安置心腹。又把当元老的财产资格大幅提高，若非极富，别想问津。前27 年，一切安排好了，他召开元老会，戏剧化地“还政共和国”[16]。他宣称把自己的权力交还元老院和罗马人民。现存奥古斯都时代最详细的历史，出自狄奥。他所记与奥古斯都所称恰恰相反：“在此情形下，人民和元老院的权力，全转移到奥古斯都手中。严格来说，君主集权的制度，在这时奠立。”[17]

奥古斯都不任执政官的职位，但终身掌执政官的极权，在罗马城至高无上，在行省高于任何省督。他不任保民官的职位，但掌其权柄，包括否决权。有兵团屯驻的行省全由他操控，元老院只能任免无兵行省的省督。塔西佗解释：“他逐渐攫取权力，直至全部控制元老院、执政官，甚至法律的功能。”[18]

夺权的结果是个“披着共和外衣的无上君主”[19]。奥古斯都究竟是什么？看实际权力功能，人们认识到他是罗马的第一位皇帝。但这皇帝有实无名：职衔太危险了。奥古斯都取个私人名字叫 *Imperator*。优胜统帅 *imperator* 原本是军队所赋的最高名誉尊称，要到 100 年后才成为皇帝（emperor）的正式职衔。奥古斯都自称 *princeps*，意谓首席公民。这个不是职衔，而是名誉尊称，而且并非独享，共和国里多个德高望重的政要常同时称为首席公民。名衔掩盖了奥古斯都统治的独特处：有权无位[20]。前 22 年，人民鼓噪要求奥古斯都出任独裁者之职，他戏剧化地撕毁衣服，表示坚决拒绝。狄奥解释："他知道自己手中的权力，早已超越以往任何独裁者，并明智地提防职位会引起的妒嫉敌意。"[21]恺撒升任终身独裁之职，激发刺客动手，他的养子不会蹈其覆辙。专注宪法形式的学者说得不错，理论上，奥古斯都的政府并非君主制，因为它既无君主之位，也无明确制度。全国的权力都落在奥古斯都一个人手中。他在法律上不过是个无职公民，实际上独裁政治、统率军队，名誉上被尊为国父。元老、将士以及全国人民，都宣誓尽忠于他个人以及他的家族[22]。他同时的罗马诗人奥维德一针见血："恺撒·奥古斯都即是国家。"[23]

名义上，元老院授权予皇帝。实际上，皇帝选择元老，从他们之间挑派官员。他们管理例行事务，但遇上重要政策，从不违抗皇帝的旨意。形式上操主权、实际上是应声虫的尴尬地位，激发元老们的忿懑。就算他们一时不敢阴谋造反，但心怀不轨，长使皇帝担忧恐惧[24]。奥古斯都有大批蛮人保镖拥簇，仍感威胁，于是创建禁卫军，选意大利精壮担任，驻守罗马城或附近，威镇元老贵族，保护自己安全。禁卫军是皇帝的亲信，驾驭臣下的利剑。不过剑有双刃，终有一日，它会干预皇位继承[25]。

共和的外表下，是一个掌极权但怀惧心的皇帝、一个无权而怀恨的元老院、一支强大而日渐认识到自己力量的职业军队。贵族婚嫁多有政治因素，涉及多个世家大族。宫廷纠葛、王室内外争权，云谲波诡。假如前 23 年病重的奥古斯都驾崩，很可能内战再次爆发。不过天怜罗马，他奇迹般痊愈，而且长命百岁，活到未经历过共和国、只知道一人统治的新一代成长。即使如此，他年迈时亦不得不加强镇压。思想不正确的书籍传单常遭焚烧，诽谤可获谋反叛逆的大罪[26]。

世袭权力是共和虚名所不容，但却是君主实质的精要。奥古斯都继承恺撒的朱利家族，尽快杀掉恺撒和克莉奥帕特拉的儿子。他自己只有两个血亲，妹子屋大维娅和女儿朱利娅。他把她们嫁来嫁去，无情地操纵她们的后裔，一心弄个有血缘的继承人，显示名实相悖的代价。可是，即使罗马皇帝也敌不过天意，他的外甥和两个外孙都短命。奥古斯都宣称自己极端失望，无奈收养利维娅带过来的继子提比略，但指定提比略日后必须传位给屋大维娅之孙日耳曼尼库斯。提比略本姓克劳迪乌斯。因此奥古斯都的后代称为朱利—克劳迪亚皇朝。它的血腥惨剧，实肇端于奥古斯都制造的一本错综鸳鸯谱[27]。

公元 14 年，55 岁的提比略登基。他出生世家贵族，对共和制度不乏同情，更知道做皇帝艰难，非自己能胜任，所以上台后提议与元老院分权。塔西佗记载提比略本末，把它当作伪君子的权谋，但现代学者却相信提比略的诚意："假如实际行动比口头形式重要，那么提比略即位后的措施，比奥古斯都之宣称光复共和，很多处更为真实。"[28]提比略失败了。他管治帝国适当，但节约典礼表演，使惯受皇帝豪华恩赐的人民失望。他模仿奥古斯都安抚元老，初时还可以。不幸 19 年时，日耳曼尼库斯英年早逝，提比略的亲子接踵去世。皇储无人，惹人觊觎，野心家蜂拥结党密谋。提比略受不了，26 年退居卡普里岛，靠书信统治。他留在罗马的代理人，禁军司令塞扬努斯，利用皇帝害怕叛逆的心理，镇压或真或假的阴谋，杀害皇亲贵族。提比略除掉了他，但没终止叛逆狱。他 39 年驾崩时是元老贵族痛恨的暴君[29]。

日耳曼尼库斯娶了朱利娅的女儿，因此他俩的儿子两边都有奥古斯都的血统。孩子小时穿军装，深得部队喜爱，昵名为卡里古拉，意谓小靴子。提比略死时卡里古拉 25 岁。他继位，罗马如大旱逢雨，全民欢腾。元老院不理提比略要两皇同僚的遗嘱，把极权全部赋予他 [30]。可是授权的形式并不能排除人治的危险。一反先两位皇帝的勤政作风，卡里古拉不屑行政琐事，只爱自大。他把提比略历年积蓄在国库的盈余一挥而尽，然后随意赋敛、杀戮、没收财富。最后刺客结束了他的 4 年恐怖统治 [31]。

皇帝的死讯猝然传来，两种政见显露。一边是元老们欢言共和自由；另一边是禁军将士搜索宫廷，寻求皇帝的血缘亲属。禁军找到卡里古拉的叔父克劳迪乌斯，正躲在窗帘后发抖，当场拥立他。他们得到大笔酬报，从此认为每逢新皇帝即位，他们都应该得到赏赐。就这样，克劳迪乌斯紫袍加身。他那时 50 岁，但因为自幼有弱智之病，一向被摒弃在政治圈子外，不知权谋风险。初生之犊不畏虎，但也不那么惹人戒备，所以皇帝和元老的关系比较缓和。克劳迪乌斯开放元老院，容纳行省人士。他委派的将军征服不列颠，为他赢得威望。为他管理皇室的获释奴，逐渐发展专长财务和别种功能的部门，日后成长为政府机构。不过他也像别的皇帝一样担忧阴谋，因而被手下欺骗玩弄。他在位 13 年，死于侄女兼妻子阿格里帕娜的毒蘑菇。朱利—克劳迪亚朝的皇帝，奥古斯都以外，只有他死后获祀为神 [32]。

尼罗幼时，皇太后阿格里帕娜临朝。大诗人塞内加任帝王师，与禁军司令布鲁斯联手，约制太后。罗马安宁 5 年，直至少年皇帝得志。59 年，尼罗主谋杀死母亲，然后屏退塞内加与布鲁斯，代之以谄媚贪污的专家。他以叛逆罪名杀尽皇室旧贵的首要。朱利—克劳迪亚朝在他手下的遭遇，犹如秦朝之于二世。64 年罗马城大火，眼看着皇帝在灾毁民居的遗址上营建新宫殿，人民的怒气，不是慷慨救济金所能平息的。尼罗有艺术家气质，真心热爱音乐戏剧[33]。他巡游希腊，参加各种文化竞赛，赢得 1808 项奖品。同时，帝国各地乱端纷起。不列颠造反，犹太叛乱增强，亚美尼亚差点失控。更糟的是，防卫帝国的军队开始骚动，部分因为功高望重的将军无辜被害。到 68 年，所有人都遗弃了皇帝，只剩下几个获释奴助他自刎。尼罗死年 31 岁，屋大维奏捷亚克兴时也是 31 岁，那是 99 年前的事了。朱利—克劳迪亚，罗马帝国最长寿的皇朝，就此而终[34]。

5.3　靖世的军国主义

职业军队犹如猛兽，圈养猛兽者常冒反噬之险。中国的文治机构早熟，多能控制军队，罗马的问题就大得多了。奥古斯都建立强大的常备皇军，不停地出兵扩土，使士兵锻炼筋骨、将领没空暇胡思乱想。提比略开始放缓征战，但兵团一贯布置在莱茵河、多瑙河和东方的边境，远离意大利本土。皇帝们坚决把兵权握在个人手中，一切赏赐出乎自己，一切荣耀归于自己；逐渐，军事决策也全收归中央。由于这些措施，军队要等 200 年才大规模干预政治[35]。

祸患不乏先兆，第一次发生在 69 年。在尼罗的刺激下，皇军哗变。内战短暂但猛烈，一年内换了四个皇帝。先是高卢的部队拥立高巴，元老院马上批准。可是高巴“我选择部下，不收买他们”的态度不合时宜，不久就被谋杀[36]。然后奥托在禁军和多瑙军团的支持下称帝。莱茵军团不服，奉维特里乌斯为帝，南下击败奥托。多瑙军团转和东方军团联手，推举刚刚平息犹太叛乱的韦帕逊。韦帕逊让部下助次子图密善在罗马对付维特里乌斯，自己留在亚历山大港催粮，15 个月后才降临罗马 [37]。

塔西佗写得干脆："元老院把全套权力赋予韦帕逊。"同一套权力，元老院一年内赋予四位皇帝，一个死掉马上给第二个，即日可以办妥，比自动打印机还快。韦帕逊追溯帝位，从他受军队拥立那天开始，比合法获得皇帝权力，早了 6 个月，显示连元老院批准的形式都属多余 [38]。

四帝之年透露两个趋势。一是皇军取代元老院，成为皇帝决策行政的场合。二是权力流出罗马和意大利。变化不快，但 3 世纪时已后果昭然。更不用说帝国后期，军人专制，权力中心移到君士坦丁堡 [39]。

塔西佗道破高巴践祚所暗示的帝国秘密：罗马皇帝不一定来自罗马城 [40]。韦帕逊出身意大利小镇；他的皇朝结束后，皇帝们来自西班牙、高卢、非洲、叙利亚、巴尔干。这些罗马皇帝都热衷传统的意大利精神价值，但比较能照顾各地行省的需求，开放中央政府。2 世纪末年，意大利人在元老院已属少数。兵团中的意大利籍比例跌减得更快；韦帕逊时已是少数，100 年后几乎绝迹 [41]。

公元 235 年之前，所有皇帝都是元老出身，韦帕逊也不例外。虽由军队拥立，他需有元老院合作才能统治有效，所以表面客气，但保持距离以减少摩擦。他没有奥古斯都的血统，也不属世家大族。暴发兼篡夺，当然遭受不少敌意。然而他比较能处之泰然，因为他有令大部分罗马皇帝羡慕的资本：两个成年能干的儿子。他公然立长子提图斯为皇帝的同僚及皇储，设立世袭的法拉维皇朝。权力转移落实，野心枉然，阴谋泄劲。皇帝心安，就能稍微放松管制，容忍反对派一些言论发泄。韦帕逊、提图斯父子共在位 12 年，修整内战损伤。他们开始的政治改革，10 多年后成熟，奠下帝国黄金时代的基础。他们兴建的罗马大圆形竞技场和其他大型公共建筑，显露帝国的自豪自信[42]。

81 年即位的图密善是法拉维朝的末路皇帝。他继续父兄的政策，更注重吏治清明，严惩贪污枉法。现代学者评按："帝国各地的人民甚受他的实惠，但元老院却既怕且恨。"[43]就如中国士大夫一样，元老权贵憎恨国家依法监督他们的行政作为，大叫暴虐。他们反对图密善清理元老院、开除愚昧无能的成员、起用非元老人士当官。89 年的武力叛变虽被扑灭，但吓坏了图密善，驱使他鼓励告密，兴叛逆狱。一边蓄意造反，一边坚决镇压，各自不择手段。恐惧恐怖，彼此滋馈，相递升级。三年暴政，权贵结党营私、自相构陷，大长皇帝的气焰。杀戮并不因图密善遇刺身亡而止；权贵们继续彼此报仇[44]。

欢欣的元老们诅咒图密善、捣毁他的塑像，并推选无儿孤老涅瓦为帝。涅瓦涉嫌谋杀图密善，为了平息禁军和皇军的震怒，赶快指任莱茵军团的统领图拉真作为皇储。这选择可谓他在位 15 个月的最高成就[45]。

图拉真被誉为仅次于奥古斯都的贤君。奉多神教的罗马皇帝里，只有他逃过基督教的地狱。然而现代学者深入研究，发现图拉真的权力和政策，都显著地延续图密善所为，就如汉随秦制一样："与元老憎恨的图密善相比，图拉真的专制，非但没减轻，恐怕还要加重。很多图拉真致力推行、日久见功的政策措施，与图密善所定，无甚分别。"[46]图密善暴力铲除反对改革的势力，图拉真坐享其成。图拉真宽待贪污，礼遇元老，也助长其贤明声誉；操纵舆论的就是那些受恩得益的权贵。君主集权实施了百多年，终于可以摘下面纱了。塔西佗和小普林尼是当时元老中佼佼者。他们的歌功颂德，显露贵族心服于君主制。奥古斯都和提比略谴责别人称呼他们为“主子”（*dominus*）。小普林尼在书信中一贯称图拉真为主子，虽然他公开说这称呼只配暴君[47]。

图拉真98年—117年在位，开始了罗马帝国的“黄金时代”。他无后而终。远亲哈德良继位，一上台就杀了4名首席元老，透露芥蒂。138年驾崩的哈德良也没有亲儿，临死前安排了两代继承者。他收养时年55岁但无后的安东尼努斯，条件是安东尼努斯收养马可·奥勒略，他心目中的传人，但时年17岁，尚未成熟。奥勒略161年—180年在位，传位亲子康茂德，转为“铁锈时代”[48]。从图拉真到奥勒略四帝，帝国辉煌鼎盛，享受“无限威风的罗马和平”。唯一的瑕疵是哈德良镇压132年—135年的犹太起义，屠杀了580000人，使奴隶市场人满，犹太地区变成废墟[49]。

罗马人认为自己受命于神，强逼世界上的民族和平共处，顺服者仁慈对待，反抗者压制扑灭，因此他们“和平”（pax）一词的涵义常少不了征服，或至少是强制别人[50]。图拉真重振奥古斯都的扩土雄风，征服了两大地区：达契亚和帕提亚。他御驾亲征，自己赢得荣耀，更影响深远。皇帝长期远出，显示帝国的权力枢纽并非一定在首都，罗马城并非那么重要。他立典范，使亲征成为后代皇帝的责任，因而政治中心渐转移到军营。帝国的边界漫长，一旦战火数燃，皇帝分身乏术，无法处处亲征，使野心家有篡夺机会。第三世纪以降，这情况时常引致内乱[51]。

多瑙河北面的达契亚多金矿银矿。图拉真征服掠夺达契亚，利物丰富，足够支付图拉真广场的宏伟建筑。他与民同乐的排场，奥古斯都望尘莫及。单为了庆祝第二次凯旋，就演出 148 天竞技，杀掉 11483 名角斗士、无数野兽。“所有皇帝中，图拉真最能捉摸到罗马人民的心理。他知道，要使自己的权柄无人争议，最有效的不是严肃的军国政策，而是面包和表演，娱乐尤其重要。”这评价出自奥勒略年轻时的导师法隆托[52]。不论奥勒略学到了什么，他花不起偌多钱去效仿。图拉真的帕提亚战役透支帝国资源。日后奥勒略面对蛮族骚扰，必须筹措军费以捍卫图拉真征取的达契亚时，他在图拉真广场拍卖皇家珍宝[53]。

军队一贯效忠有血缘的皇储。奥勒略的亲子康茂德 18 岁专政，表现犹如一个二流的尼罗。一班可能包括他姐姐的权贵密谋，刺杀不逞，引起反扑恐怖。康茂德让宵小亲信管理国政。自己如同尼罗一样，堂堂皇帝，喜欢登台娱众，使贵族恶心。不过尼罗演希腊戏剧，还算文雅；康茂德偏爱武功，下场与角斗士过招，更为人不齿。最后禁军司令串通他的家奴，把他干掉[54]。

193 年可谓是 69 年的历史重演，不过这次的内战持久激烈得多了。禁军在罗马公开拍卖帝位。两位元老讲价还价时，三大军区分别拥立自己的皇帝。多瑙河区的军团离罗马最近。兵临城下，元老院赶紧背弃了自己的选择，把紫袍转加于塞提米乌斯·塞维鲁。从 193 年到 235 年的塞维鲁皇朝，头四年辗转征战，应付不列颠和东方军团[55]。

意大利的政治权力衰退，始而缓慢，在塞维鲁朝间加速。以往的罗马皇帝，就算在行省出生，但都是拉丁种。塞维鲁是第一位非拉丁种的皇帝。他是腓尼基种，来自非洲，祖先可追溯到迦太基时代的贵族。到他时，皇军士兵差不多全来自行省，只有禁军由意大利人担任。他上台第一件事就是解散旧禁军，然后从自己的兵团里挑选精壮，重组扩大禁军。自此以后，意大利的青年免受兵役之苦，可以安享皇帝恩赐的面包和表演、甚至啸聚山林的自由。不过他们同时失去武事带来的权力。他们形式上的优越亦于 212 年结束。塞提米乌斯之子卡拉卡拉下诏，把罗马公民籍赐给帝国的每一个自由民[56]。

5.4 罗马内乱复平

内战最残酷。照韦帕逊估计，尼罗死后，69 年一年的内战，损失达 400 亿塞斯特，略等于 50 年的正常政府税收。这估计可能夸大，但仍显示破坏的程度[57]。康茂德于 193 年死后，内乱长达 4 年，蔓延帝国各地。塞维鲁及其两个对手到处争取或强逼人们支持，报复政敌，连累许多城镇[58]。

奥古斯都建立庞大皇军的主旨原是保护皇权。虽然国防的需要渐重，但内战一旦爆发，即成为军队的首务。攘外必先安内的口号下，矛头转向内部政敌，以致边防空虚，引诱外敌蠢动。这危机在 69 年和 193—197 年的内战已露端倪[59]，不过比起第三世纪的内外战事牵连，还微不足道。235 年塞维鲁·亚历山大遇刺。军队拥立马西米努斯，那是第一个行伍出身的非贵族皇帝。元老院和另外两个皇帝合谋，宣布他非法。内战爆发，到戴克里先登基为止，延绵 49 载，经历 24 位皇帝，外加几十个僭君。僭君之不同皇帝，只在未能控制罗马城而已。国内纷乱，莱茵河、多瑙河、幼发拉底河彼岸的外族乘机而入。皇帝不能同时亲征，更增动乱。260 到 274 年间，罗马帝国分裂为三[60]。那时中国也正值鼎足三分。

波斯人入侵东疆，日耳曼人渗透北疆。要抵御他们，尤其要对抗觊觎帝位的罗马人，少不了增兵。为了筹集军费，政府一面加税，一面减低货币的含银度。结果是银币崩溃，通货膨胀，经济衰颓。元老院每况愈下；260 年代开始，元老贵族退出军队，不再出任将领。行伍出身的军人源源升任皇帝。罗马城在形式和心理上保持首都地位，但政治上却徒有虚名，因为权在皇帝，而皇帝外居已成惯例。

历史学家称 235—284 年为“第三世纪的危机”，但罗马人一向以韧力见长。陈腐的元老贵族退落，使新人有机会露头，在艰难岁月中展才，扭转残局。268 年，加里恩努斯重组军队，击败蛮族。他的承继人克劳迪乌斯二世平定多瑙河边境。274 年，外号“手不离剑柄”的奥勒里安统一帝国，虽然达契亚是丢掉了。这些军人皇帝精力充沛，但在位不过二三年，无暇全盘策划，只能随机应变，处理眼下急务。然而他们干练踏实的措施，集腋成裘，为日后有系统的改革打下基础，助戴克里先和君士坦丁奠定后期帝国[61]。

出身卑微的戴克里先在 284 年登位。他的眼光和胸襟一样阔大，看到大帝国的事务繁杂，非一个最高元首能够独揽处理得当，与其无法无天地争权，不如建立稳定的制度，分权交权。他的制度是一位号奥古斯都的皇帝，指任一位号恺撒的同僚兼继承人，后来每位成双，成为四君统治。一对奥古斯都—恺撒统治帝国东部，另一对统治西部，各有其政府军队。官僚机构是膨胀了，但皇帝们能紧密管治自己的区域，抵御外敌，免除纷争。惨淡经营 20 载，帝国复兴。305 年，戴克里先与其同僚的奥古斯都成为历史上唯一自动退位、和平转移权力的罗马皇帝。他们希望自己的行动成为制度典范，可是低估了权力欲。

君士坦丁是西部奥古斯都的儿子，但并非恺撒。不过他罔顾法律制度，拉拢父亲的部队，自称皇帝。6 年权谋军争，终结于罗马城外的米维安桥。312 年的激战，君士坦丁打着基督教的大旗，血染泰伯河。他再处心积虑 12 年，终于海陆大战，毁灭东部皇帝。自此到君士坦丁 337 年驾崩，罗马帝国再次独帝专制。

君士坦丁继续推行戴克里先的创建改革。分割行省，削弱省督将领的兵权，降低他们篡夺的机会。新发行的金币稳定了货币和物价。军队壮大，文职机构同时加强。赋税加重。社会等级僵化[62]。细节我们留待与中国比较。

东风压倒西风是君士坦丁的一大成就。罗马帝国的重心东迁，古城拜占庭迅速变为新罗马：宏伟的帝国东都君士坦丁堡。君士坦丁袭用东方专制暴君的浮夸排场。更重要的胜利是东方信仰基督教成为罗马国教。一度被逼害的基督徒，得势后尽力去逼害异教徒。有皇帝作后台的教会风生水起，攫取特权，成为皇帝以外的最大地主[63]。

君士坦丁血腥夺权，为他的后代留下榜样。他才咽气，儿子君士坦提斯二世就主谋杀尽家族中的成年男子，只留下两个亲弟弟。然后三兄弟自相残杀。僭君蜂起，内战四处，直到 353 年，君士坦提斯二世硕果仅存。他死后，帝位落到因年幼而逃过屠杀的远亲朱利安。朱利安是个传奇人物，有学问，有将才，有治才，凭其希腊文化修养，意图重振多神教。可惜他在位不到两年，出征波斯时死于一处来历不明的矛伤。基督国教的地位稳定了[64]。

364 年朱利安之死结束了君士坦丁家族，也结束了罗马帝国一元统治。此后直至 476 年西帝国灭亡，除了几个月外，罗马帝国东西皇帝，各领其政府军队，同时统治。第一对是东帝瓦伦斯和西帝瓦伦提尼安一世。这两个军人皇帝鞠躬尽瘁，堵塞蛮族的进路。瓦伦提尼安一世被傲慢的蛮人使者激怒，中风死去。三年后，即 378 年，罗马军在哈德良堡被西哥特人歼灭，瓦伦斯阵亡。罗马帝国和蛮族的势力，此消彼长，肇端毕露 [65]。

内政也是症候繁滋。瓦伦提尼安一世死时，儿子格拉提安才 16 岁。少年即位的昏君时代，从此而始。文弱腐朽的财阀贵族东山复出，霸占文职机构。哈德良堡战役后，皇帝不再亲征，同时亦不能直接控制军队。权力逐渐由皇帝转移到将军或权贵手中。他们在幕后争权夺利，不知帝国末日将至。

5.5 汉初复古分封

垓下会战之前 10 个月，韩信寄书刘邦，报告他已平定齐地，并要求做“假王”以安抚镇守。刘邦刚要大骂，被张良和陈平踩了一脚，改口道：“大丈夫定诸侯，即为真王耳，何以假为！”韩信将才超卓，为刘邦取关中、略燕赵，做了齐王后，更努力攻打项羽。然而权谋上，还是刘邦棋高一着。垓下战事一完，他马上冲入兵营，剥夺了韩信的兵权 [66]。

韩信是拥刘邦即帝位的 7 个诸侯王之一。他本是汉王手下，但其他诸侯王多是有独立实力的军阀，可以附汉，也可以附楚。刘邦用王位和分地的诺言拉拢他们，共伐项羽，共享天下。然而他一做上皇帝，马上动手诛除这些利用价值已完的功臣，巩固自己的政权。六七年内，7 个诸侯王都被铲除。功绩最高的韩信第一个被诬陷谋反，灭绝三族。他之叹成为中国成语：“狡兔死，良狗亨；高鸟尽，良弓藏。”[67]

秦始皇未见枉杀一个功臣，但背上“寡仁恩”之名。汉高祖大诛功臣，却没有戴上这顶黑帽子。他恢复先王之道，劝亲亲之仁，不让子弟为匹夫，封他们为王，以代替那些被诛除的功绩异姓诸侯王。10个同姓王各治一方，其封土加起来覆盖全国三分之二，多是人口稠密的东方故六国之地。他们的王国各有高度军政、人事、经济实权，但必须进贡中央和服从它的命令。中央设郡县直辖秦故地。乍看政局与战国末年差不多，不同的是诸侯王臣服皇帝，共掌刘家天下[68]。

同姓王各自抚恤其民，发挥地方特长，以愈战乱创伤。吕后死后，他们也有功帮助安度续位之难。然而这并不证明封建体制优越，只意味戒毒要慢慢来，以减低退瘾的痛苦。随着经济复苏，王国强大。诸侯王始而骄纵，继之谋乱，威胁政体稳定。文帝时匈奴内侵，济北王乘机造反，使政府不能全力应付外侮。秦始皇所忧虑战国重演的预兆日显。幸而汉初的布衣将相没有抱残守缺的陋习。他们重实际、见识广、眼光长，先发制人，避免大祸。晁错指出诸侯王迟早要反，不如趁其羽翼未丰，削弱他们；若他们因此而反，平息也较为容易。景帝听他的话，前154年下令削藩。7个王国举兵作反。景帝斩晁错以安抚，但反叛并不因之而息。于是朝廷发兵，三个月平定叛乱，收回大片封地。中央政府信心增强，继续削藩，扩大直辖疆土。诸侯王挣扎无效，前122年淮南王等谋反，未举先溃。前221年秦第一次统一全国，事隔百年，中国再度在中央政府直辖下统一。废封建、设郡县终于成为中国的正统[69]。

汉初承七年内乱，民户流离十之七八。政府为了与民休息，采取混合道家因循自然、法家循名责实的无为政策。政府立法简明，然后清静无为，使人民守法自化。汉朝第一任宰相萧何制律，差不多全部沿用秦法，有出土的秦简汉牍为证[70]。继任的曹参拒绝积极更变政令。当时百姓歌曰：“萧何为法，讲若画一。曹参代之，守而勿失。载其清靖，民以宁壹。”[71]文帝景帝奖励农耕，放松对土地、山泽、商贾的限制，逐渐废除某些酷刑。又根据晁错的提议，量支出收赋税，地税从汉初十五税一减到三十税一[72]。

60年的政治清平、休养生息，使户口剧升，国库满溢，除非水旱之灾，百姓人给家足[73]。政府渐能积极着手清理政策留下的待理问题。景帝开始处理蠢蠢欲动的诸侯王。安定的内政使他的继承人有能力对付外患。北边的匈奴不断强大，汉朝每年奉上越来越多的金帛，只能暂时减少他们的侵扰。北疆的边民冀望政府保护，等待得太久了。

武帝16岁登基，前140年至前87年在位。若在西方，他无疑会被誉为“大帝”，但中国人对他的评骘却甚模棱。他反击匈奴，开边扩土，使大汉势力西越帕米尔高原，外交更远达帕提亚。为了吸取人才，他把汉初的特别察举发展为一个固定的选官制度，广开仕途，使全国各地的平民都有机会进入中央政府工作。他好礼乐稽古，独专儒术、罢黜百家。为了动员人力物资以应付浩繁开支，他扩充政府机构，并在丞相主理的“外廷”之外增置“内朝”以助皇帝本人主政。武帝的文治武功，我将在各篇分析，并与罗马比较。总言之，他把所承继的朴实政府转变成一个专制更甚的夸张政府。

各种军政、文化、宫廷挥霍，耗财无数。饶是财政效率提高，也不免引起经济紧张、社会危机。皇室内部的权谋争斗白热，戾太子受诬陷枉死，李广利的家族牵连被诛。将兵西域的李广利急功赎罪，全军覆没，投降匈奴。年迈心灰的武帝下诏停止开边，力本务农。

武帝死前两天，立年仅8岁的昭帝为太子，并指定4位辅政大臣，包括霍光和桑弘羊。霍光最后独揽大权。前74年昭帝无嗣而崩，霍光毅然废淫乱的昌邑王，迎立宣帝。宣帝是戾太子之孙，在监狱诞生，被偷运出宫，在民间长大，知民生艰难，所以最重吏治。昭帝、宣帝重兴文景“轻徭薄赋，与民休息”的政策，鼓励农桑，赈恤贫困，贷借口粮种子，安抚流民。他们巩固武帝所开的疆土，外交怀柔，但不放松军事戒备。他们的努力，使北境后来数世不见烽火之警，边民安宁。昭宣中兴把汉朝带上鼎盛极峰[74]。

5.6 儒术独专

知识无涯。诸子无非知识分子，不过儒家承继封建贵族之经典价值，特别尊贵，傲睨百家，最受贵族豢养。孟子虽无职责，但到处受金，后车数十、从者数百人，传食于诸侯。焚书坑儒之劫后，秦汉之际言儒生数量仍时称上百，衣冠殊众，气派凌驾于法家道家之上，惹平民刘邦反感[75]。窦太后学《老子》，被面讥为“家人言耳”[76]，其他学人所受的鄙视，可想而知。不过岁月峥嵘时，创新务实为要。儒生抱残守缺，常因言多功少而受“君子素餐”之讽。汉初以实惠民生为重，除了朝廷礼仪，政事很少任用儒生[77]。《史记》和《汉书》都记载文帝好刑名之学，认为“繁礼饰貌，无益于治”；景帝不任儒[78]。文景之治，事实证明，轻徭薄赋、减刑养民，毋需儒学。

升平日子久了，苦干精神消退。法理等实用知识欠文采，操持尊贵学问的儒生甚嚣尘上。开始时以经术润饰吏事、以儒雅缘饬法律[79]。随着力倡复古、更改教化，凡事以圣贤古代为标准，不理它是否适合当时现实、是否可能实行[80]。董仲舒等儒者猛烈攻击法家，说它导致秦亡还不止，遗毒余烈继续“乱国政”；鼓吹“诸不在六艺之科、孔子之术者，皆绝其道，勿使并进，邪辟之说灭息，然后统纪可一”[81]。儒生歌颂圣王、憧憬盛世，正中好大喜功的武帝下怀。武帝置五经博士，为专研儒家五经设太学，又摒弃法家、纵横家等学者，禁止他们察选入仕[82]。汉武帝的罢黜百家，有人说它是千古仁政，也有人说它无异于秦始皇焚书。撇开褒贬，这是他影响最深远的政策。它结束了春秋以降百家争鸣、思想蓬勃的大时代，造就了历代皇朝的统治阶层：儒家士大夫[83]。

汉武帝兴百事，需要各种人才，虽然立罢黜百家的政策，自己用人却并蓄兼容、绝无歧视，所以刍牧竖贾、跅弛之士，莫不奋起，屡建奇功，班固赞曰：“汉之得人，于兹为盛。”[84] 张骞、苏武等节义凛然，证明中国人不必满口子曰诗云才能顶天立地。眼光广阔的务实人才济济，恃书本学问的儒生虽有政策优待，要排挤异己，不免费时费力。昭宣中兴，效法文景。宣帝生长民间，深知徇私舞弊的奸官最害百姓，所以严厉督责，班固谓其“信赏必罚，综核名实”，可见法治的观念犹行。太子柔仁，谏道：“陛下持刑太深，宜用儒生。”宣帝作色曰：“汉家自有制度，本以霸王道杂之，奈何纯任德教、用周政乎？”[85] 要到太子继位为元帝，儒术才能实际独尊[86]。

我们在第 2.9 节看到，诸子百家的理想都是建立一个善治保民的政府，不过观点方法不同。儒家主观，说爱民的动机，讲修身齐家治国平天下，以个人道德为政治原则，以家庭伦理为国家纲纪[87]。法家客观，图利民的功效，认为国家政治不止亲亲温情，更需要公开公平的法理制度、实际惠民的建设。从汉元帝开始，儒家士大夫充塞皇朝的统治阶层、高级政坛。他们排揎功利，蔑视制度，灌输上尊下卑、忠孝节义

1- 清代龙袍 2- 罗马军团鹰标 3- 罗马女神雕塑

龙是中国四灵兽之首。《易经》乾卦曰“九五，飞龙在天”。九五之尊，德配天地，龙遂成为皇帝的象征。只有皇帝的金龙才可以有五爪，如清朝龙袍所示。

鹰是罗马兵团的标志，每个兵团都有自己独特的金制鹰标。兵团到处征战，鹰遂成为罗马霸权的象征。军国主义是罗马的一贯传统，艺术的一种表现是把地球放在罗马女神的脚下。

1	2
3	

1,2- 奥古斯都塑像 3,4- 秦始皇像

罗马人贵写实传真，戎装或礼服，皆显示本人面貌。中国人对真相比较冷漠，画家随意虚构历史人物之造型，书本多不辨真伪，通称为“像”。

1,2
———
3,4

1,2- 中国古代的刑具斧钺与礼器豆 3- 罗马文化博物馆中展示的木梨与矛

周朝的宗法封建“礼不下庶人，刑不上大夫”。出土的礼器刑具，今天的博物馆中琳琅满目。罗马共和国的公民不论贵贱，人人是农民战士，今天罗马城罗马文化博物馆中展示木犁旁插长矛，解释是古罗马的立国精神。

1,2
———
3

1- 罗马军团士兵 2- 罗马皇帝的禁卫军 3- 秦始皇陵兵马俑 4- 秦弩手俑

罗马步兵标准配备是标枪、短剑、大盾。中国战国时代一般还是用青铜戈、剑，到汉朝早期才改为铁武器。弩是中国犀利武器之一，机括发射，强而准，弩手又不需高强度训练，可以大批上阵。

1	2
3	4

1– 五铢钱 2– 恺撒银币

秦汉和罗马皆是农业经济，大部分人民自耕自足。不过与其他古代农业社会相比，它们的货币相当流通。中国历代皇朝都基本上沿用秦朝的方孔铜钱。汉朝自武帝禁私钱，由政府铸造发行的“五铢钱”成为两汉繁荣稳定的基础。罗马以银币为主。西方打造金银币，多设计各种图案，寓宣传于经济。图示朱利乌斯·恺撒发行的银币，显示他自己的形象，并宣布升任独裁者。

1
—
2

1– 君士坦丁凯旋门 2– 东汉墓壁宫阙图

罗马建筑惯用圆拱，如罗马城的君士坦丁凯旋门。中国建筑惯用斗拱，不过秦汉的宫阙古朴，不如日后用斗拱建造高飞的檐角繁复。东汉墓壁砖图所示，阙上的凤凰来仪符瑞，显示汉儒的五行谶纬风气。

1
—
2

1- 马王堆汉墓中丧幡图 2- 罗马元老家族塑像

中国人和罗马人一般注重家庭、父权、祖先。湖南长沙马王堆出土的西汉丧幡细节表达出中国人孝顺之道。罗马人恭存祖先的塑像，此公元前一世纪的作品可谓是一位元老贵族与他祖先的塑像“合影”。

1
——
2

1- 罗马阿皮亚大道 2 秦直道遗迹（今陕西淳化境内）

罗马用了大量人力物力建造四通八达的公路网，他们用厚石建筑的道路，不少沿用到今天。筑路原意主要在军事政治，以维系帝国统一，但同时便利交通，助长经济，福泽人民。秦朝筑驰道直道，功能也相似。传统文人一味挞伐基层建设“轻用民力”，其实是偏见短见。

1
2

1- 达契亚人塑像 2- 匈奴人铜像

罗马帝国和中国皇朝的北方，各有异族盘踞，平时和平共处，但也有时造成威胁。罗马人视北方的日耳曼人，多突出其浓发多须，如君士坦丁门上的浮雕所示。中原人视北族，多突出其圆脸高颊，如河南洛阳金村战国墓出土的铜像所示。

1 | 2

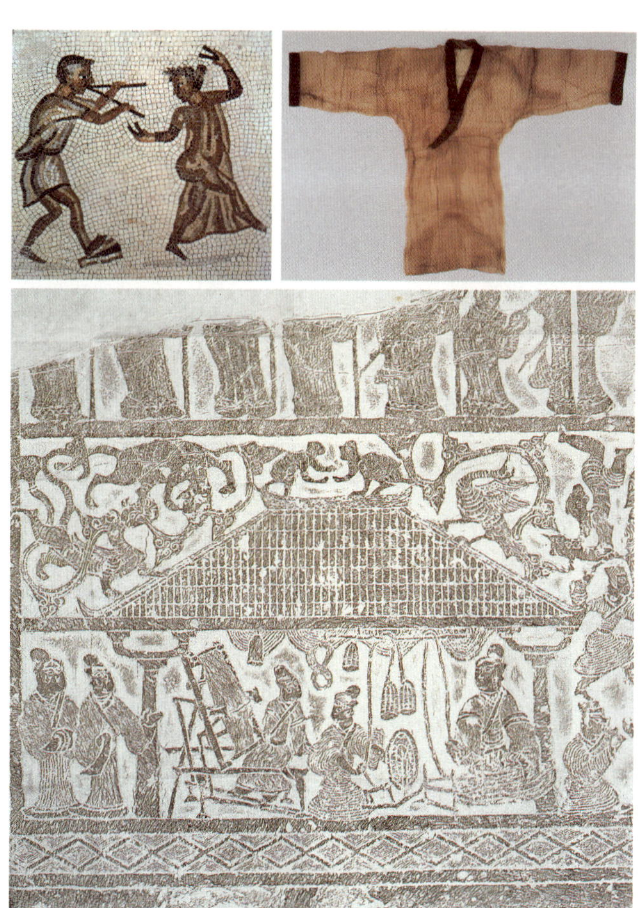

1-庞贝城出土的镶嵌画 2-马王堆西汉墓出土的素纱禅衣 3-纺织画像石(拓片)

张骞通西域、汉朝设西域都护后，中国的丝绸在朱利乌斯·恺撒的时代(公元前一世纪)传到罗马。罗马人把它改纺成半透明的轻纱，如庞贝城出土的镶嵌图所示，难怪卫道之士如老普林尼大动肝火。其实中国人早已有绢纱，如湖南马王堆西汉墓出土的素袍，最适宜楚腰纤细掌中轻。

纺织画像石，1956年江苏徐州铜山洪楼村出土，描绘了汉代纺织的三道工序：调丝、纺纱和织布。

1 | 2
3

1– 东汉墓壁画中的宴会 2– 罗马墓壁画中的酒宴

唐朝椅子传入以前，中国人一贯席地而坐。东汉墓壁画显示宴会中端坐首席的主人夫妇。罗马人惯于斜倚在榻床上进食，酒宴也一样，如这前五世纪的墓壁画所示。

1
2

1- 行刺恺撒图　2- 荆轲刺秦王（汉墓壁画）

上图为公元前 44 年一群罗马贵族在元老院中刺杀恺撒，左上角是被恺撒打败的庞培之塑像。下图画出了《史记·刺客列传》所记的细节：图右边的是秦王，衣袖断了一截。樊于期的首级丢在地下。图左边的是荆轲，被侍医夏无且拦腰抱住，投匕首，不中秦王而中柱。

1
—
2

1- 皇帝奥勒略率军凯旋（浮雕） 2- 秦始皇轻车

1
2

1- 罗马角斗士（德國 Nenning 出土镶嵌图） 2- 秦始皇陵壮士俑

1
—
2

1- 东汉壁画《车马出行图》 2- 罗马城安顿凯旋柱基游行浮雕

1
―
2

1– 东汉壁画《属吏图》（摹本） 2– 公元前一世纪罗马文人学士图（庞贝城附近 Torre Annunziata 出土镶嵌图）

1

2

的教条。此等教化巩固皇室和士大夫的共同权益，成为历代皇朝统治阶层的主导意识形态，窒息法治的概念思想。然而，儒术所谓独尊，却至少受到两处掣肘。

首先，政府官吏与经学大师不同：他们必须处理国务，不能一味清谈空论。有责任感的儒臣兼习经济社会知识、法律行政技能。遵守“君子不器”教诲的，也得依靠能干的属下办事。求公利的实务家退居政府中层，积极性大受压制，但察看史载功绩，仍多可见到他们的手笔[88]。此外，一些“未为醇儒”的知识分子，如汉末的王符、崔寔、徐幹，也渗有法家思想。不过在儒学局限下，他们被挤在边沿，只能注意现实、砭时救弊，概念上少有发明[89]。

第二个掣肘更重要。儒生怀念古代宗法封建，崇人治，贬法治，但身居皇朝现实，无法不接受法家设建的制度。经过战国变法后 200 多年的惨淡经营，中央集权政体和科层式的行政机构，挺过秦末内乱、楚汉分封，屹然不倒，成为政府制度的骨架，儒臣不能推翻。不过他们盘踞政府职位后，改变了制度的运作风气，使封建式的亲亲人事，压倒科层的理性职责。家国不分时代的经典被奉为天下至道，法律制度等切实的政治概念被斗垮斗臭，使人很难理智思考、剖析制度、改良变革。所以儒家士大夫历任统治精英 2000 年，屡经国事巨变，除了恢复封建，从未萌起超越君主制的念头，只以君君臣臣的教条辅助皇帝日益专横。

本书认为法家制度、儒家作风是中国皇朝的二元特质。法骨儒气的论调在传统中属旁门。2000 年来儒家左右学术，支配舆论，痛斥法家为“邪辟之说”[90]。现代有些学者指出皇朝政治其实“阳儒阴法”、“儒表法里”[91]。细节如何，众议纷纭。不少人把功归于儒，过推诸法。我比较同意西方学者的分析。儒家独霸意识形态，但拨开圣贤高调，探究切实见效的措施，我们不难发现法家默默耕耘的功绩："种种经济政策，例如常平仓、均田制，以及官营盐、铁和其他产品，都主要源自法家理论。近来有学者指出，甚至那一般归功儒家的制度，即历代皇朝以知识、非以出身为准则甄选官吏的科举，其实也是基于法家。"[92] 或许科举是法骨儒气政府的缩影：法家主张公平公开、择优录用的考试制度；儒家提供考试内容，把"优"的标准限于熟读四书五经。这是后话，我们且看这情景的滥觞。

仁义与功利

自从孟子不耻谈论春秋五霸齐桓晋文以后，王霸之辨与更普遍的义利之辨，成为儒家道统的一大教条。从孟子到宋明道学，皆强调"义利分明，绝不两立"，持仁义而鞭挞功利[93]。宣帝坚持"霸王道杂之"，显然他不同意儒家道统，而同意法家，认为仁义与富强并无本质上的冲突，功利和法律平等也是可贵的道德价值。汉朝论政，儒法两种立场时常冲突。

董仲舒跟随孟子贬五霸、反功利，鼓吹"正其谊不谋其利，明其道不计其功"[94]。这与武帝的进取国策格格不入。武帝保卫国家、反击匈奴，又兴礼乐、搞封禅，不够开支，需要增加收入。一反轻商的传统，他任桑弘羊等商人为高官。他们有商业财务知识，大大提高了国家的财政效率。统一的货币稳定金融、便利通商。平准法稳定价格，抑制投机。均输法调协地方进贡和中央需要，精简政府采购物资的程序，减低运输费用。盐、铁、酒收为国营，本来的盐铁行家受任为盐铁官。短暂的商业财产税叫大商家也负担些国家需要。这些创建勉强应付了武帝击匈奴40年的庞大军费，使大众人民不必加税。从现代经济学上看，桑弘羊等策划的措施颇有道理，所以有西方学者叫他们的政策为“现代式”（modernist）[95]。可是在汉时，桑弘羊等却被讥为“兴利之臣”[96]。现代人可能误会，不知汉儒的“兴利”是贬词：小人喻于利。董仲舒以前，君子们已经指斥政府“与民争利”了[97]。

征收税项以经营国务公利，是古今中外、君主民主，所有政府都不免的责任。问题是，什么政府开支值得人民负担？这担子怎样摊派到各类人民头上？从第6.8节的财政分析可见，汉朝的主要常税相当轻：地税三十分之一，比孟子理想的九分之一低得多。不过税率人人一样，所以穷人的相对负担重。《史记》和《汉书》都记载那时“大商富贾周流天下”，“岁有十二之利，而不出赋税”，“冶铸鬻盐，财或累万金，而不佐公家之急，黎民重困”[98]。穷人付税，富商不付税而享受国家治安，等于国家“劫贫济富”。加上私有土地买卖，引致穷富不均，这是公认的社会问题。如何解决？儒生要复古，其实如第2.9节指出，井田制的强制性最大，违背民意最甚，堕赘经济最重。政府图均贫富，或国防建设需要税收，善用税务财政，可以更有效。譬如，现代的商业盈利税，或税率随着收入增加的递进所得税，都加重富人的相对税务负担。他们的财富，通过国家的税收、福利基建，转移给穷人。此等财政措施是长期实践的累积经验。先秦的法家提出理论[99]，西汉的务实家作过不少创新试验。桑弘羊等努力改良行政组织，减少浪费，使政府更有能力动员物资，调整社会，应付外患，如《汉书》记载，“民不益赋而天下用饶”[100]。在现代不拘于儒家教条的人眼中，他们可当“兴利之臣”之誉无愧。

凡是现实政策，都难完美，不免正反争辩，这在现代民主论政中最为显见。武帝的文治武功需要费用，但决定不增加农民的常税，用新措施把额外负担放到豪富商贾头上。冶铁鬻盐、投机倒把的丰厚利润，本来落进巨室口袋，现在国家拿些去击匈奴，富贵卫道人士反对，意料中事。而且措施的确有很多缺点，生硬的运作也产生流弊，值得针砭。前81年昭帝下令召开会议，问民间疾苦，讨论罢免官营盐、铁、酒。在丞相主持下，桑弘羊等兴利大夫面对60多个“贤良文学”，即那年全国各地察举的精英。元帝时儒臣桓宽编纂会议记录、推衍论难，著数万言，是为《盐铁论》[101]。除了财务外，会议谈到政治、军事、社会等广泛问题。不过从总的看，这些是枝节。桓宽和班固都同意《盐铁论》的大前提是意识形态的思想斗争：“或上仁义，或务权利。”会上文学首先发言：“今郡国有盐铁、酒榷、均输，与民争利，散敦厚之朴，成贪鄙之化。”[102]

“与民争利”的大帽子，在盐铁会上被桑弘羊顶回去了。可是元帝开始，它的杀伤力大增，常平仓便是一个牺牲品。宣帝不顾儒臣反对，听取有财务知识的耿寿昌提议：丰收谷贱时，政府以高于市价买入，以利农民。谷物存在当地的常平仓，涝旱谷贵时，政府把仓中储粮以低于市价卖出，以利市民。常平仓缓和谷价上落，以及减轻政府救灾运粮的费用，大见成功，后世多沿用。可惜在汉朝，它只行了11年，因为元帝听从儒臣：“常平仓可罢，毋与民争利。”[103]乍听这又是仁义的民本主义。我们又问，什么民？粮食价格上落是普罗大众的最大恐惧。谷贱时农民的沮丧、谷贵时饥民的惨状，儒生的文章也常描述得声泪俱下。可是他们的实际政策却阻止政府稳定谷价，因而伤害农民贫民，只为了保障投机商人和囤积地主的利益。有评者说他们虚伪，用“民”作幌子图私利；也有指责书生少用大脑、不负责任，空抛“明道救世”的口号自我陶醉，不理口号的矛盾百出，更不考虑实践口号的后果[104]。

诠经的心态意识

盐铁官营原来是为了支付国防军费而设，因此盐铁会议不免讨论外政。从汉朝立国开始，匈奴的侵扰就一直是个大问题。历代君臣商量对策，多采取务实态度；不论主张和亲或反击，都考虑到胜负、费用、边民安危、中土繁荣。大家都说兵者，凶器也，但都知道边防军事绝不可少。盐铁会上的贤良文学采取儒家作风，祭起“仁者无敌”四字真言，挡开一切诘难：“舜执干戚而有苗服。”“孔子曰：‘远人不服，则修文德而来之。’”“去武行文，废力尚德，罢关梁，除障塞，以仁义导之，则北垂无寇虏之忧，中国无干戈之事矣。”“《春秋》‘仁者无敌’。”“王者行仁政，无敌于天下，恶用费哉？”[105]这不是会议上的数十儒生特别迂阔。匈奴才投降，撤除边防的呼声即四起，逼得元帝下诏：“勿议罢边塞事。”到了东汉，兴文德、废武功的风气盛行，以致盗贼乘无备而横行，一如汉末应劭形容：“官无警备，实启寇心。”[106]老百姓如何遭殃，第 7.3 节细说。

贤良文学不肯看匈奴在和亲条约下入侵的事实，因为他们的意识形态惯于用主观的大口号以偏概全、掩尽不如意的客观事实。仁者无敌，哪用军费？尧舜立而天下治，哪用法律？文气洋洒，使听者胸口一热，忘了问：真的吗？可能吗？有什么验证显示完美的理想有可能在当今世界实现，遑论不费力就可以实现？儒者游说诸侯道：听我们的话即可以平治天下。韩非把它比作儿戏，比作巫祝骗子说有法术能使人活千秋万岁，因为它毫无验证[107]。

儒家言必称尧舜三代，以证历史上确曾有完美世界。但历史故事不是历史事实。尧舜是5000年前的人，那时还没有文字。韩非指出人人说尧舜的故事都不同，孰真孰假，证据何在？没有验证而确定事物，是愚蠢。用不能确定的事物作理论根据，是欺诬[108]。儒家经典《诗经》、《尚书》是现存最可靠的历史文献，可是它们形容的古代世界，比儒家的样板三代差得多了[109]。孟子屡说商汤“无敌于天下。东面而征，西夷怨；南面而征，北狄怨，曰‘奚为后我？’”[110]不知它是真是假。《尚书·武成》记载武王伐纣战争惨烈。孟子则曰：“尽信《书》，则不如无《书》。吾于《武成》，取二三策而已矣。仁人无敌于天下，以至仁伐至不仁，而何其血之流杵也？”[111]有人断章取义，引第一句而赞美孟子开明，其实混淆了两种态度。书本所说不一定是真，事实验证也难确定，因此独立思考的人必须分析衡量。求真讲理的人，知道自己的意念可能有错，所以检察所有证据，交叉反复，以挑剔改正。顽固武断的人，坚信自己的教条绝对正确，所以只挑拣合乎教条的事例，扭曲捏造故事以就教条，断言不符合教条的证据全是假的，应当摒弃。《孟子》轻率判断历史虚实，荀子已注意到了，现代学者更深入探讨[112]。这等作风并不罕见。发夫子微言大义的《公羊传》指出：“《春秋》为尊者讳，为亲者讳，为贤者讳。”[113]为了维护礼教而隐瞒或歪曲实情的例子不止见诸《春秋》，《论语》、《孟子》中也多有[114]。宋朝的道学家更擅削足就履，不顾事实真相以强调道德教条[115]。现代学者研究传统历史评论，发现“只有‘好’、‘不好’的感觉，而没有‘真’、‘不真’的分析”[116]。对真相缺乏尊重，这是儒家道统和西方思想的一大分歧。

不顾真实，漠视验证；不讲道理，自相矛盾。这种心态是信徒诠释经书的特征，不论诠释的是《圣经》、《可兰经》，还是《论语》或《毛主席语录》。对信徒来说，经书是宇宙间绝对不二的圭臬。凡是真的、善的、有启发性的，都在里面。凡是假的、恶的、无价值的，都已筛除。一切问题，引经据典解答。经书既然全善，持疑问异见的人，当然是邪恶，必须诛心清算[117]。经书一般内容驳杂。断章取义，忽略不合己意的经文，几乎可以支持任何政见。所以诠经者常分家别派，互相倾轧，不过各派都以为自己奉绝对真理，绝对善良。社会科学家指出，“绝对道德家的关键特色是不顾后果……假如他们好意的行动引致不良的后果，他们从不自省，只断定错不在自己而在外界，是别人的愚蠢邪恶或是上帝的意旨而引致灾祸”。“他们完全缺乏为自己行为后果负责的意念。”[118]。

信徒对经书有宗教式或道德感的热忱，自觉因为奉信它而高人一等，目空一切。道德名气外，背诵经书带来艰涩的言语，足以排摈贬黜外人。不学《诗》，无以言；不谙“尧舜”等术语，无以置喙儒生论政。《汉书·儒林传》开章明义：“《六艺》者，王教之典籍，先圣所以明天道，正人伦，致至治之成法也。”从汉儒之“永永不易之道”，到清儒之“万世教科书”，膜拜四书五经的论调不绝于书[119]。20世纪中期，还有儒家大师说《六经》“不唯统摄中土一切学术，亦可统摄现在西方一切学术”[120]。诠经心态崇教条、抑理智，所以必要时能换一套口号，适用于新经书。2000年儒学独专培养成的诠经心态根深蒂固，就像一条缠脚布，使中国思想寸步难行。

诠经心态砥砺灌输教条，妨碍理性思考。不论君主政体或民主政体，都必须靠斟酌商榷来决定措施，有所行动。政策争论涉及各个群体的要求，谈判取舍，繁难无比。成功的协商靠大家通情达理：尊重现实，知道资源能力有限，完美不可冀，够好就可以，彼此让步，以达协议。理性折衷却是诠经心态所不容的，因为经文的教条全善，让步等于向邪恶低头，绝对不可。思想两极化，以至道德斗争狂热，淹没理智。盐铁会上贤良文学的态度就近乎这样；他们不齿任何不达圣人水平的合理可行改良，一意推翻整个现实政治社会，来个大跃进，全盘圣化[121]。《盐铁论》很多卷以桑弘羊摇头无语结束。我想桑弘羊不是如桓宽暗示般认输，而是叹贤良文学偏执，无可理喻。当时政策无疑缺憾重重，大可改进。召开朝野大会讨论政治社会问题是个有前途的尝试，可惜成果甚少。几十个口若悬河的贤良文学即时获取大夫之位，但日后全部政绩无闻[122]。他们之辈从察举途径涌进政府。盐铁会成绝响。此后的石渠和白虎通朝野大会，可怜天子亲降临，不问苍生问经文。

不负责任的理想主义

士大夫官场得意后，马上买田占地，扩充家族财富，并与强宗巨室勾结，增高社会地位，逐渐形成强盛的士族[123]。世界上的统治阶层多具有官场势力、法律优待、财富声望。皇朝中国的统治阶层也一样，而且更用诠经学术把它们凝聚起来。儒生捧孔子为“素王”，他们的“君子”是古代贵族的化身。现代学者称皇朝士大夫为“文化贵族”、“精神贵族”，“他们内心有一种高自位置，不同凡俗的直觉。他们成为书生贵族”[124]。

元帝即位后纯行王道。从他开始，差不多所有宰相都是大儒，若非彬彬文士，很难安居高官[125]。儒术终于实际上独尊了；圣人之徒盘踞帝位和政坛，忠孝盈耳，德教风行。可是，理想盛世并没有来临；与美好的预言相反，政治和社会皆呈萎靡之态。《汉书》说宣帝王霸道并用时“吏称其职，民安其业”；叹元帝之世衰微，吏治技巧、工匠器械，皆不及前代，“孝宣之业衰焉”[126]。元帝宽宏仁下，权贵放胆滥权，官吏失职无咎，文化贵族得益，人民国家受损。人治教化之功，补不上吏治颓弛之过。元帝自己承认：“在位多不任职。”班固列举10多个儒宗宰相，传先王语，“然皆持禄保位，被阿谀之讥”。朱云直向成帝指责他们“上不能匡主，下亡以益民，皆尸位素餐”[127]。

“汉世衰于元、成，坏于哀、平”是《汉书》的结论[128]。现代史学家解释：“儒家之反功利思想，使汉朝无法制定进取性政策，无法发挥国力；而他们的当政，更直接阻碍进取人才的发展。现实派的失败，象征着进取人才的全部凋零，同时更象征整个西汉皇朝的没落。”[129]这不止是征象，更是没落的一大因由。

不习于职的儒生动辄引经，鼓吹“道胜于事”以排挤擅长职务的同僚[130]。例如徐偃外任，不待奏报便使胶东鲁国鼓铸盐铁。对“矫制”的弹劾，他答辩道鼓励生产有益社稷人民。儒臣终军协助御史大夫张汤，引《春秋》《孟子》责徐偃“矫作威福，以从民望，干名采誉，此明圣所必加诛也”，把他入罪杀掉[131]。有主动性的能干人士，有此可鉴。

士大夫乏能客观理性协商，政治决策遂沦为官场的人事纠葛、党派对峙、权力斗争。儒生不但与法家文吏争，自己之间也各分家派，互相倾轧。即使他们专长的礼仪，也难达成协议[132]。元帝时，刘家宗庙共用12147名祝宰乐人、45129名卫士，外加无数牺牲的士卒。儒臣热衷改制以契合古礼，但议论纷纷不定。这家当权置了，别家上台毁掉，第三家又重建。改来改去，浪费大量财物[133]。

诠经外，汉儒更拉天道作虎皮，大量引进阴阳五行、谶纬之学，指自然异象以预言凶吉、陈说时事。他们用凤凰来仪等符瑞歌功颂德，借水旱蝗虫等灾异揭露政治弊端、谴戒人君失德、乘机进谏。这样，儒生们自命为天代言，图正君心[134]。

元帝以降，灾异日多，因为信徒增加，现实也病患滋生。土地兼并，贫富悬殊，穷人被逼卖身为奴，种种社会问题严重。与罗马治下的意大利相比，汉朝奴婢的人数微不足道，但中国人仍视它为大弊。元、成、哀、平四世（前 58 到公元 5 年），宰相庸碌，大权落在外戚手中。在温情道德下，外戚抓权，无可厚非。纵使亲亲之仁不延及外家，孝道确保皇太后之大权。然而逻辑在诠经心态中分量不大。士大夫痛恨外戚与自己争权，怪他们坏事。汉运已衰、天命将移之意念蔓延，禅国让贤之论调酝酿。符瑞谶纬，渐指向贵门儒士王莽。

在外戚更迭的权力纷争中，元帝后王氏屹立不倒。王莽以贤孝好学、恭俭下士而誉满天下。前 1 年，9 岁的平帝登位，王莽以大司马大将军执政，兴教化、济贫困，扩大太学以满足儒生，在长安建常满仓以供给市民。拥戴他的远不止士大夫。公元 5 年，487572 名吏民上书请求加赏他。4 年后，王莽篡汉，成为新朝的唯一皇帝[135]。

现代史家指出："汉儒的理想主义在王莽新朝登峰造极。""王莽早先既被认为是儒家思想的代表人物，则汉室德衰，由王莽取而代之，乃儒家'天下为公'的理想之实现。"[136]刘家宗室的反抗很快就被扑灭，差不多所有朝臣和士族都接受了新朝。天命转了。转了，但不过暂时而已。王莽奉天命，实行很多孟子以来儒士不断鼓吹的仁政。《井田诏》禁止奴婢买卖；痛斥豪富侵占田地，交三十分之一的地税给政府，却榨取农民十分之五作田租，以致民不聊生；下令限制每户所能占的田地；令豪户把超过限额的余田分给穷苦的族人乡邻[137]。

汉儒努力，终于捧出一个热衷推行他们理想的皇帝，但却发现了一个不妙的后果。这不应是意外；稍微重视现实的人都知道，很多士族占田买婢，早已成为豪富。文化贵族本身就是造成社会问题的重要因素之一。贯彻他们崇高的天下理想，实际上伤害他们的私人利益[138]。一个真正的道德考验来临了。

他们的选择明显：本来宣扬偃武的文人，争置戎装；本来反对扰民的士族，大乱天下。现代史家详细追溯士族渊源、分析起事者的身份，总结道："我们观察旧史的记载，至少可以看出一点，即当时真正为反对王莽新政而起兵者，主要是一些士族大姓。更堪玩味的是：在其复井田禁奴婢未正式实行以前，士族大姓犹有拥护新室者，而起事者亦甚少，在这以后，天下士族大姓遂纷纷起兵反叛。"为什么呢？"王莽虽一方面交结士大夫，另一方面却又打击侵凌小民的豪强势力，这是与多数士族大姓的利益相冲突的。"[139]

士大夫耻言利，但改变了他们的仁义口号。本来谴责贫富悬殊的灾异，一变而为谴责篡夺不忠。人心突然思汉，天命跳归刘家。另外两位现代史家观察到："中国之文化，有一大转变，在乎两汉之间。自西汉以前，言治者多对社会政治，竭力攻击。东汉以后，此等议论，渐不复闻。""继此以往，帝王万世一家之思想，遂以复活，五德三统让贤禅国之高调，遂不复唱。而为政言利，亦若悬为厉禁。社会贫富之不均，豪家富民之侵夺兼并，乃至习若固然。”[140]

王莽推行一连串的复古更化措施，在强烈反抗下全部失败。天也真降灾异。公元 11 年黄河大改道，淹没了华北大平原的南部。荆州又遭蝗祸。政府救灾无能，难民相聚、组织造反。各处士族举兵，群雄并起。新朝 14 载，亡于 23 年。

东汉初年，班固把新莽比暴秦，开王莽妄邪虚伪的传统评价[141]。现代学者认真比较王莽的政策与儒士的匡救言论，发现最伪的不是王莽。“王莽之变法，至少其主观宗旨，是以儒家经典中之‘王道’理想为归依。”“莽朝一切新政莫非其时学风群意所向。”“新莽之所行，盖先秦以来志士仁人之公意，其成其败，其责皆当由抱此等见解者共负之，非莽一人所能尸其功罪也。”[142] 其实班固也知道，所以把历来对儒生的评语“动欲慕古，不度时宜”加诸王莽[143]。王莽失败，一方面由于他染习文化贵族凌空蹈虚的风气，一方面由于他的言论同志们，非但不辅弼他实现共同理想，更为了自家利益倒戈相向。事后掩饰真相、丑化王莽，把一切罪过推到他身上，突显了皇朝政治精英推卸责任的陋习。

不正视实证来分析问题，自欺欺人，因而碰钉子，山林隐士最多碰坏自己的头，官高位重的士大夫却可能连累千万人。政策不切现实，后果可能哀鸿遍地。执政者的仁义动机并不能减轻伤亡者的悲痛。有人盛赞汉儒“以天下为己任”[144]。其实这口号的意义模糊。人治理想中，只要圣贤在任，万难自然迎刃而解。于是自以为贤者把走马上高任当作拯救天下。然而世事不比往自己脸上贴金容易。职位有责任，落在决策行政的实际效果。任高位而滥词虚调，唱喜不虑忧，不是盲目乐观，而是不负责任。

多年前，宣帝担忧他那柔仁好儒的太子会乱天下，因为“俗儒不达时宜，好是古非今，使人眩于名实，不知所守”[145]。王道迂阔的批评先秦时已盛闻，历2000多年不衰，但不能驱策改善，只刺激反击批评者为霸道不义[146]。宋明道学逃入形而上学，离现实更远，排他性更强，自颂更高，责任心更弱[147]。好高骛远，不踏实地；捧少许尊贵学问，排揎广阔知识；工夫化在诠经诵教条，懒于分析思考；漠视经验，不因错误而检讨自己；处高位而一事无成，则自怜不得重用；误国殃民，则歪曲事实以诬蔑别人：此等理智惰性是皇朝政治精英的遗恶。“明道救世”之类的口号令人脑门发热，飘飘然以英雄自许。然而不谙时务者推动不切实际的虚论，可以酿成天下大祸。新朝兴亡引致无数死亡苦难，不负责任的理想主义难辞其咎。可惜文化贵族的陋习不随新朝而灭。“王道”内涵空泛，在大口号中可以代入“马列”或“民主”而不改盲目自是。样板教条虽然不同，空想家的救世虚荣不改[148]。

5.7 东汉的文德

击败群雄、创立东汉的光武帝刘秀是景帝余子之后。皇室权益经六世荡涤，刘秀已无异于平民大姓。他曾入太学，受《尚书》，略通大义。他集团的核心是士族豪门，并多得士大夫拥护。开国功臣多习儒术，虽征战期间亦投戈讲艺、息马论道[149]。他对手的身份教养也多类似。然而，将帅的高级文化并未减低群雄逐鹿对社会人民造成的巨大损伤。据《后汉书》，东汉初“海内人民可得而数，裁十二三”。而且终东汉一朝，户籍数都不能恢复到西汉水平[150]。

光武帝迁都洛阳，远离边境，靠近他的本家南阳。他拘谨恭俭，废除不少王莽的复古措施，但加强谶纬的政治影响。6 次诏令释放大量奴婢。干戈后，骨肉流离，田园寥落。国家收回大片无主荒地，或授予贫民，或租给他们，政府兼任地主。战后重建，原来适合缓和贫富不均，然而效果不大。缙绅地主成为东汉统治阶层的中坚，阻止王莽均贫富的势力不减反增。要公平征收土地税，政府必须正确掌握户籍和田地的面积沃瘠，防止豪强偷瞒，把税务负担转嫁到小农身上。东汉初这些资料残缺紊乱，光武帝下令度田整饬，严惩与富豪勾结瞒田的奸官。士族豪强悍然造反，度田措施不了了之，巨室偷税遂习以为常[151]。王莽复井田行仁政，但忘了孟子“不得罪巨室”的警告，结果身败名裂。光武帝学乖了。

高瞻远瞩不是光武帝的长处。他坚信国之本在家，为了巩固刘家皇位，他削弱外廷、移权内朝，看不到这措施全靠皇帝本人有能力控制内朝。日后他的子孙乏力，引致外戚宦官专横。为了节省目前开支，他废除训练民兵的制度，看不到地方政府因此而缺乏武装，无力维持社会秩序。日后郡守州牧为了平息动乱，招募部曲，发展为割据军阀。有现代史家认为，光武只求眼下安逸、不肯勉力兴建，种下恶因，不止遗害东汉，还引致后来中国北方沦陷[152]。

不过光武帝当得上开国之君，自是比较踏实，从一件小事中可见。湖阳公主庇护白日杀人的仆人。洛阳令董宣无权入皇府，便等凶手为公主驾车出外，逮捕指控，就地正法。公主投诉于皇帝。光武帝大怒，要杖杀董宣。董宣宁死不肯道歉，反问皇帝：“纵奴杀良人，将何以理天下乎？”以头触柱欲自杀。一番折腾后，光武帝放过他，并加赏赐。失望的公主问：“文叔为白衣时，臧亡匿死，吏不敢至门。今为天子，威不能行一令乎？”帝笑答：“天子不与白衣同。”[153]

湖阳公主透露刘秀的态度与她一般，是藐视法律的豪强大族。做了光武帝后，有了新责任，像宣帝般王霸道并用，把法律放在亲亲义气之上。董宣令权贵震栗，死时家徒四壁；皇帝的赏赐他都分给下属了。《后汉书》贬他为“酷吏”，可见汉儒的价值观念。后来章帝纯行德政，宽宥文化贵族，西汉元帝的历史重演。

东汉诸帝所不遗余力的，是修文德、拉拢文士。光武帝所到处，未及下马，先访儒雅。明帝亲自讲经，听者千万计。章帝召集鸿儒于白虎观，讨论五经。皇室与文化贵族承认彼此需要，共度甜美蜜月。元帝以来，能通一经者即得免赋税徭役。东汉用更多黄金去铺班固所谓“禄利之路”[154]。洛阳的太学生多逾三万，多是壮年的职业学生，与朝臣互通声气。此外经学大师私人授徒，每人以千百计[155]。

看仁义动机、尚修身、反功利的人治思想，胜在培养人格比较高尚正直的官吏。士大夫值得钦佩处不少，前人之述备矣[156]。不过人治的流弊，亦是不少。政坛艰难，政客心理复杂。求动机纯粹、思想正确，容易引致清算冤狱。大臣龃龉弹劾，令皇帝头痛。儒臣萧望之和韩延寿互相诬毁，突出的只是他们的名高位重、结局凄惨[157]。大的事件，如汉武帝使董仲舒之徒凭《春秋》断淮南王谋反，以心思论罪，一案便死者数万[158]。

看胜职能力、行政功绩，任用官吏有较为客观的标准。反功利者妒能嫉才，鼓吹任贤，但什么算是“贤”？庄子敏观到：美与丑、贤与不肖，每因观者而异；人人自以为贤，自贵而相贱[159]。为贤者讳，更鼓励用笼统的教条分派红帽黑帽，然后各因帽子而捏造宣传形象。没有合理而可考的标准，依靠主观衡量仁义高下，“贤良”容易流于高誉盛名。于是讲交际、拉关系、熙攘求名，蔚然成为东汉政风[160]。“荐举征辟，必采名誉。故凡可以得名者，必全力赴之。”[161]在任者“王事不恤，宾客为务”。候职者“激扬名声，互相题拂，品核公卿，裁量执政”[162]。择人的准则不在能力，而在人事虚声，结果是行政水平普遍低落。

汉儒以明道自许，但这是什么“道”？庄子敏察，“盗亦有道”[163]。要探讨文化贵族所说“道”的内涵，莫如查看他们所标榜的名节。光武帝征求不附王莽之士，褒奖其名节，训练士人尽忠一家一姓[164]。现代学者爬梳东汉传记，发现名士的高誉道义，大致几类：久丧；让爵推财给自己的亲属；报恩，尤其是门生故吏报答宗师举主的恩惠；复仇，以至借交复仇；清廉[165]。除清廉一项，其他德行全属私人关系，无益社会民生。报仇违反法律，私恩凌驾国事，更有损社稷。我们将在 8.4 节看到这等道义实际上助长贪污，酿成地方割据。

郡守怠职、宽宥豪强欺凌弱小的指责，史不绝书[166]。东汉中叶，羌人作乱。安帝广求对策。受人民赋税哺养百年的文化贵族，表现令他失望：“所对皆循尚浮言，无卓尔异闻。”急于逃避责任的士大夫鼓吹放弃凉州，迂阔者提议多派《孝经》，令家家学习，以教化平乱[167]。官不称职，使小乱扩大，延续 60 年，百姓死伤无数，国库也为之耗尽。京城的大臣学士却讳言其事；他们忙着交游赚名[168]。

士人党同伐异，起自元帝，东汉中叶转炽。结党求名引致清议，清议煽惑朋党，互相激炽。时人王符形容：“今多务交游，以结党助，偷世窃名，以取济渡。”崔寔曰：“党成于下，君孤于上。”[169]先是名士官僚分为许多互相倾轧的小集团，后来外戚宦官势力增强，遂联手与之争权[170]。因接近皇帝而得权的太监，在东方西方都有，但势力形式不同。东罗马帝国的高官太监各自为政，东汉的宦官却亲党攀连。159 年，宦官帮助桓帝从外戚手上夺回政权，从此便自己跋扈。

宦官低贱出身的社会经验，可能补助书本知识，扩大政府的眼光。不过士大夫自高，歧视“阉竖”为禽兽，更不能容忍宦官亲党出任政府官位，侵犯到自己的权益。士大夫与宦官斗争，双方各自违法打击敌人，手段相递残酷。开始时，士大夫以法绳宦官，皇帝首肯。后来他们违法滥杀，宦官反击，造成两次“党锢之祸”。桓帝拘捕了 200 余人，次年放归，禁锢田里。灵帝时尚书陈蕃与外戚窦武合谋，图尽诛宦官，事败身死。宦官反告士人结党讪谤，士大夫死者过百，不少因为掩护逃亡党人而家破人亡。此外六七百人遭流放禁锢，到黄巾乱时，才因宦官吕强谏劝而得赦免。受党锢其实不尽是祸，因为党人的遭遇愈惨而名气愈高，所以士人皆以名列党籍为荣。更有的如皇甫规，上言为自己罗织附党的罪名[171]。少帝时党人找到机会报仇。所有宦官，以及一些不幸无须的人，总共逾 2000 人，全被屠杀[172]。

大部分史家痛斥宦官，以其“黑暗势力”为东汉衰亡的罪魁，景仰党人欲“澄清天下”的“救世热情”[173]。这未免以偏概全。纵使宦官群体大致腐败，但其中也不乏忠厚正直、对社会有贡献者，例如吕强，或发明纤维造纸技术的蔡伦[174]。党人“清天下”的口号响亮。但史家分析实在作为，却发现他们“形形色色，非可一概而论。其人激于意气，所为不免过当，任之亦未足以为治。且相互标榜，本系恶习。当时之士，所以趋之若鹜者，一则务于立名，一亦以汉世选举，竞尚声华，合党连群，实为终南捷径耳”。“忽视实际效果、不计代价的躁急疏狂之士，他们的救世热忱真的可信、可靠吗？”[175]

个别儒士党人清廉耿直，然而赞扬他们的整个运动为反贪污，难免将之与反宦官混淆。反贪污针对一种腐败的行为，反宦官主要是党派斗争。不错，宦官贪污，但贪污渗透整个东汉政府，名士大儒一样不免，其腐败与宦官不过五十步与百步之比，如刘陶上书指责："今牧守长吏，上下交竞；封豕长蛇，蚕食天下。"[176] 士大夫讲教化重表率。假如他们有心澄清吏治，理应以身作则，首先肃清自己的群体，但他们没有这么做。例如县令谢游贪污数十万，自以为是大儒，藐视上级，再经督察，亦不过挂印而去。经学大师欧阳歙因贪污千余万而下狱，1000 多个儒生守在皇宫前，为他哀求[177]。相反地，任郡守的荀昱、荀昙"志除阉宦，其支党宾客有在二郡者，纤罪必诛"。他们滥杀的行为带来的是清议美誉"荀氏八龙"[178]。这不过是无数例子之二，但其显著的双重标准已能显出，士大夫的主旨在与宦官争权夺利。

世族名士袁绍是党人的密友，党锢时掩护他们，因而受宦官猜疑。189 年少帝即位，外戚何进辅政，广征获释党人，与袁绍谋诛宦官[179]。袁绍不顾边将率兵入京的危险，怂恿何进召董卓，帮助清君侧。宦官服诛，名士遂其澄清天下的大志。可怜天下人民，又因为不负责任的理想主义而遭一大劫。应召的董卓废立皇帝，袁绍联合各地州牧郡守起兵反抗。董卓焚毁洛阳，200 里内无孑遗。反董联盟转而自相攻杀，东汉名存实亡。割据争战、祸国殃民的汉末军阀，原来不是宦官，多是名士[180]。

5.8 史学的有色眼镜

时局安宁，没有大动荡大改革，历史记载容易变成一连串的皇帝传记。中国和罗马的史笔都着重记载显见的人事行为，较少关注广阔抽象的政治体制和社会状况，并且都喜欢用道德观点评述事件。邪恶是他们最常举的根由，用以解释秦朝或汉朝、罗马共和国或帝国的衰亡。他们也惯用决策人的性格来解释政策内容：譬如以皇帝个人的贪婪或恭俭解释税率高低，少顾当时的国防等支出需要和政府的行政效率[181]。新朝败落，班固归咎于王莽撕破其虚伪面具；提比略一朝衰退，塔西佗也用类似的笔触。

且不论社会经济。即使政治史，专注皇帝的狭窄眼界也忽略了许多攸关因素。要统治一个大帝国，皇帝必须依靠其统治阶层，而精英们居心叵测。王莽刚愎自用，提比略刻薄多疑，但这种性格常见于有权势的人。他们收场时的错乱性情，并不全由于权力腐蚀，腐朽环境的影响同样重要。那一群朝臣贵族，倨傲自是，结党营私，甚至密谋行刺造反。皇帝感到威胁，自然起用心腹自卫。汉儒抗拒皇帝以法律督察士大夫，指其为残酷不仁。罗马帝国早期，皇帝最大的忧虑是元老贵族。现代学者评述："不论皇帝初即位时态度如何、施行什么政策，每一朝都迟早遭殃。是谁的过错，很难判定。"[182]统治圈子里，阴谋与恐惧并生，彼高一尺，此高一丈。离心叛逆、防范镇压、报复株连，君臣敌意递升，终至危机大祸。把所有过失推到暴君头上容易，反正他死了。更有关注意义的是统治精英的陋习，因为它可以贻害无穷。

传统历史谴责王莽篡汉之前的元、成、哀、平四帝，皇帝昏淫，外戚当权。然则各处郡县的社会状况如何？热忱复古更化的士大夫否定眼前一切，现代马列学者收辑他们的口诛笔伐，总结道："广大劳动人民备受压榨，挣扎在饥饿和死亡线上，历史进入黑暗的时代。"[183]然而班固选择平帝时的户籍作为《汉书·食货志》的典范，并按曰："百姓赀富虽不及文景，然天下户口最盛矣。"[184]当然，统计资料忽略了数不清的民生苦难，还有吏治腐败，经济的确萧条了。但是，以社会安定而言，户籍算是相当敏感的指数。士族变军阀、战乱饥荒逼人民颠沛流离时，更为黑暗的年代将会来临。两汉之间的户口锐减百分之六十五，宏观显示社会的大灾难[185]。史家班彪身经军阀混战时代，解释为什么西汉末年虽然朝廷腐败，但社会避过大祸："危自上起，伤不及下。"[186]

类似的现象，也见诸提比略和图密善的朝代。他们残杀元老大族，传统史笔痛斥他们的恐怖统治。然而，现代学者从帝国各地行省的角度看，情况却很不同："两个皇帝皆以精心治理帝国著名：他们挑选好省督，裁制滥权，保护人民。"[187]提比略治下，行省日益繁荣。图密善的政策许多为图拉真沿用，导致帝国的黄金时代。图密善死后，元老们狂热诋毁，但只获得各地的冷漠反应[188]。且不论严厉裁制官吏滥权是否暴政，就算是，提比略和图密善的暴政所伤，也只是皇室和接近它的统治阶层，不及普罗大众。塔西佗身历图密善统治，他在某处写道："暴君压逼的只是最靠近他的圈子。"[189]然而人们仍然争着挤入那圈子，因为那是帝国权益所在。此外，它也是古代史笔的栖身处，塔西佗和班固便是例子。它是否成为史笔的有色眼镜？

我们不为坏皇帝辩护，但探讨他坏在何处，对国家人民有什么害处。争权的故事紧张刺激，容易使人错把权谋当政策、朝廷当国家、人品当制度。政客权谋和国家政策有关联，但不是决定性的因果关联。若政治制度健全，即使朝廷一时混乱瘫痪，干练的地方官吏仍然可以依惯性执行既有法例，政府就像飞机用"自动驾驶"。运气好，它可以挺过湍流，无大伤黎民，如西汉或罗马帝国早年安度宫廷之变。若政体衰败、官吏普遍庸碌，好运气就难得了。高层领导没有能力，政府就难以应付天灾外侮等打击。皇朝、帝国末年，就是这情况。

假如统治阶层的争权相残不一定导致祸国政策，那么朝廷君臣和谐，是否一定意味人民安居乐业？有没有可能，一些皇帝享受美誉，只因为他们笼络精英的手段高超，与社会民生无甚关系？在东汉初的“明君”统治下，百姓的生活是否真的比在西汉末的“昏君”下好？有没有可能，实际上转变的只是士大夫的风尚，从批判社会贫富不均变为歌颂皇帝奖赏儒学？

从图拉真到奥勒略的黄金时代，罗马帝国的颂词多于历史写实。以颂扬权贵为生的演说家兴旺。相反地，塔西佗和苏维托尼乌斯表示赞赏，但不予记载；普鲁塔克也不为时人作传。帝国的财富增加，但文学创作性全面低落，即使最瑰丽的颂词也显得了无生气[190]。鼎盛的幸福形象，有多少缘自无史料支持的颂词？

最出名的评鉴，大概来自一位18世纪的著名英国史学家：“如果要人在世界历史上选人类最幸福繁荣的时代，他会毫不犹豫，选从图密善逝世到康茂德登位这段时间。”同一位学者估计，罗马帝国奴隶的人数比自由民还多[191]。若人类推认大部分人沦为奴隶的时代最为幸福，人性何在？

2世纪的医生盖仑研究食物对人体的影响，形容各种因吃树皮草根而生的肠胃病。他不是历史学家，所以未曾探讨罗马乡民初夏时遍生这种病，是否因为城市居民搜刮粮食，剩下的不够他们维持到谷熟[192]。研究罗马黄金时代的现代史学者评述：“与城市的居民相反，许多乡下人的生活穷愁，间中甚或长期在赤贫线上挨饿……关于这些事，我们听到那么少，真是奇怪。”“社会底层的人们，在政府中无声，在史籍上也无席。”[193] 古代中国的底层民众在政府中也无权，但在史籍中却有一角之位。传统的精英可能屈尊虚伪，可能懒于寻求实际的改良贫民生活的方法，但他们确曾大声抗议。

历史书籍或多或少地反映作者本人的背景。罗马帝国前期的史学巨著是塔西佗的《编年史》和《历史》；前者由提比略写到尼罗，后者继续写到图密善。狄奥的《历史》叙及的时间更长，包括奥古斯都一朝。小普林尼的书信和颂词，提供不少黄金时代早期的资料。此三人皆是执政级的元老。为帝国前期 12 位皇帝作传记的苏维托尼乌斯是个骑士，哈德良在位时掌管皇帝书信。这些上层阶级成员的眼中，皇帝的最大优点，恐怕是对元老贵族的尊敬优惠[194]。

中国的史家也属政治精英，不过地位较低。先秦列国多置太史，记下君主的言行，促他谨慎守礼。碰上篡弑倾覆，这职位可能很危险。前 548 年，齐大夫崔杼恨妻子与庄公通奸，杀死庄公。太史直书“崔杼弑其君”而被杀。他的两个弟弟继任，不肯改写，崔杼把他们都杀掉。但最后一个弟弟同样坚强，终于使崔杼手软。就算崔杼杀下去，也不能得逞；南史氏闻讯，已执简启程前往太史馆了[195]。

“在齐太史简，在晋董狐笔”的凛冽正气在皇朝时代衰退了，但没消失。太史令的职位犹存，但秩 600 石，只是能上朝的最低级的官。司马迁承继了父亲司马谈的太史职位和著通史的志向。10 年后，他因担保投降匈奴的李陵而入狱受腐刑。事后越加发奋，写成《史记》，从黄帝叙述到他身在的汉武帝时代。东汉初的班固亦承父亲班彪的遗志，撰写汉史，被告“私改作国史”下狱。他的弟弟班超驰马到京城上书。明帝赦免班固，并任他当秩100石的校书秘书之类小官。班家并不富有，上京后，班超常替人抄写以供养母亲，直至他投笔从戎。20年后，班固又犯事入狱。他死于92年；早了5年，见不到班超身为西域都护、遣使西觅大秦。班固的终生心血《汉书》，最后两章由自具文名的妹妹班昭续成[196]。《后汉书》的作者范晔是大家子弟。与作《三国志》的陈寿一样，他采取官方和其他史家的资料，但没有正式的史官职位。这四部书成为中国二十六部正史之“前四史”[197]。

罗马的大史学家多是贵族，闲时私下写作。皇朝中国早期的大史学家，多是有政府资助的小官，但所作并非官样文章。虽然在专制政权下，两者皆能针砭社会政事，而且不限于针对官认暴君（如秦始皇或提比略）。对于时政或官认贤君（如汉朝或奥古斯都），他们哪个更能甄别是非、坦然发表独立评论？这是个有趣的比较题目。

【注释】

[1] Fukuyama 1992.

[2] Aeschylus，*Agamemnon* 32-3.

[3] 景爱 2002：360。田昌五、安作璋 2008：366。Chang 2007：II. 169-71.

[4] Starr 1982：117. Needham et al 1971：26-29. Bodde 1986：61.

[5] Hopkins 1978b：42-7. Wells 1992：138-9. Millar 2004：24-5. 吕思勉 2005b：542-550。高敏 1998：196-223。Loewe 2005a：158-62.

[6] Hopkins 1983b：104. Greene 1986：40.

[7] Wells 1992：194-5. Hopkins 1978b：38.

[8]《汉书》28上：1543。

[9] Benn 2002：46。Nishijima 1986：574-5。杨宽 2006b：119-20。

[10] Cameron 1993：42-3，62-3. Nishijima 1986：574.

[11]《汉书》1上：58-9；43：2119-21。

[12] Augustus 34. Syme 1939：299-301.

[13] Millar 2002a: 294.

[14] Virgil, Aeneid 1.282.

[15] Wells 1992: 30. Rostovtzeff 1960: 162-3. Grant 1978: 202.

[16] Syme 1939: 311, 323-4. Millar 2002a: 270.

[17] Dio Cassius 53.17.

[18] Tacitus, *Annals* 1.1. Wells 1992: 50-2. Syme 1939: 340, 353, 414. Gruen 2005.

[19] Gibbon 1994: 93.

[20] Syme 1939: 323, 311-2. Gruen 2005: 33-5.

[21] Dio Cassius 54.1.

[22] Lewis and Reinhold 1990: I. 588-90.

[23] Ovid, quoted in Gruen 2005: 34.

[24] Jones 1964: 6. Wells 1992: 107. Raaflaub and Samons 1990.

[25] Gibbon 1994: 128-9. Bohec 1989: 20-1. Keppie 1984: 153-4.

[26] Wells 1992: 59-60. Rostovtzeff 1960: 194-8. Syme 1939: 426, 486-7; 1959: 427, 432.

[27] Wells 1992: 64-7. Syme 1939: 507.

[28] Syme 1958: 427.

[29] Wells 1992: 98-9. Seager 1972.

[30] Suetonius, Gaius (Caligula), 13-4.

[31] Scullard 1976: 292-7.

[32] Suetonius, Claudius 10. Scullard 1976: 298-314. Wells 1992: 110-6.

[33] Champlin 2003: 237.

[34] Tacitus, *Annals* 15.39. Champlin 2003. Scullard 1976: 315-29.

[35] Keppie 1984: 149. Syme 1939: 352-3.

[36] Tacitus, *Histories* 1.5.

[37] Mattern 1999: 205-6. Isaac 1992: 2-3, 51, 372-7. Gibbon 1994: Ch. 3: 97-8.

[38] Lewis and Reinhold 1990: II, 11-13. Wells 1992: 158-9. Wellesley 1975: 216-7.

[39] Millar 1981: 3.

[40] Tacitus, *Histories* 1.4.

[41] Grant 1994: 156. Starr 1982: 59-60. Lintott 1981: 125.

[42] Wells 1992：157-65.

[43] Wells 1992：167.

[44] Suetonius，Domitian 8. Jones B.W. 1979：4-7. Alston 1998：178-90.

[45] Wells 1992：167-8. Alston 1998：191-6.

[46] Bennett 1997：208. 参考 Longden 1954：204，221.

[47] Stockton 1991：157. Alston 1998：198-200. Wells1992：173-4.

[48] Wells 1992：202-3，207-8.

[49] Mattern 1999：100，120，191-4.

[50] Syme 1939：304.

[51] Millar 1993：105；2004：26，175-9. Southern 2001：250-3，282.

[52] Bennett 1997：102-3 引法隆托。

[53] Birley 1987：160.

[54] Birley 1987：116-7，184-9，199.

[55] Potter 2004：85-114. Southern 2001：20-37.

[56] Dio Cassius 74.2.5. Potter 2004：99，102-3，138. Wells 1992：258-9，265-6.

[57] Suetonius，Vespasian 16. Bennett 1997：126.

[58] Potter 2004：106，112-3. Jones 1964：25.

[59] Southern 2001：36. Mattern 1999：96-7.

[60] Southern 2001：63-5，97-102，115-9.

[61] Southern 2001：第 3 章。

[62] Cameron 1993：32-42.

[63] Southern 2001：177. Mitchell 2007：62-70.

[64] Mitchell 2007：70-9.

[65] Jones 1964：139-142.

[66]《史记》92：2621，2626。

[67]《史记》92：2627。田昌五，安作璋 2008：99-103。

[68] 田昌五，安作璋 2008：104-5。

[69] 钱穆 1957：56-7。田昌五，安作璋 2008：159-64。172-81。

[70] 王彦辉 2010：1-3。于振波 2012：268-9。

[71]《汉书》39：2021。钱穆 1957：72。

[72]《汉书》24 上：1134-5。田昌五，安作璋 2008：110-3。

[73]《史记》30：1418-20。

[74] 田昌五，安作璋 2008：235-41。

[75]《孟子·滕文公下》。阎步克 1996：333-4。许倬云 2006b：360-2。

[76]《史记》121：3123。

[77] 阎步克 1996：278-9，440-1。

[78]《史记》23：1160；121：3117。《汉书》88：3592。

[79]《汉书》84：3421；89：3623。

[80] 钱穆 1957：8608。于迎春 2000：157-9，254-5。

[81]《汉书》6：156；56：2504，2523。

[82]《汉书》19 上，726。钱穆 1957：86-95。

[83] 冯友兰 1944：40-1。钱穆 1957：86-95。张小锋 2007：133-5。

[84]《汉书》58：2633-4；6：197。赵翼《二十二史劄记》卷 2。

[85]《汉书》8：275；9：277；89：3624。

[86] 张小锋 2007：136-43。邢义田 2011：29-31。

[87] 钱穆 1989：124。

[88] 钱穆 1957：189-94。傅乐成 1995：30-6。阎步克 1996：371-2。

[89] 萧公权 1946：331-7。萨孟武 1969：248-69。

[90]《汉书》56：2523。萧公权 1946：480。

[91] 冯友兰 1944：487。阎步克 1996：283，437。

[92] Bodde 1981：183.

[93] 陈荣捷 1996：65。冯友兰 1944：162。萧公权 1946：480。

[94]《汉书》56：2524。

[95] Loewe 1986b：104-6.

[96]《史记》8：1241。《汉书》24 下：1157。

[97]《汉书》56：2520-1。

[98]《史记》129：3261。《汉书》24 下：1162；72：3075。

[99]《管子·山国轨》。《韩非子·六反》。

[100]《汉书》24 下：1175。田昌五，安作璋 2008：215-26。

[101]《汉书》66：2886，2903。赵靖 1998：260-3。

[102]《盐铁论·杂论，本议》。赵靖 1998：270-3。

[103]《汉书》24 上 1141-2。

[104] 林剑农 2005：269-70。

[105]《盐铁论·本议，世务，徭役》。

[106]《汉书》94 下：3805。《后汉书》60 上：1954；志 28：3622。

[107]《韩非·外储说左上，显学》。

[108]《韩非·显学》。

[109] 萧公权 1946：67-8。梁启超 1996：60。

[110]《孟子·梁惠王下，滕文公下，尽心下》。

[111]《孟子·尽心下》。

[112]《荀子·非十二子》。陈荣庆 2012：47-8，51-2，56-8。Nivison 2002：298-302.

[113]《春秋公羊传》闵 1。

[114] 杨树达 2007：246-75。

[115] 刘子健 2012：32，139。

[116] 顾颉刚 2005：146。

[117] Henderson 1991：89-129.Norden 2007：131-3. 侯外庐 1957：2.314。

[118] Weber 1919：120-121，126.

[119]《汉书》88：3589；81：3343。刘泽华 2008：II.76-85。于迎春 2000：156-8。

[120] 马一浮语；汤一介，李中华 2011：总序 36 引。

[121] 萧公权 1949：295。阎步克 1996：331。

[122]《盐铁论·击之》。

[123] 余英时 2003：195-8。钱穆 1957：74-6。

[124] 阎步克 1996：494。于迎春 2000：2。钱穆 1985：128。

[125] 钱穆 1957：189-94。傅乐成 1995：30-6。

[126]《汉书》8：275；9：299。

[127]《汉书》71：3043；81：3366；67：2915。

[128]《汉书》93：3741。

[129] 傅乐成 1995：35。参见张小锋 2007：133，144-54。

[130] 王充《论衡·谢短，程材》。于迎春 2000：339-44。

[131]《汉书》64 下：2817-8。

[132] 阎步克 1966：382, 440。于迎春 2000：402-4。

[133]《汉书》73：3115-30。

[134] 钱穆 1957：210-4。

[135] 钱穆 1957：271-84。

[136] Chen 1986：773。徐复观 1985：卷 2：458。参见阎步克

1996：386-8。

[137]《汉书》99 中：4110-1。

[138] 余英时 2003：198-201。

[139] 余英时 2003：202，204。

[140] 吕思勉 2005：174。钱穆 1957：294。

[141]《汉书》99 下：4194。

[142] 阎步克 1996：388。钱穆 2001：94，69-70，118。吕思勉 2005：174-5。

[143]《汉书》24 上：1143。

[144] 余英时 2003：6，257。

[145]《汉书》9：277。

[146] 阎步克 1996：6，109-10，329-10，494。于迎春 2000：342-51。Waldron 1990：172-4. Schirokauer and Hymes 1993：27-8，43-4.

[147] 刘子健 2012：59。刘学斌 2009：87-8，180。

[148] Pye 1985：42. Fairbank 1987：92，152. Schwartz 1996：50-1，134. Dunstan 2004：329.

[149]《后汉书》32：1125；1 上：21 。赵翼《二十二史劄记》卷 4。余英时 2003：224-37。

[150]《后汉书》志 23：3533 注；志 19：3389 注。见本书第 8 章表 1 。

[151]《后汉书》1 下：66-7；22：780-1。田昌五，安作璋 304-10，327-30。

[152] Bielenstein 1986b：268.

[153]《后汉书》77：2489-90。

[154]《汉书》88：3596，3620；73：3107；81：3346，3349。

[155]《后汉书》17：666；79 上：2545-7。钱穆 1940：169-71，177-8。

[156] 钱穆 1989：119-240。余英时 2003。

[157]《汉书》76：3214-6。于迎春 2000：252-3，339-41。

[158]《汉书》6：174； 27 上：1333；44：2152。见 6.9 节。

[159]《庄子・齐物论，秋水》。

[160]《后汉书》61：2032； 82 上：2724-5。余英时 2003：272-3。

[161] 徐幹《中论・谴交》。赵翼《二十二史劄记》卷 5。

[162]《后汉书》67：2185。于迎春 2000：429-32。柳春新 2006：136-7。

[163]《庄子・胠箧》。

[164]《后汉书》83：2757。

[165] 钱穆 1940：186-90。赵翼《二十二史劄记》卷 5。

[166] 刘文起 1995：62。

[167]《后汉书》5：210；58：1880。于迎春 2000：340-1。

[168] 王符《潜夫论・救边》。吕思勉 2005b：282-8。

[169] 王符《潜夫论・务本》。崔寔《政论》。徐难于 2002：17-8。

[170] 张小锋 2007：130-1。余英时 2003：253-6。

[171] 赵翼《二十二史劄记》卷 5。于迎春 2000：498-9。

[172]《后汉书》74 上：2373-5。

[173] 田昌五，安作璋 2008：203。余英时 2003：257。

[174]《后汉书》78：2513，2533。于迎春 2000：470。

[175] 吕思勉 2005：291。于迎春 2000：488。

[176]《后汉书》57：1843。于迎春 2000：421-2，502-3。徐难于 2002：19-20。Crespigny 1980：47-9，51.

[177]《汉书》83：3389。《后汉书》79a：2556。

[178]《后汉书》62：2050；67：2212，2214。吕思勉 2005：289-91。钱穆 1940：182-3。Chen 1975：23，27.

[179]《后汉书》67：2217；69：2248-51；74 上：2373。柳春新 2006：6-7。

[180] 钱穆 1940：215。

[181] Bodde 1986：85-6. Wiedemann 2000：524-5. Lendon 1997：16-7. Syme 1958：254，421.

[182] Syme 1958：440.

[183] 林剑鸣 2003：571 。

[184]《汉书》24 上：1143，28：1640。

[185]《汉书》28b：1640。《后汉书》志 23：3533。

[186]《后汉书》40：1323。

[187] Syme 1958：422，439.

[188] Wells 1992：101-2，167，183. Jones B.W. 1979：4，87.

[189] Tacitus，*Histories* 4.74.

[190] Schiavone 2000：13.

[191] Gibbon 1994：103，69.

[192] Grant 1994：151. MacMullen 1974：33-37. Brunt 1961：221，223.

[193] Grant 1994：151. Syme 1939：476.

[194] Rutledge 2001：177-8. Ste. Croix 1981：381-2.

[195]《汉书》30：1715。《左传》襄 25。

[196]《史记》130：3295，3300。《后汉书》40 上：1333-4；47：1571；84：2785。

[197] Wilkinson 1998：490-7.

第六章　集权政制

6.1　皇朝帝国的特色

汉初群臣饮酒争功，醉后高呼，拔剑击柱。儒生孙叔通知道高祖不喜欢，游说他制定礼仪。前 200 年，长乐宫落成，文武官数百朝贺，无人敢喧哗失礼。高祖曰："吾乃今日知为皇帝之贵也。"[1]

奥古斯都经常在托加袍下穿胸铠，到元老院议事也不例外，但仍感到危险。前 18 年肃清元老院，他自己佩剑，由彪形亲信簇拥，命令元老们经过彻底搜身，一个个单独向前觐见[2]。

汉初的布衣将相质朴，罗马的元老贵族骄恣，但一样被新君主驯服。200 年后，内战又产生新君主。从他们的品性可见皇朝帝国的统治阶层变化多大。

刘秀及其将帅多有儒者气象。公元 25 年创立东汉后，光武帝罢免功臣，起用文吏，退朝自引公卿郎将讲习经典。太子尝问攻战之事。刘秀引孔子"军旅之事，未之学也"之典，答道："此非尔所及。"[3]

139 年被军队拥立的皇帝塞提米乌斯·塞维鲁光临元老院时，武装卫队环绕。他并立两个儿子继位，临死时叮嘱他们："你俩要和睦，并要善待军士，让他们发财。对其他人，一概不用理会。"[4]

龙与鹰的性格对照昭然。双方皇帝的权势皆如烈日当空。然而他们一面倒地重文或重武，却不太妙。往后再看 200 年，即见他们日暮途穷。

220 年，汉献帝禅位。476 年，罗穆洛·奥古斯都鲁斯被废。在东汉和西罗马帝国崩溃的大动荡中，末代皇帝正式下台，小事一桩。他们不在战火中与首都玉石皆焚，也不与皇亲国戚一同被掳遭戮。正相反，他们退位后仍受优待，享受贵族生活。他们能如此，只因他们一早就是傀儡，对新政权毫无威胁。可谓塞翁失马，焉知非福[5]。

任何一个时间，政治社会皆繁复无比。本章横面剖析，以资比较。要深入细察，不得不暂时搁下历史的动态。卷首先献上几张快照，希望能提醒读者：政府的体制和统治阶层的性质，其实在不停地演化。

秦汉皇朝和罗马帝国差不多同时，人口和地域面积也不相上下。两者都是无上君主集权制度。中央政府把辽阔的疆域分作郡国或行省，任派郡守、省督治理。说它们大同小异可以，不过"小"只是相对而言，并非微不足道。

军事组织最能显示罗马和两汉的性质差异[6]。两者分歧，从内战后和平裁军即开始。打败安东尼后，奥古斯都合并双方军队，解散一半。他优恤忠贞的退伍军人，配给田地，特置殖民地安顿他们。剩下的士卒，他编入 28 个兵团，加上人数相若的非公民附属部队，组成 300000 人皇家大军。它如何强大，比较下可见。共和国打下大片江山，一般不过用 10 个至 14 个兵团。恺撒征服高卢，开始时领 6 个兵团。决定性的围攻阿莱西亚，也只有 30000— 40000 名士兵，外加一些附属部队[7]。奥古斯都的帝国并无外敌威胁，但他需要军队作皇帝的后盾。一反共和国的征兵传统，皇军募用职业军人，服役 16 年以上，全都宣誓效忠皇帝及其家族。攻击式编制的和平时代常备大军，是罗马帝国的一大特色。皇军外事扩张，更逐渐干预内政，直至废立皇帝[8]。

汉朝也维持常备军队，但兵力一般不过以千计，除非特殊情况，如武帝击匈奴时需要的熟练骑兵。高祖称帝后 4 个月即遣散大部分军队。解甲归田者免除徭役 6 年，关东人肯留居关中者免 12 年[9]。汉随秦制，全体男丁皆登记役籍作军队后备，早年亦授田予小农。军队主力是服役一年的轮番征兵[10]。与常备军的职业军人不同，后备军人只应需要时才被征入伍，平时各守本业，从事生产。汉朝和罗马帝国的军事组织迥异，反映他们的基本国策之不同，我们留待下章讨论。

正规军队外，帝国、皇朝各置保护宫廷皇帝的卫队。奥古斯都创立的禁军，比军队更先学会自行拥立皇帝。汉朝有几种中央卫队。初年镇戍京师的是南北两军。北军平息吕后死后的宫廷之乱有功，但文帝一登基便把它解散了[11]。汉朝不像罗马般容忍武装部队干预皇位承继。有问题时，太后内廷的影响大。

政府的体制是立国最重要的决策之一。罗马人熟悉两个政治模式。贵族集体统治的共和国虽然式微，但仍得元老贵族缅怀。亚历山大的帝国可慕，但罗马传统深恶一人专政，即使恺撒天才，也只能仗军力维持一时。奥古斯都汲取恺撒的经验，一面抓紧军队，一面利用共和国的衔头作糖衣，使贵族容易接受他的专政。残余的贵族反抗，经他之后几位皇帝的镇压，荡涤无存。到帝国全盛时，君主集权的政体已成合理的正统了。

汉朝也有两个政治模式：周代的宗法封建，秦朝的君主集权、科层管理。鉴于秦亡，高祖恢复先王之道，分封王侯。亲亲仁义不能避免诸侯王作反，幸被迅速平息，不至大乱。到武帝时，全国再度统一于君主辖下的郡县制度。经此波折，法家创建的集权体制站稳扎根，赢得儒家士大夫拥护，成为皇朝中国的长远骨干。

法家营建以功能组织的科层管理机构同样持久长存。罗马帝国也逐渐发展类似的行政机构，不过它的效率不及秦汉。汉朝和罗马巅峰时，各自委派230—240名高级官员，职位从中央的宰相或禁军统领，到地方的郡守或省督。官员组织，中国多按职位功能，罗马则按贵族身份。罗马贵族一般不管社会经济教育，任务比汉官轻，但俸禄却比汉官高达10倍。高官薪，加上30万人常备大军的军费，可以解释为什么罗马征税比汉朝重。

很多君主国度中，辅助国王决策行政的统治精英，长期由几个世家大族操纵。相形下，秦汉和罗马的精英较为流动。秦废除世卿后，士大夫不再世袭。罗马帝国的元老法许世袭三代，但实际上很少家族能持久。新人源源补充，使人才流入政府，减弱人民的组织反抗能力。从社会中提取精英的高超手段，同是中国皇朝和罗马帝国的成功要诀之一。不同的是它们的罗致人才准则：汉朝罢黜百家后以儒家教条，罗马则一贯以财富。统治精英的不同社会背景和意识形态，使龙与鹰各具特色。

6.2 君与民

中国没有民主意念。君主体制下，贵族的权势或有高低，但对人民来说，从王到皇帝，意义大同小异。希腊罗马一度或多或少实行民主，后来虽然皆背道而行，但仍受到民主意念的影响。奥古斯都怕蹈恺撒覆辙，刻意掩饰自己的君主制，不要职衔，采用传统誉称 *princeps*，首席公民。译为“皇帝”的 emperor，拉丁文 *imperator*，源自前 209 年。西庇亚战胜迦太基，不堪部队欢呼他为王（*rex*），发明这个誉称，大概谓最优统帅，让他们去叫。罗马的军功最荣耀，受军队誉呼为 *imperator*，无可伦比。奥古斯都采它作私人名字。后来 *imperator* 成为官衔。希腊人洞察权力功能，把 *imperator* 译作 *autocrator*，即无上君主[12]。罗马帝国尚武功，中国皇朝重文治，然而全国的权柄，皆集中在不向任何人或物负责的最高统治者：皇帝。皇朝、帝国的体制，都是绝对君主集权，absolute monarchy。

君主集权并不等于专制（despotism）；前者客观地形容一种布置权柄的政治制度，后者含贬义，指这制度可能导致的暴政。世界历史上君主集权常见，并非偶然。社会中观念利害纷杂，若不想争执成僵局，甚或争权成战乱，大家同意让一个人作最终定夺，比较能团结一致行动。集权制度有缺陷，但若大家能汲取行政后果的好坏经验，尊重法制，理性协商，或能逐步改良制度，立法约束君主，甚至政治转轨，即如现代欧洲由封建转入集权，再转入民主。不过这过程艰难，必须全民踏实努力，绝非喊喊空口号便成。

一位西方学者写道：“皇帝的统治虽然绝对，但非任意。它源自认可与授权，它基于法律。这与东方的专制截然不同。罗马人还没有沦落到那么低的地步。”[13] 撇开西方人对东方的成见，或东方人不分析制度而动辄叫自己的政府“专制”，双方的皇权有何基本不同？

尊崇法律，并不限于罗马。法家也一样，可惜这思想成为儒学独尊、贬法为刑的牺牲品。奉法循理的确是罗马人的优秀品德。虽然这样，说罗马帝国“基于法律”，却与儒生说“民为贵”一样，流于空疏。我们曾问：什么民？他们怎样贵法？我们也应问：什么法律？它怎样规限政权？

具体法律分为三大类：公法、私法、宪法。公法又分为刑法和行政法。刑法普用于全民：政府规定谋杀、抢劫等行径为非法，理应运用独具的强制权柄加以防止惩罚。行政法专用于官吏：政府制定他们办事的章程准则，以及滥权怠职的处罚。私法又叫民法：政府为婚姻、契约、财产买卖、伤损赔偿等私人关系，立下法则，以审裁产生于私人交接彼此之间的权利和义务。宪法册立国家的原则和权柄分配，如立法程序，立法、司法、行政三权分立等政府结构。

“法治”的意义，随场合而异。日常生活中，“法治”多指缘法而治，亦即法律治安（law and order），公法私法施行见效，官吏清廉，民讼得解，犯罪率低，社会安宁。讨论政治原则、政府结构时，“法治”有二义。一是指循宪法治（rule of law as constitutionalism），即国家在人民普遍的奉公守法意识支持下，有规限政府权柄的宪法，并有能够实施宪法、裁制滥权的独立司法机构。循宪法治的有限政府，在世界历史上很晚才成熟，至今不普世通行。然而权柄无限的君主不一定无法无天，不少自动遵守既有法律。“法治”的第二义，指没有宪法，但因为君民官吏都具奉公守法的意识，所以能缘公法私法而治，rule by law 或 rule according to law [14]，即法家的“君臣上下贵贱皆从法，此谓为大治”[15]。

秦汉皇朝和罗马帝国都置有公法。它们的刑法，今天看来都很残酷，但放在古代的杀戮场面，却不见特别。法律下人人平等的意念两者皆有，但皆逐渐消退。中国把儒家伦理的森严等级写进法律，受优惠的圈子由皇亲贵戚扩大，直至囊括整个士人地主阶级[16]。早在罗马共和国时，获判死刑的穷人即时就刑，富人却一贯能逃亡国外。罗马帝国的法律判定每个人的地位等级，酷刑拷问只能加诸下等人，上等人得免[17]。

民法是罗马法律系统中之佼佼者，在中国却不甚发达。中国人不喜诉讼，宁可仲裁。民法外，中西差别最大的是奉公守法的意识，我们留待第 6.9 节细说，但这差别与我们目前讨论的立国政治问题无关。国家体制的基石是宪法，而宪法在罗马帝国或秦汉皇朝皆属阙如[18]。

罗马没有法律限制皇帝的权柄。学者发现“皇帝有权采取任何行动。这权在整个时代，从没有一次受到考验或挑战”。假如皇帝喜欢，他可以把事件发到元老院，一如秦始皇让朝廷讨论淳于通恢复封建的提议。可是，“这绝不意味皇帝的诏令或行动要元老院批准才合法”[19]。

“皇帝的意向即有法律的力量。”这是罗马律师乌皮安的按语，但在皇朝中国一样通用，如汉廷尉杜周所谓，“前主所是著为律，后主所是疏为令”[20]。此外，共和国的公开辩论也成为历史陈迹。罗马皇帝如何考虑决策，退隐幕后，与中国无异。狄奥抱怨事情大多秘密，公众无从得知，为难了史笔[21]。

罗马皇帝和东方君主一般权柄无限，但两者都不是一味任意。传统道德、习俗宗教、政府机构，虽然最终失效，但也非全无约束。行政机构的惯性、统治圈子里的党争也是阻力，就算成事不足，但仍能拖拉败事。

罗马帝国和秦朝西汉皆不能循宪法治，但皆向往缘刑法民法而治。小普林尼赞颂帝国的第十三代皇帝图拉真："你自动遵从法律……我第一次听到、第一次学到，不是'皇帝在法律之上'，而是'法律在皇帝之上'。"[22]小普林尼的新闻乃是法家的主旨，如商鞅曰："法者，君臣之所共操也；信者，君臣之所共立也。"[23]这思想在汉初仍存。汉文帝一次大驾过桥，有人从桥下奔出来，惊了御马。廷尉张释之审明此人是无意之失，罚款了事。差点受伤的皇帝大怒，嫌罚得轻了。廷尉回答："法者天子所与天下公共也。今法如是，更重之，是法不信于民也。"文帝默然良久，终于同意[24]。可惜这种法治精神全凭皇帝的个人风度。即使尊重法律的图拉真，也能不理元老院，一下子把 7 个行省由国家土地变作皇室私产[25]。吕后想违背高祖遗训，封吕家子弟为王，右丞相不肯；吕后把他降职，以达己意[26]。皇朝、帝国的臣民，都学会了忍受，一如塔西佗道出元老的心境："我祈祷有个好皇帝，但无论怎样的人当位，我都捱得过。"[27]

皇帝掌权是否在罗马得到臣民的认可，在东方则不？人民怎样才算认可统治？这是个民主理论中的难题。一般来说，认可有默许和明许之分。秦末群雄拥刘邦为帝，安东尼的手下投向屋大维，汉朝和罗马帝国升平、少有反叛动乱，这些都可谓是臣民默许统治。除此外，两地的人民皆不能定期公平投票，明确地表达他们的意向。不过罗马人的确有种显露方式。自奥古斯都开始，帝国所有居民都在皇帝登基时发誓效忠，而且在每个登基周年纪念日重申誓言。还未谄词充塞的早年的誓言说："我以朱彼得、太阳、大地、所有男女诸神，还以奥古斯都本人发誓，我永远尽忠于恺撒·奥古斯都及其子孙后代。无论言语、行动、思想，都以他们的朋友为朋友、他们的敌人为敌人……"[28]现代中国人将学会集体向他们的领袖宣誓效忠，不过西方却有不同的解释：罗马的誓言算是人民认可皇帝，中国的誓言则是“暴君”控制人民。

有学者说罗马人因其公民籍而拥有权力，因此远胜中国臣民[29]。“公民”一般意味着拥有某些政治权利，甚或积极参与政治。共和国中的公民确有此权，但时过境迁了。帝国下的公民丧失了所有选举和立法的政治权[30]。罗马公民籍不过是征服者的标志，用以欺凌被征服的臣民。赢家输家的分歧，在中国很快就消失。秦灭六国后，全国人民都成为编户齐民，地位相同，义务权益相等。入政府做官是重要的政治权利。罗马帝国只限给公民；秦汉皇朝却开放政府，只要有能力，皆可以从政，甚至升晋高官。此外，汉朝鼓励人民卖剑买牛，但没有禁止人民带剑[31]。相反地，罗马帝国除了军队，所有人民，不论公民与否，全部没有武装自卫的权利[32]。

罗马帝国前期 200 年，公民占全国人口不过十分之一左右。开始时他们有些社会权益，但这权益逐渐由公民籍移到财富上，即如一个耶路撒冷的小官吹擂：“这公民籍是我用很多钱买来的。”[33] 到了帝国的黄金时代，卑贱者身份的穷苦公民丧失所有权益，不能避免奴隶般的待遇[34]。212 年，卡拉卡拉把公民籍赐给全国所有自由民。这皇帝所见称的，不是开明而是贪婪：公民要缴遗产税。对没有自由离开地主的佃户或法定要继承父业的工匠，“公民”只是个虚名。现代学者吹捧罗马公民籍以贬低东方专制，当时人却处之漠然，连一贯兼作宣传的银币也没有提及全国皆公民之恩赐，理由简单：“上等人早就知道权益所在；对下等人，则公民不公民，已经无甚分别了。”[35]

君士坦丁模仿东方专制；模仿是最高的恭维。现在一般含专制暴君意义的 despotes 成为罗马人对皇帝的尊称，公民们则自称“你的奴隶”。西方学者马上开脱：“不过这东方主义只是表面礼仪。罗马的无上君主很少忘记，他的臣民是自由民。”[36] 我们在 2.11 节看到，希罗世界中的奴隶人数比例远远超过东方世界。社会科学家发现，在实际生活中，波斯人比希腊人的行动更为自由，因为波斯政府的控制能力较弱[37]。希腊罗马人所卑视的东方奴性，主要是跪拜主上等崇敬礼节，而这礼节正是他们自己模仿着做的。不过，或许这转变是表面的。远在他们肉体跪拜之前，他们早已精神跪拜了。希腊人首先崇拜在生皇帝为神，罗马人后来跟进[38]。中国人还没有沦落到那般卑躬屈节的地步。罗马帝国全盛时，元老小普林尼上奏皇帝图拉真：“你命令我们自由，我们就受令自由。”[39] 这就是自由民在无上主子统治下的最高级修养。

6.3 皇帝与皇位

成者为王。内战结束时，渡鸦也学会叫“凯旋的首领！”和平时，谁应承继帝位？权柄转移有什么原则？有些现代学者把一个开明的“收养主义”加诸罗马帝国：“皇帝不像那些东方角色……权柄不是单凭血缘由父传子。皇帝在贵族中选择最优秀者，收养为子，传位给他。”[40] 细入研究，我们的确发现一个非血缘传位说，但那是在中国，不在罗马。

乍听这有点意外，因为从达尔文进化论看上层阶级，中国远胜罗马。汉高祖和两个兄弟，200 年内生出 100000 个后代[41]。相反地，罗马的贵族阶层一向血缘单薄，出生率抵不上死亡率。或许如塔西佗所说，生育太辛苦，他们宁愿自己享乐。或许如后人猜度，他们泡热水澡过多，精子受损。

事实是无论政府如何鼓励生子、谴责独身，很多贵族仍然无后[42]。

从涅瓦到安敦尼努斯，4名传位给养子的皇帝都没有亲生儿子。收养嗣子，乃逼不得已，与开明不开明根本无关。人类行为的原则不同物理定律；原则要在有选择余地时才显现。罗马传位，凡有选择，后果一样。韦帕逊宣布："除了我的儿子，无人能继位。"家族统治或争位内乱，二者选一，元老院不用考虑就马上决定[43]。贵族接受世袭皇室还有点勉强，士兵和广大民众却真挚拥护。禁军拥立有奥古斯都血统的克劳迪乌斯，即使他弱智也在所不惜。罗马市民全力支持禁军，外戍兵团的士卒阻止将官谋反。埃拉加巴路斯因为生得像卡拉卡拉，被兵团拥立；私生子也胜过无血缘的人。学者总结研究："从没有一个皇帝，有个亲子活着，但和平地由别人继位。"[44]

不说实践，就是纸上理论，也找不到所谓收养原则的证据。罗马盛行的斯多葛哲学要求好皇帝，但没有涉及传位问题。奥勒略甚有哲学修养，但毫不犹豫地传位给亲子。大多数学者相信，所谓罗马帝国的收养原则，其实子虚乌有[45]。

要证明事物存在，比证明它不存在容易得多。中国文献里，一个学生就能搜集到禅让说的证据。战国时墨家提倡尚贤。儒家一面维护世卿世袭，一面赞美武王伐纣，对尚贤禅让也半推半就。尧舜禅让的故事，大概是根据上古部族选酋长的传说而撰造[46]。理想上，汉文帝说，皇帝应"博求天下贤圣有德之人而嬗天下"[47]。汉儒用阴阳灾异加以渲染。昭帝时有大石自立，枯树复生；眭弘引《春秋》解释，说皇帝应效法尧舜禅位。18年后，盖宽饶上书宣帝说："五帝官天下，三王家天下；家以传子，官以传贤。"[48]禅让说的理想高远，但不免儒家空疏笼统的通病。什么是“贤”？贤人众多，怎样甄鉴高下？为什么别人要接受所选的贤？他们不服时怎办？怎样化解让贤和忠孝等伦理原则的矛盾？文化贵族勤喊口号，不顾后果，终于搞出王莽大祸。卖坏了招牌，“禅让”遂沦为篡夺的伪词。东汉以降，儒家士大夫的名节是效忠帝王万世一家[49]。

统治者是个好牧人的形象，中西不约而同[50]。秦始皇的石刻和奥古斯都的《功绩录》皆把德望放在权力之上。奥古斯都写道：“我的威望（*auctoritas*）高于任何人，虽然我的官式权力（*potestas*）并不高于与我同职的同僚。”[51]秦始皇的6个石刻中，“威”只出现了4次，全用于服灭六国。形容统一后的政治，“德”出现了11次，如“皇帝之德，存定四极”，“昭明宗庙，体道行德”[52]。奥古斯都和秦始皇皆宣传自己威德无上，严厉但不残暴，其中不少特色，斯多葛哲学和儒家也赞许。皇帝有权柄，但操权之道不是骄奢的钥匙，而是副重担子，如秦始皇说：“皇帝之功，勤劳本事”，“优恤黔首，朝夕不懈”[53]。

全国最高最终的决策都源自皇帝。皇帝执行乾纲独断的职责，热忱各自不同。勤政的如恺撒、奥勒略、秦始皇日夜孜孜。其他皇帝喜欢多派手下办事，怠懒的更纵容亲信。提比略晚年隐居小岛，让禁军统帅在罗马揽权。汉元帝沉迷音乐，任由尚书理事[54]。他们还不最坏。遇到尼罗或秦二世之流，臣民只能呻吟或暴力造反。这就是无上君主制。

广赐恩惠是皇帝收买人心的手段。选元老是罗马的最大恩赐，即如封侯之在汉初。金钱物质的恩赐比较普遍。罗马皇帝大典时巨额馈赠禁军皇军，几乎成为例行公事。一般人民有时也稍沾恩泽，不过罗马城居民享受的免费谷粮和竞技娱乐，就难普及帝国了[55]。秦汉皇帝也讲究与民同乐；大喜庆时会赐爵予大众。这些所谓民爵，其实是可以出让的物质利益。此外每百家获牛酒，同享皇家请客的聚餐[56]。

作为一国元首，皇帝的行径多少反映其社会的价值。罗马皇帝最辉煌的典礼是凯旋游行。从文帝开始，汉帝多每年春天带领百官，亲耕籍田。在这些仪式中，皇帝宣扬了鹰与龙的主导价值，一个是军功，另一个是农业[57]。

中国皇帝很少像秦始皇般巡察各地，了解民风国情。他们多恋家隐蔽，深藏宫中。绝大多数人民从不见帝面，画像也没有。皇帝的私人名字必须避讳，谥号死后才定，所以人民只道“今上”或“皇帝”；神秘感维护尊卑之别。相反地，罗马皇帝经常出现游行戏场等公共场面，至少听得到人民的喧嚷。不亲临的地方有他们的塑像，即使最偏僻的居民也看到钱币上压着的皇帝面貌，提醒他们交税，如耶稣教导，把恺撒的东西交给恺撒[58]。

自从高祖在平城受匈奴围困后，汉朝皇帝再也不亲自领兵外战。他们参与战略计划，派将帅代驾出征。罗马人最珍惜军事荣耀，皇帝深谙征帅容易功高震主的危险。奥古斯都的权威势不可当，所以敢遣派征将，把他们的战功荣耀归于自己。次一流的皇帝尽量垄断指挥。图拉真以降，皇帝必须御驾亲征才能掌握兵团[59]。统领浩荡大军看来威风，但不敢授权给征帅，却显示出国家元首的政治软弱：他逐渐落入军队的操纵。

一次图拉真领兵出征，途中遇一妇人向他喊冤，他回答说没空听案。妇人高呼：“那么你就别做皇帝！”图拉真听说即回马，停军为她追查杀夫凶手。哈德良和几个希腊式国王也有同样故事。这种传说反映希罗人民对好皇帝的普遍期望，如普鲁塔克按道：“没有事比伸张公义更适合王者身份。”[60]主持公道也是法家思想中的君主要务。宣帝生于民间，知道“庶民所以安其田里而亡叹息愁恨之心者，政平讼理也”[61]。

偌大帝国，讼狱繁多。不论中西，审判一般是地方官吏的职责，皇帝最多能覆查上诉、决疑断难。不过两地的风俗不同。罗马皇帝一般化相当时间听讼断狱。帝国承受了希罗城邦的习惯，可能时把事件上诉至政府最高层。皇帝要顾及全国，在普通讼事上的个人利害少，容易公正，因此常被地方琐事烦扰。一次会议中，图拉真裁断了一张伪造遗嘱、一个小军官的妻子不贞以及一个希腊城镇的首豪蛊惑民心[62]。惯分立法、行政、司法职责的现代人可能奇怪：皇帝一人的精力有限，御驾亲征外，还要处理小讼事，哪儿有工夫办置国家大事，改良政策？没工夫就不干。深入研究揭露，奥古斯都创立的政府相当迟滞被动。差不多有 300 年，中央政权很少积极推动政策，只望能应付下层产生的压力。这态度解释为什么皇帝可以长年累月出国征战。征途上所能携带有限，难有足够的资料、专家以商讨有关社会经济的复杂措施，但不难应付人民对政府的主要祈求：聆听个别请愿，排难解纷[63]。

中国皇帝有时也留意琐事，但罗马史学家司空见惯的，却令中国史学家诧异[64]。秦始皇规矩每天早上听诉，并严惩贪官污吏，但他是例外，而且因此蒙受恶名。因功能定职位的科层机构，在秦汉比在罗马先进。它的行政效率较高，所以皇帝能分派例行公事给各部门，自己留神作大决策。汉帝一般把案子交给廷尉，不能定夺时才再请奏[65]。景帝听取下情，认为现存的惩贪法律不公平，诏令廷尉和丞相修改。他们立案禁止官吏贱买贵卖，堵塞贪污漏洞，呈景帝批准施行[66]。立法的大权在皇帝，但臣下受权商定法律的细节。

6.4 政府与精英

全权并非全能。皇帝手握无上权柄，但一个人绝无能力操动它。要把权柄化作能奏功效的权力，他必须授权给别人，任命他们操作事务。他需要大批辅臣，最要紧忠贞，其次能干。皇室的亲戚和奴仆提供不少助手，但不足够，更重要的是任职政府机构的公卿官僚，这些人合为政治精英、统治阶层。

一般精英由于出身、财富、教育、名望，或其他备受钦佩的特征，具有社会势力。他们的社会背景和利害兴趣纷杂，很多是地方长老或土豪恶霸。有些并无政治野心，也有些踊跃争入统治阶层，为了伸展抱负或为了名利权益。另一方面，皇帝也热衷罗致精英为自己服务，免得他们起异心，成为难以控制的地方领袖。罗马帝国财阀统治，中国皇朝独尊儒术，皆是皇帝与精英的利益契合，使皇帝成功地提取社会中的人才，天下英雄，尽入彀中。

统治阶层的社会成分和意识形态，与政府是否能为大众谋福利，大有关联。政治精英参与决策行政。假如他们全来自势能支配社会经济的富有阶级，那么可以预料，政府采取的行动，也多只照顾富有阶级的利益[67]。若果富有阶级能团结，政治权力和经济势力相结合，可以增强国力。但要富有阶级团结，并不容易。帝国疆域辽阔而地主左右经济时，团结尤其困难。地产必定有区域性，它所产生的离心力，最令帝国的中央政府头疼，中国和罗马皆不免。

政权财势勾结，罗马帝国比秦朝西汉更甚。罗马人一贯意向清晰，共和国时西塞罗就宣称："保护私有财产是建立政府和城邦体制的主要动机。”[68] 帝国下，富贵合璧继续加强。元老院本是贵族地主的团体组织。奥古斯都剥夺了这组织机构的政治实权，不啻拔掉了毒蛇的尖牙。然而对于元老贵族这阶级，他不但保留，而且还把它的财产资格提高至 1000000 或 1200000 塞斯特。骑士阶级的资格留在 400000 塞斯特。他们之下是城长老，家产至少 100000 塞斯特。这样，奥古斯都以法律划定森严的阶级系统重组帝国的社会结构。新秩序是显而易见的财阀统治[69]。

奥古斯都的元老定额是 600 名，全帝国的骑士数以千计，平均每个城镇的百名首富跻身入城长老。这三部成员全是大地主的社会精英阶级，垄断了从政之道。罗马优惠城长老阶级，因而笼络土豪巨富，为它统治帝国各地，压制地方人民[70]。中央政府的官员，则非元老、骑士莫属。帝国前期差不多 200 年，所有高级文官和兵团统领全是元老。政治精英凝固了帝国的两大支柱：财富和军力[71]。

有钱还要有皇帝恩赐才当得上元老。不经加赐，元老的权益可以世袭三代。元老在政坛的优势巨大，但很多家族不能长久。事君难，不少元老遭皇帝毒手。他们的生育率低，挥霍率高，容易家道衰落。更有的子弟承继了元老的权益，不肯负担义务，自动退出。于是皇帝有更多机会颁恩。行省的豪富争着补元老空缺。非意大利籍的人士，奥古斯都时只占元老的百分之二，到塞提米乌斯·塞维鲁时已占过半[72]。元老阶级的成员流动，但阶级的门坎却不变。意大利集团变为全国性的集团，但始终是财阀集团。其他两个政治精英阶级也是一样[73]。

皇军也看财；没有骑士家财的，鲜能当上有衔军官。不过军功显见，战时的军队是上进的最好机会。图拉真在他友好的军官集团里选择高官。应付 3 世纪危机时，军人从行伍中爬上帝位。日趋文雅的元老退出军队，不再指挥兵团。代替元老作将领的骑士，同样是地主，具财阀观念。然而守纪律的勇悍军人，与惯优闲的元老贵族，性情格格不入，使统治精英之中出现分歧。裂缝扩大，到西罗马帝国末日成致命伤[74]。

富有的政治精英致力增加自己的权益。到图拉真和哈德良的帝国黄金时代，政府在尊贵者和卑贱者之间，划下法律鸿沟。富人享受各种政治法律优待。穷人，不论是否罗马公民，都没有政府保障，可以遭受奴隶般待遇。罗马杰出的民法主要是保护财产权和解决有钱人之间的争执。这种制度下，土地大量流入一小撮人手中。罗马财阀统治的特色深深渗入社会[75]。

在中国，秦朝废除封建世卿，无异打开政府的大门。汉初的高级官员或功臣之后、或农樵出身，从政途径杂沓[76]。文帝二次下诏郡国"举贤良能直言极谏者"，武帝把它发展为一个制度。每郡每年举二人，郡守必须担保他所举的人。东汉略改制度，察举的配额不依郡国而依人口，每若干人口得举一人。人口稀少的边郡失势，因为它们在朝廷内的声浪减低了。配额改变了人才来源的地域分布，但仍保持每年上举大约 200 人。察举成为汉朝选官制度的核心，较公平地广开仕途，从全国各地吸取人才，也让各地有心进仕的人寄望中央政府，从而凝聚辽阔帝国[77]。

察举是个制度。制度运行顺利，则需要适合的人才和审选人才的准则。皇朝要长治久安，需要稳定的人才资源，足够提供可靠服务，但不够强大得威胁皇权。法家法律下人人平等的意念，要皇帝官僚都守法，不讨好皇帝，更冒犯权贵精英。"法家亡秦"的论调警告后代皇朝，莫蹈覆辙，皇帝必须优惠拉笼精英[78]。儒家的人治思想，与皇朝配合得多。它的伦理强调君君臣臣、严守上下尊卑，有利于整个统治阶层。人民安分守己，不敢犯上作乱。皇帝安稳；一人之下、万人之上的精英，忠于君主，受其恩宠，也能安富尊荣。“王道仁政”虽然内涵空泛，但说来漂亮，足以麻痹思想，扼杀改制变法的意念，长保皇帝无上、儒家独尊。

汉朝早年务实，察选多举现任官，取其能力阅历，论政绩升职。武帝罢黜百家，改变优贤的准则。儒生公孙弘起徒步，数年以言论至丞相，令读书的尊贵知识分子眼红。元帝以后，经学之士盘踞高职相位，互相标榜，排斥异己，非习儒术文学，不以为“贤”。原意广汲人才的察举途径，沦为一家一说的专利[79]。

西汉初司马谈所说儒家“博而寡要，劳而少功”的情况变本加厉。东汉初的班固已见到，五字之经文，诠释多至二三万言。东汉朝廷大力资助下，“传业者寖盛，支叶蕃滋，一经说至百余万言”，“故幼童而守一艺，白首而后能言”[80]。浩繁的卷帙造成儒生的堡垒，占据利禄之途，阻止外人指染。其时谚语曰“遗子黄金满籯，不如一经”[81]。入仕上进的冀望养成重视教育的风气，万般皆下品，唯有读书高。可惜这教育迂执偏狭，以诠经背诵为主，阻抑分析思考；以率由旧章为优，倾轧进取创新；以不切现实为高，逃入超越经验的形上玄学。从此中国人的思想精力，消耗在皓首穷经。自然科学、政治经济、经验知识，皆受鄙弃而衰萎不振。现代时兴把新名词 intellectual（知识分子）专用于诸皇朝士大夫，实在把知识和理智（intellect）看扁了。

汉朝官员中不乏贫苦出身，但赤贫的人很难有闲余读书，别说拉人事、钓名声了。一般来说，财富对仕进大有帮助，出仕带来更多财富，循环互馈，步步高升。读书至高官厚禄者广置财产，元帝时已风行。最早的儒相中，匡衡专地，占400顷田租；张禹买极膏腴田地400顷[82]。要知他们的富有程度，莫如比之于令儒生切齿的东汉宦官。查《宦者列传》所载贪侈，最甚是侯览，前后夺人宅381所，田118顷[83]。宦官外戚奢华，令人侧目，但他们的人数少，加起来占统治阶层不及百分之五，而且集中在京畿附近[84]。操纵庞大政府机构的士大夫官僚，总人数就超过他们10倍以上，而且家族繁滋，门生孳衍，遍布全国。研究社会结构的学者总结："知识分子阶层无疑是直接地把持土地财富的社会成分。"[85]

士族大姓颠覆王莽复井田、抗拒光武帝度田均税，5.6和5.7节已有讨论。东汉时他们的势力日益膨胀，广结纽带，常聚族而居，雄霸地方。他们的子弟由通经、察举的途径驰骋官场。权门互相请托勾结，篡窃察举制度，垄断仕途。才德与家世，逐渐合而为一。东汉的门第名士只是文化贵族，缺乏宗法贵族的世袭爵位官禄。然而经学既为做官的条件，累世传经的士族累世出公卿，门生故吏遍天下，形成一种世袭的势力[86]，有点像罗马共和国的元老贵族。有权有财，通经矜德的门第各营私利，汉亡以后发展成权盖皇帝的门阀贵族[87]。

皇帝与政治精英彼此需要，相济互利。财阀统治对罗马帝国甚有贡献，地主阶级也能放手兼并土地。儒术独尊之下，士大夫阶层巩固皇朝专制，自己也攀龙腾达。罗马是富者治人，贫者治于人。中国是劳心者治人，劳力者治于人。两边有相通处：富贵者多受教育，治人者财源自丰。然而，作为统治精英，财团和士族有基本分别。比较下，基于财富的罗马精英，比基于教条的中国精英，较为独立。有钱自有势力；汉人所谓巨富"素封"是不靠皇帝的社会地位。儒生捧孔子为"素王"，但素王金装，却仰朝廷。汉初儒士经验显示，大师如不能担保求官的前途或贵族的豢养，就难以保留弟子[88]。由于依靠性重，儒臣对皇帝比元老更柔顺。但从另一面看，柔可能比刚持久。土地的区域性使大帝国的地主阶级分裂，各保其利。空泛的道德教条能桎梏思想，窒息有竞争能力的异说，改个名号，又能侍奉新主子，即使亡国后面对异族主子亦然。在罗马帝国和东汉皇朝灭亡后，元老和士族仍然欣欣向荣。但长期来说，元老终于没落，士大夫却能与历代中国皇朝共存。

皇朝帝国的政治精英凌驾老百姓之上，享受巨大权益。然而他们的权力仍逊于周代封建贵族或共和国元老贵族。他们怀旧，皇帝怕他们心怀不轨而加以压制。搞政治的利润高，风险也大。“叛逆”的罪名最令精英恐惧，因为它所指含糊，惩罚特重，可能连累家族。在汉朝，诅咒皇帝、诽谤朝廷是大逆，把皇帝的用品放在地上也是能获罪的大不敬。奥古斯都立诽谤为罪后，查星象图算皇帝的死期，甚至把压有皇帝肖像的银币带入妓院，都可被指为叛逆[89]。班固的《汉书》或塔西佗的《编年史》，哪一个所载的大臣遇害较多，实在不易猜度。不过错不全在皇帝；精英们自己助其凶焰。有些官僚滥用公法以报私怨，有些谗害他人以求私利。朋党争权时，汉士大夫与罗马元老一般擅长构陷。多次皇帝清算，即使不是精英们阴谋倾轧、自相告发引起，也因它而扩大[90]。

漫长的历史道路上，皇权和统治精英共同演化，互相扶持、彼此制衡。18 世纪欧洲的经历显示，官僚系统有效，确能限制皇权，因为皇帝非靠它就无能为力。即使它不能积极参与决策，也能消极地不合作执行。负责称职的精英不乏能力牵制皇权，并逐步改良政治体制、法律机构，加强牵制。迂阔无能的官僚也能败皇家之事，但更容易助长专制气焰。

一如西方学者爱吹捧罗马公民的自由权利，中国学者惯说中国传统不讲权利而讲义务。其实人世上的权利和义务是相对的：一个人有某些权利，意味别人、包括统治者，都有义务去尊重它。罗马共和国的公民有求公道的权利，元老贵族便有义务去维持法庭。从另一方面看，我们对某人有义务，即是要尊重他的权利。传统道学把子民的忠孝视为绝对义务，其实是维护父君的绝对权利。君仁父慈的理想，就和罗马皇帝口上说公民自由一样空洞无力。

洗去粉饰看实质，可见中西帝国的统治阶层皆以巩固自己的权利为首要，常忘了权利和义务是相成的。任高官重职是权利，尽职负责任是从政的义务，但不负责任的理想家混淆二者，只要前者，不要后者，空唱“天下为己任”。皇朝、帝国的政治精英长期养尊处优，越来越不屑努力尽职。禄利鼓励下，中国人争着读经，以致儒生过剩，造成社会问题[91]。东汉士风媲美两宋，因为东汉、宋朝的皇帝都特别优养笼络士大夫以巩固自己之位。宋儒朱熹的刻画，其实适合历代皇朝的文化贵族：“商鞅论人不可多学为士人，废了农战。此无道之言。然以今观之，士人千人万人，不知理会甚么，真所谓游手。祇是恁的人一旦得高官厚禄，只是为害朝廷，何望其济事。”[92]提比略即位时不愿负起帝国的全责，想分一部分权予元老院，元老们光问：“哪一部分？”空喊恢复自由，又不肯负实际责任，甚至懒得踏实谈判权力。他们让皇帝专政，激得提比略骂道：“真是奴性！”[93]

6.5　内朝与外廷

秦汉和罗马的文治政府，同样是从王室管家演化而来，不过演变的时机和道路不同。周代的封建侯国与其统治家族混同一体，启发儒家亲亲尊尊、齐家治国、国以家为本的理想[94]。战国时人口、经济、国家的规模都大增，大家庭的政治模式失效。各国变法，改良制度以适应社会环境。商鞅等削减王亲贵族的权益，因功能而设置官位，因效率而组织职务，因才干品行功绩而任免官吏，试验着理性地解决规模引起的复杂问题。法家百年经验累积下，一个有效的行政机构逐渐从王室中分离出来，虽然仍留些管家的痕迹，但不乏独立的地位和尊严。到秦汉皇朝，中央政府是个相辅相成的二元体，以皇帝为长的皇室居上，其侧是丞相领导的科层机构[95]

罗马帝国也有个类似的皇室、机构二元体，不过它们是苟合婚姻，开始时吵架剧烈。它的正式机构是元老院，共和国的统治政体，在帝国下丧失了实权，但未丧失尊严。元老院之上，皇帝仗武力遽然崛起，只有城邦的经验，却面临统治庞大帝国的难题。除了指导元老们，皇帝大量任用皇室的奴隶和获释奴，派他们管治行省。这些家奴只向皇室的父家长个人汇报负责[96]。

政府二元可见诸财政。罗马帝国和秦汉皇朝各自有两个财库。一个是国库，罗马叫 *aerarium*，汉朝叫大司农。另一个管皇室的收支，罗马叫 *fiscus*，意谓钱袋，秦汉叫少府。两个财库的收入分派，罗马依元老院和皇室所管理的资产，汉朝则依各种税项。假如你要赌哪一个财库较大，想一想才下注。富可敌国，在皇帝不是说说而已。他们常掏私人腰包，以补国用不足，这种恩泽最能收买民心。随着君主集权的政体成熟，财政统一，两个财库之间的界限日渐模糊，终于消失。最后罗马的国库并入钱袋，汉朝的少府并入大司农[97]。

政府有官职、有官员。某些政府组织较重视职位的功能，另一些组织较重视任职人的身份资格。让我粗略地叫前者科层式，后者贵族式。汉朝的机构，骨架上是科层式，虽然后来的运作风气渐盛行士大夫的人事关系。罗马的元老是贵族，早期只有他们才有资格出任高官。要 200 多年后，罗马帝国才发展出以功能为要、由骑士任职的科层机构。

元老院名义上仍在，但作为一个有立法决策实权的机构，它只是明日黄花。图拉真时，它沦为皇帝决策的应声虫，或争论些元老在私人庄园里开市场之类的无关痛痒小问题。日常行政上，它继续管理例行公事。它排解贵族纠纷，也有的成为民法的案例。不过它所处理的案件日趋琐碎；诉讼的人都喜欢呈状给皇帝[98]。丧失了机构实权的元老院成为皇帝笼络贵族阶级的手段。罗马的元老们沿用共和国传统，依循一条升官途径，规定必须什么年龄才能担任什么官职，任职后必须等几年才能当高一级的官。高级官职，如掌极权的执政官，多没有独特明确的功能。它的最大效用是贵族进入高官圈子的门坎；要当过执政官或大法官，才有资格出任省督或率领兵团。任命权当然在皇帝[99]。

奥古斯都置禁军统领、罗马城长、救火队长等重要职位。开始时他委派家奴管理皇家行省，收税和支付兵团军饷。后来逐渐起用有身份地位的骑士为行省长官，代替家奴。骑士不像元老般有固定的个人升官途径，但他们所任的官职以功能科类、有层次组织。一个科层系统逐渐形成，终于脱离皇室独立，取代元老院为行政机构[100]。骑士官僚不过执行政策，地位比他们高的是辅佐皇帝决策的亲信扈从。这个密友集团渐生等级结构，到 2 世纪时发展为皇帝顾问会。它的常员是指挥皇家总部的禁军统领，此外不少高级元老甚至骑士也挤入。到帝国后期，顾问会转为正式的帝国会议，有固定成员，经常辩论军国大事，为皇帝提供意见[101]。

汉随秦制。中央科层机构的最高职位是丞相，其下有御史大夫为副和掌军务的太尉。东汉把三位压成权力相若的三公以削弱相权，加强皇室。丞相辅佐天子决策，助理万机。他总领百官，分享皇帝的任免权，并监督考课。遇有大事，丞相主持群臣大议，使各抒己见，供皇帝定夺。秦始皇废封建，以及防止封建复辟而焚书，皆是聆听辩论后作的决定。汉朝廷议的项目，包括废立天子、限制占田、弃凉州边郡、修正历法、改宗庙礼仪等，多不胜举[102]。

丞相下辖九卿。泽及民生的工作，最重要是主持公道和调控经济。廷尉审查重要案件，听上诉，处理郡守不能决断的疑难。大司农领 5 个部门；除了征收税项和支付国需，它们发行钱币、维保各地粮仓贮备、预备救灾、参与赈济，后来又专卖盐铁、均输以平稳物价。少府掌皇室的经费；它所属的尚书，本是皇帝的私人秘书，后来权盖三公。位列九卿之首的太常掌礼仪宗庙，太学和太史令，即其所属。光禄勋和卫尉分统宫廷内外戍卫。大鸿胪掌归附蛮夷、接待外国使节。太仆掌车马，宗正掌皇亲，此二者最重皇家私臣的色彩。要到唐朝，九卿化为吏、户、礼、兵、刑、工六部，国家机构才洗尽私臣痕迹[103]。

汉朝的科层机构逐渐权力低落，类似罗马元老院，但远不如后者沉沦。它的竞争对手来自皇室。汉武帝推行击匈奴等政策，需周详计划和深入动员国力民力。为了策励群臣、免听老年持重的公卿啰嗦，他广招人才为心腹宾客，助他直接处理大事、亲自决策。就这样开始了“内廷”。随着官衔组织，内廷的势力渐大，以尚书为首，与丞相领导下的“外朝”

分庭抗礼[104]。与汉朝的内廷相似的，是罗马皇帝起用亲信和骑士的组织。这现象想不会令今天的美国人惊奇，因为他们目睹美国总统的咨询委员和白宫参谋班子权力日大。

君主集权体制里，皇帝是一切权柄的泉源。与皇帝的亲疏距离影响权力大小，不管正式官位是什么。政府机构有倾向渐趋庞大复杂。后果是自己臃肿蹒跚，又招皇帝防忌，遂渐疏远皇帝，因而权力下降，受亲近皇帝的新势力排挤。罗马的帝国会议和汉朝的内廷相似，渐步元老院或外朝的后尘。帝国会议沦为显贵们为皇帝决策喝彩的场合。内廷的尚书不是内宫亲随的对手[105]。皇帝在兵营里被将军环绕，在内宫被女眷宦官包围。太后外戚的影响，只有坚强的皇帝才能控制。皇帝幼冲时，掌权的是他们，而不是帝国会议或尚书[106]。罗马帝国分裂后，东帝国的皇后宦官等得势，西帝国则是大将跋扈。东汉的官僚士大夫、外戚、宦官争权互砍，最后得利的是军阀[107]。政治体制僵化衰落，终于暴力称王。

6.6　地方行政

皇朝、帝国最齐备时，中央政府之下各置三层地方政府，分别从事监督、结构、操作：汉朝的州、郡、县；罗马的政区、行省、城镇。

贪官污吏无疑是害民之贼。皇朝、帝国皆设立制度防范及惩罚凌虐人民或强大得起异心、威胁皇位的官员。汉武帝分全国诸郡为 13 个州，每州有一名刺史，巡行督察。刺史不得干预郡国政事，但断治冤狱，并奉诏问六条不轨，其中五条是针对郡守的非法行为：聚敛为奸，侵渔百姓；不恤疑狱、任意刑赏；选署不平，阿爱蔽贤；子弟怙倚荣势，请托所监；阿附豪强，通行货赂。刺史秩六百石，地位比秩二千石的郡守低得多，不敢仗势欺人、任意诽谤。但奉诏依法，也不怕深入细访、据实弹劾，不愧法治良方。东汉时刺史设固定治所。汉末改刺史为州牧，秩比九卿，掌军政全权，终于变成割据的军阀 [108]。

罗马人一般喜欢用司法诉讼的途径解决问题。若省督欺凌剥削行省人民，受害者可以在他卸任后到罗马城依法控告。不过法官陪审都是元老，和省督同一圈子。为了避免顽固答辩，起诉的行省多求补偿算了，不要求惩罚过犯。内乱时行省多有叛逆。为了避免重演，帝国后期增设上层的地方行政机构，把诸省纳入 12 个政区，加强监管 [109]。

皇朝的郡和帝国的省都源自军管，和平后化为文治机构。秦朝巅峰时有 46 个郡。汉朝扩土，分割郡域，又保留一些诸侯国的残余，共得 103 个郡国 [110]。罗马帝国全盛时设 46 个行省。后来为了防止省督太强而造反，戴克里先和君士坦丁分割治域，行省遂增至 116 个 [111]。

郡或省是皇朝、帝国的统治架构。长期以来，郡守或省督是中央政府外最高的行政司法官员，有生杀予夺之权。罗马的省督花大部分时间巡游辖下的城镇，开庭听讼断狱，调解城际纠纷。帝国中期后他们才开始深入干预城镇内政 [112]。较为重要的事件他们一贯让皇帝做主，如希腊的赞颂家亚里士提德斯说：“不论刑事案件、民事诉讼或各种请愿，只要有一丝疑惑，他们即刻上呈皇帝，请求指示。然后等待回音，就像乐队等待指挥的动作。” [113]

汉郡守的行政职责比罗马省督的要重，主动性也较强。他们也每年巡察辖下诸县，但远不止听冤。司法外，他们主理一郡的财政军务，作地方性的决策，指导诸县，任免属下、甚或县令，审查政绩，写上计向中央汇报，并向中央推荐人才。此外，他们也应当劝农桑，带领发展一郡的经济和教育。这些项目上他们有相当机会展才创建。由于郡守职责重，阅历丰富，而且较熟地方民情，很多汉朝的宰相都曾经出任郡守[114]。

皇朝、帝国的人口高峰，估计至少各自5000万。平均每个郡或省所辖的居民不下50万。管治这么多人，事务当然繁冗：征兵训练、司法解纷、维持治安、户籍调查、建筑和维修道路桥梁以及其他公共设施、预备中央官员公事路过时用的车马居舍，还有最重要的，估计每户应负的税务、收集税项、呈交所得。郡守省督的直属人手少，只能策划指挥，协调行动。实际的运作落到当地的政府机构：中国的县、罗马的城。县和城是国家势力渗入社会、切实影响人民生活的基本层面。在此，中国的官僚特色或罗马的财阀特色，比在中央或郡省阶层更为显著。

希罗世界的古典城镇与中世纪以后的西方城市不同。后代的城市是工商业所在的生产贸易中心，古典城镇却是基于乡下农业的消费中心。大部分希罗城镇的乡村气味重，有工技买卖，但不多，只供本地消费。一城管辖四周乡村，最有钱的地主升为城长老，即统治阶层。他们喜欢住在城里，挥霍他们从乡下收来的租金。除了供应他们交际享乐外，城中心的要务就是行政管理[115]。

古代城邦一般内政民主，外事好战。被罗马征服，变为臣属城镇后，内外习惯都不得不改。首先，罗马严禁干戈。传统的城际竞争意气不消，只能另找出路发泄。它们吵架诉讼不休，令罗马省督疲于奔命。此外，各城炫耀宏伟建筑，比赛修建。不少城镇因此财竭破产，空留下无数古迹让后人景仰。城邦的民主制在罗马来临之前已经开始衰落。即使像雅典般，形式上是民主，实权也逐渐落在小撮人手上。罗马巩固了小撮：它统治的方式是坦然让有钱人掌权。意大利公民抗拒罗马兵的日子一去不返了；帝国彻底摧毁了公民对土地改革的希望[116]。亚里士提德斯的《罗马颂》说："您把帝国全民分为两部分。""每个城镇中，地位最高、势力最大的人，一同为您管制他们的家园。"[117]许多学者认为，罗马升平不少依靠笼络地方豪强共同统治："凡是可能有权势的，都得满意。凡是不满意的，都无权而无能为力。"[118]

罗马定下每个城镇的应交税额，责城长老摊派收缴。收不足额，长老们必须掏腰包补足。但他们很少吃亏，因为罗马授权他们规定辖下谁要付什么，并鞭打监禁抗议者。收税的费用高昂，所以他们从付税人手上拿来的，多于他们上缴国库的。城长老一贯以最低租率占据公田。此外，他们获得皇帝的慷慨恩赐优惠，不少跻身帝国的中央政府。总的来说，帝国前期任职城政府很有利，油水充足，更别说名望了。帝国晚年税额增高，任职无利，很多长老想不干。罗马强令他们世袭职位，理由是他们的祖先享受了无穷好处。另一方面，行省的省督长官也加强深入干预城镇的财政[119]。

很多城长老真心为城镇服务，无愧所得声誉，赢得市民感激。然而，滥权的也不少。一位史学家说："民生贫困、社会不安，在各地的城镇乡下相当普遍。但我们不能叫罗马直接为富人的罪过负责。事实上罗马很少干涉当地土豪的行径。"[120]罗马的不干预政策一般被誉为开明、容许城镇自由自治。这简单的评骘忽略了社会的复杂性。就拿耶稣作例吧。一个有权势的犹太集权强加以罪，要杀他。罗马省督彼拉多审问下，认为他无罪，但摄于地方势力，判耶稣无辜受死。

自己洗手，表示不沾无辜之血[121]。司法上背弃公义，受害的是几个人。政府行政涉及千万人。假如辖下的土豪普遍地欺凌猖狂，不加干预的罗马政府，是否同样容易洗去手上千万人民的鲜血？

古典城镇是希罗世界的特色，也随古代而逝。相反，县是秦统一到今天，中国最稳定持久的地方机构。县令乃老百姓最熟悉的政府官员，别号“父母官”。他处理一切直接涉民的事务，治安侦缉、治狱理讼、劝善恤民、收税上缴。县令由中央或郡守委派，是外地人，而且时常调换。要办事顺利，他必须配合当地实情，与土势力保持良好关系。因此他倚重的少吏，十分之九是本地人。这些长驻的少吏地位俸禄都低，但所负的实际责任以及与责俱来的权力，有时比流动的县令还高。他们有办事经验，熟悉乡土人情，深知利公便私的种种窍门，好领导下大有贡献，但若监督不到则容易作弊。有自命清高的县令，自己庸碌，又看不起少吏，更加强地方政府腐败，危害人民[122]。

与罗马笼络土豪不同，秦朝西汉对豪强大宗深怀顾忌。封建贵族有上千年的历史，政治权力虽然被皇朝剥夺，但社会经济势力盘根错节。秦汉移大批豪富至京师附近，以资监视，但只能稍微抑制地方大族。汉高祖责怪地方官吏不顾屡次诏令，自己占田，却迟迟不发应得田宅给功臣及退伍军人，可见他们的桀骜[123]。秦汉之际，中国终于脱离青铜时代，优质铁器普及，新工业产生新豪富，骄奢淫逸。各地新旧大族滋生，强梁结党，武断乡曲，残暴百姓。郡守就像罗马省督彼拉多，不能禁止他们[124]。朝廷设法镇压。州刺史的第一项事务，就是查察强宗豪右以强凌弱。此外，皇帝起用“酷吏”：他们不畏强权，不受贿赂，锄恶时株连无辜，不论老幼尽族杀戮，但亦只小有效果 [125]。士族兴起后，豪富更得支援。常平仓、盐铁官营等抑制富豪投机的政策，便受到儒家士大夫的猛烈反对 [126]。光武帝为了收税公平，测度田地，受豪强强硬反抗，被逼放弃，所以虽然南方土地大量开发，但终东汉一朝，可税的田地及不上西汉。士大夫成为大地主，在朝廷宽仁下，偷税漏税，富者越富 [127]。这样，东汉的政策，渐与罗马靠近。

6.7 政府规模

西方学者喜欢赞扬罗马政府精简，讥笑汉朝官僚机构臃肿。有的说汉朝官吏的数字是罗马官吏的 25 倍 [128]。这种说法容易迷惑人，因为它不说明什么算是“官吏”。假如我们只数一间公司的总裁科长，却尽数另一间公司的会计送货，比较资料下一定会误以为后者雇员太多。

皇朝、帝国，到底哪一个的官吏人数和行政经费大？让我们比较两个盛极转衰时的政府，即西汉末年和奥勒略时代。

罗马的高官都是元老或骑士。元老承共和国传统，任职无薪酬，但有宽裕的费用开支额。出名清廉的西塞罗任西里西亚省督一年，合法地在开支额中节省下 220 万塞斯特，收为己有。帝国时，元老省督一般年盈 100 万塞斯特 [129]。骑士受薪当官。官阶三十万塞、二十万塞、十万塞、六万塞的高级长官，年薪各是 30 万、20 万、10 万和 6 万塞斯特 [130]。在官阶的另一端是书记信差之类的小吏，年薪从 1200 到 300 塞斯特不等。但因为非正式的油水充足，人们排队购买小吏的空缺。以资比较：当时散工的日酬是 3 塞斯特。兵团士卒年薪 1200 塞斯特，其中 400 塞斯特扣除作口粮，衣物另加 [131]。

算下来，一个二十万塞长官所得，等于 167 名士卒的薪金或 500 名士卒的口粮。

大约 20 名元老官员在中央承担行政司法、经营国库、管治罗马城、发放承包各种公共事务或建筑的合同。更多的元老出任省督或兵团司令。总共约有 95 名元老活跃地担任官职。替代皇帝家奴的高级骑士长官，人数从帝国初年慢慢增加，到奥勒略时代，大约有 36 名二十万塞、48 名十万塞、51 名六万塞[132]。元老骑士加起来，统治帝国的是大约 230 个高官。

省督当然不是单人匹马地到任。他可能有个资深元老作副手参谋。通常跟随的是一名财务官和一个百夫长，带领 10 来个小军官和 50 多个士卒。假如那行省有兵团屯驻，那随行的部队更大。此外，他的班子包括各种文员、传令官、信差以及一个解征兆的祭师。罗马帝国伟大，省督的排场活像一个小国王。统计下来，图拉真时 46 个行省，其省督们一共任用约 10000 个官吏[133]。

罗马的官阶，如二十万塞，直指其薪酬是 200000 塞斯特。汉朝的官秩却似是而非。二千石或六百石，所显示的只是官阶高下，并非薪俸多少。俸禄以谷作基本，以斛作单位（1 斛 = 19.7 公升）。汉朝的科层机构比较发达。《汉书》、《后汉书》各具表志，详细记载文武百官的职务、官秩、俸禄、属下以及沿革历史。西汉的官阶 18 等，大致分为长吏和少吏。长吏中有四等算是高官：万石，月俸 350 斛；中二千石，180 斛；二千石，120 斛；比二千石，100 斛。其余的长吏分 11 等，包括千石，月俸 80 斛；六百石，70 斛；二百石，30 斛。少吏三级，包括百石，月俸 11 斛；佐使，8 斛[134]。出土文件证明少吏可以因功绩品行升长吏，虽不容易，但不像后来朝代般，官吏因是否科举出身而天人路隔[135]。以资比较，一名步卒的月饷是2.6斛[136]。算下来，一个二千石所得，等于46名士卒的口粮。

只有三公及皇帝太傅等几个人得入万石之位。绝大部分高职分属三等二千石，所以“二千石”常作高官的泛称。九卿和掌卫京师的执金吾是中二千石。此外有27名比二千石在九卿属下任职。大约199名二千石出任州牧、郡守以及每郡掌征兵的都尉。统计下来，统治皇朝的是大约241个高官[137]。

活跃的官员外，汉朝置数十个有俸无秩、无固定职务的冗散大夫。需要时，皇帝派遣他们在国内执行任务，或出国作使节。无事时，他们供咨询，就像不活跃任官的深资罗马元老一样，作为政府的后备人才。

大约100个长吏任职中央。关于地方官，我们幸得汉墓发掘西汉成帝时东海郡的年计文件副本。位于今江苏的东海是大郡，人口过百万。它的郡守治所有员39人：郡守、太尉、2名长吏、35名少吏[138]。我把东海的资料当作平均数字，虑及郡、国之间的分别，计算得全国103个郡国，治所共任用186个高官，186个长吏，3405个少吏；加起来总共3777个官吏。高官由中央政府任免，长吏或可由上司选用。少吏在政府支薪，但一贯由顶头上司聘雇[139]。

两下比较，我们看到，西汉和罗马帝国中期的政府，从中央到郡、省级，官员人数差不太多。每个中央政府任用数十个高官，委派200来个高官去治理郡国或行省。辅佐他们的是百计低官长吏和千计小吏。人数相若，但是罗马的经费大得多了，因为它的高官薪酬真能叫汉官眼红。总计下来，230名罗马高官的薪酬足以支付275150名士卒的口粮；241名西汉高官的俸禄只够10965名士卒的口粮。

以上比较，时值皇朝、帝国的各自中期。其时汉朝政府经武帝大肆扩建，规模差不多是顶点；很多官位将被光武帝削减[140]。相反，罗马政府一向缓慢的扩建速度，将在戴克里先年间加速。到皇朝帝国的晚年，汉朝的高官略减，但罗马的高官人数跳至6000人左右。这巨幅增长，只有一部分能归咎于“高官”的定义改变。罗马帝国后期，绝大部分时间两个皇帝并立，双重中央政府要双重官员。更大的增长来自用官最多的行省和军队。东汉的郡国数字不变，还每郡削减了都尉。罗马的行省数字和军队编制皆倍增，还增派长官去管策日趋颓弛的城长老。所有这些都需要更多高官[141]。综览一切，“臃肿政府”之奖，罗马帝国获得。

比较郡省以下的政府难一点，因为当地政府的结构不同。每个汉郡领大约10个县，县下分乡。县因辖下户口多寡分大小，有千石至二百石的长吏2至4人不等，助手都是当地聘任的少吏。据出土汉简，东海郡领下的38个县，共任120名长吏和2044名少吏[142]。以此类推，统计的全国数字约摸符合《汉书》的官方职位表：“吏员自佐史至丞相，十二万二百八十五人。”[143]照以上的比例计算，其中不到300名属高官，7000多名长吏，此外全是少吏。

西汉末的户籍，编户齐民约50000000人。整个政府计，平均416口一名官吏。以资比较，2002年美国单是联邦政府就有170000名文官，平均176公民一名官吏[144]。这数字不计50个州政府，以及州以下的县和其他行政机构。

罗马的城镇大多是自我管治，但自治不是无政府。城镇官吏不由外边派来，但在最重要的事项上，他们是罗马皇帝的代理人：他们为皇帝收税，同时靠皇帝为自己的土势力撑腰。城镇的大小参差。平均每城约有6个行政官，都出自本地长老。他们无酬服务，但城政府支付各种助手小吏的薪金费用[145]。详细资料不可得，但我们可以猜度，罗马城级行政的官僚，与汉的县级官僚，数字不会相差太大。

6.8 经济税收

大一统便利通商，繁荣鼓励消费，奢侈刺激工艺。司马迁形容富商大贾周流天下，同时指出，从事工商容易以贫求富，但要恒久守财，却须置地务农。所以农是本，其他事业不过是末，“以末致财，用本守之”[146]。罗马世界也有类似现象。豪富贵族是地主，不屑为工商等行业脏手。要利润时，派家奴经营[147]。现代抢眼的工技商贸，在古代缺乏社会尊敬，只占中国和罗马的经济的一小部分。经济的基础是农业。

绝大部分人民赖他们自己生产的物品维生。然而皇朝、帝国与一般自产自食的经济不同，它们有稳定的钱币，而且流通量相当大。罗马帝国沿用共和国的货币系统，以银币作基础，维持了200多年。3世纪危机时通货膨胀，银币贬值作废，政府一度以谷物征税和支付官薪军饷，直至君士坦丁发金元，重新稳定货币[148]。

秦朝统一货币后，历代皇朝沿用其方孔铜钱，重量各异，或以金银作辅，但皆不像西方般发行金币银币。汉初财政经验不足，以致货币紊乱。武帝禁私人铸钱，由政府发行优质的五铢钱，货币才上轨道，促进经济[149]。不过此举也与其他财政措施一样备受攻击。儒相贡禹上书说政府采铜铸钱是浪费民力，应该循古，恢复实物交易的经济[150]。

皇朝、帝国的常税皆以土地税为主，人头税为辅。罗马帝国的地税因区域而异，记录载有十税一、七税一、五税一。学者估计平均大约是百分之十五。帝国后期加税，以应付军需[151]。汉初的地税是十五税一，但皇帝时常“赐天下地税之半”。景帝登基，即减地税至百分之三点三。此税率维持到东汉末，除了两汉间内战时，一度收百分之十[152]。

税率说是征收作物的百分之几，但实际运作上，皇朝帝国皆因每个农户的耕地，估计平均年产，定下固定税额。这样做收税者方便，但纳税人必须承担稼穑风险[153]。估税公平，靠公平测度田地的面积沃瘠。它有多困难，可见诸光武帝慑于大族反抗，不得不放弃度田。罗马帝国的估税作弊一样盛行。有权有钱者逃税，滋长帝国后期的贫富悬殊[154]。

罗马人 12 岁 或 14 岁开始，到 65 岁为止，每年要交人头税。有些地区只及男人，另一些地区男女皆不免，税率各异，详情我不知道[155]。汉朝年 15 到年 56 岁的男女，每人每年出赋 120 钱，儿童 20 钱。钱的价值要看物价。武帝稳定货币后，人民可以付 2000 钱代替一个月的徭役。据此算来，120 钱应是 1.8 天劳力的代价[156]。

无偿的兵役劳役是人民对政府的另一负担。罗马帝国的兵团是职业性的，士兵入伍 16 年 至 25 年，有薪金、退伍金及皇帝赏赐。非公民的附属兵，待遇差得多，虽然退伍时可获公民籍，但很多人仍认为兵役是罗马最大的压迫。军人多招募而得，但帝国从未放弃征兵，后期更因募兵困难而重复厉行。法定在伍退伍军人的儿子都必须当兵，其他兵员则依地税比例由城政府征发。一些被挑的人自砍拇指。提奥多西命令城镇，要征两个自残的人才能抵一个健全的兵。虽然兵源缺乏，但罗马军队一贯不纳厨子或客栈老板等从事贱业的人。战士的尊严名誉，绝不容损坏[157]。

击匈奴必须用骑兵，而骑射技术需要长期训练。汉武帝取边境六郡的良家子弟，以及从军死士的孤儿，特别编制。

不过汉朝的常备军仍然远小于罗马兵团。西汉的主力来自征兵。男子一生，在 23 岁到 56 岁之间，有义务服役两年，其中一年是在本地受训。实际征发的机会不等。要服足两年兵役是儒生反对伐匈奴的理由之一[158]。特别征发则多以执贱业者为对象，更喜用囚犯及弛刑士[159]。

国家负责经营桥路河堤等公共设施，需要大量人力。参加工作的有士兵、囚犯、奴隶、雇工等，但大部分劳力来自无酬劳役。罗马军队或官员公事旅行，有权临时命令平民服务。正规的征发由城镇自理，市民们轮流承担[160]。汉制，年 23 至 56 岁的男子，每年须服役一个月。当地有事时，可能 15 岁便开始被招。权贵精英，如通一经的儒生，得以免役[161]。

税法规定人民对国家的义务，以及如何把担子摊分到各种人的肩上。由于长期普及推行，税法的设计是政府影响社会的犀利手段。学者指出，罗马帝国的税法是递减式的，税务和收入的比例越富越小，所以穷人的相对负担比富人的重得多[162]。汉朝的常税也一样。乞丐和富豪付相同数量的人头税，在前者可能占收入的半数，在后者不过九牛一毛。地税比较好，但小农户和大地主付同等税率，相对的担子也是小农的重。相反，现代民主国家多采取递进税法，税率随着收入增加，重担子交给享受社会设备较多的富人，以调整社会均衡。这窍门中国的法家早已想到。管子主张重赋富人、轻赋贫人；韩非推荐“论其税赋以均贫富”[163]。我们在 5.6 节看到，武帝需要军费伐匈奴，但不肯加重常税，用新制度让富豪负担些税务，就是实践递进税法的试验。例如，算缗杜塞富商“岁有十二之利而不出租税”的漏洞，针对商业财产，主要是舟车和批发的存货，抽总值的百分之六[164]。据司马迁观察，当时的平均利率是十分之二，少了就为人不屑[165]。以此利率，百分之六的资本税相等于百分之三十的“资本盈利税”。不过它为豪富儒臣联手攻击，行不过10年。

地税是地主交给国家的，地租是佃户交给地主的。皇朝、帝国的地租一般都是收成的一半左右[166]。有学者分析，罗马的地租比地税高得多，其实是政府保护地主，让他们尽量刮削吞占社会产值[167]。罗马是财阀统治，这政策不足为奇。可是秦汉的地租地税分野，比罗马更大。秦朝汉初的社会经济主要是自耕其地的小农，地税低是广大人民的福利。后来土地兼并，低税的福利转移到少撮强宗大族身上。王莽责怪大地主交轻税，却重榨佃户。他变法除弊，被斗垮斗臭。土地兼并愈烈，到东汉末，荀悦说：“今汉民或百一而税，可为（谓）鲜矣。然豪强富人，占田愈侈，输其赋大（太）半。官收百一之税，民输（收）大（太）半之赋……是上惠不通，威福分于豪强也。”[168]豪强中，士族蒸蒸日上。

韩非论财政，说税收应因时局需要而变。以“轻徭薄赋”为教条，不看时宜，不察详情，凡见赋税即骂横征暴敛，使政府无法理性斟酌损益，对社会可能有害无益[169]。东汉坚持低税政策。获利的大地主精英歌颂仁德，不提它助长贫富不均，不利广大百姓，有的还抱怨重敛，要偷税漏税。税收不足使政府乏力恤贫救灾，维持治安，抵御外侮，别说兴建公共设施了。据汉末仲长统观察：“规为轻税，及至一方有警，一面被灾，未逮三年，校计骞短，坐视战士之蔬食，立望饿殍之满道。”[170]没有稳健的制度理性地调整税务，遇事危急时若不束手，只能胡乱榨取，像东汉应付羌乱，极是害民。

政府对人民最大的剥削，恐怕不是正常赋税，而是不直接的刮榨，即政府宽容的贪污。官员徇私舞弊，早就存在。

不过到皇朝、帝国晚年蔓延成风气，腐蚀整个政府，后果我们留待第 8 章来看。

6.9 法律秩序

亚里士多德说："良好的政治有双重意义：其一是公民遵守既有法律；其二是这些法律源自得当的立法程序。"[171]本节讨论第一义，搁下立法制度和政府结构，专注日常的司法规律和法律秩序，即法家所谓缘法而治，简称法治。有些精英不屑法治，因为它不及循宪法治。好高骛远、想未行先跑外，可能他们拘于教条，以为法就是刑、守法是无耻盲从。其实奉公守法的精神基于理智思维，是公德和循宪法治的必须基础。假如人民缺乏它，或文化贵族自以为道德优越便可以藐视法律，那么无论写得多么冠冕堂皇的宪法，都不过一纸空言。

我们要讨论的是法律的概念，不是法律的内容。谈内容的，问某条具体法例是否合情理，是否有利社会，是否太严厉，是否已过时。谈概念的，问法律的普遍性质是什么，它有何社会功能，与道德公义有何关系，为什么人们应该守法[172]。很多法条，譬如保护维持奴隶买卖，无疑残暴邪恶。然而法律的内容有缺憾，并不意味我们应该因此鄙视法律的概念。因为同一个法律概念下，具体的法律内容可以改变，即如法律的机构制度不变，但立法机构却时时颁发新法条，更改或废除旧法条。鄙视法律的概念驱人因内容不完美而要取缔法治。反之，尊敬法律的概念促人竭力改良法律的内容，使它更合情理、扶持更健全的社会秩序。

不同的法律概念是鹰与龙的一大分歧。一般来说，罗马人尊崇法律；他们的颂词多以自己的法治为荣。中国的法家也尚法律法治，不过法家的概念在汉武帝罢黜百家后备受压制。儒家推崇人治，视法不外刑，与战争一样，同是世上无可奈何之“不祥之器”。《汉书》、《晋书》把刑、战归纳同一卷中。

法律概念之异，从两地第一部成文法典面世即可见。与世界上很多文明一样，两地的成文法首先出现于变动的时局，应社会的需求，设立明确的规范以稳定秩序。然而它们遭受到不同的待遇：罗马是喝彩声，中国是诅骂。

前 451 年，阶层斗争剧烈期间，罗马公民普遍庆祝颁布“十二表法”，视它为国家的伟大创建。古代史笔称誉它是平民的胜利，现代史学家认为贵族能明智自制，亦功不可少[173]。法律有强制性，但规约在什么情形下施什么刑赏，教人们知道要为自己行动的后果负责。总的来说，罗马人认为法律公布明确规例以指导行为，让公民们能理智地权衡得失，选择行动，计划将来，减少冲突，稳建秩序，巩固共和国。国家人民、社会上下，全都得益。这是西方一贯对法律的概念[174]。

前 536 年，时值春秋末年，郑国公布成文法。晋国的贤卿叔向写了一封长信，谴责郑国的执政子产：“民知有辟，则不忌于上，并有争心……民知争端矣，将弃礼而征于书。锥刀之末，将尽争之，乱狱滋丰，贿赂并行，终子之世，郑其败乎？”23 年后，晋国效尤，把刑法铸在鼎上。孔子与叔向唱和：“晋其亡乎，失其度矣……贵贱不愆，所谓度也……今弃是度也，而为刑鼎，民在鼎矣，何以尊贵？贵何业之守？贵贱无序，何以为国？”[175]

请注意，叔向和孔子都没有责备法条严酷，叔向甚至明赞先王治民“严断刑罚以威其淫”。酷刑早就通行，灭族之刑便是春秋贵族惯用[176]。周朝每年正月悬挂刑具，威慑万民[177]。纷争是常事，裁判亦然。晋国铸刑鼎前15年，邢侯与雍子争田。代理执政的叔鱼娶了雍子的女儿，偏袒雍子。邢侯怒杀叔鱼、雍子。叔向处理案件，判三罪同罚；杀人、贿赂、贪污者皆应处死，已死者戮尸。孔子赞曰：“叔向，古之遗直也。”[178]贿赂贪污处极刑，比秦始皇罚贪官去修长城重得多，但孔子不以为忤。同样地，孟子时齐威王把政绩差但声誉好的阿大夫，连同尝誉他的左右，统统烹杀，也没惹非议[179]。刑罚轻重是法律内容上的问题。叔向和孔子反对的不是内容而是法律的概念，不是刑罚而是规约用刑的法律特性：法律的预先公开性、稳定一贯性、明确客观性、必行信诺性、平等普遍性，即法家极力提倡的“明法”、“壹法”。全民事先得知的公共性是使刑法有别于刑罚的特质。儒家难以接受，因为它们有悖先王之道、贵族专权的人治。

现代研究发现：“古人治国，只知有‘礼’与‘刑’耳……似不知所谓‘法’。故《诗》《书》中‘法’字极少见。”“维系团体者，全恃情谊和习惯，无取规规焉以法律条章相约束。以法治国的观念，至战国而始成立，古无有也。古代所谓法，殆与刑罚同一意义。”[180]先王人治，不公开颁发普遍性的规则法律，有案子由贵族个别处理。贵族如叔鱼、叔向、齐威王的审裁皆随个人的主观情操权宜断事，即叔向信中所谓，“昔先王议事以制”。因习俗礼教所拘，断事并非完全胡乱，合情理的不少。贵族自夸有德守礼，所以人治自诩“德主刑辅”。然而这“德”的涵义模糊空泛，各人的品德又参差不齐，断事随意性很大，时常轻重不伦、反复无常；叔向自己就曾帮助叔鱼贪污[181]。权贵自称其德高超，是小民无法明白争辩的，如孟子曰："君子之所为，众人固不识也。"[182] 人治，姑勿论其宗旨是否隐蔽判理，使民众"不测其浅深，常畏威而惧罪"，事实上隐晦的"德"的确吓唬了小民不敢去冒险得罪掌刑罚的权贵，贵族因此而独揽权威[183]。

缘法而治，有冲突时以法律为最高的排解准则。法条清晰详细，什么行为有什么后果，预先公布，设立客观普遍的行为准则，人人可以投诉依靠。界限划清了，小民知道不少"危险地带"是合法的，其安全受政府保护，可以据法争辩，不必时时看着权贵的脸色。权移于法，制度取替了贵族大部分的随意酌处权。罗马人称誉它为公民自由。中国的封建贵族谴责它损害道德，法律公平而不辨亲疏，有损亲亲之仁，又如叔向所谓，使"民有争心"而违反尊尊之义。

法律的确约制权贵，但若有宏观视野，贵族也并非全输。明文法律凝固确定了很多现状礼教，改革需要经过明确的程序，所以权贵的既有利益在国家保障下免受习俗变出不测的威胁。法律使人人都能较好地预料行为的后果，明白自己有何取舍，防患于未然，因而行动的范围大增。罗马的贵族、平民在阶层斗争中能达成协议，共立十二表法，表现出大家的理智[184]。儒术独尊后也赶着把很多上下尊卑、保护士大夫权益的礼教写入法典内容[185]。其对法律的敌意因而稍减，但未消失。

有西方学者说："叔向书信的重要意义，在坚持公布法律会危害道德和政治。这独特的观点似乎没有在其他文明中出现过。"[186] 更独特的是，虽然社会巨变，这观点仍改头换面地长存。"法家亡秦"的论调，就是它的变奏（见第 4.5 节）。儒术独专后，士大夫努力要争回古代贵族的随意酌处权，法即是刑的概念复兴，法治被烙上"残酷寡恩"的印记，法律时常受到排揎。现代学者总括皇朝精英的观念：“任司法者，不必拘泥于律令，律学不过是小道，刀笔吏的营生。法官，即学而优者，须选贤与能，讲修齐治平，方能达儒者之律意。”[187]这等人治概念延续到今，成为推行法治的绊脚石[188]。

法治与人治

明文公布的法律出世后，不能再打回胎中，不过立法的是人，司法的也是人，可以持各种态度相待。无论多详细的法条都难以顾及复杂案情的所有枝节，留有斟酌余地。因此法治和人治一样，都涉及成一些客观绳准和一些主观判断，但两者的轻重比例大异。清廉正直等基本的道德人格是法治和人治的共同要求。此外，尚法治的君臣人民公认法律在上，司法人是法律的公仆，断事必须尽量遵循法条，解释条文必须尽力依附法律精神。因此法官必须具有法律知识，否则他无能尽职秉公判断。罗马的法官便以缘法而治为理想。相反，人治德主刑辅，司法人自夸品德高深莫测，足以凭个人的主观运用刑罚，法律条文可有可无，而就算有也不必理会。

中国人治思想复辟，压倒法治，第一炮是以经义断事。汉武帝时董仲舒、公孙弘等议政论事，动以经对。董仲舒鞭挞法家，撰写《春秋决狱》。廷尉张汤决大狱，欲附古义，聘治《尚书》《春秋》的博士弟子为助手，有疑难亲自向董仲舒请教。他们开两汉风气，判事决狱时直接引用儒家经典，或衍释法条，或代替法律[189]。儒家讲究修身正心，一向侧重主观意念。《盐铁论》儒生的形容与董仲舒《春秋繁露》的定义相似：“《春秋》之治狱，论心定罪。志善而违于法者免，志恶而合于法者诛。”[190]

定罪顾及动机的概念，如分别谋杀与错杀，秦法已有[191]。可是对复杂的动机，法条实在粗疏，留下不少疑难，要法官酌情理定夺。这情形下，《春秋》所载的历史经验或可资参考。春秋决狱不乏合情理的案例，丰富了法律的内容[192]。然而，它蔑视法律的概念使一家一派的经典凌驾全民公奉的法典之上，鼓励法官的主观感情掩盖客观的证据，破坏法律制度，抛弃法律对司法人的约束，实在功不补过。

人的心理微妙。被告是志善或是志恶、思想正确不正确，证据难见，法官的主观判断难免。法治下，客观的证据最重要，所以法官尽量抑制自己的主观臆想。例如，汉初有人偷了高祖庙座前的玉环。张释之按法判他盗宗庙物罪，因为没有证据显示他心谋叛逆，不肯顺文帝之意加以重罪[193]。人治下，统治精英的主观挂帅。诠经心态习惯单寻符合主观的蛛丝马迹，漠视不符己见的事实。例如，武帝造白鹿皮币，大司农颜异有异议，引皇上不高兴。后颜异的客人与之论及法令不便之处，颜异不答，但嘴唇微动。张汤奏他“不入言而腹非”，判死[194]。

抛弃法律的约束，轻率编派动机给人，可以宽刑宥罪，也可以造成冤狱。《汉书》记载：“自（公）孙弘以《春秋》之义绳臣下取汉相，张汤以峻文决理为廷尉，于是见知之法生，而废格沮诽穷治之狱用矣。其明年，淮南、衡山、江都王谋反迹见，而公卿寻端治之，竟其党与，坐而死者数万人。”废格法律、穷究人的心机隐蔽处以寻端治罪的公卿引《春秋》“臣毋将，将而诛”；“将为逆乱”指人心萌不轨意念[195]。汉武帝使董仲舒的弟子吕步舒持斧钺治淮南狱，以《春秋》之义，不待奏报，专断于外[196]。淮南王一案死者数万，单是列侯、二千石、豪杰，就有数千人[197]。

武帝时普遍滥用刑罚[198]。诋毁法治的宣传不问实情，凡见酷吏就归咎法家。其实法家或有主张明文宣布峻法严刑，但一贯禁止违法乱判。细查两汉的《酷吏传》，可见酷吏分两种。像董宣般铁面执法、不肯循情宽宥权贵的是法家的酷吏。此外是各种越法滥刑的酷吏。这第二类中有违背法家思想的人物，也有贯彻“志恶而合于法者诛”的春秋断狱者，以及唱清天下而滥杀宦官亲属的东汉党人。这些酷吏的指导思想不是法治，而是说德用刑的人治[199]。

与具体法条的详细切实相反，道德礼教的教条隐晦空疏，“非礼”、“不义”等罪名可以包庇当权者随意用刑，如汉末董卓招纳名士，“籍吏民有为子不孝，为臣不忠，为吏不清，为弟不顺，有应此者皆身诛，财物没官。于是爱憎互起，民多冤死”[200]。东汉末的应劭熟悉春秋断狱，鉴于两汉经验，引枉法实例警告：“若乃小大以情，原心定罪……败法乱政，悔其可追。”[201]现代学者总结：“汉初，法治严酷，但尚有法可依。从董仲舒开始，由于强调诛意、诛心、原心论罪，引经义以断狱……法本身被随意解释，滥用而无法可依。”“汉代儒家学者引经决狱，将儒家经义置于国家的成文法律之上，必然使法家思想刚刚建立起来的‘事决于法’的法制理念遭到破坏，这种藐视法律的破坏作用对于中华法系的法制理念影响至深。中华法系始终没有形成法律至上的法律理念，与儒家思想关系极为密切。”[202]儒家独专后，历代皇朝的统治精英普遍推崇人治，认为他们自己有德，凌驾法律之上。难怪 2000 年来专制日甚，精英之首的皇帝变得无法无天。

道德与法律

2000 多年来儒生津津乐道夫子之教：“礼者禁于将然之

前，而法者禁于已然之后。”“道之以政，齐之以刑，民免而无耻。道之以德，齐之以礼，有耻且格。”[203]这教条显示两个儒家概念。一是礼、法对立，尚礼贬法。二是法等于刑，因为只有刑罚是事后施行。这两个概念皆偏狭可非。法并不等于刑；法律一早公布，其主旨就是要人知法而不犯，禁于将然之前。法律、礼教、道德都诉诸人们是非之心，提供行为的准则规律，细节上或有冲突，但基本上并行，并不相悖。

内容上，古今中外很多具体法条都源自当时当地的风俗习惯、道德礼教，所以法家强调立法必须顺情合理[204]。实施规范的手段上，法律和礼教一般依靠强制，不过前者施政治压力，明陈坦布，后者常施社会压力，并以美词掩饰。孔子教统治者：“子帅以正，孰敢不正？”孟子说井田下人民“公事毕，然后敢治私事”[205]。“敢”字透露仁政教化的底蕴。法律和礼教哪一个比较残酷？很难说。教人饿死不比斩人头更仁慈，缠小足也和肉刑一般伤残人体。很多罗马战士兵溃时宁死不愿日后受人奚落，可见社会裁制之可怕[206]。不过法与礼的强制多旨在驱人向善，先苦后甜。若两者配合，最能实现它们维持社会秩序的共同的宗旨。把它们对立起来，反而会危害社会。

人世上没有万灵的单方。春秋末礼崩乐坏，证明礼乐教化的能力有限。同样地，没有良好的社会风气作基础，法律的治安功效也不大。商鞅曰：“国皆有法，而无使法必行之法。”这事实中国法家、罗马律师、现代法理哲学家都明白[207]。然而他们并不因此而唾弃法律。他们知道，健全的社会少不了道德教育，而明法是德育的重要部分，所以罗马学童背诵十二表法[208]。希腊哲人派萨格拉斯说，要教导儿子，最好是让他在一个有良好法律的城邦里长大成公民[209]。亚里士多德解释公民怎样因知法而向善。人们惯于依法行事，习以为常，汲收法令，就像他们领会礼教习俗一样。这还不止，法律公开、明确、具体，很多法条还附有理由，解释为什么这行为要立为规律，因此人们从奉公守法中培养的，不止好习惯，还有理解力；不止羞耻心，还有分析各种羞恶、分辨对与错的是非理性[210]。同样地，商鞅说好的制度可以变化风俗，使人心诚悦服。男女有别、非其义饿不苟食等道德行为，“乃有法之常也”[211]。例如，秦法禁弃灰于地，类似现代为了保护公共卫生而重罚随地吐痰、乱抛垃圾的法条。开始时人们可能只是怕罚，但享受到整洁的公众场所，知道为什么不应该弃灰于地，自动去找垃圾箱。所以今天很多地方，就算禁令松弛也少人犯法。这种教化正是法家“立法化俗”、“以刑去刑”、“小过不生，大罪不至”的思想见效[212]。良好的小习惯，慢慢积聚，潜滋暗长公德心，变化风俗，以至“刑设而不行”[213]。即如亚里士多德说，“预防人们目无法纪至为重要，尤其是要防范琐事上枉法”[214]。儒生斥以刑去刑为“横施淫威”，实在忽略了防微杜渐的教化功能。

法律属于政治，留下社会空间让给家庭、学校、宗教活动。秦简《语书》、《为吏之道》等显示政教配合以提高人民道德的尝试[215]。《汉书·循吏传》所载的政绩，亦多是一面“奉法循理”、一面劝教孝悌，而且多在王霸道并重的宣帝时代。法治与教育相辅相成的实例，放眼今天世界，可谓比比皆是，不用多说。可是法律政治和学校教育分工合作，却与儒家政教合一的思想有冲突。儒家修齐治平，内圣外王，与入仕做官密不可分。它所谓“教化”不止一般教育，最重要的是饱读经书的儒者任高官重位，作帝王师，作民表率。细察“教化”名下与法治的实际冲突，可以发现不少其实是政治上的争权夺位。

撇开权利之争，我们看到法治可以补充儒家道德的弱点。儒家偏重感情、私德、人际关系，法治可以帮助培养理智、公德、社会结合。儒家道德训练孝子忠臣顺民，尊重法律可以培养更完备的人品，造就国家的公民。

公义与人情

礼法对立，和义利对立、王霸对立一样，显示出儒家概念的偏狭不容。用几何作比喻吧。假如所有事物都限在单一条直线上，难免这边长了、那边短了，引起不相容的争执。但假如不限于一线而开发平面甚至立体，那么容物的空间大增，可以同时加长加阔，互不抵触。概念是思想的架构，不同范畴的概念就像长度、阔度等不同的维度，使思路大增，也使思想更复杂。学者已指出，儒家“思维往往线性的，达不到平面，知道线外有点有线，也置之不顾”，所以党同伐异的排他性特强[216]。法治概念超越儒家三纲五伦的单线思维，开发新的公共范畴，足以兼容礼法、义利、王霸，但备受排斥。

齐宣王看见一条牛将被杀以祭祀，不忍它的觳觫恐惧，命令免了，以羊代死。孟子赞宣王推恩之心是仁术：“闻其声，不忍食其肉，是以君子远庖厨也。”[217]这种仁恩表现人治的脉脉私情。然而从法治的观点看，牺牲了无辜的代罪羔羊，有违背公义之嫌。

儒家的君臣父子专注个人和个人之间的关系，如图2a所示，而且强调有特殊关系的人，如齐宣王亲眼见到那牛而起恻隐之心。这种基于感情的私德视野不大。孟子说君子需要远离庖厨，是他洞察到人类心理的局限，虽然常常说“天下”，但知道实际上推恩推不了多远。他一次劝说齐王开仓济民；

第二次大饥，人民恳求他再发仁心去劝齐王，他就不肯了，说这是重作冯妇，为士者笑[218]。他教人若见同室操戈，不及正衣冠就应相救，但若是乡邻相斗，关起门来就是了[219]。儒家伦理的切实内容多只限于家庭宗族，所以其组织结构，不论是国家朝廷、学术师门、江湖帮会，全是家族模式，孟子所谓“尧舜之道，孝弟而已矣”。有识之士看到这模式不足，提出“天下为公”等口号，但它们始终缺乏思想内容。《礼记·礼运》说大同社会，不过107字，此后长篇大论的，皆是“各亲其亲，各子其子”的小康私德。空洞的“大公无私”口号对详实的私德伦理，难怪今天学者探讨儒家公私之辩，发现结论分歧犹如水火[220]。

私德调节特殊的个人关系，公德调节普遍的社会关系。报杀父之仇是私德，按下恨让法律去惩罚仇人是公德，法庭审查证据、公平地裁制杀人者是维持报应公义。世界各地都重私德，儒家的特色是坚持私德主宰政治。譬如，舜为天子，其父瞽瞍杀人，他怎办？孟子答曰：“舜视弃天下，犹弃敝蹝也。窃负而逃，遵海滨而处，终生䜣然，乐而忘天下。”朱熹赞之为“天理之极”[221]。假若舜是普通人，也许孔子的“子为父隐”情有可原[222]，但舜不是平民而是天子。假若天子只是权威富贵，那舜之弃位可算是为亲情作牺牲，但连秦始皇都知道，天子身负天下人民安危的责任。儒家的人治依靠统治者的表率，舜身为典范，行为的影响至巨。孟子朱熹的设想展示模范圣王欣然只顾私情，乐然漠视公职，不理死者家属所求的公道，无睹天下因他骤然逃亡而大乱的可能，背弃信任他的天下人民有如丢掉只破草鞋。这种“天理”显示传统统治精英的公德心责任心何其薄弱。这不是个别疏忽。孟子说舜明知他的弟弟是个欲谋杀兄长的坏蛋，但仍因爱他而派他去治理臣民，不顾他会凌虐人民的可能。庾公因私人交情，放过侵略国家的敌人[223]。公德公义阙如的实例比比皆是，皆显示儒家的线性思维，不能兼顾公私。

儒家的理想是无限扩大私德。孟子曰“人人亲其亲、长其长而天下平”[224]。但稍顾现实即能发现这不费心思的答案行不通。瞽瞍所杀的人也有亲属，他们也亲其亲。孤儿孀妇悲痛，舜毫无恻隐之心。若人人向圣人学样，为他自已的亲情利害而不顾一切，天下怎能平治?《礼记》载孔子之教：父母之仇不共戴天。街上碰到仇人，马上决斗[225]。然而报仇打斗有损社会公众安宁。秦尚公利，因此严禁私人寻仇；受害者可诉诸官，由政府负责追捕罪犯，加以法定的惩罚[226]。这样，国家的法制把个人的报复心情升华为报应公义，兼顾私情公理。汉随秦法。然而私斗风俗继续受到礼教支持。从董仲舒到白虎观论经的大儒，莫不重申《春秋》的报仇大义，以致东汉时“人相杀伤，虽已伏法，而私结怨雠，子孙相报，后忿深前，至于灭户殄业，而俗称豪健”[227]。士人为友复仇，官吏私纵因报仇而犯法的人。这些违法行为危害社会秩序，但汉儒清议却赋予高名盛誉[228]。精英藐视法律、以私废公的态度长存。皇朝末日，梁启超叹中国传统教育：“中国道德之发达，不可谓不早。虽然，偏于私德，而公德殆阙如。试观《论语》《孟子》诸书，吾国民之木铎，而道德所从出者。其中所教，私德居十之九，而公德不及其一焉。”[229]

法治的功能之一是诉诸理性，开创新概念，充实公德的详细内容。法律容纳合理的个人关系，而且进一步提出普遍性的规律，例如所有无辜者都不应受到伤害，应用于全民，不因某人与统治者有特殊关系而废。法律主旨在避免或化解人们在复杂社交中会产生的种种摩擦，力求不偏不倚，使所有人都心服。普遍性的规律与空洞的口号不同，因为它们必须有能实际应用的细则。它们涉及甚广，应用在个别事件上常会有所冲突，所以解除矛盾，确立良好的普遍规律殊不容易。何谓“无辜”？何谓“偷抢”？无数这样的解释组合成“公义”的切实内容。立法者察看民情，寻找适宜于公众的普遍规律，解释清楚，使大家能明白，立为制度。人民有一个共同的行为准则，共同遵守，因而有所认同，结为团体。公共制度超越个人之间的关系，引进公平公道等新概念，为社会开拓了新的交往范畴，如图 2c 所示。公共范畴在希腊罗马旺盛，在中国战国时由法家推创，可惜它受儒家诠经心态的排斥，在传统中国发育不良。

法律支撑公共世界，建立客观环境，使人民能创发新思想、从事新活动。这功能最显见于民法，中国和罗马对法律的不同态度也最显见于民法。民法的强制性较小，主旨在便利人们交接。政府综览社会经验，估计人们某种交接可能发生什么困难，预先立下避免争执的规例，法家所谓“定名分”，扩大人民的社交活动范围。民法坦诚地陈列利害关系，可谓是先以小人之心设立防范，然后使人们在范围内能君子相交，就像象棋的棋规，使弈者即使大搏杀亦不伤和气。你想买田地，又怕日后争执？如此这般，你可以获取地契，证明你有政府认可的地产权。民法详顾细节，帮助人们建立复杂而理性的契约，组织种种社会关系；若有纠纷，它依照公开明白的准则，合理地排解，对经济商业发展，尤为得力[230]。

罗马贵族惯以诉讼解纷，罗马的法律系统中民法的成就最高。534 年查士丁尼大帝整理综合历代民律，编纂颁布大法典。它在 11 世纪时复兴，为日后西欧发展法律和法学提供了一个基础[231]。儒家君子厌恶民法明陈利害，例如董仲舒批判法家发展地产权[232]。即使民法存在，他们也轻法以自贵，不少郡守县令处理民事诉讼，不似法官而似仲裁。法官有职责依法律秉公判决；仲裁则恃个人的地位名望，不靠法律，近乎叔向所谓议事以制。更有儒臣承夫子“必也使无讼”之训，遇讼责怪自己教化不到，闭门思过，其实是发动宗族乡官的社会裁制力，强逼讼者改造思想[233]。这样做或可息事，人是否得宁就难说了。不过可以猜度，委屈窝囊的多数是穷人弱者。由于统治精英轻蔑，中国的民法比罗马律简陋。地主和佃户之间的关系在农业社会里极为重要，但学者发现，到皇朝末年，“有关田地租赁等法律显得令人诧异的马虎”[234]。此等粗略的民法或许宽仁地主压逼佃户，但有碍社会经济的发展。

理智与教条

儒家伦理注重情谊，比较忽略理性。“理”字不见于大部分儒家经典，后来出现的也多是形上超验的“天理”之类。知识论上的理性理智得墨家法家推衍，荀子也有贡献，但与诠经心态格格不入，儒术独专后黯然失色[235]。理智是普天下人类的天赋官能，它的发育程度却因各地文化而异。理智并非万能，但没了它就没法解决稍微复杂的问题。处理很多实际问题的理性并非什么高级学问，而是常识和判断力：尊重事实、真相、经验、细节，讨论时分析事物，据因循理，逐步推想，解决矛盾，清除每步上的疑难，使意念明白，调协贯通。这些实在的理解功夫，比念死书抛教条的诠经费神得多了。中西对理性不同的态度影响巨大，伦理政治亦不免。有学者比较亚里士多德的伦理学和儒家的伦理学，发现它们的思考方式不同。前者惯于分析理解，后者惯于比喻类推。亚里士多德考虑行为取舍，把可能的目标各自分解为所涵因素，把达到目标的过程分解为小步骤，使因果明了，以资选择。儒家的比喻类推，事君如事父，治国如齐家，整体观事，懒得细查枝节理路，大言一步登天[236]。分析思考着力于理智，陈列细节论据，适合法律裁判。整体比喻着力于直觉，挑动意气感情，适合宣传说教。理可以公开讨论，情是私人感受。重理或重情，不同的思维倾向，导致西方和中国对法律的不同态度。

亚里士多德说："提议应该由法律统治的人，其实是提议应该由诸神和理智统治……法律是免除欲念的理智。"西塞罗说："理智发展到顶点，即化为法律。"[237]西方文化强调法律有理性，人民有能力运用自己的思维，明白道理，知道为什么法例要求或禁止某种行为。因此法律能教育人民，提高奉公守法者的自我尊严。公共利益必须兼顾亿万人的纷杂渴望和价值取向，所以公共道德诉诸冷静思考多于冲动感情。儒生攻讦它"刻薄寡恩"实是不明理。

以公平为例。原则上，罗马人和中国人都赞成相同的案件应得相同的判断。法家强调法出必行，信赏必罚，就是要司法公平。公平的原则凸显于法条的普遍性，某具体法条规范某类行为，如谋杀人者死，谋杀一类覆盖的无数个别事例，同样处理。然而普遍性的法条难以顾及个别案情的细节。为了补此不足，司法时常引用旧案的判决，东西方皆然。秦汉法律中的"比"即判例[238]。援判例合乎儒家比喻类推的思想方式，但若不细加分析，援例容易像《春秋》断狱般沦为穿凿附会。人类事务千变万化，极少有两个案件百分之百相同。某些复杂的案件可能一方面相似，另一方面相反。旧判可能有错，也有可能抵触有关的法条。司法人必须细察证据实情，理智地剖析案件涉及的各种因素，看哪一方面受哪一法条规限，哪一方面与哪一案例相似，综合推究断案。要公平断狱，极费心力。罗马缘法而治，儒家德主刑辅，不同概念下，实践背道而驰。

罗马帝国里，职业性的律师作书授徒，但一般不参与诉讼，以保持自己不偏不倚的立场。执政官或法官审案遇到疑难时找他们顾问。他们分析案情，寻求困难的症结，阐释有关的法条判例，若有矛盾，取舍调解。他们的斟酌甚得力于自己长期实践所得的经验直觉。在判决书中，他们分析事理，解释判断的理由，或澄清意念混淆，或驳辩旧例错谬，或创立新规矩，竭力把思想清晰地表达出来，把个人的经验变为可以传授的知识。他们的判断成为案例，他们提供的理由开辟思维途径，使后人能踏阶而上。就这样，一步一步地经过数百年，罗马律师积聚了理解透彻、整合精微的法典，千头万绪，皆理顺疏通，细织成锦。因为人人能明白，所以解释清楚的事理具有客观的力量，饶是皇帝权大，也不能随意大肆改动。“罗马法律史，可说是把常识判断有组织系统地应用到一大系列的社会问题，使专断的权威无从插手。”[239]有能力约制暴君的法律不是天上掉下来的，而是世世代代思维努力的累积成果。

一个踏实理解，分析案情，凭理性判断。一个高唱道德，凭主观感情断事用刑。听讼断狱是县令郡守的重要职责，但备受鄙视。东汉时已有人指出“缙绅之儒不通律令之要”。“刺史守相，率多怠慢，违背法律，废忽诏令……细民冤结，无所控告。”“郡县既加冤枉，州司不治。”[240]到了晋朝，“在职之人，官无大小，悉不知法令”。“临时议处……皆在法外。”[241]断狱清明的法官当然有，但从人民对“青天大人”

的向往中，可见他们其实不多。况且他们的个人聪敏随他们而逝，不如罗马的判断，经过理解整合而累积在法典中，成为社会的共有知识。汉朝也有法典，但只草率撮集，杂乱成章，如《晋书·刑法志》形容："一章之中或事过数十，事类虽同，轻重乖异。而通条连句，上下相蒙。"同样的案子，判断大异，裁判的理由也互相矛盾。章句解释，700 余万言，篇幅浩瀚，更错糅无常，无理可稽，使人不能卒读[242]。千头万绪，一团乱丝，使儒臣更有借口不拘法律。"县官断案，擅审擅判"想是使民无讼的好方法[243]。东汉的皇帝们炫耀自己仁德，隔不多时便大赦天下，以致歹徒预期赦免而杀人[244]。真是法不必信，赏罚不必果，唯"仁"所在。司法公平的原则付诸流水，《春秋》断狱冤死的人数远逾暴秦坑儒。法律被剥夺了公平公义的性质，余下的只是刑罚，乃是自负仁德的统治者的打手。法治崩坏，公共空间萎缩，政治被压回到君臣五伦的人治框框。

从法治到人治的概念转变，从名字上即可见到。"法"字从水，一意喻平如水面。张释之以天平象征法治，与西方的象征不谋而合[245]。秦汉的最高司法官叫"廷尉"，《汉书》注曰："廷，平也。治狱贵平，故以为号。""听狱必质诸朝廷，与众共之。"[246]南北朝一直到皇朝末日，最高司法署叫"刑部"："刑"字从刀，斩去了"廷尉"公平公共之义。

【注释】

[1]《汉书》43：2126-8。

[2] Dio Cassius，54.12. Suetonius，Augustus 35.

[3]《后汉书》1：85；32：1125。赵翼《二十二史劄记》卷 4。

[4] Wells 1992：258，260. Potter 2004：124.

[5] Loewe 2006：179. Jones 1964：182-7，341-2.

[6] 邢义田 2100：655-668。参见 www.chinaandrome.org/Simplified/culture/military.htm.

[7] Goldsworthy 2006：213，324，335.

[8] Wells 1992：123-4. Syme 1939：304，352. Southern 1998：156.

[9] 《汉书》1b，54-5。

[10] 杨振红 2009：126-32。赫治清，王晓卫 1997：52。Loewe 2006：61-4，138.

[11]《汉书》3：102。赫治清，王晓卫 1997：55 李玉福 2002：298-9。

[12] Polybius，40. Wells 1992：7. Purcell 1991：193.

[13] Syme 1939：516，406.

[14] Honoré 1995：7-8. Lucas 1985：106-8. Peerenboom 2002：3，8-9。

[15]《管子・任法》。参见《商君书・修权》。

[16] 卜宪群 2002：245-7。瞿同祖 2007：100-2。Boddeand Morris1967：29.

[17] Kunkel 1973：68-9，73.

[18] Finer 2007：536-7. Nicolet 1993：9. Lawson 1965：104-5. Hulsewé 1986：536-41.

[19] Millar 1992：616.

[20] Ulpian，quoted in Wells 1992：212，263.《汉书》60：2659。

[21] Dio Cassius 53.19. Loewe 2006：171-8.

[22] Pliny，*Panegyric*，in Lewis and Reinhold 1990：II.21.

[23]《商君书・修权》。

[24]《汉书》50：2310。

[25] Bennett 1997：209.

[26] 《汉书》40：2047。

[27] Tacitus，*Histories* 4.8.

[28] Lewis and Reinhold 1990：I.589，II.7.

[29] Loewe 2006：171. Burbank and Cooper 2010：4，58-9.

[30] Millar 1981：13. Jones 1964：3-4.

[31]《汉书》89：3640。Loewe 1986b：120.

[32] Ward-Perkins 2005：48.

[33] *The Holy Bible*，Acts 22：28.

[34] Bennett 1997：120. Ste Croix 1981：455-62. Wells 1992：214，246. Garnsey and Saller 1987：111，116-8.

[35] Wells 1992：265-6.

[36] Bury 1958：16. Cameron 1993：42.

[37] Mann 1986：246.

[38] Walbank 1981：215-7. Lewis and Reinhold 1990：620-3. Millar 2004：298-301.

[39] Pliny，*Panegyric*，in Lewis and Reinhold 1990：II. 22，21.

[40] Rostovtzeff 1957：116，121-2.

[41] 吕思勉 2005b：439。

[42] Tacitus，*Annals* 3.25.Ward-Perkins 2005：39.

[43] Suetonius，Vespasian 25. Dio Cassius 65.12.

[44] Millar 1981：34.

[45] Wells 1992：218. Starr 1982：110-2. Bennett 1997：67-70. Millar 1981：34-5.

[46] 童书业 2006b：13-5。雷戈 2006：95-101。

[47]《汉书》4：111。

[48]《汉书》75：3154；77：3247。

[49] 钱穆 1957：215-9，284，294。

[50]《左传》襄 14。Dio Chrysostom，*The First Discourse on Kingship*，12.

[51] Augustus 34.

[52]《史记》6：245，247。

[53]《史记》6：245。

[54] Wells 1992：104-7.《汉书》93：3726。

[55] Millar 1981：18-9. Garnsey and Saller 1987：149-50.

[56] 雷戈 2006：450-61。Loewe 2006：9，13.

[57] Beard 2009. 雷戈 2006：477-8。

[58] Millar 1992：209，211.

[59] Campbell 2002：12-3. Mattern 1999：12-3，200-202. Millar 2004：26，176-7；1993：141.

[60] Plutarch quoted in Millar 1992：3-4. Bennett 1997：iv.Dio Cassius，*Histories*，69.6.

[61]《汉书》89：3624。

[62] Millar 1981：12. Purcell 1991：197-8. Syme 1958：224.

[63] Millar 1992：6，10，266-7，271 617；2002：298；2004：21-6.

[64] Loewe 2006：92，

[65]《史记》6：253，258。瞿同祖 2007：77-8，100。

[66]《汉书》5：140。

[67] Skocpol 1985：9-12.

[68] Cicero，*Obligations* 2.73，2.83-4.

[69] Reinhold 2002：28. Syme 1939：351.

[70] Finer 1997：412，416. Gabba 1987：210-1.

[71] Garnsey and Saller 1987：112-5. Millar 1981：28-31. Bennett 1997：6-9.

[72] Hopkins 1983a：120-7，194-7. Garnsey and Saller 1987：123-5.

[73] Millar 1992：283-5. Starr 1982：59.

[74] Harris 1979：13. Syme 1958：230-1. Southern 2001：254-6.

[75] Brunt 1988：9，54，62. Rostovtzeff 1957：63. Wells 1992：214-5，246. Crook 1967：282-3.

[76] 瞿同祖 2007：106-10。钱穆 1957：50-1，74-6，90-3.

[77] 田昌五，安作璋 2008：188-90。苏俊良 2001：87-97。许倬云 2006b：372-3。

[78]《汉书》48：2252-3。见第 4.5 节。

[79] 赵翼《二十二史劄记》卷二。许倬云 2006b：337-9，375-6。

[80]《史记》130：3289。《汉书》30：1723；88：3620。

[81]《汉书》73：3107。

[82]《汉书》81：3346-7，3349。

[83]《后汉书》78：2523。瞿同祖 2007：178-80。

[84] 黎明钊 2013：102。

[85] 许倬云 2006b：374。阎步克 1996：463。马彪 2002：95-8。

[86] 钱穆 1940：184-6。马彪 2002：91-5。黎明钊 2013：53-7。

[87] 余英时 2003：359-60，264-9。瞿同祖 2007：180-4，199-201。

[88]《汉书》43：2125-6。

[89] 瞿同祖 2007：76-7。Millar 1981：27-8.Rutledge 2001：87-9.

[90]《汉书》72：3081-2；76：3215-6。于迎春 2000：251-3，278，402-3。Rutledge 2001：87-9. Millar 1981：27-8.

[91] 王符《潜夫论·务本》。于迎春 2000：380-1，402-3。

[92]《朱子语类》，萧公权 1946：540 引。

[93] Tacitus，*Annals* 1.11，3.65.

[94] 梁启超 1996：48-9。余英时 2003：359-60。

[95] 钱穆 1957：256-8。Loewe 2006：17-21.

[96] Purcell 1991：197-203.

[97] Wells 1992：115-6. Millar 2004：47-88. 苏俊良 2001：159-187。Loewe 2006：29-31.

[98] Millar 1981：21-7. Syme 1958：224. Starr 1982：56-9.

[99] Millar 1981：28-31. Bennett 1997：6-9.

[100] Millar 1981：55-8. Eck 2000b：241.

[101] Millar1992：110-22. Starr 1982：69，83. Syme 1958：50. Jones 1964：333-7.

[102] 苏俊良 2001：62-5。李玉福 2002：114-37。廖伯源 2003：183-97.

[103] 钱穆 1957：253-8。苏俊良 2001：69-75。卜宪群 2002：129-136。

[104] 黄留珠 2002：439-47。田昌五，安作璋 2008：190-2。

[105] Jones 1964：338-341. 劳榦 2005：57，61。黄留珠 2002：445-6。

[106] Hopkins 1978a：173-7. Eck 2000a：211. 瞿同祖 2007：103-5；211-28。

[107] Jones 1964：341-4. 田昌五，安作璋 2008：468-9。

[108] 杨鸿年，欧阳鑫 2005：281-5。钱穆 1957：264-7。

[109] Garnsey and Saller 1987：113.Jones 1964：373-5. Potter 2004：368-71.

[110] 杨鸿年，欧阳鑫 2005：290。Bielenstein 1986a：507.

[111] Adkins and Adkins 1994：111-2. Gibbon 1994：I.614.

[112] Millar 1981：64-6. Lintott 1981：65-9.

[113] Aristides，*To Rome*.

[114] 钱穆 1957：259-1。苏俊良 2001：208-10。杨鸿年，欧阳鑫 2005：281-5。

[115] Jones 1964：714-5；1940：268-9. Garnsey and Saller 1987：28-30. Hopkins 1978b：67-75.

[116] Rostovtzeff 1957：63. Jones 1940：170，166-9.

[117] Aelius Aristides, *To Rome* 59, 64.

[118] Meier 1990：57. 参见 Wells 1992：214，238. Starr 1982：95-6. Lintott 1981：20-1.

[119] Jones 1964：467-9，724-34，1049-51. Potter 2004：40-9.

[120] Syme 1939：476.

[121] *The Holy Bible*, Matthew 27.24.

[122] 杨鸿年，欧阳鑫 2005：371-2。周长山 2006：50-4。

[123]《汉书》1 下：54。

[124]《史记》30：1420；122：3132-3。周长山 2006：65-6。Chen，C-Y，1984：144-5.

[125]《汉书》19 上：742；90。《后汉书》77。

[126] 马彪 2002：38-40。见 6.6 节。

[127] 马彪 2002：93-8。许倬云 2005b：59-62，202。

[128] Hopkins 1980：121. Garnsey and Saller 1987：20.

[129] Potter 2004：69-72. Jones 1964：31. Lintott 1981：48-9.

[130] Millar 2004：132，156. Eck 2000b：251.

[131] MacMullen 1988：124. Lewis and Reinhold 1990：II.469-71.

[132] Millar 2004：132，156. Eck 2000b：251. Lewis and Reinhold 1990：II.470.

[133] Millar 1981：61-2. Lendon 1997：3-5. Lintott 1981：50-2. MacMullen 1988：145.

[134]《汉书》19 上：721 注。《后汉书》24：3558-9。苏俊良 2001：116-7。

[135] 于振波 2012：191-2。

[136] 许倬云 2005：65。Loewe 2006：64-5；2009：74.

[137] 苏俊良 2001：75-8，119-21。

[138] 卜宪群 2002：286-8，293，316。Loewe 2006：38-9.

[139]《后汉书》24：3558-9。Hsu 1965b：368-9.

[140]《后汉书》24：3555。

[141] Heather 2005：28. Kelly 2004：111. Jones 1964：1057. Cameron 1993：39-41.

[142] 苏俊良 2001：78-80。廖伯源 2003：280。

[143]《汉书》19 上：743。

[144] Light 2003.

[145] Jones 1964：725-6.

[146]《史记》129：3261，3274，3281.

[147] Wiedemann 1981：8. Garnsey and Saller 1987：43-51. Rostovtzeff 1957：192，343，346.

[148] Scheidel 2009b：170-8. Greene 1986：48-50，59-62. Jones 1974：69，75-6.

[149] Scheidel 2009b：143-55. 林甘泉 2007：395-403。李剑农 2005：180-6。

[150]《汉书》72：2075-6。

[151] Brunt 1981：161-2. Potter 2004：55. Jones 1974：132-5.

[152]《汉书》24 上：1135。林甘泉 2007：426-36。李剑农 2005：238。

[153] Millar 1981：93. Nishijima 1986：597.

[154]《后汉书》1 下：66-7；22：780-1。Jones 1974：86-8，129.

[155] Jones 1974：164-5. Potter 2004：56-7.

[156]《汉书》1 下：46；7：230。林甘泉 2007：437-43。钱穆 1957：166-8。

[157] Millar 1981：99，120-2. Mattern 1999：83-6. Jones 1964：614-9.

[158]《盐铁论·繇役》。De Crespigny 2009：93.

[159] 钱穆 1957：136-45。林甘泉 2007：481-91。赫治清，王晓卫 1997：52-56。

[160] Millar 1981：81，97-8. Jones 1964：724.

[161] 林甘泉 2007：463-8。Nishijima 1986：599.

[162] Jones 1974：172-3. Potter 2004：59.

[163]《管子·山国轨》。《韩非子·六反》。

[164]《汉书》72：3075。钱穆 1957：152-6。

[165]《史记》129：3272，3274。

[166] Jones 1974：116；1964：1043.《汉书》24 上：1137。

[167] Hopkins 1980：104-5，122.

[168] 荀悦《汉纪》，田昌五，安作璋 2008：247 引。Nishijima 1986：597-8.

[169]《韩非子·六反》。

[170]《后汉书》49：1656。

[171] Aristotle，*Politics* 1294a.

[172] Hart 1961：2-3，6-11.

[173] Cornell 1995：ch. 11. Borkowski 1997：28-30.

[174] Eder 1986. Turner 1993：314-5；2009：62-3.

[175]《左传》昭 6，昭 29。

[176] 宁全红 2009：28-9，33-4。

[177]《周礼·大司寇》。钱穆 2001：378-87。郑秦 1997：40-2。周之酷刑，又见第 4.5 节。

[178]《左传》昭 14。

[179]《史记》46：1888。

[180] 钱穆 2001：370-3。梁启超 1996：56。

[181]《左传》昭 13。

[182]《孟子·告子下》。

[183] 童书业 2006b：187-9。宁全红 2009：90-8。郑秦 1997：5-6。邢义田 2011：7-11。林乾 2013：143-5。

[184] Eder 1986.

[185] Ch'ü 1965：278。Turner 1993：314-5；2009：62-3.

[186] Bodde and Morris 1967：17.

[187] 郑秦 1997：6。

[188] 范忠信等 2011：4-9。

[189] 赵翼《二十二史劄记》卷 2。徐祥民，胡世凯 2000：116-8。

[190]《盐铁论·刑德》，《春秋繁露·精华》。李玉福 2002：26-36。

[191] 王彦辉 2010：176。

[192] 郑秦 1997：101。

[193]《汉书》50：2311。

[194]《汉书》24 下：1168；44：2152-3。

[195]《汉书》24 下：1160。

[196]《史记》118：3094；121：3129。《汉书》27 上：1334。

[197]《汉书》6：174；44：2152。徐复观 1985：II.305。

[198]《二十二史劄记》卷三。

[199] 于振波 2012：287-94。

[200]《三国志》6：179 注引《魏书》。张灿辉 2008：161。

[201]《后汉书》48：1611。

[202] 金春峰 2006：176。李玉福 2002：35。

[203]《汉书》48：2252。《礼记・经解》。《论语・为政》。梁启超1996：97-8。

[204]《商君书・壹言》。《韩非子・定法》。见第2.9节。

[205]《论语・颜渊》。《孟子・滕文公上》。

[206] Polybius，6. 35-38. Bernstein 1994：60-1.

[207]《商君书・画策》。Tacitus，*Annals*，3.27.

[208] Cicero，*Laws* 2.59.

[209] Pythagoras，Hegel 1952，§153 引。

[210] Aristotle，*Ethics* 1180b；*Politics* 1332b-1333a. Swanson 1992：144-9.

[211]《商君书・画策》。许建良 2012：210-6，250-2，265-6。

[212]《商君书・赏刑，画策，壹言》。《韩非・饬令》。《管子・君臣上》。

[213]《韩非子・内储说上》。《管子・禁藏》。许建良 2012：203-9。

[214] Aristotle，*Politics* 1307b.

[215] 刘海年 2006：84-93。

[216] 金克木语，沈松勤 1998：60 引申。

[217]《孟子・梁惠王上》。

[218]《孟子・尽心下》。

[219]《孟子・离娄下》。

[220] 黄建跃 2013：4-13。

[221]《孟子・尽心上》，朱熹注。

[222]《论语・子路》。

[223]《孟子・万章上，离娄下》。

[224]《孟子・离娄上》。

[225]《礼记・檀弓，曲礼》。

[226]《史记》68：2231。

[227]《后汉书》28 上：958。吕思勉 2005：638-40。

[228] 于迎春 2000：335-7。范忠信等 2011：77，113-6。赵翼《二十二史劄记》卷 5。

[229] 梁启超，论公德。

[230] Hart 1961：28，77-9.

[231] Borkowski 1997：34-8，55-62. Finer 2007：536-7.

[232]《汉书》24 上：1137，1135。解说见第2.8节。

[233]《汉书》76：3213。《后汉书》76：2472。

[234] Huang 1996：15，81.

[235] 陈荣捷 1976：57-64。许建良 2012：34-71。

[236] Yu 2007：157-8.

[237] Aristotle，*Politics* 1287a. Cicero，*Laws* 2.11；*Politics* 3.33.

[238] 徐祥民，胡世凯 2000：97-8。Crook1967：25-6。

[239] Lawson 1965：105-8.

[240] 王粲《儒吏论》，于迎春 2000：351 引。王符《潜夫论・三式，爱日》。

[241]《抱朴子・审举》，阎步克 1997：478 引。《通典》，林乾 2004：103 引。

[242]《晋书》30：923. 苏俊良 2001：224-5。

[243] Bodde and Morris 1967：6. Peerenboom 2002：39.

[244]《后汉书》67：2187。刘文起 1995：211-2。

[245]《汉书》50：2310。

[246]《汉书》19 上：730。颜师古、应劭注。

第七章　外交策略

7.1　欧亚大陆的形势

“匈人攻打阿兰人，阿兰人攻打哥特人和泰法拉人，哥特人和泰法拉人攻打罗马人，这故事还未到头呢。”[1]安布鲁斯主教敏察到，揭开罗马帝国最后一幕的，是一个碰倒一个的骨牌效应。匈人背后是否有所压力，逼他们西迁？

世上万事相联。一个国家要保卫自己安全，本身国力固然不可少，也得看邻国的实力和态度。邻国又有邻国，交接成网。我们所研究的期间，欧亚大陆的国际关系网异常广阔活跃[2]。东西两大帝国终于为之纠缠而陷落。为了明白世局，让我们从罗马帝国北疆开始，神游欧亚大陆，一周而至罗马帝国的东疆（地图 13）[3]。

欧亚大陆的西北角其时叫日耳曼尼亚，指莱茵河以东、多瑙河以北之地，占今天部分的德国、波兰、捷克、斯洛文尼亚。它大部分是森林覆盖的平原，北部多沼泽，不似地中海阳光灿烂，但亦不像地中海古人所形容的暗深可怕。日耳曼人种族驳杂，分为众多部落，但其言语和文化颇有相似之处。他们没有日耳曼人的整体观念，自称哥特人或撒克逊人等等，即使这些部族名字也多是因时而异的泛号。部落人群时聚时分，本来一个小部落的名称，有时会转而冠于一个包涵许多部落的大联盟。

罗马人在前 120 年代初会日耳曼人。两个部落南迁，两次大败共和国。罗马头痛了 10 多年，直至马略改良了兵团才能收拾他们 [4]。恺撒征服位于今法国的高卢时，数度与日耳曼人小接触，认为他们比高卢人落后得多。奥古斯都的帝国雄兵大举入侵日耳曼尼亚，但被一次起义推回莱茵河西。日耳曼尼亚留在罗马帝国之外，这历史分野遗下的界线，至今依稀可认。一边的居民说日耳曼语言，例如德语；另一边的居民说从拉丁演化的罗曼语言，例如法语 [5]。

日耳曼人务农为主，战则徒步。考古家发现很多遗址，有的数十甚至数百年皆为同一部族所居。不过他们虽然定居，但也偶然迁移。到 3 世纪时，撒克逊人和法兰克人迁近莱茵河上游。阿拉曼尼人紧逼雷提亚，即莱茵河上游和多瑙河上游之间的罗马帝国边省。原居今波兰北部的哥特人，慢慢向南蔓延，已徙至多瑙河北面、今罗马尼亚和匈牙利西部。有些本来各自东西的部落逐渐合并成较大的联盟，号称汪达尔人者便是一例 [6]。

罗马帝国前期 200 年，与形形种种的日耳曼人大致上相安无事。边境上的人们交往，交易的货品更深入彼方。日耳曼尼亚穷乡僻壤，出口大宗是人口。最多是奴隶，也有的应募为扈从、士兵。罗马帝国后期，兵团吸引了大批日耳曼人效忠。有的当上将军，也有的反叛而自称为王，割据帝国 [7]。

松散而无团结力是日耳曼人最大的弱点，这是塔西佗的观察结论。他描述一个日耳曼部落被其他部落屠杀殆尽，按道：“一下子就去掉了六万多人。妙在罗马人不需劳师动众就能享受战果。我祈祷此情长存：外国人即使不爱我们，也彼此怀恨。天意既要我们的帝国扩张，最大的恩赐莫如使我们的敌人自相冲突。”[8] 在这一点上，罗马帝国比汉朝幸运得多了。

在匈牙利和乌克兰的平原上，北欧的树林逐渐疏落。此处，日耳曼人遇上草原的游牧民族：撒马提人、阿兰人，以及那东方的新来客，即匈人。匈人突然出现，其压力逼使大批哥特人在376年涌过多瑙河，进入罗马帝国，燃起帝国衰亡的导火线。游牧民族也和日耳曼人一样，平时分作许多部落，不过他们团结力较高，遇到机会，能组织起来积极利用。匈人的人数很少，但他们能吸收所击败的日耳曼人，合并一体，矛头指向罗马帝国。这组织能力使阿提拉成为“上帝的鞭子”[9]。

天苍苍，野茫茫，风吹草低见牛羊。欧亚大草原西起匈牙利，横扫乌克兰、俄罗斯南部、哈萨克斯坦、中国新疆天山以北、蒙古，东达中国东北。这是游牧民族的天下，希腊泛称之为锡西厄人，中国泛称之为胡人。他们屡建帝国，最杰出的无疑是13世纪的蒙古人。我们故事所及，有匈奴和匈人。

游牧民族不设牛棚马廐，逐水草，自由放牧，兼之行猎为生。司马迁形容匈奴：“儿能骑羊，引弓射鸟鼠；少长则射狐兔，用为食。”4世纪的罗马首席史笔阿米亚努斯说，匈人差不多粘在马背上，吃喝交易、甚至睡觉都不下马[10]。人、马、弓在日常生活中三位一体，培养卓越的骑射本领，应用到战事上，在火器来临之前最为犀利。

若环境许可，游牧民族颇能种植，但经常迁徙的生涯有碍发展重大工技。他们渴望获得工农产品，常不择手段[11]。司马迁说匈奴之俗“宽则随畜，因射猎禽兽为生业，急则人习战攻以侵伐”。阿米亚努斯说：“匈人轻装无累赘，对别人的财物有非人的欲念，于是抢掠屠杀，暴虐邻近人们。”[12]为了大家方便，有些游牧部落向乡民榨取定期保护费。间中袭击外，牧民、农夫勉强和平共存，也有彼此转业的[13]。

庞大的政治组织改变了农、牧民族之间的均势。帝国有责任保护边区农民的生命财产，不能不抵御袭击，甚至以攻为守。游牧部落方面，社会等级分化提高战争组织力，加强贵族对奢侈品的欲望。交易或掠夺可得零星物品，而大型勒索更得利。为什么不把收敛物资的麻烦让给帝国政府，然后以边民安全为要挟，敲它大笔保护费？当然，帝国不比乡村或城镇好惹。要敲诈，一定要打败其军队，使皇帝大臣心惊。游牧民族用各种方式结合联盟，推最高领袖，与帝国对峙。各部落内，酋长贵族保持相当权力，但接受领袖派来的监察。外交上，他们服从领袖，但指望领袖的礼物和战利分赃。游牧联盟集中兵力，提高外交谈判的优势。在入寇威胁下，软弱的帝国每年乖乖奉上大批财富；强硬的帝国反击，则不免大战[14]。

分开农、牧文明的，不是一条界线，而是一道宽阔的过度生态地带。其环境雨量对农、牧皆不挺合适，但两者都能勉强将就。它可以作为缓冲区；条件好时，或能培育边陲势力。通常它如一柄双刃剑，落在一方手中，即切近对方的核心。因此每方都认为此地必须控制，但难以防守。没有能克服自然环境的现代科技工业，古代征服者不过几代便趋式微。边地的屯田旧址被沙草埋藏，骑射征服者的后代被耕稼的人海淹没。问题没有好的解决方法，单方面怠懒裁军最不成。这可谓是长期的文明冲突，只不过偏狭的农耕城居者自诩文化、歧视别人野蛮罢了[15]。

游牧民族以骑射野战威震东西帝国。各时各地的记载，异口同声描述箭矢如雨，攻击如电，善于云散佯败以诱敌追击，然后雷霆般回师围歼[16]。前 53 年卡雷之战，帕提亚的游牧式轻骑避开罗马重步兵的专长，不予短兵相接，保持安全距离游击。兵团挺进，他们勒马便逃，疾驰中却又反身回射追兵，使不提防的罗马兵大叫奸诡无耻。中国人熟悉的回马箭，西方叫 Parthian shot，用作临别尖刻的成语。轻骑打散敌方阵线后，围着一堆堆的罗马兵打绕，利镞穿透他们的盾牌盔甲。骆驼队源源不绝送箭矢上战场，断绝罗马兵一线侥幸之想[17]。

游牧民族的战术初逢时惊人，但对有训练肯革新的敌人，并非所向披靡。罗马在卡雷全军覆没，但对自己的信心不减，最后战胜帕提亚。晁错分析匈奴和汉军的战术优劣，大致说匈奴胜在兵士耐苦，骑射精湛，马熟地形险要。然而汉军的长技更多。平原遇战，汉军阵法谨严，步骑长短兵种配合，远胜匈奴。下马步战，匈奴弗能；其革笥木荐，亦不及汉之坚甲利刃。机械扣板的汉弩准而劲，射程比匈奴的弓远。弩的发射率低于弓，但所需的技巧也较低。弩手可以大批训练，密集发射，匈奴不敌[18]。

汉朝的军事弱点不在战术而在战略。他们的难题不在与匈奴对阵，而在捕捉飘忽的敌人。草原上的游牧民族就像海洋中的鱼。无边的栖息地，最利他们高速行军的机动战略、出人意料的迂回行动。例如匈人闪电包抄攻西哥特之背，使哥特人丧胆。草原的崎岖距离，更是游牧民族的天然保障。前 6 世纪波斯王大流士伐锡西厄人失败，希腊史家希罗多德解释原因：“锡西厄人没有城镇，住流动的篷车，人人惯于骑马挽弓，不靠农作物，以牛羊为食。这样的民族，要接触他们也难，别说征服了。”[19] 李斯同样分析：“匈奴无城郭之居，委积之守，迁徙鸟举，难得而制也。轻兵深入，粮食必绝；踵粮以行，重不及事。”[20] 预备不足的军队入侵草原，未见敌人就会被长途跋涉的消耗拖垮。农地的马匹多熬不过草原的艰辛。拘于后勤，汉击匈奴的战役没有一次超过100天[21]。罗马幸而避过这个难题；匈人离开大草原，抛弃了他们的战略优势。

出击难，防御也难。边界长，敌人机动性强，随处入侵，守者若要无所不备，则难免无所不寡。因此农居帝国对付游牧民族，在军事上常处劣势。然而它若有政治意志，则可在经济和外交上操胜券。汉朝数次打败匈奴，但它最后的胜利还仗剥夺匈奴的财源、孤立它的外交。用现代话说，军事攻守固不可少，但汉朝的策略同样重视外援、经济制裁，操纵国际关系。罗马的策略较重战争，但亦不忽略其他手段。

匈奴趁秦亡后中国自相砍杀，在单于冒顿领导下坐大，统一北方。败在它手下的部族之一是月氏。月氏原居水草甜美、后来成为汉河西走廊的祁连山北麓[22]。被匈奴踢出来后，月氏西迁，在西方称多哈里人。据希罗学者斯差波说，他们属最出名的游牧民族，从希腊人手中夺取了巴克特拉[23]。巴克特拉位于今阿富汗北部，原属波斯，前330年被亚历山大征服，汉称大夏。月氏取大夏后所建的贵霜帝国延续到225年。他们的艺术影响北及罗马北疆外的黑海以北，他们的疆域南跨印度河。在今巴基斯坦和印度西北的贵霜港口，常停泊来自红海和波斯湾的罗马商船，旨在购买中国丝绸[24]。

汉武帝听到匈奴破月氏王，用他的头作饮器，就希望与月氏联盟抗匈奴。他的使者张骞千辛万苦，于前128年找到月氏，却发现他们安乐地君临大夏，不愿与遥远的汉朝合作以报匈奴前怨。张骞出使10年，带回来的不是一个盟友，而是关于西域的知识[25]。据此情报，武帝决定夺取匈奴在西域的霸权，削减其经济资源。持礼物的皇朝大使带头西行，随后是军队、商人、移民[26]。

游牧民族虽然居无定所，但部落各占辽阔地盘。他们转移地盘的大迁徙有时像打弹子，一个弹子撞动另一个弹子，它滚开又撞动更多弹子，连锁反应。月氏西迁时在伊犁河谷停留，赶走了原住的塞人。一部分塞人骑向西南，进入今伊朗东北部，其时属帕提亚。关于他们以及其他中亚的游牧民族资料甚少。我们只知帕提亚王与罗马交战时，数次解围而去或吞声讲和，只因他必须回师应付东邻贵霜或北部牧民之患。作为敌人的敌人，这些游牧民族可谓是罗马的无名朋友[27]。

创立帕提亚的半游牧民族，前 3 世纪中叶从东北进入伊朗。他们蚕食亚历山大帝国承继者之一的塞琉古王国，至前 141 年占据两河流域。帕提亚帝国的疆土从幼发拉底河延至阿姆河、从加勒比海延至波斯湾，雄据今伊拉克、伊朗，及部分土库曼斯坦[28]。汉称帕提亚为安息。安息王以大排场迎接汉武帝的使节，前 113 年派回使至长安。后数年，第一批满载汉丝绸的车队经大夏抵达安息[29]。

前 92 年，帕提亚提议与罗马共和国结盟。苏拉辱其使节，只允许帕提亚作臣属。帕提亚能自卫，在卡雷打败罗马入侵。它也能守信，与奥古斯都定约后，与罗马帝国相安百载。图拉真重事侵略。帕提亚王室败落，引起臣民不满，224 年被波斯人取代。波斯人来自伊朗南部，其祖先曾建显赫一时、威胁希腊的波斯帝国。他们的组织文化都比帕提亚人强[30]。然而在罗马眼中，波斯和帕提亚有同一弱点：它们没有常备军队，每次遇战都得召集贵族、特别募兵。还有，波斯和帕提亚一样，最大的忧患不是其西方的罗马帝国，而是其东北的游牧民族。匈人便先打波斯，然后才进逼罗马[31]。

帕提亚与罗马比邻，远离汉朝，但却先与汉朝建交。罗马帝国长期无敌，对兵力可达的范围之外，一般不感兴趣，亦绝少遣派外交使节。它惯以武力抗衡波斯，长期来消蚀彼此不少国力。汉朝为了抵消游牧敌人的军事优势，勤事外交。因此汉人关于罗马的情报，多于罗马人对中国的认识，尽管罗马热衷进口珍贵的丝绸（见附录一）。

7.2　中国的羁縻勿绝

“天子之于夷狄也，其义羁縻勿绝而已。”[32] 司马相如上书汉武帝时，恐怕想不到“羁縻勿绝”会成为历代皇朝外政策略的名字。羁縻政策避免极武穷兵，但示之以威，怀之以惠，刚柔并济，笼络外国[33]。外交上通使和亲，经济上互市馈赠，都是怀柔手腕。然而没有强大的军政威势作后盾，一味献礼讨好以求苟安，只是屈膝，不成羁縻。这是汉初对匈奴的情况。

匈奴全盛时有控弦之士 30 万。成年男子皆控弦；据此我们可以估计其人口约 100 余万，符合汉人所说，匈奴人口不及汉一大郡。他们的最高领袖称单于，下统六对世袭贵族，以左右贤王为首，共议军机大事。24 个长官，各领骑兵数千至一万不等，加起来约 15 万就役战士，合全民后备队的半数[34]。

匈奴出没于今内蒙古及辽宁省，紧压汉朝整个北疆。东线左贤王，西线右贤王；单于居中，王庭伸入今山西省北部。在河套阴山一带的朔方，虽得赵筑长城、蒙恬经营，但楚汉相争年间仍被匈奴复占。朔方的西南，今宁夏甘肃，匈奴地抵河西。朔方和河西有好牧场，兼产谷物，是匈奴的经济基地。从河西南越祁连山，匈奴与羌人接壤。羌人栖地延入青藏高原。若胡羌连手，则三面威胁西汉京畿的关中一带（地图 12）[35]。

汉朝成立翌年，单于冒顿入侵，攻打长城以南 200 公里的马邑。高祖亲自领兵反击，被围在今大同东北的平城，7 日不食，侥幸得脱。无奈与冒顿定和亲条约，嫁公主给单于，每年奉上定量的物资。新皇帝或新单于上台，即重申和亲，汉常遣公主，并增加每年的贡献[36]。

前 198 年开始，西汉匈奴的和亲条约维持了 65 年。汉开放关市，让胡汉交易，甚得双方人民喜爱。匈奴侵寇减少，但从未停止。前 166 年，匈奴大举入塞数月。之后 8 年，烽火直通长安。文帝时，杀略万人是每年常事。景帝时，郡守战死，或吏卒阵亡 2000 人，只算“小入盗”的损失。汉军把他们赶出去，但无补边民伤亡。每次汉军都是及塞而止，并不追击，事后更照常送上年奉[37]。

和亲沦为屈辱求安。财资馈赠使匈奴贵族日益壮大。汉朝君臣忧患，但军备不齐外，他们也受内政掣肘。汉初蒙战乱，民生疲弊。更糟的是封建遗弊：诸侯王蠢蠢欲动，使中央政府非但不能动员国力抵御外侮，而且要担心这些皇家亲戚趁国家有事谋私致乱。前 177 年匈奴入侵时，济北王便乘机造反，使文帝不得不放弃追击外敌[38]。攘外必先安内。景帝削藩成功，他的承继人才可以放手对付匈奴。

眼光长远的务实汉臣并未坐视危机。晁错等提出的多项对策，用现代术语可叫纵深防卫，我们留待与罗马战略比较时详论。要防御奏效，必须先把匈奴从边界推开，不让他们在塞下巡猎，见虚即入。还有，王恢指出：“匈奴侵盗不已者，无它，以不恐之故矣。”[39] 他们以为可以欺负一个不敢还手的脓包，必须改变这观念，才能阻吓他们不敢随意入寇。要制造地理上和心理上的有效防御距离，少不了攻击示威。与匈奴开战少不了骑兵，因此文帝鼓励人民养马，景帝广设马苑。如此，汉朝一面安抚匈奴，一面自图富强[40]。

武帝即位时，汉朝经70年休养生息，经济大盛，人给家足，国库满盈[41]。前133年，22岁的皇帝诏问公卿：“单于待命加嫚，侵盗无已，边竟数惊，朕甚闵之。今欲举兵攻之，何如？”激烈的辩论重申历来意见。现实形势转变，很多反战理由过时。然而决策者仍然谨慎，采取一个曾经考验的方法[42]。

战国后期，赵国的李牧守边，暗中训练骑兵，但只与匈奴小接触，佯北不胜。数年后，匈奴大举入侵，李牧诱他们深入，以精骑张左右翼包抄。匈奴大败，此后十多年不敢接近赵国边境[43]。如今匈奴被数十年和亲养成骄心，汉朝企图利诱他们深入攻打马邑，伏击之。匈奴觉察，及时退兵。汉计虽然失败，但终于建立了敢面对敌人的政治自信[44]。

长逾百年的汉匈斗争将会在军事、外交、经济方面展开。汉兵将北涉蒙古草原、西逾帕米尔。汉使的足迹更远，随后的商人将开启横跨欧亚大陆的丝路贸易。战事将使汉朝经济紧张、匈奴经济崩溃。至前36年，匈奴分裂，一个单于投降、另一单于被杀时，汉朝将会锻炼出羁縻手腕。它建立的纵深防卫，将会长期保护边民安全。

和亲约毁，匈奴侵略马上升级。汉朝新手，备战较慢。前129年它首次开塞，四将齐出，李广无功，唯卫青不败。年轻的卫青和更年轻的霍去病都是外戚之属，但出身低微，凭战功成为汉击匈奴的两大名将。他们纵有天资，功绩也全仗周详的后勤，委输的人民，和耐心培育的大汉骑兵，出塞远征，驰骋草原，野战雄风不让以骑射为生的游牧民族[45]。

前 127 年开始，8 年内五大战役，扭转全盘局势。漫长的边境上，汉军常数处同时出击，虽非处处奏捷，但牵制敌人，使其不能首尾相应、围抄自己的主力。他们的胆识神速使匈奴措手不防。卫青收复朔方和河套以南之地。霍去病出黄河以西，即后来凉州甘肃一带，大获全胜。单于退守漠北，设王庭在日后蒙古人发祥的河谷、今乌兰巴托附近。他估计汉军若胆敢涉渡今蒙古东南部、沿中国国界绵亘的大戈壁沙漠，无疑自寻死路。他估计错了。武帝以粟养得战马肥，国家发 10 万骑，外加私人自备行装 14 万骑，兵分两路，渡漠决战。卫青在沙暴中败单于。霍去病破左贤王，就食于敌，深入蒙古。匈奴损兵八九万，远遁西北。从此漠南无王庭，内蒙古东部落入汉的威势范围。有了战略距离，边郡有充分时间响应烽火传警，纵深防御。然而匈奴仍然强悍，休养复元，伺机而动。汉朝亦损兵数万、马 10 余万。因马少，无力乘胜进逼。前 119 年漠北之战后，10 余年北线少战事。其间卫青霍去病相续去世[46]。

武帝遣其步军前往其他边陲，平定西南山民，扩土延入今越南北部和朝鲜。然而他的注意力从未离开北疆。汉朝厚待投降的匈奴以吸引更多人归顺，同时设立专门行政机构，良加管理。今河北北部以及辽东一带的塞外，驱逐匈奴后徙置游牧的乌桓人，设护乌桓校尉，作为对匈奴的缓冲。匈奴企望恢复和亲，汉朝要它南面称臣。10 多年的冷战就像一场围棋，彼此下子减削对方的应变余地，使其无能对付迟早降临的天灾人祸[47]。

双方均视朔方和河西为日后较量的争夺焦点。匈奴主力西移，前 112 年联结羌人合攻河西，不逞。汉渡黄河，重修秦时蒙恬的塞垒，筑朔方郡。从朔方到河西，派官兵五六万通渠置田，筑烽火亭障，更从内地移民实边。又设武威、张掖、酒泉、敦煌四郡，并列为上千公里长的河西走廊，属凉州。河西走廊北有沙漠保护，南有祁连山的冰雪河流滋润，天然的战略形势，今天仍可见于甘肃省的奇特形状。它像西伸的手臂，切断胡、羌南北联系，保障中国东西交通。走廊西端，一北一南，玉门关、阳关雄踞，开向辽阔的西域[48]。

张骞出使 10 年，前 126 年返国。凭其在西域的见闻，他提议与西方国家结盟，以断匈奴右臂。最重要的是天山北面、伊犁河谷的游牧民族乌孙，地美人众，如它倒戈，匈奴将丧失一大资源。武帝同意。张骞将金币牛羊，出使乌孙，分派副使至西方诸国。乌孙不敢背叛匈奴，但遣使随张骞报谢，见汉广大，愿与通交。其他国家也颇多回使。从此中国与西域通交。西方路上，使节往来频繁，商人日众[49]。

“西域”广义泛指西方之地。狭义的“西域”指约今新疆天山以南，从玉门关到葱岭（即帕米尔高原）。内中绿洲三五十，多环抱塔里木盆地，有城郭田畜。几个大国外，人口多以千计。匈奴本来控制西域，设僮仆都尉，收敛赋税。丧失朔方、河西后，更依仗西域的财源。难怪它不能容忍汉的活动，时遮通路[50]。

前 107 年匈奴开始重肆入寇。为了彻底打败它，武帝远征蒙古、经略西域。然而他西北战役的成绩不及以往的北征。匈奴汲取经验，发挥其战略长处，敌进我退，尽量避免与汉军接触。汉军的补给线大大增长，而且全在干旱地带。若沿途的绿洲国闭门不纳，远征军即有缺粮之危。个别战役如征大宛，合希腊罗马心理多于合汉朝国情。抵制匈奴，兵临狭义西域、邦交广义西域足矣。大军辎重翻过世界之脊的葱岭，虽得大宛血汗马种，然而虚耗中国，得不偿失[51]。不过失算是少数。汉朝承受伤亡，锲而不舍，把匈奴势力逐出西域大部，降服绿洲诸国。前 90 年，汉三路出击。西路得西域六国相助，取得位于吐鲁番盆地的车师；是处乃汉西行、匈奴入西域的咽喉。东路李广利却全军覆没而降敌[52]。军事挫折、财政枯竭、社会不安，加上太子惨剧，使武帝灰心。翌年公卿上书，提议屯田轮台以巩固西线的战果，他下诏大致说，够了；以后政策重心转向思富养民："当今务在禁苛暴，止擅赋，力本农，修马复令，以补缺、毋乏武备而已。"两年后武帝崩[53]。

武帝轮台之诏戒轻率出兵，但不像盐铁会议的儒生般要废军备、弃前功[54]。他 20 余年深入穷追，受打击最大的不是匈奴的军队而是它的经济。匈奴闻汉发兵则驱畜远遁，常使汉军千里空出。虽然如此，但匈奴老弱奔走，孕重堕殰，又失朔方、河西、西域的资源，穷愁苦极，经济崩溃，内部问题滋生[55]。昭帝宣帝继承行政效率、战略优势，所以可以轻徭薄赋，但不减对敌压力。昭帝鉴于建设功效设置轮台屯田，后来成为西域都护驻地。宣帝善用武帝对乌孙的远瞩投资。乌孙多马擅战，胜兵 18 万。武帝以公主下嫁，但未能说服它军事合作、钳制匈奴。前 72 年宣帝应解忧公主的联系，与乌孙部署战略协同、左右夹攻。汉五将东出，如常因匈奴退遁而无所获。异乎寻常的是，这一次它有远方盟军，限止匈奴避战。乌孙西入，斩兵将 4 万，获马牛无数。单于亲征乌孙报仇，又遭大雨雪，死者十九。从此匈奴一蹶不振[56]。

前 60 年，汉朝设置西域都护，统 36 国，并监察乌孙等外国。都护屡罢再建，维持百多年[57]。这样，中国首次进据它今天的新疆维吾尔自治区。此后它将两次重复壮举。7世纪时是唐朝，18世纪初清朝西进，也比美国的西部扩张早了约100年。

前57年匈奴内乱分裂。6年后呼韩邪单于降汉称臣，入觐宣帝。汉厚赠衣物粮食，派兵护送他回归漠北王庭。其兄郅支西迁，投奔今乌兹别克斯坦境内的康居，后为西域都护甘延寿和其校尉陈汤发诸国兵诛灭[58]。羁縻奏效。宣帝以来，边城晏闭，人民炽盛，牛马布野，数世不见烽火之警[59]。

前33年呼韩邪再次入朝，元帝赐予后宫良家子王昭君。自高祖和亲以来，不少汉家公主嫁与匈奴乌孙。离乡愁苦人人难免，外交功高如解忧公主的也有，但无人比得上自动请缨的平民王昭君，以美貌志愿赢得千载吟咏[60]。今天回顾，汉女马上琵琶，与其匈奴夫婿并缰北入蒙古草原，不愧是盛汉形象。他们的后代是中国人。

7.3 东汉闭关自守

王莽复古改制引起藩臣属国不满。两汉间中国群雄逐鹿，使“边陲萧条，靡有孑遗；鄣塞破坏，亭队绝灭”[61]。藩属趁机反叛。匈奴带领鲜卑、乌桓，重肆寇略，甚至入居塞内。东汉的统治集团多是中土大地主，地域观念重，最要紧是保持内地安逸，不愿花费去支援边民。更偃武兴文，迁都洛阳，改察举制度削减边郡人选，皆显示不重视国防。这态度助长匈奴凶焰。光武称帝逾20年，匈奴入侵日深，杀略抄掠甚众，北陲无复宁岁，光武帝只怪边郡报警失实[62]。西域诸国两次遣子入侍，请求汉朝恢复都护，说否则他们将被逼投向匈奴。光武帝闭关不纳，教他们自便。于是匈奴得鄯善、车师等国为翼，益加悍横[63]。

人算不如天算。草原连年遭百载难遇的大旱蝗灾，赤地千里。饥疫交逼下，匈奴内乱分裂。48 年，南匈奴降汉，乌桓和鲜卑跟进。大家都贪图东汉的丰厚礼赠津贴。北匈奴犹强，带领光武帝所背弃的西域诸国，焚烧杀掠河西，使其城门昼闭[64]。73 年，明帝派窦固、耿秉重开玉门关，取车师以制匈奴。章帝趁北匈奴内乱，不顾朝士反对，应南匈奴之请，令窦宪备战。91 年汉胡联军，大破北匈奴。北匈奴残余继续扰击西域至 151 年。此后他们西迁，从中国记载中消失[65]。他们的后代是不是 200 年后入侵罗马帝国的匈人，至今史无定案。

东汉沿用武帝以来惨淡经营的羁縻策略，但喜欢敷衍，以省却眼前力为仁德。南匈奴提议返回草原，如同西汉宣帝对呼韩邪的安排，胡汉互利，但东汉士大夫不肯冒险出兵护送[66]。结果东汉浪费了战胜果实，让鲜卑霸占匈奴故地，坐大成为新的威胁。南匈奴留在塞内，长期接受巨额津贴，养为心腹之患。它将于 317 年焚洛阳，灭东晋，戕害中原[67]。

东汉 73 年取车师后，重置西域都护。都护御匈奴，保边民，捍卫东西交通。商品交贸刺激经济，文化交流增长知识。然而士大夫对此均无兴趣，杨终、第五伦等坚决反对疲中国而事四夷。76 年匈奴反攻，杀都护，围车师，他们甚至反对发兵援救被困将士。章帝听从他们，决定放弃西域，只除救兵一事上，听取利害陈说：若弃人于危难，下次匈奴再犯，陛下使谁去抵挡？朝中公卿高谈仁义爱民时，关外将士耿恭等死守孤城，煮铠弩以食其筋甲，榨马粪以饮其汁，挖井 15 丈取水。捱到半年后救兵至，只余 13 个人，形容枯槁，生入玉门关[68]。

班固和杨终一样，盛赞光武帝摒绝西域的大义[69]。他的弟弟班超却投笔从戎，以行动阻碍了书生的闭关理想。班超74年领36人出使西域。西域有南北两道，在葱岭脚下的疏勒会合[70]。他取南道，在鄯善击杀匈奴使团。遂凭其胆识机智，威服昆仑山脉下诸国，说其背胡附汉。到达疏勒时，接获朝廷的撤退令。他新赢得的盟友大为恐慌，怕匈奴报复，哀求他留下。违令很危险；外任小官的积极性是朝廷公卿的大忌。西汉时甘延寿和陈汤主动诛灭郅支，功绩昭彰，但仍差点获罪，便是一例[71]。然而班超仍然决定留下，为汉守盟诺[72]。

班超组织葱岭东西各国的军队万人，攻取西域北道西端的姑墨。然而北道中部的大国龟兹、焉耆依附匈奴。要对付它们，非得朝廷支持不可。他上书分析形势，解释军事可以主要依靠土著，以夷制夷。中国只需出兵少许，而且不需兵粮，因为疏勒一带田地肥广，士卒可以自给自足。几年过去了，南道诸国见汉朝不顾，开始叛变。等到80年，1000名汉军终于到达，4年后增兵800人。这免刑徒和志愿兵组成的军队虽小，但象征东汉首肯领导西域。它像一柄钥匙，开启西汉人民无穷血汗争取来的国家威信，不使其埋没沙迹。班超能动员更多当地的人力物资，联结更强的盟国，制服更大的敌人，包括逾葱岭而来的月氏。94年八国联军征讨焉耆，有逾千商客吏士自愿参加。此战后，西域平定，东西交通再度畅顺。络绎西来客中，有安息使节、罗马商人[73]。

班超任西域都护，102年去世。他的继任管辖不当，东汉第三次撤除都护。北匈奴卷土重来，断绝中西交通，并入寇河西凉州。朝中士大夫多赞成闭玉门关、放弃西域。119年，班超的少子班勇力争，终于说服政府，派300名士兵驻守敦煌。后来形势如他所料恶化，再加兵 500 人，出屯玉门关外，羁縻西域。班勇组织诸国，驱逐匈奴，保卫交通。东西商贸兴旺，但东汉势力再也难达葱岭了[74]。西域三绝三通。第二第三次开通，班氏父子的个人努力不可少。从张骞、苏武开始，出使匈奴、经营绝域的两汉壮士为国为民皆有建树[75]。有儒生讥他们志在封侯功名，可见两派心腹[76]。

班勇舌战群儒时，指出若只顾贪图眼下省钱，让西域的资源养大敌人，日后要抵御敌人入侵，花费何止千万倍[77]。近视政策的恶果，莫显见于 107 年开始的羌乱。时人王符指出："百姓昼夜望朝廷救己，而公卿以为费烦不可。"[78] 政府失策，使羌乱三炽三息，延绵 60 年。边民罹难，国家也元气巨伤不复。

半游牧的羌人种姓复杂，分为很多部落，但少有社会等级分别，也缺乏政治组织。他们散布青海湟水一带。因人口膨胀，多有移居凉州塞内，甚至渗入三辅，即西汉的京畿一带。他们有些与汉人杂居，同受郡县统治。此外朝廷设护羌校尉，管治众部落。少数民族的部落一般因贫穷而免税，但不免徭役。政府发羌骑，一如发匈奴和其他游牧民族的胡骑[79]。

在汉朝来说，匈奴之患可归咎于武功不及，羌祸则源自文治不足。罢黜百家 200 年了，抚民的郡守县令多是儒生。若能实践仁义、教化民族和睦，吏治清廉、秉公化解纠纷，当不会引致大乱。踏实负责任者如虞诩、皇甫规等，的确赢得边民、甚至叛军尊敬。可惜他们属少数，而且功绩常为清高清议的同僚轻视。时人史家一致认为，官吏豪右狡民欺羌人习俗不同、言语不通，长期侵暴，使其积怨成恨，是羌人反叛的主要原因[80]。

暴动开始时很小，但官方反应恶劣，如王符形容："将帅皆怯劣软弱，不敢讨击，但坐调文书，以欺朝廷。实杀民百，则言一；杀虏一，则言百……倾侧巧文，要取便身利己，而非独忧国之大计、哀民之死亡也。又放散钱谷，殚尽府库，乃复从民假贷，强夺财货。"[81] 郡守县令多是内地人，事态稍为扩大便争着要求内徙以逃避责任。朝廷公卿一向不愿内地负担边陲经费，也热衷遗弃凉州。令下先迁其中四郡居民。老百姓不肯抛弃家园，官吏就刈其禾稼，烧其房屋。难民流离，丧其大半[82]。

虞诩和班勇一样，指出苟且之祸：若凉州失掉，则三辅关中成为边塞前线。要保卫它，困难得多。况且凉州军民以勇猛见称，大将辈出。他们的牵制使胡人羌人不敢侵犯三辅。若果他们认为受到朝廷背弃而造反，那么中国会增加一个比胡羌更难缠的敌人[83]。日后韩遂马腾之变，将证明他的眼光正确。

虞诩的理由踏实合理，说服朝廷收回弃凉的决议，代之以起用熟悉当地情势的凉州豪杰，安抚臣民。然则问题根源深远。京师的党争炽盛，使政策摇摆不定。动乱稍息再起。到 168 年羌乱平定时，东汉已国力虚脱了[84]。

东汉应变失误，独专排外的意识形态难辞其咎。诠经心态窒碍理智判断，"仁者无敌"等反功利教条阻遏实务，攻击有建设性的提议为"生事扰民"。绕是太学生三万，但空言浮食者多。国家的干练人才凋零，军备废弛。光武帝崇文德、堕武事，废诸郡都尉，省却兵勇训练[85]。征兵无战斗力，所以与羌人一触即败[86]。西汉移民实边，努力发展农牧，边陲丰饶[87]。东汉萎缩，北方和西北十九边郡的户口，比西汉时锐减逾百分之七十[88]。中土士人长久吝啬财富，不顾唇亡齿寒，苟且偷安的报应就快到了。

7.4 罗马的无限帝国

“我赋予他们帝国，疆域无尽、时代无穷。”弗吉尔的史诗《埃涅亚特》里，天神朱彼得如是任命“世界的主子、穿托加袍的罗马人”[89]。写于奥古斯都年间，无限帝国（*imperium sine fine*）表达出罗马人的一贯观念，即如西塞罗说：“罗马人统治世上所有人乃永生天神的旨意。我们绝不能违背神意而受制于人。”[90] 罗马帝国不改共和国的豪气。弗吉尔死后 4 个世纪，那马田尼乌斯犹歌颂帝国：“你的权力普达日光所照处，直至世上最遥远的角落。”[91] 光听宣传，没人会想到那时罗马城已经投降给西哥特人了。

“无限帝国”很晚才成为空言。它的后盾是一支强大的职业常备军，训练精，配备足，攻击编制。自奥古斯都创立，200 年间罗马皇军的兵力徘徊于 300000 人的水平，逐渐上升[92]。前 27 年奥古斯都对付了元老院后，马上开始扩土。西班牙和非洲绥靖，帝国疆域西抵大洋、南濒沙漠。只有东、北两面的边境有问题，但都无彻底解决的方法。两面出击太难。奥古斯都决定修好东邻，全力开拓北疆[93]。

罗马东线的基地是面对帕提亚的叙利亚省。帕提亚是帝国的唯一比邻大国，不让罗马势力越过幼发拉底河，使它自由受制、切齿不已。今天土耳其东部的亚美尼亚与帕提亚文化相同，常请帕提亚王子做自己的国王。罗马把亚美尼亚当作附庸，常因它而与帕提亚发生冲突。克拉苏入侵帕提亚，全军覆没。恺撒报仇之举因被刺而作罢。安东尼两次进犯，伤害最大的是他自己。奥古斯都一面兴师，一面谈判，见效得多。前 20 年，帕提亚交回从前俘获的兵团鹰标。奥古斯都大肆宣传恢复罗马的光荣面子。他最得意的塑像所穿胸铠的装饰，就用这事作主题。别的罗马人或许没有那么热心。狄奥评说："他接受鹰标，生像真的打败了帕提亚。"[94]

此后 30 载，外事集中北疆。帝国的后勤规模和组织都使共和国相形见绌。恺撒征高卢时经常要为粮草担忧。奥古斯都开始发展委输系统，使大量物资源源由地中海流往北方，供应大军和无数堡垒。前 16 年到前 13 年，皇帝亲自坐镇高卢，指挥战役，让他的两个继子发挥统帅天才。提比略从高卢东征，德鲁苏从阿尔卑斯山北进。两军协调行动，把今天的瑞士、奥地利和德国南部纳入帝国版图（地图 11）[95]。

兄弟俩马不停蹄，前 12 年再受任务。提比略转战潘诺尼亚，即前南斯拉夫北部。此地是意大利到东方的陆路必经之地，可谓是罗马帝国东西两部的枢纽。提比略的战役，配合在巴尔干半岛的行动，把帝国北界推至多瑙河。同时，德鲁苏跨越莱茵河，三路入侵日耳曼尼亚。前 9 年，罗马军到达今天汉堡所在的易北河，不过并没继续挺进。此后不久，德鲁苏意外堕马身亡，提比略退休，奥古斯都把心思转移到安排血缘继承人[96]。

他们和秦始皇一样，放心休息得太早了。公元 6 年，潘诺尼亚起义，动乱蔓延整个伊力里库姆，即前南斯拉夫全部。奥古斯都不顾抗议，用强硬手段征发内战以来最大的军队，交给复出的提比略。提比略 20 年前就征服了这片土地，现在再要 3 年艰苦的战事，才平息叛乱[97]。

筋疲力倦的皇室只有 5 天去享受胜利，日耳曼尼亚的警报接踵而至。按照一贯政策，罗马召募了很多归顺的日耳曼人入辅助部队，并任命他们的酋长做低级军官，其中之一是

25 岁的赫鲁斯基族酋长，阿米纽斯。（请注意他的拉丁名字。1841 年致力德国统一的民族主义者为他立纪念像，便摒弃拉丁名而取正宗的日耳曼名：赫尔曼[98]。）那时，奥古斯都认为 20 年的军管平服了日耳曼尼亚，可以转为文治，命令总督瓦鲁斯开始正常征税[99]。他判断错误。瓦鲁斯被阿米纽斯领导的日耳曼盟军伏击。三个兵团，莱茵军区的全部兵力，尽被歼灭在条头堡树林。奥古斯都悲痛下撕破衣服，数次以头碰门，高呼："瓦鲁斯，还我的兵团！"[100] 易北河是无可挽救了。幸而提比略机警应变，稳定了莱茵河一带。阿米纽斯不能扩大联盟，乘胜追击。奥古斯都从别处调兵，重建莱茵军区，任日耳曼尼库斯为统帅。年轻的日耳曼尼库斯是德鲁苏之子、钦定提比略之后的第三代皇储。

奥古斯都 14 年逝世。临死写成的《功绩录》，宣称自己绥靖日耳曼尼亚达到易北河。不过他在死后宣读的遗嘱中加了一笔，教后代安于帝国的现存版图，不要试图再扩大[101]。

翌年罗马兵团重临条头堡树林，大肆屠杀，报仇雪恨，争回名誉面子。日耳曼尼库斯不顾己方因交锋和行军而损失严重，夸口再一年便能获全胜。不过提比略终止了日耳曼战役。新皇帝曾 9 次亲历其境，熟悉当地实情，象吴起一般知道"战胜易，守胜难"[102]，若没有适当的机构去管辖占领区，打赢仗无疑白费力。日耳曼人又穷又蛮，实在不值得费劲去理会[103]。

提比略的承继人比较积极。卡里古拉指挥日耳曼战役，但以闹剧收场。克劳迪乌斯派兵征服不列颠，大为扩张帝国。尼罗计划雄伟东征。韦帕逊趁内战胜利之威，肃清雷提亚，建栅栏工事连接莱茵河和多瑙河，造成平滑无决的北线前沿[104]。

无限帝国在图拉真治下登峰造极。奥古斯都死时皇军趋低潮，只有 25 个兵团。图拉真把它增至 30 个兵团，每个都添兵增将。他御驾亲征，把帝国伸延过多瑙河和幼发拉底河。达契亚位于今天罗马尼亚，在多瑙河之北，隔河与罗马行省对峙。图拉真两次征伐达契亚。106 年全胜，把原居民全部杀掉或赶跑，然后从帝国各地招募殖民。达契亚富庶多金银。罗马人每因侵略抢劫而发横财，这是最后一大笔。新行省像个瘤般突出多瑙河彼岸，大大增长了帝国的边防线[105]。

帕提亚自从与奥古斯都订约后，很少与罗马冲突。113 年，图拉真兴大军，一意征服它。帕提亚人争吵内讧，便宜了罗马人。战役历时 3 年，图拉真攻夺了在今巴格达附近的帕提亚冬都泰西封。他把占领的疆土分作两个罗马行省，然后驾海军沿幼发拉底河南下，洗剑波斯湾。罗马皇帝中，唯有他步亚历山大的足迹到此，憧憬无限征服。然而闹钟很快就响了。帕提亚人受战败教训，团结袭击他的补给线。庞大的军费委输紧张经济，帝国各地呈现骚乱不安。图拉真仓促退兵，寄书元老院："这疆域广阔无垠，遥远难及，我们无法有效统治它。"[106] 他一年内去世，赢得最佳皇帝（*optimus princeps*）之身后名。哈德良 117 年继位，不用几天就宣布放弃图拉真征服的帕提亚土地[107]。狄奥按："就这样，罗马人征服亚美尼亚、大部分两河流域和帕提亚人，历尽艰辛，只落得一场空喜欢。"[108]

其实也不是万事成空。奥古斯都跨越莱茵河，可谓徒劳无功。图拉真跨越多瑙河和幼发拉底河，却是后果无穷。达契亚和帕提亚的赃物远比日耳曼尼亚丰富，但这并非主要。图拉真之举把帝国的重心拉向东方，离开意大利和莱茵前沿。多瑙军区将成为帝国内政外交的重心，其兵团将产生最优秀的将军以及多个能干的皇帝。图拉真粉碎了帕提亚自卫无敌的形象。此后他的征战替代了奥古斯都的外交，成为帝国策略，开启了帝国两面受敌的可能。东方缠住越来越多的兵力，削弱了北疆的防御。君士坦丁堡将兴起于东方，镇守多瑙河和幼发拉底河前沿。莱茵河前沿将崩溃，造成罗马城和西罗马帝国的致命伤。

图拉真以后 40 年，四境无事。161 年马可·奥勒略登台时，帕提亚恢复元气。现在它找麻烦的惩罚重得多了。奥勒略派他的同僚皇帝维路斯征讨。维路斯攻陷泰西封，并顺手焚毁对岸的希腊城邦塞琉古西亚，不顾其公民以友情接待。这次东征有两个意外的后果。出征的军队沾上瘟疫，回来四处传染，帝国人民因之死掉十分之一。第二个后果或许不难逆料。大兵调去打帕提亚，使北疆的日耳曼人有机可乘[109]。

166 年，约 6000 名蛮人渗过多瑙河，被当地守军制服。4 年后，马克曼尼族带头的蛮人越过阿尔卑斯山，其他部族渡过多瑙河下流进入巴尔干半岛。奥勒略把他们赶了出去，但也意识到情势有所转变。数百年来，日耳曼人的农业生产技术慢慢改良，人口徐增，压力上升。多瑙河北的日耳曼尼亚酝酿不安。奥勒略按照罗马的传统策略，出击防患[110]。

马克曼尼战役拖了 10 年，涉及 20 多个日耳曼部族。每一部族都得个别征服，反复再三。奥勒略击败他们，加以苛刻条约，禁止结集往来，限制贸易，抽取兵员调去远方。不过这些胜利零星，而且得来不易。败家转背反叛，勾结别的部族，卷土重来。游击般的战事需要毅力耐性。维路斯早死。奥勒略性爱恬静，但负起罗马皇帝亲征的责任。就在多瑙河前线的泥泞雪地、阴沉森林中，年迈体衰的皇帝写下后人题为《沉思录》的日记。其中他提起斯多葛哲人的内在精神，克服与日耳曼人长期较量的冷酷环境。180 年，他驾崩在今天维也纳附近的兵营里 [111]。

7.5 罗马色厉内荏

凡是罗马征服得的，都是神赋予罗马。图拉真占领两河流域，转瞬失去，为后代皇帝留下了光复罗马领土的神圣使命。塞提米乌斯·塞维鲁不负众望，于 195 年大败帕提亚，在今伊拉克北部建立稳固的米索不达米亚省。帕提亚仍占伊拉克南部，但因丧土而衰落，224 年被推翻。取而代之的波斯人雄心万丈，要收回失地。为了应付这新挑战，塞维鲁·亚历山大抽调莱茵河区和多瑙河区的军队，领他们东征。罗马打赢波斯，但自己亦伤亡不轻。正待休养，噩耗传来：阿拉曼尼人入侵雷提亚。关心家园的士兵鼓噪。塞维鲁·亚历山大领兵从幼发拉底河回到莱茵河，走了 5 个月。234 年，他击败阿拉曼尼人，但不愿穷追深入日耳曼尼亚，反而与蛮人缔结和约。丧失亲人的士兵不得复仇，愤怒哗变。塞维鲁·亚历山大被谋杀，挑起帝国内乱 50 年。罗马人开始品味到最佳皇帝的遗产了：两个相隔遥远的边境和皇帝亲征的责任 [112]。

波斯败后无话，直到它最强悍的皇帝即位。沙普一世趁罗马内乱，三场战役打败三个皇帝，一个阵亡，一个被俘，第三个付了一大笔赎金脱身。不过波斯的胜利到此为止。罗马从内战抽出手来，298 年赢得决定性的大捷，不但收复所有失地，还占更多便宜 [113]。

米索不达米亚省割取帕提亚的传统领域，分隔同言语同文化的人民。罗马精于镇压外族人，但这里的外族人有个顽固的大国撑腰。波斯恨罗马无道，要夺回米索不达米亚。在罗马看来，敌人有此心，自己即有足够理由作预防性的攻击。学者综观罗马与波斯的战役，发现一般是罗马主动发难[114]。6 世纪以前，波斯人只有两次入侵叙利亚，即沙普一世的 253 年和 260 年战役。罗马军队到泰西封频繁得多。曾在塞提米乌斯·塞维鲁手下任省督的狄奥预料，米索不达米亚省将引致连串战争，花费无尽，但徒然无益，因为罗马身为占领者，其实是在打别人的仗[115]。历史证明他眼光独到。君士坦丁、君士坦提斯、朱利安三次进军波斯无功。376 年西哥特人入境，本来有益帝国，但蜕变为哈德良堡的大祸，部分因为皇帝瓦伦斯正在与波斯胶着，北疆守军不够应付大量移民。奥古斯都的警告应验了：扩张过度、超过自己能力者，会有危险失去既有领土[116]。

100 多年前，塔西佗即认为日耳曼部族比帕提亚国王更危险，好在他们一盘散沙。若看到现在日耳曼部族加强团结，塔西佗会为罗马帝国不安，但还不到恐慌的地步。阿拉曼尼人、法兰克人或哥特人意谓“所有人”、“自由人”或“人类”。这些名字所指，不是一族人，而是一个松散的部族联盟[117]。3 世纪时，日耳曼行动不外小队人马入寇，志在抢掠物品。它们的规模和凶猛，最多堪比西汉时匈奴在和亲条约下的入侵。271 年奥勒瑞安遏止哥特人的决定性会战，哥特人阵亡不过 5000 人。多数蛮人队伍比这小得多。他们的组织训练、武器补给都差。罗马军队不忙着自相残杀时，对付他们绰绰有余。哥特人败后与罗马订约，受它津贴，为它提供兵员[118]。

小型入寇无碍帝国存亡，但蹂躏边境居民，决策者因而面临难题。皇军的最高宗旨是保护皇帝，吓阻或剿灭叛逆僭君。保卫皇帝和保卫边疆人民需要不同的军队编制和战略。兵力游刃有余时可以两者兼顾，可是好景不长了。帝国加税，皇军全额增达645000人，但仍有捉襟见肘之感。皇帝部署必须有所选择[119]。

戴克里先决定与人分权以稳定内政。从内战中解放出来的军队，他派去增强边防。他们修缮工事、重建公路、补充军需系统，把备受50年内战摧残的帝国恢复为一个堡垒，被一道有深度的防线环绕。这是质朴艰难的时代，但照现代军事家分析，“戴克里先的严峻统治是帝国及其文明的救星。君士坦丁的统治表面繁盛，但却是灾祸结局的肇端”[120]。

君士坦丁以内战起家，夺得独头帝位。他创立亲军，地位优惠皆高于普通的兵团，其精锐一般留驻皇帝左右。亲军作为机动后备，适合应付僭位者或集中兵力大举入侵的外敌。然而实际的外患，却多是分散在漫长边境上的小规模入寇。对付它们，中央突击队的效果如掷石机打苍蝇[121]。此外，强大的机动部队被抽调到亲军，削弱了边境戍军。戍兵的地位低落，不但军赏无份，甚至有时补给不足。君士坦丁修整边防，但热心远不及他兴建君士坦丁堡。第四世纪莱茵河前沿形势大坏，急需增强防卫，但未见系统的工事建设[122]。

369年，皇帝瓦伦斯和哥特首领阿塔纳力缔结和约，双方都满意。7年后，均势被一个变出莫测的因素打破：匈人来临。大群西哥特人出现在多瑙河北岸，乞求进入罗马帝国，以避开那些恐怖的游牧民族。10万男女老幼获准渡河入境。贪官污吏不顾缴械的命令，放过战士潜带兵器入口，又管理无能，使饥寒交迫的移民造反。当地的守军无法应付。瓦伦斯仓猝与波斯讲和，使亲军脱身，赶赴北疆。西部皇帝格拉提安答应的援军迟迟不到。378年，瓦伦斯会战西哥特人于哈德良堡，自己阵亡，军队也损失三分之二[123]。

大约2万罗马兵丧生在哈德良堡。阿米亚努斯说那是罗马在坎尼之后的最大灾难。坎尼之战，罗马损兵近 7 万。共和国只凭意大利的资源反弹，获得最后胜利。如今罗马帝国领口 7000 万，而敌人比起迦太基实在微不足道。哈德良堡之战是历史转折点，不因为罗马的损失重大，而是因为它复原乏力。罗马著名的韧力呈现裂缝 [124]。

提奥多西继瓦伦斯做东部皇帝，征募新军，又被西哥特人打败。或许他们不愿用力吧，罗马人既不能赶跑这些移民恶棍，也不能歼灭他们。382 年和约，提奥多西在帝国内划地给西哥特人，让他们保留自己的军事和政治组织，不受罗马政府监督，自成国内之国。条件是应召出兵，由他们自己的将军统领，与罗马兵团并肩作战。罗马的外政传统是有仇必报以立威。如今西哥特人毁掉了一个罗马皇帝，两支军队，以及无数人民，得到的不是罚，而是赏。其他蛮人看到也学精了。提奥多西生性无情。为了报复色萨隆尼卡市长被谋杀，他不分区别地屠杀了 7000 多个罗马公民。他特别宽容西哥特人，或许因为他另有急务，譬如清算多神教徒和基督教内的异己 [125]。

提奥多西两次召西哥特移民为他与西部帝国开战。第二次是内战兼圣战，因为他的对头获多神教徒支持。394 年弗里吉都斯河之战，西哥特人帮提奥多西击溃西部军队，让后者做上了几个月独头皇帝。基督徒史笔奥洛修斯说，弗里吉都斯河之战是双重胜利，一胜异教徒，二胜蛮人，因为西哥特兵被提奥多西安排在最前线，伤亡惨重。他开心得太早了；恐怕最后笑的是蛮人。西哥特人不忿罗马无情，395 年作反。日后瓜分帝国的蛮人中，他们是第一支，也是最强的一支。此外，为了补充重创的西部亲军，前线戍军几乎被抽调一空。406 年底，大寒，莱茵河结冰。汪达尔人、苏维人、阿兰人及其他日耳曼部落安步过河，四散往高卢、西班牙、非洲，重复西哥特人的经历。皇帝安然受亲军保护，但行省一一丧失，西罗马帝国终于无可救药[126]。

7.6 帝国策略

我们分析比较国际关系，先放眼世界，然后逐渐缩小视野，察看地方细节。罗马帝国和秦汉皇朝各自有其宏观大局，其帝国策略表达出不同的世界人生观。为了实施国策、与邻国维持不平等的外交关系，它们的霸术权谋动用心理、外交、经济、军事等手段。此外，帝国有责任防止小型侵寇以保护边民安全。守御性的边防战术，与侵略性的国策，并不互相矛盾。

宏观策略旨在应付和平及战乱种种世情，维护及提高国家的长远利益。制定策略的权力属于国家的最高领导机构：例如国家安全委员会，由总统主持，外交、财政、国防、情报等各部长及议会首长参与[127]。有美国学者从《武经七书》中抽取他所谓“中国策略”，说其传统黩武，凡事用兵[128]。其实他混淆了层次。《孙子兵法》及其他兵书讨论的是战略，不是策略。战略只是策略的一部分，是军部的职务。访问军部，当然是谈兵。把军部所说当作国策，恐怕是暴露了自己的黩武意识。

古代朝廷的结构比现代政府简陋，或许不能制定详细的长期计划，但它们并不因此缺乏方针。我所谓宏观策略，不是一幅蓝图，而是像一个维持航空方向的陀螺仪；不是一项大决定，而是一种体现于无数小措施、沉稳应付世局变幻的性格倾向。罗马的不懈黩武、遇败反弹，西汉的百年征讨匈奴，都显示坚定意向。当然，导向仪可以发生故障，也可以重新调整。数世纪的历史，国策难免改变。两个帝国后期便皆转向，改进取为苟且。

理性现实的国际关系策略必须顾虑国际形势，但不必被它牵着鼻子走。决策一般有两大掣肘：不够应对时局的情报知识，不够资源以满足所有需求。这种情况下，统治阶层的独特性格和价值观念，左右它如何揣度国内外状态、估计彼此优劣、衡量价值取舍、分配有限资源[129]。统治阶层的成分并不单纯。国家与皇帝、精英与庶民、文臣与武将、富足与安全、内地与边陲、现在与未来，各有各的需求。制定国策的最大难题在征取不同意见，斟酌先后次序，协议以达一致行动。研究决策的历史学家更有一层难题。决策人藏在心中的意向不可触摸，口上说的又常是宣传粉饰。因此普里卜斯讨论罗马战争时，常分别其缘故与借口。历史资料少。历史学家不仅听政客的高论雄辩，更要注意观察他们的行动选择。正如市场学家研究消费者的钱花在哪儿，以探索他们的偏好，史学家研究事态惯例，以探索策略的性格倾向。

帕提亚干预亚美尼亚的王位继承。尼罗召集会议，问道："我们要危险的战争，抑或羞辱的安宁？"罗马将相毫不犹豫地选择战争[130]。汉高祖崩。冒顿写信向高后求婚，说自己"数至边境，愿游中国"。高后受辱大怒，召公卿欲击匈奴，但被他们说服，送礼婉拒，说自己年老气衰，单于"不足以自污"[131]。

皇帝是历史文献中的主角。学者爬梳文献记载皇帝的决意行动，以及当代后代的舆论，发现两个普遍模式。奥古斯都的时人广泛一致地赞扬征讨和扩张帝国。不止他们，罗马人始终认为，好皇帝的典型特色主要在发扬无限帝国。后世祈望有个皇帝“无畏如奥古斯都、贤明如图拉真”，此二人正是罗马帝国史上的首席征服者[132]。汉武帝抵御外侮，四边扩大中国领土。比诸奥古斯都和图拉真的征伐，击匈奴更近必要的自卫战争，因为匈奴经常掳夺边民，而且受和亲奉养，日益强大。然而武功却成为武帝一朝的污点，大儒夏侯胜因此反对褒奉武帝为世宗。班固《汉书·武帝纪》末的赞词单单歌颂武帝之文治，一字不提保护边民、攘夷拓土的功绩[133]。

中西的三大征服家，每人最后皆遭一大败。武帝在西域的李广利军覆没，奥古斯都在条头堡林丧失 3 个兵团，图拉真被逼从两河流域撤退。前二者因挫折而反思。武帝下轮台之诏，陈心中悲痛，怪别人导致最后一战之败；并改变策略，转攻为守，弛武兴农，休息养民[134]。奥古斯都把心中话留在死后宣读的遗嘱。原文已失，但据塔西佗说，他劝告后人，保持帝国疆域现状就够了。狄奥加载他的警告，说再扩张则难以守卫；帝国可能会因此而丧失它已有的领土[135]。

武帝的诏令与奥古斯都的告诫相似，引致的反应却迥异。武帝之诏被称为“轮台罪己”。班固夸大说他“深陈既往之悔”[136]，后人争议常引此为据。武帝适可而止的忠告无疑起约束作用。比照塔西佗对奥古斯都遗言的讥讽：“他要么害怕未来危险，要么妒忌后人功勋。”日耳曼尼库斯坚持征伐，把遗言当作耳边风。哈德良放弃图拉真所征服的地域，康茂德终止其父的战役，两者皆受指摘，但不引遗言自辩[137]。奥古斯都死后，罗马帝国的膨胀速度放缓，但他的后任皇帝没一个因而获嘉许。塔西佗甚至责怪提比略失职：“罗马堕入沮丧的深渊；它的统治者无兴趣扩张帝国。”[138]

国家安全是政府的最主要任务之一。要负起责任，宏观策略必须综合政治和军事的考虑；乏能综合协议显示政治领导薄弱。参与决策的精英各怀私利。什么算是代价、什么算是收益，要看谁在打算盘。皇帝的最大担忧是自保。克劳迪乌斯入侵不列颠，因为他的皇位得来甚不光彩，需要战胜的荣耀加以巩固。一旦不列颠成为帝国一部分，无论它是不是个花费巨大的累赘，没有一个皇帝愿意冒险承受失掉它的责咎[139]。光武帝闭玉门关，不肯费半点劲去阻止西域诸国加盟匈奴、殄戮边郡人民。他造反夺得皇位，紧张着满足拥护他的内地士族豪富[140]。克劳迪乌斯和光武帝或能诉诸流行价值，以罗马荣耀、汉朝文德为宣传借口。最损宏观策略的莫如帝国末年频频的争位或内乱。

地域主义是帝国的忧患。帝国领土辽阔。同一外政，对不同地区的影响不同，其居民的反应也因之而异。汉朝士大夫不愿反击匈奴、急着放弃凉州，说攘夷保边要中土劳民伤财，不合仁德。桑弘羊反驳道，中土与边郡犹如一个人的腹心和手足。中土人士得到边郡百战蔽护，可以安逸恬卧，还要不肯交点税支援伤亡惨重的边民，空说仁义，其实自私。晁错指出匈奴屡次入侵，朝廷若不顾，边民将绝望而投敌[141]。他们的论点，用以批评罗马帝国晚年的狭隘观念，同样中肯有理。4世纪时代，三代皇帝的宠臣特米思提厄斯反对保卫叙利亚，抗议重建被日耳曼人入寇摧毁的城市："就算我们成功胜利，好处不出叙利亚、色雷斯和高卢一带；受利的只是那儿的人。但如果政府减税，全帝国的人民都能得益。"[142]套用虞诩的反驳，假如敌人占领了高卢，罗马城不会有多久去享受轻徭薄赋了。历史将会证明迂阔短见的祸害。

很少人乐意真的为未来付代价。然而高瞻远瞩，防患于未然，却是宏观策略的重大责任。现在人怎样衡量未来的利害得失？只看当前，不顾将来，会怎样影响帝国寿命？日耳曼或匈奴构成边患，是帝国的长远隐衷。有些皇帝知道世事无常，假如不趁国力强盛时解决问题，此消彼长时，应付将会危险困难得多了。为了帝国久安，奥勒略惩罚入侵的马克曼尼人，年迈亲征，志决身歼军务劳。汉武帝对其太子说，“吾当其劳，以逸遗汝，不亦可乎”[143]。相反，提奥多西宽宥摧残了数省的西哥特人，满足于他们提供的兵源。光武帝教：“舍近谋远者，劳而无功；舍远谋近者，逸而有终。”[144]他们省力保财，时人称道，而后代遭殃。为了提奥多西的苟且，他下一辈惨见希腊和意大利化为废墟。光武帝的偷安国策，报应来得较慢，但现代史家指出，日后华北沦陷及300年的分裂战乱，它有部分责任[145]。

7.7 霸权手腕

东西方的古人皆有世界的观念，中文“天下”，拉丁文 *orbis terrarum*，希腊文 *oikumenē*。秦始皇“平定天下，海内为郡县，法令由一统”[146]。此后，政治统一成为历久不衰的理想，使中国屡次分裂都能自愈重合。西方经历一连串的帝国：亚述、米堤亚、波斯、马其顿、罗马。在帝国相继意念下，罗马人自称雄霸全球。他们的塑像和银币刻画地球踩在罗马女神、奥古斯都或别的皇帝脚下，后来改为捧在手中[147]。有人用现代术语配古代形象，把当时社会叫作“罗马文化全球化”[148]。

尽管各种“天下”豪语风行，人人都承认帝国边境外还有大片疆域[149]。他们分别 *imperium* 的权力意义与 *imperium* 的地域意义（见4.1节）。罗马帝国和秦汉皇朝的志向是地域广大的帝国及无远不及的霸权。帝国有边境。罗马帝国以海洋、沙漠、大河为界。两国元首常在边界河上架桥或登舟相见，如瓦伦斯皇帝与西哥特酋长阿塔纳力会于多瑙河的船上[150]。中国北方缺乏天然地标，中国人就筑长城。汉文帝遣匈奴书曰："长城以北引弓之国受令单于，长城以内冠带之室朕亦制之。"[151]

帝国视其边界，既非固定，也不妨碍自己的势力影响远播。周代有五服制，想象五层势力涟漪般一圈圈荡漾开去。撇开封建细节，大致可分三层政治：中心是周王直接统治的王畿，内环是周王间接统治的诸侯国，外环是周王自夸统而不治的夷蕃[152]。现代学者用三个同心圆圈作抽象图示（图5）。同样的图形，西方学者用以表示罗马帝国的权力结构[153]。汉朝初年搞封建，罗马帝国臣服独立邦国，各自的内地皆容纳许多附属王国，所以图示间接统治的内环肥厚。随着政权巩固，这些王国逐渐被消化取缔。最后帝国内地一片，全由中央直接统治。汉武帝宣称："四海之内莫不为郡县，四夷八蛮咸来贡职。"[154]第二句显示新的藩臣属国在帝国边陲出现。间接统治一环并没消失，只是被压扁推开，成为帝国的外皮（图5）。

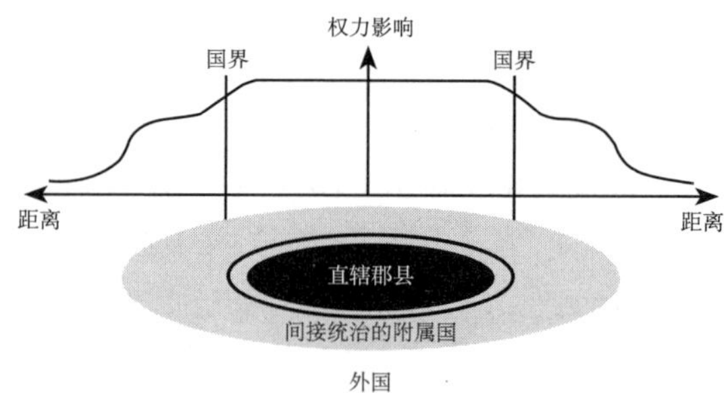

图5　帝国的政治结构和权力影响

皇朝、帝国成熟时，其世界秩序可分为三个界限模糊的政治地带：内地、边陲、外国。内地划分为郡县或行省，由中央委派守令或总督。边陲是个宽阔地带，延伸国界内外。它包涵与内地政制相同的边郡或边省，也包涵各种间接统治的特设机构、附属王国、臣服部族。边陲以外的无穷外域，帝国交接不密，但试图影响。帝国如何与外国保持关系？它怎样加强对边陲属国的控制，使它们与内地同化？这些是它的霸术权谋。

不平等是帝国国际关系的特征。一个以文化高越经济宏厚而自豪的超级大国，面临一群人口稀少、贫穷落后的蕞尔外族。由于实力悬殊，这些外族虽然勇猛好战，但无能倾覆帝国。然而他们不止是讨厌的邻居。他们入侵残害边民，使边郡不宁。帝国能打败这些邻居，但既不能全部歼灭他们，也无法有效地统治，因为他们风俗各异，难以同化。为了防御边患，帝国与他们建立不平等的关系，以军力作后盾，从事种种战事以外的活动：政治颠覆、外交笼络、经济控制、心理压力。

攻心是中国兵法中的上策。孙子曰："百战百胜，非善之善者也。不战而屈人之兵，善之善者也。"如何以全争于天下，使兵不顿而利可全？其中一法，如贾林注曰："兵威远振，全来降伏，斯为上也。"[155]前 135 年闽越背约侵凌南越，武帝不顾淮南王反对而发兵示威，成功后派人去教训淮南王：皇帝"遣两将屯于境上，震威武，扬声乡……此一举，不挫一兵之锋，不用一卒之死，而闽王伏辜，南越被泽，威震暴王，义存危国"[156]。明显地具有伤害力，但能自制而不用，令观者敬畏。现代战略术语叫作威慑，其最出名的例子是 20 世纪冷战时代的美苏核威慑。

“罗马人深谙威慑的窍妙”是现代军事家的评骘[157]。比诸汉人，他们的手段强硬得多。一位学者陈列从共和国到帝国的大量例子，总结说：“以恐怖为威慑的战略不是某位执政或皇帝的个别发明，而是罗马传统之道。”[158]对胆敢抗拒的人，罗马的报应未必快捷，但迟早会到。来时则残忍绝伦，绝不留情，事后更大肆宣传。“使人恐惧”是普里卜斯解释为什么罗马屠城特别凶残的理由。塔西佗描述围城的罗马兵不接受敌人投降，杀尽所有市民，“吓坏了所有附近的人”[159]。恐怖战术对付北疆外的日耳曼蛮人也一般有效。大约每世纪4次，罗马兵团侵入这穷乡僻壤。凡是不肯顺服的，人杀光，物毁尽。阿米亚努斯记载这些战役，不少是有计划地到乡村去，屠杀手无寸铁的百姓，蓄意恐吓全体平民。恐怖活动过后，罗马强令蛮王签订不平等条约，一般能慑服他们，乖乖听话一代之久。罗马因此节省不少麻烦[160]。

中国和罗马各自肯定自己的道德文化特别优越，像一盏明灯，引人自动华化或罗马化。“耀德不观兵”是儒家的理想。务实家则德威并称，如张骞劝武帝“致殊俗，威德遍于四海”。班勇提议“置校尉者，宣威布德，以系诸国内向之心，以疑匈奴觊觎之情”[161]。刚柔并济的手段使他仅领几百兵就能摒挡匈奴、维持西域的安宁。中国人讲究礼乐教化，以华变夷。开化土著、散播文明是罗马帝国和19世纪帝国主义的自任使命。中国崇天命，罗马人把他们的岗上之城罩上圣光。在他们眼中，“罗马帝国的政治秩序、法律架构以及希罗文化，全套是上帝的旨意。不论上帝是多神教或基督教的创世者，他的旨意是要罗马用这一套把人类带到可达的最高境界”[162]。

宣传道德教化最宜煽动帝国的自我优越感，熏陶外国人的效果差得多了。辉煌的帝国无疑吸引很多人，但恐怕多数人羡慕的，不是帝国自炫的道德或政治。应劭指出，鲜卑人不拘信义，唯至关市，“苟欲中国珍货，非为畏威怀德”[163]。塔西佗形容在罗马文化熏陶下的不列颠土著：“他们被诱向堕落的事物，闲荡、浴堂、盛宴。他们叫作文明，其实是他们枷锁的一部分。”[164]

兴隆的经济和丰厚的物质是帝国的王牌。蛮人或游牧民族希冀、甚至需要与帝国交易。帝国也尽量利用经济优势，把通商权益当作政治酬劳。罗马帝国只容许蛮人在几个指定的城市中买卖，但对有特别功劳的，则有时放宽限制，以示恩惠[165]。汉朝许边境人民互市，并在指定的时间地点开放大型关市，吸引各地商人[166]。货品流到远方，渗入外国经济，陶冶它们对帝国的倚赖，拉它们进入帝国的势力范围。为了避免外国占军事便宜，东西帝国皆限制战略物资出口，尤其是铁和军器。可是吏治一松，禁运令难与贪污走私抗衡，如东汉蔡邕说，“关塞不严，禁网多漏，精金良铁，皆为贼有”[167]。

用物质诱惑贪婪，以财富激励敬畏，这是帝国外交的心理手腕。阿塔纳力来到君士坦丁堡，震惊于眼见的宏伟城墙、繁荣街市，叫道：“罗马皇帝一定是天神！谁想与他抗争，都无疑是找死。”[168]他一生与罗马为敌，他曾领导的哥特人3年前在哈德良堡大胜罗马军、杀死瓦伦斯皇帝。然而他领悟到，面对如此庞大厚实的势力，侥幸一胜无济于事。10多天后，他心碎而死。部分为了培养外国人此等见识，汉武帝遣使西域，邀请回使，“因令窥汉，知其广大”[169]。

古代邦交不设常驻的大使馆，只靠使节往来。东西帝国皆慷慨礼遇来使，并炫耀来使众多以示外国敬服。奥古斯都的《功绩录》列举一大串遣使入觐的外国，最远的是印度[170]。汉朝以“重译款塞”为荣；意谓塞下客来极远，言语要辗转翻译，才能明白。皇帝把外国所献当作朝贡，自己所赠为赏赐。“羁縻之义，礼无不答。谓可颇加赏赐，略与所献相当。”[171] 大量来往赠品，成为一种由政府经手的经济交易。

若外交上礼尚往来表示国际地位平等，那么罗马比汉朝自高自大，因为它极少遣发使节。罗马皇帝惯于亲征，与蕃王对面谈判，但这种机会到底不多。此外，除了派个低级军官去传告申斥惩戒，差不多没有证据显示他们通过使节进行外交[172]。相反，西汉积极遣使西域，争取盟友。羁縻勿绝，其意义包涵时常保持交通对话，不因困难敌对而断绝。前 119 年渡漠之战后，西汉与匈奴 10 多年胶着冷战，虽然彼此留难，但使节不断[173]。可惜这种开放的胸襟不能持久，到东汉就被士人动辄要闭玉门关的封闭心态取代了。

汉朝和罗马帝国北面的游牧民族或蛮人，种族、文化、部落皆纷纭杂沓。位高如匈奴单于或日耳曼大王，也得竭力安抚属下的众多小王贵族、战士酋长。他们更有其他游牧民族或蛮人为外敌。对此等敌人，东西帝国的拿手高招是挑拨离间，分而击之。帝国或与某些部族合作，攻击另些部族；或勾结敌国中某些党派，颠覆国政；或征募外籍人士，编入皇军。三种手段都不免金钱的魔力。

汉朝能臣服匈奴，得力不少于趁匈奴内乱、大搞分化。它以夷制夷，收买南匈奴、乌桓、鲜卑，利用他们去对付北匈奴[174]。德鲁苏擅长利诱日耳曼人自相残杀。奥古斯都年代，马克曼尼人是罗马在多瑙河以北的最强邻国。其王不肯趁罗马条头堡树林大败之危，但这友情未阻止罗马煽动他的属下叛乱。到图拉真时，马克曼尼王已沦为依靠罗马津贴撑腰的附庸了[175]。

在边界内外，帝国容纳各式各样的王国部族，册封其首领贵族，以示君臣藩属关系。罗马皇帝授冠冕予附属国王，汉朝授印章带绶。这些标记显著，象征帝国后盾，加强佩者在当地的权势。受封的藩臣属国有双重功能：一是顺着帝国的意向去统治本国人民，二是为帝国屏障更远的部族。帝国把部分行政和军事责任放在他们的肩上，资助他们以作为服务的报酬，比凡事亲力亲为要省劲上算。然而不论东西，帝国对其藩属皆不信任，索取王亲为人质。年轻的质子受帝国的文化物资熏染，长大后回国执政，更易顺从[176]。

边陲贫瘠，无甚物资。帝国从藩属榨取的最大宗是人力，尤其是兵员[177]。个别的日耳曼人早就应募为罗马辅助军，一如胡人应募汉军。随着帝国对蛮人胡羌的控制加强，自己的国民又不乐意参军，征召越来越重。奥勒略击败多瑙河北的萨马提人后，取 5500 骑派往不列颠。东汉发羌骑征西域[178]。对诸部落来说，被逼远征是最大的暴虐，常为此而叛变[179]。

藩臣属国在帝国边缘构成一道比较稳定的缓冲地带。帝国受惠付款，但理由却因形势而异。帝国强盛、霸权稳固时，傲然支付经济援助、兵员补偿及各种服务的酬金。帝国霸权岌岌可危时，不免有贿赂敌人、暂求喘息的意味。东汉赠予南匈奴及鲜卑与日俱增的金粮丝绸，便属此类。不少后期的罗马皇帝赠礼品予日耳曼酋长。其后任一旦够强大敢终止付款，即责此为羞耻的纳贡。更糟的是西汉初和亲匈奴、罗马帝国末年应付匈人。虚弱的帝国被勒索巨额保护费，屈辱奉献，只图免受匈奴或匈人的侵略而已[180]。

藩臣属国在内政、甚至军事组织上保持相当自治主权。这特征的后果因地域而异。汉朝因此有外臣、藩臣之分。前者远离，遥控够了。后者居塞下或塞内，管辖必须较严。西汉击匈奴初胜，即把投降的胡人分置 5 个属国，设属国都尉领治。又移乌桓居匈奴故地，置护乌桓校尉，监察他们不得与匈奴交通。东汉沿袭类似的特别行政机构，用以管治入居塞内的南匈奴。匈奴中郎将有官府、属吏；更领 2000 名骑兵，500 个步兵，监卫单于[181]。理想上，塞内部族华化日深，逐渐同归郡县统治。实际上，这过程缓慢，部分由于“依故俗”、“不深治”、“以夷治夷”的羁縻政策。东汉时南匈奴胜兵 5 万，在塞内保持其部落组织、游牧生活。虽受管制，但 300 年后仍能重新振作，独立为国[182]。

罗马帝国一向只容纳小批移民，或卖为奴隶，或编入罗马军官统领的军队，稍有不轨，格杀勿论。376 年改变政策，让西哥特移民举国入境，管治无方，酿成大祸。单看加诸西哥特人条约的内容，382 年提奥多西所订，与 369 年瓦伦斯所订，无大分别。然而，彼时西哥特人在多瑙河的边防之外，如今他们已渡河入境。处境不同，使帝国对他们的约制力也有天壤之别。提奥多西的苟且措施违反一切先例。西哥特联盟有 2 万战士，携带家属，足以繁殖。他们入境后已经反过一次，殄戮巨大。罗马政府还让他们内政自主，保留武装，与徒手的罗马人民比邻，连监察官都不设。难怪他们不出 20 年便再次造反[183]。

几百年时光，汉朝和罗马帝国各自耐心培养藩臣属国，加强控制，使它们成为帝国边防的一环。然而以夷制夷、以夷治夷不无危险。藩臣属国并非傀儡。它们与帝国互相利用，可以因之而壮大。养虎当侍卫者，难免为虎反噬之忧。

7.8 边陲防卫

新兵在一片荒凉中前进，所见只是战士的乱坟孤墓。“正当你以为来到地尽头，你看到自东到西，极目所见，青烟条条。下面，也是眼之所及，随地势或高或低、或隐或现，一长列堡垒。啊！长城！”横贯不列颠岛的哈德良长城。上文引自 20 世纪初英国人所写关于罗马戍边军士的小说[184]。8 世纪上期，唐朝重振大汉雄风时，王之涣咏凉州：

黄河远上白云间，
一片孤城万仞山。
羌笛何须怨杨柳，
春风不度玉门关。

从苍凉到浪漫，边陲引发外客无穷感慨遐思。居民戍军却自有生活，或许单调，但那比战时刺激好过。辽阔的边陲包括碉堡关卡、仓库军路遍布的边防地带。防带宽狭不定，其中的焦点是国界，中国的塞，罗马的 limes[185]。它标明正规省郡行政的范围，但不限制国家势力向外伸延。

边防工事不一定意味战略守势；它们可以作为挑衅出击的军队结集点。侵略不同于鲁莽。中国人和罗马人一般小心谨慎，求立于不败之地。孙子曰：“善战者，先为不可胜，以待敌之可胜。”[186]这思想体现于罗马的行营。罗马兵团出征时，每天累人的长途行军后，都不惜花 3 个多小时建造壕堑鹿角完备的驻营。宁愿牺牲行军速度，也要保障军士在敌国中安睡一晚。行营的工事是侵击战略中的防御战术，突击战士的盾牌。现代军事家把罗马帝国看作一个巨型行军营，古史学家认为罗马国策基本上是侵略性的，两者的观点，其实相差不远[187]。

不论什么国策，边防有一项基本的防御任务，即阻止小规模入寇，保卫边民安宁。这不是说它旨在防止大战。即如第二次世界大战法国的马其诺防线显示，静守漫长的边界，战略功能不大。对倾国大战，若政治外交失败，先发制人或机动反攻比较有效。然而，单是避免以占领国土为宗旨的大规模进攻，并不足以保护边民平安，因为还有旨在劫掠烧杀的小规模侵击。匈奴的联盟松懈，日耳曼众部落更乏组织。一个酋长就可以带领的寇袭频繁，而几千兵就足以蹂躏无备的边城。阻止寇袭，至少减低它们的损害，是帝国边防的主旨之一[188]。

要边防生效，塞内外皆必须具备足够的深度。对外，皇朝、帝国投射国力。各种方法造成的威慑，促使最鲁莽的酋长三思而后行。决意入侵的，面临藩臣属国组成的第一防线。即使藩属不加阻击，入寇者也必须长程跋涉，渡过宽阔的缓冲地区。马行不及烽火速。他们到达边郡时，防御者接获警报，早已有备，使他们无所劫掠，下次免来。

塞内，帝国经营边郡边省。边区介于发达的内地和落后的外国之间，一般比较贫瘠，人口稀少，没有内地支持，难于负担堡垒卫戍。不但地理和经济，在政治上，很多边郡也与内地有别。它们新被征服，居民初定，不少还对外人保留关系感情。稳固和建设边郡是进取国策的优先项目。西汉和罗马帝国前期，积极于此。

罗马帝国把任务交给军部。常备皇军的300000—645000名军士差不多终生服役，与平民社会隔膜。帝国扩张放慢，部队遂筑固定基地，安顿下来。其中三分之二沿着莱茵河和多瑙河。为了供给他们，大量物资有系统地由地中海流往北欧。薪俸优厚的士兵消费高，军营吸引移民。帝国早期禁止职业军人结婚，但士卒们照样找女人生孩子。退伍军人领受田地，很多就在服役处附近住下，他们的儿子应募入伍，代代相传。皇军成为发展边陲的主力。军事基地成为欧洲大城的始祖；伦敦、科隆、波恩、美因茨、维也纳、布达佩斯、贝尔格莱德，都是它们的后身[189]。

罗马帝国前两个世纪进攻有余，不担忧小型入寇，反是日耳曼人要害怕他们的恐怖威慑。第三世纪后，攻守势异，静守的长线工事不济事，雷提亚省的栅栏便受击崩溃。守点比守线有效，边城边镇纷纷筑墙建堡。一般是当地人主动，努力不同，设计各异。只有高卢的城堡建筑有标准，显示统一的帝国策划。日耳曼人不会攻城。堡垒据守通路，自给自足，互相支持。守兵能以寡拒众，又能联合外援反攻，或待敌人继续深入时抚其背、断其退路。皇军主力则留作强大的战略后备，灵活运动，捕捉歼灭入寇者。要塞城堡配合机动后备，组成有效的纵深防御[190]。

西汉征兵制，主力是服役一年的轮番军士；武帝击匈奴时的特别训练骑兵是例外。胜匈奴后，北疆自敦煌至辽东，戍守边塞烽燧的吏卒不过数千人。呼韩邪投降后再减百分之二十。领居延塞的张掖郡，3 个都尉只有数百士兵[191]。这些《汉书》的资料得到出土文件的证实。学者统计出土文件记载，西北全线的戍军总数大约 3250 人[192]。东汉废除军训后，征兵不能战，军队多靠应募士和弛刑士。必需的临时召募外，皇朝常备军仅 10000 人左右。董卓领入洛阳的边塞军，步骑不过 3000 名，为了威吓远近，晚上潜出城去，早上假作增兵大陈旗鼓入城[193]。这么点戍兵就能保卫边疆，因为当地居民挑起不少自卫担子，比罗马边省的居民积极多了。汉朝的边防偏重社会组织，罗马的边防偏重军力，显示龙与鹰的不同性格。

为了充实边疆，西汉源源从内地移民，使不少贫民灾民在边郡找到新生活。根据汉初晁错的提议，愿意去的，全家免赋税，此外更分配得田地房屋农具、甚至妻室，并获衣食供应，直至能安顿自给。政府组织移民，加以军训，教他们筑自卫工事，厚赏有功驱逐匈奴骚扰者。又在通道要塞建千家以上的城邑，高墙深堑，与戍军村民互相呼应，纵深防御。移民为自己安家乐业而奋斗。若匈奴在门前游牧、随时发难，他们的自卫能力有限。武帝把匈奴赶到漠北后，边郡烽火候望精明，军民有备，匈奴入寇无所获利，以后就少来了[194]。

纵使移民实边，边陲仍然地广人稀。西汉末，历经三代和平繁盛，北疆与凉州 19 个边郡的人口，仍不过全国人口百分之八。然而关西出将。西汉的察举制，每郡年选二人，所以边人在官吏中，比重可达百分之十九，能适当反映国防形势、边民需要。东汉改制，察举不以郡而以人口计，减轻边人在朝廷中的人数和影响。内地书生对边事无知、对边民无情，其短视自私的政策使边郡凋零，人口减至全国百分之三，边人差不多被摒弃在参与国策的官僚圈子外[195]。然而被朝廷忽略的边民傲然自助自强，捍卫家园。“妇女犹戴戟操矛，挟弓负矢”[196]。4 世纪五胡乱华时，凉州军民死守长安的节义，当使满口道德但脚底抹油的中土士族汗颜。即使撤到内地，边区故人组织而成的乞活军，世代相传，广泛活动，抵抗胡人暴政百年之久[197]。这种有组织的持久抗战，未闻于罗马退伍军人。

君士坦丁创建中央亲军，抽调精锐，削弱了边境防戍。资源裁减下，有些职业戍卒转兼务农。农民战士受轻蔑，其实不公平。罗马的帝国，本来就是他们征服得来的。帝国后期的农民战士，假如得到政府充分的组织支持，当可抵御小

规模的蛮人寇袭 [198]。称为田卒的农民战士是西汉边防的重要环节。汉武帝胜匈奴后，6 万吏卒在新得的朔方河西等地开官田渠道 [199]。匈奴间中入寇。来时要够兵力抵抗，不来时戍兵闲着。只要组织严密、警惕不懈，大可利用剩余劳动力从事生产。屯田不止在北疆，在西域西羌亦屡屡建功。汉朝远征，常因运送军需补给困难而不能持久。屯田士卒生产粮食，减轻漕运负担，增强自己耐力。有时未至交刃，屯田已施心理威胁。受田卒围困的敌人知道不能希冀汉军粮尽退兵，比较容易妥协投降。屯田不及出征辉煌，但理论和功绩并献，老将赵充国证明了它平息羌乱的效果 [200]。

边陲人种杂处。罗马人与蛮人，汉人与少数民族，国界内外，犬牙交错，来往流动。图拉真入侵达契亚时，见到敌军的精兵是从罗马帝国招募来的、攻击器械是罗马工匠制造的。他一打赢，马上要达契亚王交回所有罗马人。罗马为帝国公民投奔蛮方而头疼，这不是第一次，也非最后一次 [201]。汉朝也有同样问题。元帝时呼韩邪自请为汉守边，朝廷公卿因而鼓吹废除关塞边防。熟悉边事的侯应列十大理由反对。其中一半是安全常识，另一半指出关塞的政治功能：防止盗贼罪犯逃亡，防止投降的匈奴与塞外同党联系，防止贫愁的奴婢为求改善生活而逃亡出塞，防止被匈奴俘虏的人召塞内孤苦的亲戚相聚，防止怨恨官吏压逼的羌人作乱。总言之，除了防止外敌入侵，关塞也有责任防止国人擅自出境，维持边陲治安 [202]。

即使全盛时期，皇朝、帝国也不能赢得全国人民的忠贞。国力衰退，社会和谐瓦解时，人心更散涣。很多汉人住在游牧民族间、罗马人住在蛮人间，效忠于他们的酋长 [203]。汉使在匈奴王廷里碰到中行说，听其辩说匈奴简朴，不比汉礼虚伪。罗马使者普里思库斯在阿提拉的王廷里碰到一个希腊富商，听其解释匈人自由，胜于罗马腐败[204]。这些上层叛徒对帝国的批评不少是自私的借口，但反驳他们的陈腔滥调脱离现实更远。弃国逃亡，在下层阶级里较普遍。304年南匈奴叛晋，独立称王，未大肆残杀前赢得不少汉人支持[205]。406年蛮人涌过莱茵河，不少高卢的罗马人加入他们的行列，喊出“虽穷但自由”的口号[206]。他们追求的不过是较好的生活而已。皇朝、帝国只顾高唱用夏变夷、散播文明的口号，没看到它们自诩的仁德明灯，连自己的社会下层都照不到。

一个强大势力渗入异样文明，其边陲就像海陆相接的潮汐地带。每天潮水涨落，干湿交替，养育出独特的生态。岁月漫长，或海岸侵蚀，或河口淤塞，潮汐地带移动。汉朝或罗马帝国晚年势力低落，就像海水潮线后退。逐渐干涸的老地带暴露出皇朝、帝国的最大敌人：压逼、歧视、治理无方。

【注释】

[1] Bishop Ambrose，quoted in Heather 2005：190。

[2] Gills and Frank 1993：163-9. Teggart 1939.

[3] www.chinaandrome.org/Simplified/silkroad/land.htm.

[4] Scullard 1976：53-6.

[5] Southern 2001：195-8. Todd 1992：19，47-52.

[6] Todd 1992：9-10，17-19. Southern 2001：207-8.

[7] Heather 2005：46-55. Southern 2001：195-8，207-8.

[8] Tacitus，*Germania* 33.

[9] Thompson 1996：33，235-7.

[10]《史记》110：2879。Ammianus 31.2.6.

[11] Khazanov 1994：16. Di Cosmo 2002：24-7，35. Beckwith 2009：320-1.

[12]《史记》110：2879。Ammianus 31.2.12.

[13] Di Cosmo 1994：1101-03，1114-5. Khazanov 1994：202-6，

222-3.

[14] Barfield 1989：8. Khazanov 1994：254.

[15] Lattimore 1940：472-5. Beckwith 2009：320-4.

[16]《史记》50：2879，2892。Sinor 1981. Thompson 1996：58-60.

[17] Plutarch，Crassus 24-25. Dien 1986：36. Needham，*Science*，Vol. 5（6），278.

[18]《汉书》49：2281。Needham，*Science*，Vol. 5（6），121-3.

[19] Herodotus 4.46. Thompson 1996：28.

[20]《史记》112：2954。

[21] Yü 1986：390-1.

[22]《汉书》94：3756-7；96 上：3890-1。

[23] Strabo XI.8.2. Liu，X. 2001.

[24] Narain 1990：155-61. Millar 1981：283-4. Beckwith 2009：84-5.

[25] 地图见 www.chinaandrome.org/Simplified/silkroad/prelude.htm.

[26]《史记》63：2157-3172。Millward 2007：20-1.

[27] Bivar 1983a：191-3. Millward 2007：13-5. Katouzian 2009：42-4.

[28] Bivar 1983a：189-91. Katouzian 2009：41-8.

[29]《史记》123：3172-3。《汉书》96 上：3890。

[30] Katouzian 2009：46-8. Millar 1981：ch. 14.

[31] Ball 2000：8-9，12-18. Heather 2005：202-3.

[32]《汉书》57 下：2583。

[33] 彭建英 2004：2-16。Yang，L-S. 1968：31-3.

[34]《史记》110：2890-1，2899。钱穆 1957：135。

[35]《史记》110：2885-8，2891。陈序经 2007：174-85. Di Cosmo 2002：163，174-9. Barfield 1989：8，32-41.

[36]《史记》110：2894-5。林幹 2007：44-7。

[37]《史记》110：2895，2901，2904。《汉书》5：150-1。陈序经 2007：218-22。

[38]《汉书》4：119-20。Loewe 2009：68.

[39]《汉书》52：2399。

[40] 陈序经 2007：211-7。Chang 2007：146-51.

[41]《史记》30：1420。

[42]《汉书》52：2399-403。余英时 2005：21-2。

[43]《史记》81：2450。

[44]《汉书》52：2403-5；94上：3765。林幹2007：47-8。

[45] 林幹2007：48-9。

[46]《史记》110：2906-11。战争简史编写组2005：105-12。

[47] 陈序经2007：281-6。

[48] 钱穆1957：122-3。田昌五，安作璋2008：200-3。

[49]《史记》123：3168-73。田昌五，安作璋2008：203-6。

[50]《汉书》96上：3871-2。

[51]《史记》123：3175-9。田昌五，安作璋2008：206-8。

[52] 战争简史编写组2005：114-5。

[53]《汉书》96下：3912-4，3922。

[54] 见5.6节。

[55]《汉书》94上：3781，3785。林幹2007：53-5。

[56]《汉书》94上：3785-7；96下：3901，3905；70：3003-4。陈序经2007：286-92。

[57]《汉书》70：3005-6；96上：3874。

[58]《汉书》94下：3797-02；70：3008-14。

[59]《汉书》94下：3826，3832-3。Yü 1986：394-8. Loewe 1986b：211-2.

[60]《汉书》94下：3803，3806。陈序经2007：315-7。

[61]《后汉书》志23：3533，注引应劭《汉官》。

[62]《后汉书》89：2940。陈序经2007：339-47。

[63]《后汉书》18：695-6；88：2924。Yü 1986：413-4. De Crespigny 2009：109. Lewis 2009：238-9.

[64]《后汉书》89：2942，2949。

[65] 田昌五，安作璋2008：362-9。陈序经2007：354-8。

[66]《后汉书》41：1415-6；89：2955。

[67] 林幹2007：98-101，171-8。陈序经2007：380-6。

[68]《后汉书》48：1597-8；19：721-3。

[69]《汉书》96下：3930。《后汉书》48：1597。

[70] 地图见 www.chinaandrome.org/Simplified/silkroad/beginning.htm.

[71]《汉书》70：3010-211；79：3294；94下：3801。

[72]《后汉书》47：1571-5。陈序经2007：370-5。

[73]《后汉书》47：1575-82；88：2909-10。

[74]《后汉书》47：1586-90；88：2911-2。田昌五，安作璋 2008：369-75。

[75] 赵翼《二十二史劄记》卷 2，3。钱穆 1957：142-4。

[76]《后汉书》47：1594。钱穆 1940：198-9。

[77]《后汉书》47：1587-9。

[78]《潜夫论・边议》。

[79]《后汉书》87：2869，2876-8。翁独健 2001：134-7。

[80]《后汉书》65：2129；87：2878，2886。田昌五，安作璋 2008：422-3。

[81]《潜夫论・实边》。

[82]《后汉书》87：2886-8。张灿辉 2008：112，118-23，131。

[83]《后汉书》58：1868。张灿辉 2008：127-8。

[84] 田昌五，安作璋 2008：423-6。

[85]《后汉书》18：695；28：3621-2；60 上：1954。

[86]《后汉书》87：2889-90。

[87]《汉书》24 上：1139；24 下：1172-3。林甘泉 2007：35-7。

[88] 钱穆 1940：196-8。张灿辉 2008：126。

[89] Virgil，*The Aeneid*，1. 374-5，379.

[90] Cicero，*Philippic* 6.19. Yang and Mutschler 2009：110-1.

[91] Rutilius Namatianus，quoted in Grant 1990：184.

[92] Keppie 1984：146，150-1，173-4. Mattern 1999：83-5，205-6.

[93] Dio 54.11. Wells 1992：69-70，124-5.

[94] Dio 54.8. Isaac 1992：20-9，52-3.

[95] Fulford 1992：295-6. Wells 1992：71-2.

[96] Seager 1972：18-23. Wells 1992：70-3.

[97] Seager 1972：32-5. Keppie 1984：160-8.

[98] Todd 1992：265-7. Heather 2005：46-8，55.

[99] Dyson 1971：256-7. Isaac 1992：54，56-7.

[100] Suetonius，Augustus 23. Dio Cassius 56.18-23. Wells 1992：75-6.

[101] Augustus 26. Tacitus，*Annals* 1.11. Gruen 1990：407-8.

[102]《吴子兵法・图国篇》。

[103] Tacitus，*Annals* 2.17-18，20，25. Seager 1972：61-74. Heather

2005：57-8.

[104] Mattern 1999：90-3.

[105] Bennett 1997：85-9，94-5，99-101. Mattern 1999：93. Southern 2001：120-1.

[106] Isaac 1992：28-30.

[107] Rostovtzeff 1957：355-8. Bennett 1997：200. Lightfoot 1990.

[108] Dio，in Bennett 1997：204.

[109] Birley 1987：140-1，149. Millar 1981：117-8.

[110] Birley 1987：149，163-6. Todd 1992：55-6. Heather 2005：86-8.

[111] Birley 1987：176-9，208-210.

[112] Southern 2001：33-4，41-2，53-4，59-63.

[113] Southern 2001：227-44. Luttwak 1976：154.

[114] Isaac 1992：5-6，15-6，52. Millar 2004：193；1993：99，102.

[115] Dio Cassius 75.3，56.33.

[116] Lightfoot 1990：124. Mann 1979：183. Heather 2005：160-2.

[117] Todd 1992：56-9. Southern 2001：205-8. Heather 2005：84-6.

[118] Todd 1992：152. Cameron 1993：4. Southern 2001：211，215.

[119] Heather 2005：63. Luttwak 1976：188-90.

[120] Luttwak 1976：130.

[121] Luttwak 1976：178-9，186-8. Shaw 1999：149.

[122] Jones 1964：97-9. Potter 2004：451. Whittaker 1994：208.

[123] Todd 1992：249-83. Heather 2005：72-3，145-6，158-81.

[124] Heather 2005：63，181-2.

[125] Jones 1964：156-7，169. Heather 2005：182-9. Gibbon 1994：II.57.

[126] Heather 2005：193-5，198-9，212-3. Mitchell 2007：89，250.

[127] Murray and Grimsley 1994：2-3. Wheeler1993：12，35. Kennedy 1983：ix，5. Kagen 2006：348-9.

[128] Johnston 1995.

[129] Taliaferro，Loebll，and Ripsman 2009：23-32. Murray and Grimsley 1994：17.

[130] Tacitus，*Annals* 15.25.

[131]《汉书》94a：3754-5。

[132] Gruen 1990：395-6，406-12. Whitakker 1994：36. Wells 1992：76-8.

[133] 赵翼《二十二史劄记》卷2。《汉书》6：212，75：3156。

[134]《汉书》96下：3912-4，3922。

[135] Tacitus，*Annals* 1.11. Dio Cassius 56.33.

[136]《汉书》96b：3912。

[137] Tacitus，*Annals* 1.11. Birley 1997：78. Bennett 1997：203.

[138] Tacitus，*Annals* 4.32. Ober 1982. Whittaker 1994：29-30，35-6.

[139] Strabo 2.5.8. Mattern 1999：158-61.

[140]《后汉书》88：2924。Yü 1986：413-4.

[141]《盐铁论·诛秦，忧边，地广》。《汉书》49：2278，2285，51：1688.

[142] Themistius，quoted in Goffart 1989：290.

[143]《资治通鉴》22：727。

[144]《后汉书》18：696。

[145] Bielenstein 1986b：268.

[146]《史记》6：236，246，243。

[147] 图见 http://www.chinaandrome.org/Simplified/culture/empires.htm.

[148] Hingley 2005：2，9，44-5. 参考 Brunt 1978：162，168. Gruen 1984：274，281，329. Harris 1978：129.

[149] Yü 1986：377-9. Mattern 1999：ch. 2.

[150] Mattern 1999：110.

[151]《汉书》94a：3762。

[152] 彭建英 2004：7-8。李大龙 2006：13-8。

[153] 李大龙 2006：19。Luttwak 1976：22.

[154]《后汉书》志7：3163，注引《风俗通》。

[155]《孙子兵法·谋攻篇》。

[156]《汉书》64上：2787-8。

[157] Luttwak 1976：3. Wheeler 1993：36.

[158] Mattern 1999：119，115-7.

[159] Polybius 10.15. Tacitus，*Annals* 12.17.

[160] Heather 2005：457，81. Shaw 1999：133.

[161]《国语·周语上》。《史记》122：3166。《后汉书》47：1589。李大龙 2006：28-9。

[162] Heather 1997：73.

[163]《后汉书》48：1609。

[164] Tacitus，*Agricola* 21.

[165] Thompson 1982：15. Southern 2001：196-8.

[166] 余英时 2005：82-101。彭建英 2004：56-9。

[167]《后汉书》90：2991。钱穆 1957：129。

[168] In Thompson 1982：5. Gibbon 1994：Ch. 26，1078.

[169]《史记》123：3169。

[170] Augustus 26，31.

[171]《后汉书》89：2946。

[172] Millar 2004：220-5.

[173]《汉书》94 下：3834。《后汉书》89：2946-8。彭建英 2004：17-21。李大龙 2004：145-50。

[174]《后汉书》86：2838。林幹 2007：56-62，90-1。

[175] Tacitus，*Annals* 2.60；*Germania* 42. Pitts 1989：46-53.

[176] Braund 1984：9-17，23-9. 彭建英 2004：21-34。

[177] Southern 2001：201-3. 中国军事史编写组 2006b：110，134。

[178] Dio Cassius 72.16.《后汉书》87：2886。

[179] Mattern 1999：86-7. 余英时 2005：73-4。

[180] Southern 2001：192-3. Heather 1997：69-71. 余英时 2005：70-2。

[181] 彭建英 2004：46-8。林幹 2007：52-3，90-2。

[182] 李大龙 2006：86-91，150-2，209-211。陈序经 2007：403-13。

[183] Heather 2005：184-8. Southern 2001：188-190，198-200.

[184] Ruyard Kipling，*Puck of Pook's Hill*，quoted in Whittaker 1994：1.

[185] 景爱 2002：193-4。Isaac 1992：408-9.

[186]《孙子兵法·形篇》。

[187] Luttwak 1976：55-66. Isaac 1992：Ch. 9. Whittaker 1994：Ch. 1.

[188] Luttwak 1976：69-78.

[189] Fulford 1992：296-9. Millar 1981：119-125. Wells 1992：125-8. Keppie 1984：147-50.

[190] Luttwak 1976：131-7. Southern 2001：114，155，214，252.

[191]《汉书》69：2989；8：268；94 下：3810。

[192] Loewe 2009：80-1. Di Crespigny 2009：93.

[193]《后汉书》72：2323。

[194]《汉书》49：2285-9；94 上：3784。

[195] 我据《汉书·地理志》、《后汉书·郡国志》的资料统计。钱穆 1940：195-9。

[196]《后汉书》70：2258。

[197] 周一良 1997：15-26，“乞活考”。

[198] Jones 1964：649-53. Luttwak 1976：171-3.

[199]《汉书》94 上：3770。钱穆 1957：142-3。

[200]《汉书》69：2984-92。

[201] Dio Cassius 69.14. Whittaker 1994：188，228-9. Ste. Croix 1981：476.

[202]《汉书》94b：3803-4。

[203] 翁独健 2001：180。Mitchell 2007：202.

[204]《汉书》94 上：3760。Thompson 1996：205-7.

[205]《晋书》101：2645-9。

[206] MacMullen 1966：231-2.

第八章　帝国衰亡

8.1　夕阳无限好

“人类历史的巅峰”是当时史笔优斯彼乌斯对君士坦丁大帝的评语 [1]。罗马帝国度过半世纪的内战动乱，国力复苏。文治官僚系统发展成熟，有效地向低层社会征收赋税。皇军扩大重组，精兵作机动编制，最精的由皇帝亲统。政府侵凌多神教的庙宇，搜刮千年来信徒奉献的黄金，发行金元，稳定货币物价。基督教成为国教，教会的权力飞跃，财产暴增。君士坦丁堡崛起为帝国东都，豪华的宫殿教堂瞬息成林，自具元老院安置贵族。境外的蛮人被击败，他们的酋长被丢去喂野兽 [2]。当时颂文赞美君士坦丁：“您威慑残余的部族，逼他们永远不忘恐惧、俯首屈从。” [3] 波斯前来谈和但遭拒绝。君士坦丁预备后世史笔所谓“基督教十字军征伐”，可是才开战便去世 [4]。那是 337 年。不过 73 年，罗马城向西哥特人投降。再过 66 年，西罗马帝国将会被蛮人肢解。

“不刚不柔曰和”是和帝的谥法 [5]。东汉第四代皇帝在位 16 年，水旱地震频繁，朝廷时常减税恤民。西方史家指出：即使穷乡僻壤，政府也有能力组织救援天灾，其赈济记录显示社会相当繁荣 [6]。汉朝彻底击败匈奴，班超重建西域都护。范晔赞曰：从光武到和帝，“齐民岁增，辟土世广。偏师出塞，则漠北地空；都护西指，则通译四万”[7]。然而传统史家对和帝之世却毁多于誉。和帝10岁登基，幼冲时外戚掌权，亲政后信任宦官。一棍打尽外戚宦官的人说和帝是汉朝兴衰的转折点。单看年表，他们或许有点说头。和帝105年崩。不过85年，军阀割据东汉。再过126年，华北将沦陷于五族胡人。

汉朝衰亡，历史学家并不奇怪。一个400多年的皇朝使人生厌。同样长短的时间内，罗马帝国经历了至少5个朝代、多次异姓继位、数度两皇并立以及50年篡夺分裂。现在轮到中国的三国鼎立60年了。就算统一三国的西晋夭折、中土沦陷五胡，其过程与罗马帝国衰亡一样曲折离奇，也未引致深究。史家但述其事，对于其原因却循例归咎而已[8]。

相反，“西罗马帝国灭亡的奇案”被史家举为“历史上最大谜团之一”。无数追查研究后，悬案依然[9]。本着德国人的彻底精神，一位学者开单陈列210项历来提议的祸源：蛮人、基督教、政治腐败、经济崩溃、无法无天、因用铅做餐具水管而中铅毒……[10] 20世纪又流行新学派，指此等解剖误入歧途，其实罗马帝国并没有灭亡，只是和平转化为新政体，这才是学者应该研究的对象[11]。

这段历史肯定不和平，但它亦没有壮烈大战。一度威猛的帝国去得窝囊。罗马城陷，与特洛伊或迦太基城陷相映成趣。后二者勇抗强敌，碧血玉碎。罗马面对只能围困不会攻城的小敌，不战而降，抽泣瓦全。瓜分西帝国的日耳曼人比割据中国北方的五胡人数更少、组织更散。罗马人抗蛮比汉人抗胡更差劲，其勇悍传统荡然无存。他们怎会消沉到这地步？

皇朝、帝国年迈了，但这并不意味它们所有的机能都衰退了，有些处它们甚至可说是老当益壮。几百年的华化、罗马化造就了情投意合的全国精英。到200年代，商旅可以从不列颠行到叙利亚，一路经过设计建筑相若的城市。有物为证：单看罗马遗迹的照片，你不易猜度它位在欧洲、亚洲，抑或非洲[12]。中国的木造建筑早已湮灭，可是地底的墓室述说类似事实。远至边陲的出土陪葬珍宝，款式皆效法京师，证明王符之言不虚："东至乐浪，西至敦煌，万里之中，相竞用之。"[13]。

皇朝帝国的精英不但兴旺，而且文雅。罗马帝国庞杂，其统治贵族的言语文化却出奇地清一色。非洲地主来到希腊文士间可以相处自如，亚洲的巨富与高卢的元老一样融洽。大家都受同一教育，由诠释语文的修辞学家指导，专心学习为数不多的经典巨著[14]。类似的教育，但用另一套经典，造就中国的儒家士大夫。朝廷提倡下，太学以外，大师千百，培养出无数文化贵族，交游朋党，清议求名[15]。罗马帝国末年的拉丁文学成就，与东汉的优美士风，同样受后人盛赞[16]。他们的文化排场耀眼，反映另一项好现象：经济硬朗，足以负担大批精英的优闲奢华。

东西的货币皆重新靠稳。罗马本来的银币在3世纪的通货膨胀中倒台，但新发行的金元站住了脚，政府用以收税支饷[17]。王莽复古，一度货币紊乱。东汉不顾大臣反对，重铸五铢铜钱，即使大额交易，也以钱作算[18]。皇朝、帝国后期，多样经营、自给自足的大庄园兴起，减低市场交易的需要。但假如商贸经济因之而衰退，其下降并不大幅。最要紧的是，社会经济的支柱——农业，依然稳固。

考古学家在古罗马帝国各处发掘遗迹，发现帝国晚年很多乡村蔚然。除了战火摧残最甚的莱茵河前沿，其他地方多已康复。非洲诸省是西帝国的主要谷物产地，它们和叙利亚一般，特别繁荣。很多地区的产量和人口密度，4 世纪时登上顶峰。各种证据显示，虽然政府为了扩军、扩文治官僚而大幅加税，但农业经济并未因之而萧条。学者解释说，若农民的劳动力还未充分利用，那么税务可能逼他们更努力工作，因而提高生产率[19]。

东汉末年的经济同样健康。政府不加常税，更废除盐铁官卖等财务政策，深得士大夫欢心。无数出土的石刻记载各地建桥修路等建设。生产率随着生产技术提高，南方肥沃的土地渐得开发。瓷器初现，造纸、风箱等工技发展。奢侈品盈市[20]。

经济过得去，那么皇朝、帝国的病在哪儿？人口锐减是一个提议。这儿我们可以捕捉到一个影响广泛的罪魁。大瘟疫差不多同时在欧亚大陆的东西两端爆发，是几乎同时肆虐于两者的“第三世纪危机”。流行病是文明病：聚居的人口密度必须够大，细菌才能有效地在人际传播繁滋。埃及和中东的两河流域首先跨过门坎，印度拜亚历山大之赐，加入圈子。中国和欧洲因为地偏远、发展迟，一直避过这文明的祸害。帝国远征和长途商贸终于把细菌带来了[21]。

有人怀疑那时的瘟疫是天花，但无人能确定。可能有几种病菌同时传播。先是某种瘟疫蹂躏贵霜帝国，蔓延到帕提亚[22]。167 年出征帕提亚的罗马军队染上，回师后把它散播到帝国各地。15 年间，帝国十分之一的居民罹难。第三世纪危机高潮时，瘟疫重肆猖獗。251 年在埃及爆发，传染全国，耗尽军队。270 年大疫，杀掉皇帝克劳迪乌斯以及大批与他对敌的哥特人[23]。

中国以往的大规模病疫记载，多随旱涝地震、战乱兵祸而来，或因亚热带沼泽瘴毒所致。疫区多有限，极少意外得入载专言灾异的《五行志》。洛阳 125 年和 151 年大疫。随后 161、171、173、179、182、185、217 年，不限地区的广泛大瘟疫连串，使惯于解释灾异的《后汉书·五行志》注家目瞪口呆。魏晋的皇帝本纪载 224、234、292、311 年大疫[24]。217 年大疫，曹丕说“亲故多离其灾”，曹植说“家家有强尸之痛，室室有号泣之哀，或阖门而殪，或举族而丧者”。建安七子除孔融、阮瑀、王粲早死外，陈琳、徐幹、应玚、刘桢 4 人一疫扫尽[25]。除了直接杀人，瘟疫还有间接的历史影响。大疫初期，张角符水治病的太平教开始传播，终于导致 184 年黄巾之乱[26]。

瘟疫无疑削弱皇朝、帝国，但其为害有多大、是否致命？罗马帝国似乎安度危机。它的户籍资料无存。学者估计，帝国的人口高峰在 50000000 人到 120000000 人之间。高峰可能发生在奥勒略时，也可能在君士坦丁时。这两位皇帝之间，战乱瘟疫频繁。然而民居遗迹显示多数地区的人口劫后反弹，到 4 世纪时已经复原，有些更达新高。随着更多遗迹在考古铲下出现，多数学者相信蛮人入侵前夕，罗马帝国的人口不会少于 70000000 人[27]。

罗马的常备军不断扩大。学者庆幸获得一份 4 世纪末的文武官职表，据此计算，皇军全额有兵员 645000 人。可是学者认为，所有部队都臻全额的可能性极少。当兵的越来越多是蛮人[28]。

汉朝的户口资料部分保留于史籍。精确的户口普查殊不容易，即使今天仗计算机科技，也难免差错。古代的户籍肯定不太准确，而且偏于少算人口；户籍造假与偷税漏税可谓是双胞胎。因此，表 1 所列，最重要的信息不在绝对数目，而在相对的上落趋势。

表 1 历代户籍人口 [29]

年份	皇帝	户	口	耕地（顷）*
2	西汉平帝	12233062	59594987	8270536
57	东汉光武帝	4279634	21007820	
75	东汉明帝	5860573	34125021	
88	东汉章帝	7456784	43356367	
105	东汉和帝	9237112	53256229	7320170
125	东汉安帝	9647838	48690789	6942892
144	东汉顺帝	9946919	49730550	6896271
156	东汉桓帝 **	16070906	50066856	
280	晋武帝	2459840	16163863	
283	晋武帝	3770000		

* 1 顷 = 100 亩 ≈ 69.2 市亩 = 4.61 公顷。

** 这些数字似乎有错。

表 1 显示，户口锐跌于西汉平帝之后和东汉桓帝之后，两次皆伴着改朝换代的战乱。汉桓帝到晋武帝年间瘟疫流行。然而与两汉之间的丧亡比照，可见细菌虽残酷，但不及逐鹿中原的群雄。户籍数字减少并不全因死亡。军阀混战中，多有锋镝余生者颠沛流离。转换政府又损坏行政机构，使户籍散失。280 年晋朝灭吴，统一全国，厉行安顿流民。3 年后，户口遽升五成，不因为生育，而因为安顿 [30]。

户籍和考古提供不同的资料。考古发掘的生活痕迹显示实在人口。户籍所载的“政治人口”综合实在人口和政府的统治能力，显示国力。若政府无能向人民征收赋税，那么实在人口虽多，无补国力。表 1 中的“耕地”，意义是“可税之地”。光武帝放弃公平度田，宽容大族匿地瞒税。田地兼并越甚，匿地越多。东汉一代，虽然南方土地大量开发，但户籍中的“耕地”，始终不及西汉。此外，失去田地的小农或流徙，或依附大族，不少消失于户籍[31]。考虑到这些社会倾向，我们可以推猜，汉末的人口其实不止5000万，只不过很多在政府视野之外，使政府无法动员实在资源，解决社会危机。罗马帝国同样依靠户籍。其末年是否有面临类似问题，以致难于征税募兵？

秦朝的户口，经楚汉相争，汉初可数的只剩十之二三[32]。西汉的户口，东汉初只剩三分之一。假如我们估计，晋武帝的280年普查也只及劫后余生者的三分之一，那么晋初的实在人口，大约是54000000人。统一后，中国享受了一代升平[33]。若此情景继续，晋朝又整饬政府机构，当有能力应付胡羌问题。

西汉实行征兵制。东汉改以募兵为主，常备的精锐是职业军人，类似罗马兵，但人数不多。遇事临时招募，兼杂弛刑士和胡骑、羌骑。魏蜀吴三国各自设置与民户不同的士家，以保证有训练的兵源。晋朝沿用，军士家人世袭，发展成世兵制[34]。这些制度能满足晋朝的军需，很少征兵。相反，征兵、募兵、世兵和外籍兵罗马帝国后期全有应用，但仍不断闹缺兵。

如上是皇朝帝国末年的经济、人口、军事情况，离鼎盛甚远，但亦看不出大难将临。然而势力是与敌人相对而言的。蛮人或胡人的实力是否有一面倒的进步？

8.2　蛮人与胡羌

东、北两面受敌是罗马帝国的战略弱点。可幸事实证明，波斯并不如敌意宣传般侵略成性。事实上波斯王能守约，并能控制附属。因此 4 世纪大部分以及 5 世纪，罗马帝国不需为其东疆忧心。东线仍然吸住一些兵力。但由于波斯遵守和平条约，加上完备的边防工事，使罗马在最危险的岁月不用分心，能集中应付北下的日耳曼人。罗马帝国分为东西，唯有东帝国受敌于波斯。但灭亡的是西帝国，东帝国安然无恙[35]。

在北疆，罗马面对莱茵河与多瑙河彼岸的蛮人。他们大多数是老邻居，最大的例外是 376 年前不闻名的游牧民族匈人。传说匈人多如蝗虫。细究证据的学者反驳："可信的结论是，征战成就巨大的匈人，人数其实少得荒谬。"总计匈人可能不过 15000 骑，通常分成数千骑的小队，各处寇掠[36]。他们能屡败罗马，因为他们有能力驯服日耳曼人，统一驾驭。罗马途穷，匈人的影响不少，但只是间接。他们的王国先西罗马帝国而亡。

瓜分西帝国的蛮人绝大部分是日耳曼人，外加小撮说伊朗话的游牧阿兰人。他们分三期来临（地图 14）。376 年，多瑙河下流的西哥特人获许渡河入境，两年后不堪虐待而反，大胜于哈德良堡。405 年—410 年间的第二期有几个段落。先是拉达盖苏斯带领哥特人进攻意大利。他们被降服后不久，莱茵河防线被蛮人突破。此后日耳曼人落入匈人帝国的统御。455 年匈人帝国崩溃，恢复自由的日耳曼人第三期入侵，其中以烦扰东帝国的东哥特人最众[37]。

罗马帝国批准入境的西哥特自治部族，有战士 20000 人并其家属。拉达盖苏斯领兵约 20000 名。他们投降后不久就叛变，加盟西哥特部族。406 年跨越莱茵河的汪达尔人、苏维人、阿兰人等，战士总数稍逾 30000 名。4 年后跟进的勃艮地人，胜兵不过15000人。匈人帝国失控后，大约10000名战士进入罗马帝国。日后壮大得可与西哥特抗衡的法兰克人，最多只有15000人在西帝国灭亡之前参战。做点算术，一位史家结论："总计下来，大约有110000—120000名武装外人，或多或少地参与打垮西帝国。"[38] 这些外人的最后一批，在第一批到达后80年才入侵。

敌人陆续而来，罗马帝国的皇军却是常备，全额时称645000人之众，武装训练皆优，而且有本国的广大人民补充伤亡，比困陷在敌国内的蛮人有利。实际上皇军的兵额常有严重空缺，而且很多士卒须留戍边境。不过折算下，常备的机动部队仍然大概有150000人，任何一个时间皆强于入侵者[39]。

假如入侵的只是战士，那么不用几十年，他们自然衰老消亡。他们带来家属，可以自行繁衍。429年，约80000名汪达尔人和阿兰人由西班牙渡海到非洲，其中15000—20000名是战士，即四五个人出一个兵。推衍这兵民比例，我们可以估计，大约有600000名蛮人进入人口为70000000人的罗马帝国。蛮人分三批而来。假如分布平均，那么每批约200000名男女老幼。他们可以全部挤进罗马城的大赛场，欣赏一场赛车表演[40]。

罗马帝国北疆的蛮人由东到西，全线入侵。不知怎的，后来全都跑去吞噬西帝国。让我们假设东帝国占全国人口六成，但丝毫不负担国防。即使如此，我们看到的，仍是600000个蛮人，其中战士不过120000人，分80年进入人口有28000000人的西帝国。这不是潮涌，只是倒杯水入桶。难怪深研细节的历史学者对帝国灭亡的原因众议纷纭。

毁灭西罗马帝国的蛮人是新近的入侵者。颠覆西晋的少数民族，则多是中土的长期居民。两者沦陷后，西欧森林或蒙古草原所滋育的无穷人口，更源源涌入。不过对帝国灭亡而言，这是题外话了。

皇朝中国的北疆不及罗马帝国的北疆严密（地图 15）。一则中国缺乏大河作天然疆界，二来中国也没有罗马杀绝卖尽战败蛮人的习惯，只把投降的少数民族，安置在边塞内外。游牧民族保留生活形式，他们的户籍单位是“落”，即帐幕，异于汉人的户。塞内的少数民族率先造反独立。308 年到 431 年间，匈奴、羯、鲜卑、羌、氐五族胡人割据北方，先后建立 16 个短暂的国家[41]。

91 年，南匈奴入附 40 余载，新纳北匈奴降民，共领落 34000 个，口 237300 人，胜兵 50170 名。平均计算，一落约 7 口人，出兵 1 至 2 人[42]。百余年来繁殖迁徙同化，到曹操整顿组织时，仍逾 30000 落。晋初草原天灾，又有 20000 落入塞。总计匈奴人数近 400000 人[43]。匈奴是五胡中最先立国者，类似罗马的西哥特人。不过比西哥特人众多，政治文化水平也较高。

鲜卑在北匈奴灭亡后雄霸草原。他们分支众多，间中联盟，但一般各自为政。晋初已入居中国东北的慕容部和宇文部等，每部人口约 20 万，战士不过 50000 人。到 4 世纪时，最强大的拓跋鲜卑才倾草原人民入主中国，统一北方，是为北魏[44]。西方可与他们相比的是法兰克人和伦巴底人，后来居上，成为罗马帝国的持久继承者。

有学者估计两汉间约有 700000 名羌人内迁，但在东汉镇压羌乱时伤亡惨重[45]。与羌人相似的氐人，汉化较深。曹魏时两次迁移的记录，共 53000 落，多居陕西一带[46]。

匈奴建立的汉国设双重政府机构，分治汉人胡人。刘聪灭西晋后，领汉户430000多个，胡落200000多个[47]。这显示少数民族的人口比重并不太小，尤其如果我们根据可得资料，假定汉人平均一户五口，胡人平均一落七口。据此，刘聪统治约1400000名胡人，但很多羌、氐、鲜卑仍不受他管。因此我们可以保守地估计，在少数民族夺取中国北方政权时，他们至少有1400000人已经入居。

少数民族从境外进入华北，同时汉人大量迁出（地图16）。边郡的汉人避难内撤。汉末军阀割据，中原水利破坏。天灾人祸逼人民离乡背井。三国的吴、蜀竭力开发江南、四川。晋朝八王之祸，中原向南的颠沛人流蔚成巨川[48]。到280年，华北的户籍只占全国百分之五十七。我们先前估计其时全中国人口约54000000人，即华北人口约31000000人[49]。

总括上述，我估计约1400000人的少数民族夺取了人口有31000000人的华北；约600000个蛮人征服了人口有28000000人的西罗马帝国。这些数字不包括华南的23000000位居民，或东帝国的42000000位居民。它们也不包括316年华北沦陷后内迁的少数民族，或476年西帝国覆灭后入徙的蛮人。

人数外，政治组织、军事技能、战略形势都是争战的关键因素。不论哪一项，罗马世界内的蛮人都似乎不及中国世界内的胡人。皇朝、帝国的敌人，每个皆分为众多集团，时而互相攻击，时而合力对抗帝国。塔西佗一度庆幸日耳曼人不能团结。后来的日耳曼人比那时进步多了，但仍然组织散漫。我们所谓西哥特人、汪达尔人，听来像是个结实团体，其实只是一撮在日耳曼尼亚各自为政的部落。进入帝国后，四面受敌，才在压力下靠拢合作。相形下，匈奴就自尊得多了。匈奴虽然分为许多部落，但有传统的组织和宝贵的历史。

他们一度强大，使汉朝纳贡和亲。重振雄风是他们的企望豪语。这历史赋予的威望是没有一个日耳曼团体能梦想的。

日耳曼人是匈人的手下败将，而匈奴则骑射精湛，战斗力与匈人相若。匈奴久居塞内，首领们常入质朝廷，政治经验丰富。叛晋后国号曰汉，意在笼络汉人。他们尽得中国的良铁利剑，武器装备不让汉人[50]。相反，日耳曼人未能克服缺乏金属的弱点。塔西佗注意到他们常常没有头盔，甚至没有铁矛头。一位史学家比较两次最著名的蛮人大捷，发现在哈德良堡的战士，比350年前在条头堡的战士，所持的金属器械并没有显著增加[51]。

日耳曼人可能与羌人较为相似。两者皆缺乏大型政治组织。一种人，譬如说汪达尔人吧，经常分裂为许多小队，四散劫掠。对付类似的敌人，皇朝与帝国不约而同发现大厮杀不如小接触，正规军不及特种部队有效。罗马帝国喜欢围困封锁，派小部队袭击，并从东方调来神箭手，逐个招呼蛮人。斯拔提恩特别训练2000个兵，清除了大区域的侵扰[52]。汉朝晋朝亦认为平息羌乱，轻骑掩袭胜于大兵征讨。马隆特选3500名壮士，孤军深入山区，转战千里，平定凉州[53]。指挥得法，几千兵即能奏效，可见蛮羌的实力不大，只是政府处理不当，增加了他们的破坏力。

羌人和蛮人虽然都从事非常规战争，但其地利人和却有霄壤之别。羌人在家乡造反，本土作战，散居陇西青海的崎岖山地，有从事生产的亲属族人支持。倒是进剿的朝廷官兵要担忧粮道，其困难一如奥勒略深入马克曼尼人的地盘去攻打他们。5世纪蛮人的战略形势恰恰相反。他们离开了日耳曼尼亚的森林，光临希腊、意大利、高卢的田园。对付他们，罗马人的措施与和中国人无异，一致坚壁清野，收藏起所有粮食物资。饥饿常逼蛮人投降，或冒险出战。他们携带的家属更成累赘，每个战士必须供给几个妇孺以及拉车子的牛马。只靠搜索掠夺，很快便竭蹶一地积粮。他们不能定居耕作，只得不停地在敌境内跋涉觅食，大车队兼作工事，保卫老幼。不论有多少奸细帮助，他们对周围环境，远不及统治当地的罗马人熟悉。帝国境内的蛮人就像20世纪的越共离开了越南而跑到美国加州去打游击，怎样看都是前景渺茫[54]。

少数民族久居塞内，大致与汉人相安无事，个别叛乱皆被平息。为什么他们一下子蜂起造反？为什么这次他们立国成功？蛮族人数少、装备差、补给缺，还有同行家属的负荷。罗马帝国打败过强大得多的敌人。这一次，如学者分析，“蛮人造成无可克服的威胁，不是因为蛮人特别人众力强，而是因为罗马的抵抗特别弱”[55]。为什么它如此衰弱？

8.3 社会分化

国家的主要任务是组织资源以解决广大的社会问题，其执行任务的能力视乎政治机制和社会结构。政府一方面要向各阶级人民征税，一方面要衡量轻重，协调各种社会需求，分配开支。协调永不全美，即升平时也不免摩擦。有钱有势的人偷税，腐败的官员贪污，都会使政府收入减少，国力衰退。庸臣迂阔、不顾现实，派系顽固、自诩自利，会使政府瘫痪，无能决策，甚至引发军阀内战。国家资源为党争消耗、劣拙管理浪费。治安国防等涉及公众安危的要务无人理会，日久酿成致命大祸。历来学者提出许多皇朝、帝国衰亡的因由，这些看来比较重要。

社会分化和政治腐败不是突发症。它们进度缓慢，有点像癌症。国家里的个人家庭就像人体内的细胞。细胞在身体的机能调节下分裂繁殖，使人健康成长。偶然，某细胞的基因突变，使它在生存竞争中略占优势。于是它分裂较速，后代较多，而且每个都承继了它的有利基因。若某个后代细胞发生另一有利的基因突变，竞争优势更大，那么它的后代滋生更速。基因遗传，几个有利突变后，这些特种细胞蔚然繁衍，霸取营养，压逼附近的普通细胞，形成肿瘤。若再有突变，使它们能摆脱身体的调节机能，无束缚地蔓衍，肿瘤遂成癌。癌细胞是达尔文进化中的最优胜者，但对它们身为成员的身体，却有致命之害。当然，人死了，癌细胞也无存，但细胞是没有宏观视野的。社会中的权益扎根，发展类似癌瘤。特权分子逐渐巩固势力，剥削他人，空谈仁义天下，但毫无公德意念，不知自己的行径其实是为私利而损害人民国家。基因突变稀有，因此癌症发展缓慢，多是老人病。同样，权益世代累积，根深蒂固的特权私利，为祸最烈的多在皇朝、帝国晚年。

第 8.1 节描述的是罗马或东汉的整个经济。这美丽全景漏掉了很多缺憾。试想象一个社会，其中百分之一的人富，百分之九十九的人穷；人均收入，富人百倍于穷人。再想象其经济增长百分之二十五，富人收入倍增，豪华激涨。单看全景，经济蓬勃。但庆祝者忘了贫富不均四倍于前；穷人的收入减半，濒临生死边沿。贫富判若云泥是皇朝、帝国的癌症。

Fewer have more；越少占越多[56]。这几个字，现代学者用来总括罗马社会经济的长期发展，但对汉朝也同样适合，两者的分别只在程度而已。它们的社会经济皆是金字塔式的，不过罗马的金字塔比汉朝的陡峭。从政府官员的俸禄可见一斑。汉朝官秩最低的佐吏，月俸约等于一个士卒，郡守的俸禄是佐吏的15倍。罗马每个兵团中有10个资深百夫长，每人薪酬是士卒的33倍。他们以上有两层将官，而兵团司令还在省督之下。省督与郡守职任相若，薪酬却相对高得多[57]。

中国文献中满是对豪富的指责[58]。光武帝的儿子济南王，奴婢多至1400人，厩马1200匹，私田800顷，奢侈恣欲。皇亲贵族除私田外还有食邑，不过多是县大小，而且地税不过百分之三点三。济南王是极富的了。一般来说，几百顷的家财，士族豪强中比比皆是，但千顷以上却是罕见；分遗产的习惯使财产难以世代滚大[59]。罗马豪富的规模又高一等。6个豪富一度拥有半个亚非利加省，直到尼罗没收了他们的田地。帝国晚年，贵妇玛兰尼娅在罗马城附近的庄园有豪华别墅，更有62个村，每村用400个奴隶耕作。加上她在意大利、西西里、非洲、西班牙、高卢的田庄，她的收入抵得上两个非洲行省的税收，其税率约百分之十五。若在君士坦丁堡，她可跻身首富，但在罗马，她不过中等而已。西罗马帝国的极富元老所报收入，必须有良田数十万公顷（1公顷=0.22汉顷）。即使19世纪的英国贵族，获工业革命之利，也望尘莫及[60]。

“太少生产者供养太多闲口，这是帝国的最大经济弱点”，现代学者如是批评罗马帝国晚年[61]。“闲口”是idle mouth的直译。其实汉末文献中有更贴切的词语：社会中“游手为巧，充盈都邑；治本者少，浮食者众”；朝廷上“帑臧空虚，浮食者众”[62]。除了皇亲贵族大地主外，皇朝、帝国还有形形色色的浮食者。基督教会财产日增。罗马皇帝恩赐外，还说服信徒奉献，把钱财投资在虫不能蛀、盗不能寇的天国。6世纪时，教会的主教神父人数比政府的官吏多，而且薪酬也比他们高[63]。东汉的儒生数以万计，禄利之路的优惠，不止通一经者免赋税。学生在皇家太学里雨不涂足，暑不暴首，但朋徒相视怠散。此外经学大师私人授徒，各人门下录千百人。有丧事，数万群聚谈论，拉关系求名声。《后汉书》形容名士们“刻情修容，依倚道艺，以就其声价，非所能通物方，弘时务也”[64]。这些浮食者虽然不全是纯粹寄生虫，但消费远远超过贡献。

很多浮食者是统治精英，或合法或非法地逃避税务，还得到政府各种优惠，越吃越肥。纳税供养他们的农民负担越来越重。皇朝、帝国末年，田地集中在少数豪富手中，自具耕地的小农岌岌可危。租种地主田地的佃户，罗马叫 coloni，在很多地区成为主要劳动力。在中西大田庄里，他们与雇农、奴隶等人一起干活。田租高逾收成一半[65]。剥削虽重，但不少佃户与地主建立主属情谊。大地主多是地方豪强，或是士族，或与官僚有勾结，能庇护属下。有的更能隐匿一些佃户以及他们所耕的田，不入政府户口。瞒税得益外，更增加被匿佃户对自己的依附。横插在政府与小民之间，豪强士族截取国家应得税款和忠贞，篡窃国家权力。汉朝许多佃户是地主的亲戚，也有世代依附的。不过法律上，佃户是自由身，租契满后可以任意离开[66]。罗马佃户找寻较好租契的自由，在君士坦丁时代就被政府剥夺了。法律发扬财阀统治的精神，把佃户及其后人世世代代绑在土地上，授权地主镣铐及惩罚意图逃亡者。提奥多西明诏：“佃户是其出生土地的奴隶。”[67]皇朝、帝国或多或少为豪富撑腰、压榨贫民。其程度的差异，可助解释两地募兵的不同经验。

东汉和罗马后期的军队，同样混合募兵、征兵以及胡羌或蛮人。东汉及后来的军阀，只要条件优厚，募兵似乎相当容易。孙策答应乐从军者，一人行，一家免赋税，10 天之内，得兵 2 万 [68]。这不足为奇：军队为贫民提供一条维生之道。罗马士兵的薪酬和退休金都很优厚，但军团长期难于招得足够士兵。后期皇帝严厉征兵，减低要求，强逼军人后代入伍，但都不济事。当然，很多人不愿意终身服役。但把佃户绑在土地上，使他们不能选择去从的法律，也有碍招募。军队要挖取强豪地主掌握下的健壮生财工具，比吸引个别农民困难得多。最大的地主，皇帝，早已把其佃户列为禁脔。其他地主也尽力威吓佃户，只肯放最疲弱的人给军部。缺兵最后成为帝国的癌瘤 [69]。

农民平时驯服，但忍无可忍时也能揭竿而起。中西古代一般把社会不安分子统称作“贼”，罗马所谓 latro。此词一端指普通罪犯，另一端指统治者不轨，如“汉贼不两立”或“费密斯不是皇帝，只是个 latro” [70]。两极之间有种种骚动，尤其从社会低层动荡而起者。很多“贼”其实是无以为生的灾民流民，其最大的希望是能重垦家园，所以一有机会便恢复良民生活。规模大、为时长的非法武装部队，一般都有精英后台或地方豪强庇护 [71]。

2 世纪中期，罗马升平开始呈现骚动，以致皇军不得不抽派士兵从事治安警卫。187 年高卢的“叛逆之战”更要动用大军。到 4 世纪后期，盗贼遍布意大利的道路，以致连罗马城的长官也不敢冒险越城门。商旅成群熙攘跟随省督的例行巡察，希冀沾省督护卫队的光，免受抢劫。政府严令查禁通贼，但徒然无功，因为与贼勾结的，正是地方的豪强巨富 [72]。帝国下最大的起义想是高卢和西班牙的巴高达，284 年开始，5 世纪初达高峰，驱逐省督，逼数代皇帝派兵镇压。然而古代文献对巴高达却只闪烁其词。罗马人喜欢抹煞抗议事迹，尤其是低层阶级起义 [73]。

中国传统史籍对社会动乱的记载比较详细。东汉中叶以后 80 年间，农民起义不下 30 次。小者数百、数千人，但此落彼起，规模越来越大，最后全国爆发黄巾之乱，我们稍后再说[74]。

浮食者和豪强巨室或直接剥削，或通过政府的各种优惠，间接吸取民脂。贫富极度不均破坏社会稳定。过不下去的贫民或铤而走险，或依附豪强。武装暴动频繁，时而为地方精英利用。豪强羽翼日丰，无所不为，上通官瞒税，下侵凌乡民。从社会底部滋生的各处地方动乱分化国家，就像无数小肿瘤。它们产生离心力，使中央政府无力动员资源以处理全国性的问题。此外，不少地方豪强同时是血缘贵族或文化贵族，出任中央高官。政府高层的权力腐败，肿瘤容易变化成癌。

8.4　政治腐败

不知是天意还是人为，东汉和西罗马帝国的末 100 年遭遇同一灾星。正当时局艰难、需要英明领导时，所有皇帝都是幼冲登位，而且长大后也最多是平庸之辈。赫诺里乌斯躲在安全的拉文那，不肯发兵援救被围的罗马城。获报罗马亡了，他惊呼："它刚在我手中啄食呢！"皇帝一心掂挂的，只是他取名罗马的宠物公鸡[75]。堪与赫诺里乌斯媲美的是弱智的晋惠帝。其时天下荒乱，百姓饿死，惠帝曰："何不食肉糜？"[76] 若政府机构健全，尚可以补救君主昏庸，即如罗马帝国早年安度弱智的克劳迪乌斯时代，或西汉安度其软弱的惠帝时代。可惜皇朝、帝国末年的政府机构本身腐败无能。

朝气勃勃时，伟大的皇朝、帝国拓人胸襟、开人眼界、鼓舞为众服务的精神。随着岁月消磨，眼界收缩。罗马传统的公共精神被帝国放弃了大部分，残余的亦被基督教的来世观扼杀。中国法家提倡法律下平等的法治精神，在儒家独专下枯萎。讲究军政财权的罗马政府，与讲究文治教条的汉家政府，各自显露出它阴暗的一面。贵族主义、封建意念炽盛。政府高官全神贯注家庭或党派，能实在干事的军队和吏治机构衰退。美丽的宣传风行，文饰皇帝和统治精英各营私利的勾当。

要枪还是要牛油？这是近代的西方谚语，但它所表达对国防或富裕之间的选择，却是古今中外都所难免。皇朝、帝国末年的特色是浸透油脂的精英一毛不拔，不肯置备几杆急需保卫大众安全的枪。班勇恳求300个士兵去守玉门关时，3万受政府资助的游手太学生与朝廷大官唱和，批判扰民的开支[77]。斯提里克用4000磅黄金雇佣西哥特兵去对付蛮人大批入侵，元老贵族尖叫“这不是条约而是奴役！”其时东西帝国各有约2000名元老，最富有的每人年收入黄金4000磅，白银160000磅，外加三成农作物。他们惯花2000磅黄金上演7场竞技，却搜剥公共艺术品去支付公共安全措施[78]。我们将会看到，东汉士大夫转化为军阀，罗马人屠杀罗马军队内蛮兵的家属，所以文德或爱心不是反对军备的主要原因，虽然它们在宣传上喊得响亮。文治官僚另有居心，在外敌威胁国家安危之际紧束钱袋，困窘军队。将军避战，因为他们知道战必有伤亡，而伤亡难得补充。现代学者解释西罗马帝国衰亡的基本原因：“政府内两个举足轻重的集团，即元老贵族和天主教会，背弃了卫护他们的罗马军队。两大集团无意间摧毁了军队和行政机构的能力。”[79]文武相争，得利者是入侵的蛮人。

从立国到全盛，罗马的军政和财权一直合作无间，皇帝和文武百官全属元老贵族。从260年代开始，元老不再领兵，他们的政治影响同时低落。行伍出身的将领升为皇帝。戴克里先、君士坦丁、瓦伦提尼安一世、瓦伦斯等的家乡，著名的都不是典雅文化，而是骠悍雄风。然而这些军人皇帝并不缺乏头脑；他们努力解决实际的急务难题，健全了与军队并行的文治官僚系统。

375年，与西哥特人入境差不多同时，瓦伦提尼安一世去世，西帝国进入一个新时代。皇位由一个小孩继承，100年来安富尊荣而变得文绉绉的元老贵族复兴，霸占了官僚机构[80]。罗马政府遂与东汉政府渐趋相同。东汉后期，高级官员半数是宿儒，士族逐渐从文化贵族向门第贵族演变，致力吏治的务实官员被排挤殆尽。

帝国末年，罗马的元老贵族和中国的文化贵族一样，热衷高任重位，但认为与职俱来的工作责任有失他们的才德身份。他们恃书本学问，沉迷尊贵消遣，鄙弃繁俗公务。中国士大夫自命清高，罗马贵族叫它优闲（otium）："从希腊人学来、贵族式的优闲，沦为不屑于费劲勉力，卖弄风骚以掩盖自己空洞无能、懒惰偷安。"[81] 复兴的元老贵族差不多垄断了政府高位[82]。现代学者形容这些大员的行为："他们把政府机构当作私生活的附属，对政策蓄意踟蹰，视行政为提挈亲友的途径。"他们最热心的是为朋友扈从写请托信。"这些词藻华丽、内容枯燥的书信，可媲美中国皇朝大官的拜帖。"[83] 堪与这些罗马贵族相提并论的，是"清谈高论，嘘枯吹生"，"专尚交游，以不肯视事为高"的东汉士大夫[84]。汉末徐幹描述得贴切："自公卿大夫、州牧郡守，王事不恤，宾客为务，冠盖填门，儒服塞道……文书委于官曹，系囚积于囹圄，而不遑省也。详察其为也，非欲忧国恤民、谋道讲德也，徒营己治私，求势逐利而已。”[85] 这些尸禄苟容的罗马和东汉高官，不是普通的浮食赘疣。他们之职有如大海航行的舵手。满载乘客的邮船即将与冰山相撞，舵手们却霸占驾驶台，大开交际舞会。其祸害之烈，直如皇朝、帝国的脑肿瘤。

财富与政权相勾结的贿赂贪污自古就存在，因此法家强调督察官僚，罗马共和国让人控诉卸任官员。然而江河日下，为了拉拢统治精英，中央政府放弃整饬官行，始而宽宥宵小，最后沆瀣一气，政治腐败遂成为皇朝、帝国的致命癌症。早时政府鬻爵；爵有位无权，政府用官赐虚名换取富豪的钱财，把钱用诸社会行政，还不至大碍。卖官就不同了，因为官掌治民的实权。人人都知道官俸不足以偿还买官的价钱，得官者必须另找资源。地方的油水多，所以郡守省督的沽价特别高。卖官，等于政府出售贪污通行证。汉安帝、桓帝应付紧急开支，贩些中下级的中央官职。灵帝只要有人出钱，什么官都卖，甚至兜售三公重位。为了修建宫殿，有几年他规定凡是地方官员新任或升迁，都必须先向他缴钱；没有财产的不可以辞官，但可以把费用摊派到任下百姓身上。清官司马直不愿盘剥人民，服毒自杀[86]。有两个世纪之久，罗马政府公开发售省督的职位。“以官位作抵押借钱”遂成为正当生意，以致大队债主跟着新省督上任[87]。阿米亚努斯评述：“君士坦丁首先开了他朋友的胃口，君士坦提斯跟着用行省的精血把他们喂饱。”[88]

道德谴责和廉政法律沦为遮丑的装饰。通体腐朽的政府机构里，小贪污习以为常。“惯例”的聚敛在罗马帝国后期被法律认可[89]。汉末河南尹田歆有职责向朝廷荐举 6 个人。亲戚权贵的请托信函雪片似的飞来，情不可却，但他决心“自用一名士以报国家”。田歆留名，不是因为徇私枉公，而是因为责任心未泯；察举制度早就在温情道德下人事淤塞了[90]。儒生清议，廉是唯一涉及公事的士大夫美德[91]。廉在罗马一样受尊重；个别官员不染贪婪的邪风，即口碑炳彰。现代学者对罗马官场的评骘，用于东汉士风同样合适：“仅仅保持诚实，就成为异乎寻常的优点。”言下之意即“承认无奈的事实：贪污舞弊是常规，并非例外”[92]。

贪污损害人民，但无益国家。5 世纪时的罗马军队是个谜团。据官方资料，它的兵员全额是 645000 人，挺强大的。然而小队蛮人差不多无阻碍地在帝国内乱窜的史实，令人不禁发问：罗马的军队到底在哪儿？[93] 学者多数赞成缺额高达半数。一名士兵可以不获许可而缺席 4 年，但仍然在值勤表上留名。这凋零的军队使蛮人庆幸，但纳税人可不得轻松：“无论他们是死是活，或是纯属虚构，政府同样支付 645000 人的军饷。”[94]

利用官职非法攫取财物的贪污行径最受诟病。利用官职非法攫取权力一样腐败政治，却部分得到儒家道德的庇护。这儿我们可见到公德和私德的矛盾。儒家最尊师重道，东汉的经学大师与其弟子一日为师，终身为父。士族各收门生以千百计，灌输君臣父子的忠孝仁义。通经是入仕的途径。经师士族累世出大官，推荐任用自己的门生，广植私人势力。郡守等地方长官，对其引进的士人莫不以君臣的名分自居；门生故吏“即使以后进身于朝廷，依当时的道德观念，他们仍然要忠于‘故主’”[95]。知恩图报是私人道义，君臣师生之间的脉脉温情推衍亲亲之仁，这是儒家伦理深邃处。可是它蔽于私德而忽略了公事。士大夫身任公职。从国家人民的观点，他们这种“忠于故主”的道义正是贪污腐败。举荐人才是郡守的职责，委派下僚是高官的职权，士大夫把它们当作私惠相授，甚至索求回佣，举人时“率取年少能报恩者”[96]，不顾其对黎民国事的影响，其实是窃取公职的权力以图私利的贪污行径。

诠经教化下，《春秋》“我家臣也，不敢知国”的道义在统一中国里再次孳衍[97]。宗法封建般的君臣私恩关系，丝牵藤攀政府机构。门生故吏为宗师府主守丧、复仇，极受儒生清议高誉[98]。试看一个杰出的东汉士族：袁氏世代传授《易经》，四世中相继有5人官至三公，学术官场“树恩四世，门生故吏遍于天下”。到袁绍，爱士养名，3万人会集他母亲的丧礼。董卓乱后，名士豪杰多归他。冀州牧韩馥是袁绍的故吏，把州牧的军权职位像私人财产般让给他[99]。现代学者解释，“除非任职中央，否则地方官吏的心目中，乃至道义上，只有一个地方政权，而并没有中央的观念”[100]。这种道义培育地方土皇帝思想，如崔寔形容：“今典州郡者，自违诏书，纵意出入……故里语曰：‘州郡记，如霹雳；得诏书，但挂壁。’”[101]私恩繁滋，公务凋敝。初时是官僚结党争权，日后发展为军阀割据，祸国殃民[102]。纵使景仰东汉士风的史家也不得不承认：“因东汉人只看重私人和家庭的道德，故王室倾覆后，再不能重建一共载的中央，而走入魏晋以下的衰运。”[103]深究一层，统治精英持这种狭隘的温情道德，正是国家沦陷的祸源之一。类似的道义，在不同口号下，有否助长今天的腐败风气？

8.5 内部分裂

争权夺利会导致篡位内战。内乱也是皇朝、帝国晚期的癌病。应付它可能发生的威胁已消磨大量国力，它发生时更颠覆天下。罗马庞大的职业常备军生活与普通社会隔膜，自成一国，成为篡夺的主角。汉朝的文化贵族政治精英比较松散，养成军阀割据。对社会黎民来说，哪一个为祸最烈，很难定论。

虚伪有助宣传，但代价亦甚高。奥古斯都利用共和国的门面掩饰自己的独裁，虽然安抚了政敌，但使皇位难于合法化，继承常不顺利，在帝国核心种下一个不稳的根源。为了巩固皇位，他设立职业军队和禁军，日后它们壮大难驯。69年，军队集团自己拥立皇帝，开创先例。自230年起，50年间军队哗变几达百次，皇帝走马灯般掉换。4世纪情势转佳，但100年间仍有30多年内战[104]。野心家虎视眈眈下，皇帝们保留兵力应变，但求安内自保，无心攘外抗蛮。君士坦丁以内战起家，当上大帝后，按自己的经验改组政府。据5世纪的希腊史家卓西姆斯说，君士坦丁的军事改组削弱了边防[105]。他的后代亦步亦趋。阿米亚努斯评述："君士坦提斯不说自己数次被蛮人大败，一味吹嘘内战的辉煌功绩，夸耀国家内部创口流出的成河鲜血。"[106]同样地，提奥多西吞下西哥特人对罗马的损伤，优容他们，利用他们打击自己的罗马政敌[107]。

罗马的烦恼是其庞大的军事机构培养军阀，东汉的问题却起自军事机构废弛。废除民兵训练后，征兵无效。后来为了镇压频繁的农民起义，州牧郡守纷纷招募地方官兵，甚至私人部曲，逐渐坐大成军阀，颠覆汉朝。

这儿我们面临一个有趣的现象。地方性的暴动、盗贼、饥民流民、秘密邪教等反抗行动，世界各地都不少。它们的缘因多数不太深远[108]。例如王莽时的赤眉，"初，四方皆以饥寒穷愁起为盗贼，稍稍群聚，常思岁熟得归乡里"[109]。由于观念褊狭、组织薄弱，此等不安多局限于地域，被平息或镇压。罗马镇压犹太人起义，便是一例。中国历史的特色之一是地方骚动容易蔓延为天下大乱，戕害生民，削弱甚至推翻皇朝政府[110]。星火燎原在罗马帝国未见；在中国，本书讨论的500年间就发生了3次。此后至少还有5次危及政府的大起义。什么潜在力量使中国社会容易遭受大规模的动荡？为什么屡次大起义皆只转换皇朝，非但没有出现取替君主集权的政治制度，连这念头都没有产生？非但没有制约皇权，反而使皇帝专制更甚？

本书看到的3次大动乱，皆由民众起义始，但不以它终。反秦的陈胜吴广和东汉末的黄巾皆被镇压。然而精英阶层趁火打劫，群雄并起，军阀混战，百姓遭劫。王莽时，赤眉和绿林的力量也被士族大姓利用："当时起事者实多属强宗大姓，而称霸的群雄更非有强宗大姓的支持不可。"[111] 简言之，精英投机，扩大动乱，攫取起义的果实以自利。

精英反秦不足为奇；刚被征服的人民起而驱逐占领者乃历史常事。战国到统一，转变突然。六国消失，它们的军队解散、官员失业，游士无以传食于诸侯、逞其纵横之术，加上秦始皇废除封建贵族，造成大批失去用武之地的英雄人物，蠢蠢欲动。陈胜喊出口号："王侯将相宁有种乎！"刘邦在咸阳服徭役时望见秦始皇，叹道"大丈夫当如此也"。贵族出身的项羽豪气更大，看到秦始皇出巡会稽，脱口说"彼可取而代也"。此等言行实证贾谊对秦末军阀的观察："名为亡秦，其实利之也。"[112] 他们争利而逐鹿天下，产生一个平民天子，为中国的野心家立下典范。

王莽末年，第一次机会来了。刘秀的手下自道心声："天下士大夫捐亲戚，弃土壤，从大王于矢石之间者，其计固望其攀龙鳞、附凤翼，以成其所志耳。”[113] 汉末提供第二次机会，士大夫亦把投机心态表露无遗。汉献帝初年，袁术僭称帝，后来把帝号归于其堂兄袁绍，曰：“汉之失天下久矣。天子提挈，政在家门；豪雄角逐，分裂疆宇。此与周之末年七国分势无异，卒强者兼之耳。”[114]。

汉武帝罢黜百家后，皇朝精英多是儒者。我们在第 5.6 节看到，两汉之间的军阀多是士族大姓。东汉崇儒，更造就大批人才。学者指出：“汉末割据的枭雄，实际上即是东汉末年之名士。尤著者如袁绍、公孙瓒、刘表诸人。”[115] 谋臣中更是群儒济济。袁家是儒宗，袁绍自称“颇闻俎豆，不习干戈”；俎豆是孔子小时就爱陈列的礼器[116]。儒生一向重文轻武，标榜道义稳定，奈何摇身一变而成为投机乱世的军阀？我想，儒生只顾个人关系的道德、不尊重真相的习惯、懒于理解分析的诠经心态、不切实反省的自负自欺、排挤异说的空泛教条，皆难卸责任。

儒家严守君臣上下，却又推崇臣弑其君的商汤放桀、武王伐纣。孟子自圆其说：“贼仁者谓之贼，贼义者谓之残，残贼之人谓之一夫。闻诛一夫纣矣，未闻弑君也。”[117] 这被奉为造反有理的千古名言，是不负责任理想主义的又一表现。武力推翻政权，逐鹿内战，黎民涂炭，社会损残，事关重大。知识分子不顾惨痛的历史教训，不细察现实，衡量价值，探讨什么样的暴政、在哪种情形下值得反抗者冒乱天下之大险，单抛“仁义”大口号起事，再三再四，其过不止轻率。“仁义”那么笼统，谁不可以被指为贼仁义？告子论心性说仁内义外，被责为“祸仁义”。宋牼以利害说秦楚罢兵，也被责为“去仁义”[118]。朱熹集注“诛一夫”引王勉曰：“斯言也，惟在下者有汤武之仁，而在上者有桀纣之暴则可。”这种限制乏力；

在“为尊者讳，为贤者讳”的教条下，“汤武”、“桀纣”和“仁义”、“暴虐”一样含糊失真。子贡已指出：“纣之不善，不如是之甚也。是以君子恶居下流，天下之恶皆归焉。”孟子自己也承认纣王“流风善政，犹有存者”，所以周王发迹不易[119]。王莽事件，学者深入研究，综合证据：“可见复井田与奴婢之禁，确是激发士族大姓反莽的基本原因之一。”[120]井田是儒家的理想仁政，禁止奴婢买卖也合道义，王莽实践仁义，被指控为“一夫”。士人恭维的是暴力反莽、攫取帝位的东汉集团。到头来所谓仁者无敌，其实类似罗马人所谓胜利之战就是正义之战。不审事实，不察真相，不讲道理制度，唯喊道德口号，容易沦至败者为寇，寇之流，万恶归然；成者为王，王之门，仁义全矣。这正是投机分子的心声。

在诠经心态的桎梏下，儒家的教条笼统空疏，时含悖论。“汤武”、“桀纣”、“义”、“利”等道德样板黑白分明，长于激发意气、攻击异己，短于教导人们在错综复杂的灰色现实中如何理智分辨是非、选择行为。于是满脑教条的人捧这个或那个样板，可以反复无常而自以为是。做忠臣，效汤武，两条道德路线，任君投机。西汉末的士气从拥护仁政，跳到效忠刘家；东汉末诛宦官的救世名士，变为诛昏君的救世军阀，正是这种名教的成品。大将皇甫嵩破黄巾后，即被人劝行“汤武之举”。他不肯，但有人不像他般愿意“鞠躬昏主之下”[121]。不少反宦官的党人被赦后投靠冀州刺史，谋废灵帝。前太山太守张举发乌桓兵，自称天子[122]。军阀割据的肇端现矣。

各地的强宗巨室拥有财富声望，不少更以儒术官位增加势力、以温情义气凝固朋党羽翼。他们行恩惠于乡里，维持地方安靖，固是功德巨大。然而凌暴盘剥，武断乡曲，也是常事。现代史学家发现“皇朝权威的幌子后面，土豪的家臣扈从成群，私斗频繁。即使不算盗贼，目无法纪的风气，也弥漫在郡县间”[123]。公卿带头藐视法律，士人以犯法复仇钓誉。郡守县令轻视化解纷争的民法、摒挡诉讼，下焉者贪污舞弊、勾结土豪，使民间委屈，积怨成恨。官场风气忌言切实功利、以空喊救世为高、以宽宥权贵为仁，皆阻碍政府医治日益严重的社会痼疾。中央政府瘫痪，地方势力难驯，人民怨愤深积，酝酿火山爆发。

各种社会问题引起骚动起义，显示政府衰弱无能。士族强豪或为了保护既有利益，或嗅到攀龙附凤、飞黄腾达的机会，蜂拥招兵买马，举族相从，美其名曰效法汤武。群雄角逐几年、甚至几十年，最后剩下一个皇帝、一朝功臣，屹立遍地疮痍中。天下大势，合久必分，分久必合。战乱摧毁顽强的土豪势力，艰辛淘汰庸碌浮夸，患难磨练务实干能，余生者受到苦海的教训，社会获得妥协的余地，战后重建激发经济动力。即如森林大火烧掉枯枝死木，制造空地肥料，使树苗得茁长的机会，浩劫制造了新朝代的升平条件。就这样，以文化道德自诩的皇朝精英，靠最残酷的暴力解决了部分社会问题。

谁应掌权统治？若统治者昏庸残暴，怎么办？纵观世界历史，可知这些政治制度上的绝大问题极难解决，要在实践上摸索，逐步改良进展。在西方，现代的民主自由等政治概念，多是累积对政乱战祸的沉痛反思，可谓是经验知识。经验知识却难得中国文化贵族的青睐。不负责任的理想家自以为至善，闯祸一味责怪别人，阻止了人们从经历中吸取教训、反思改进，因而故步自封（第 5.6 节）。南宋时朱熹曰：“尧舜三王周公孔子所传之道未尝一日得于天地之间也。若论道之长存……虽千五百年被人作坏，终殄灭他不得。”[124] 诠经心态隔绝多次国难的惨痛经验，使这位提倡格物致知的大儒从不反省，此治国之道从未得行，是否可能它本身有问题，不能适应与上古迥异的社会现实?

思考需要概念。儒家经典书成于家国不分的宗法封建时代，缺乏公平公义、权利义务、政治体制等的政治概念（第2.9节）。奉经书为治世的不二法门的皇朝士大夫论政亦多限于空疏口号、人事权谋，如教皇帝效尧舜，任“贤”去“奸”，前者指自己的派系，后者指异己。儒家的人治理想寄望于统治者的个人品德，约制皇帝权力的方法莫如自命帝师、说“仁义”以正君心，君心正不了则寄望天命改变。《易经·革象辞》:“汤武革命，顺乎天而应乎人。”这“革命”只是天命由一家转到另一家，与现在我们熟悉、由revolution翻译过来的“革命”，意义截然不同，因为它根本不含改变制度的意念[125]。法家创建了不少政治概念。他们的理论大有缺憾，尤其没有理会到权力转移的问题。可是他们着重制度，提供思考工具以正视权力利害，分析功利效果，批评政法内容。君民共守法的法治理想，更指出了一条道路，可供理性探索，综合经验，逐步改良政制，包括权力转移的制度。可惜儒家独专，义利对立、礼法对立，诋毁功利和法治，封闭了这道路，抛弃了思考工具（第6.9节）。宋朝的道学更拉超越经验的“天理”大旗，攻击切实讨论制度为功利，积毁销骨。唾弃法治概念、坚持四书五经所教的家庭伦理足以平治天下者，唯一可以想象到的后果，不过是群雄逐鹿、换一朝皇帝而已。

8.6 汉末割据

东汉自光武、明、章之后，所有皇帝都是幼冲嗣位，灵帝是第八个了。他在 168 年所接手的政府，内朝宦官，外廷朋党，贪污无能，乌烟瘴气。士大夫痛恨他偏袒宦官，下党锢之禁，怨愤从中央扩散到各地，加强了地方的离心力[126]。

吏治腐败，民不聊生。灾异不断，最严重的是传染病四播。171 年大疫，此后疫神频临。瘟疫流行不久，自称“大贤良师”的张角出现，符水治病，借行医传太平道，渐有声望。张角派弟子分往八州，秘密组织。历 10 多年，教徒数十万，迁徙结集，跨县连郡，甚至渗入朝廷宿卫。早在 181 年，已有官员指出太平道势力太大，宜加分化，但朝廷拖延，不肯行动。184 年初，张角星夜驰敕。10 天内，青、徐、幽、冀、荆、扬、兖、豫八州并发。部众头裹黄巾，因以为名；又因人多而称蛾贼。到处攻城杀掠，州郡失守，烟炎绛天。朝廷慌忙调动大兵，又解除党锢、大赦党人。官兵得地方豪强的武装支持，用时 9 个月，击败黄巾主力。然而余党和小型起事蔓延全国。更大的后遗症，是政府的结构因组织镇压而起的变化。东汉一蹶不振[127]。

地方政府违背中央的趋势，一向在门生故吏的道义下膨胀。黄巾乱后，膨胀无可抑制。诸郡守征募军队平乱，事后保持兵力，伺机待动。下辖数郡的州更为厉害。州的刺史本旨是监察弹劾。188 年，朝廷听从刘焉，改置州牧，掌军、政、财大权。虽得当时的道义美誉，这些“清选重臣”马上扣留应该上缴中央的税赋收入，拥兵自重。狼上加虎，郡守州牧蓄势变为军阀，撕裂国家，吞噬人民[128]。

189 年灵帝崩。士大夫清天下的热忱沸腾。被赦党人群附何进、袁绍，共谋根除宦官[129]。袁绍怂恿何进召四方猛将入京相助。董卓以军功起家，讨羌拒胡，百有余战。朝廷顾忌他的实力，两次诏他交出汉人胡人羌人混合的凉州军，高升京官，他两次推托。对这野心勃勃的军人，诛宦官之召真是天赐良机。董卓带领精兵进京，吞并其他部队，控制朝廷，赢得一些名士相辅。但他废少帝，立献帝为傀儡，激怒了另一些士大夫。袁绍横刀长揖，逃离洛阳，号召东部州牧郡守起兵反董。董卓迁都长安，火烧洛阳，尽驱数十万百姓随朝廷迁徙，以致积尸盈路。捱到长安的，又有不少饿死。董卓暴虐，朝野共愤。192 年他遇刺，普世庆幸。可惜主谋的司徒王允缺乏善后计划。董卓旧部作反，劫持皇帝，彼此攻击，到处掠杀。关中地区不少化为废墟[130]。

关东的情况好不了多少。曹丕形容："山东牧守，咸以《春秋》之义，'卫人讨州吁于濮'，言人人皆得讨贼。于是大兴义兵，名豪大侠，富室强族，飘扬云会，万里相赴。"[131]说得壮观，但除了曹操和孙坚，没人敢与董卓交锋。3 位州牧 6 名郡守率领官兵，也是儒生本色，高论而无法协同行动。"众数十万，皆集荥阳及河内。诸将不能相一，纵兵钞掠，民人死者且半。"[132]义盟粮尽解散。州牧郡守各自扩张地盘，士族强豪纷纷择主而事。群雄角逐，中原百姓，步荥阳河内的后尘[133]。

被董卓虏往长安的东汉朝廷在关中军阀手下余生，196 年逃回焦土一片的洛阳。事奉天子，即使只是形式遵从，仍需要不少精力自制，不比做土皇帝恣睢。汉献帝回归，关东汉臣面临道德问题：他们是否应该勤王？汉儒把官僚分为清浊两流。清流的重臣们按兵不动，把机会让给个浊流的次要人物[134]。

曹操是宦官的养子，但自幼便结交名士，参加袁绍谋图宦官的集团。他率兵到洛阳，把献帝迎到自己势力范围内的许都，自任大将军专权。汉室的残余权威，加上曹操本人的才能，吸引人才归附。他募民屯田，解决经济困难。远交近攻，集腋成裘。200年，以寡敌众，大败袁绍于官渡。此后便扫荡群雄，统一北方。208年，横跨长江、统辖八郡的荆州投降。曹操只剩下两个对手，孙权与刘备[135]。

滚滚长江是世界第三大河，水量不及亚马逊河和刚果河，但比黄河大20倍。这条天堑多次阻难北下的军队。208年孙刘联军抗曹，火烧赤壁，开历史先例。孙吴都督周瑜把10只船装满鱼油引火物，伪称粮船，接近时纵火，趁东南风，撞进曹军水寨。曹操引兵北归，孙权踞江南，刘备入蜀，天下鼎足三分。曹操220年去世，其子曹丕篡汉，称魏文帝。刘备和孙权也相继称帝。是为历史上的魏、蜀、吴三国时代[136]。

汉末时世艰难，激发起一些务实新人，稍微缓和迂腐颓风。曹操注重基本教育，令县满500户置校官，以任天下之智力[137]。他以俭率人，举清廉之士，不为虚名所惑[138]。3次“唯才是举”的求贤令，一反东汉察选官吏只讲究久丧报恩、眷顾亲友等私德，提拔明达法理、治国用兵之才，虽受儒生攻讦，但实际提高吏治水平[139]。自比管仲的诸葛亮为蜀相，循名责实，行法治，抚黎民，“科教严明，赏罚必信，无恶不惩，无善不显，至于吏不容奸，人怀自厉，道不拾遗，强不侵弱，风化肃然也”[140]。他去世后百姓巷祭，戎夷野祀。西晋陈寿写《三国志》时，黎民追思，言犹在耳[141]。曹操限制豪强兼并土地，诸葛亮法不阿贵[142]。然而，对权贵精英的高涨势力，这只是杯水车薪。先家族、后国家，重人事、轻规矩的政治道德继续。世家不断占田买地，聚族而居，募部曲佃客，发展“僮仆成军，闭门为市”的自给自足庄园。门第互结亲缘，从垄断仕途，到垄断官场，形同世袭。到晋时演化为权盖皇室的门阀士族[143]。

所谓鼎足三分，其实是南北对峙。吴蜀的联盟比较脆弱。蜀亡于263年。两年后，魏为晋所篡。280年，晋灭吴，统一中国。不过这次的统一短暂，316年晋朝便退守江南，让五胡瓜分中国北方。从长远的历史看，208年赤壁之战是中国南北分裂的肇端。此后300多年，南北个别发展，直到589年隋朝统一。

曹操迎献帝时，军阀割据，汉朝名存实亡。曹魏统一了北方，凭功篡汉。司马氏无功，篡魏全仗派系阴谋。249年司马懿暴力政变，削弱皇室，即致力“营立家门”，图谋篡位[144]。其孙司马炎实现路人皆知之心，265年成为晋武帝。司马氏是东汉中叶以降的儒生世家，自称“传礼来久”。晋朝标榜“以孝治天下”，改汉魏短丧之制，行三年素冠减膳之心丧[145]。又扬《春秋》“封建亲戚，以藩屏周”之义，封子弟为王，踞战略经济要地，掌军政全权[146]。

皇朝中国恢复先王之道，续楚、汉之后，这是第三次了。三次都应验秦始皇的判断：“又复立国，是树兵也”，而这一次，不鉴历史前车的报应比汉初分封来得既快且猛。武帝之嗣惠帝时即爆发八王之祸。从300年到307年，7个宗室的叔伯兄弟将数十万大军，互相杀伐，直到仅存的东海王司马越在怀帝时独揽大权。人民损失巨大，皇室精神破产；骨肉相残，撕破温情道德的面具。这样，西晋自行切腹，少数民族将为它斩最后一刀[147]。

8.7 匈奴的报复

无论中国或罗马，内战时各个集团常索外援或招募外族士兵。这不一定致祸。若组织领导有效，雇佣兵或外族兵一样可以军纪严明。比诸东汉的苟且高论，三国的远瞩实务较能调剂民族关系。东汉视边郡如包袱，动辄要抛弃凉州。相反，三国视边地为资源，努力争取。东汉移民逃寇。相反地，诸葛亮五月渡泸，深入不毛，刚柔并济，收服南中。北方的乌桓与袁氏结合。曹操破袁氏后大败乌桓，移其民入塞居住，把他们的骑兵编入军队，管治得法。后来五胡十六国，乌桓并不在内[148]。位处并州（略今山西）西北部的匈奴属国人多。曹操把它分为5部，分居5县，任用能干负责的并州刺史，威惠怀柔，使单于恭顺，边境肃清[149]。日后晋人缅怀羡慕："自魏氏以来，夷虏内附，鲜有桀悍侵渔之患。"[150]

晋朝初，蒙古草原连年天灾，大批牧民内迁。其时华北人口还未从战乱后复原，大地主需要廉价劳动力。武帝把入迁的胡人分置并州数郡，多作佃户。晋朝"以微羁而御悍马"，一面偃武兴文，罢州郡军备；一面怠懈吏治，使边郡官员任非其才[151]。有经验的官员指出，并州中南部的胡人轻骑只要3天便可以逼近黄河。目前虽然安定，但后患的危险大，提议政府加强管治，甚至迁徙一些胡人回归草原游牧[152]。朝廷均嫌费事。跟着八王之乱起，胡人的问题急转直下。

匈奴的王室内附后，因为祖先屡娶汉家公主，自认是外孙，改姓刘。刘渊是单于之孙，弓马娴熟，更自幼拜名师，精通《五经》。他在晋廷作人质，地位颇高，但朝廷猜忌他的才能，不让他领兵。八王之乱给他带来时机。那时成都王司马颖做丞相。东海王司马越有心争权，命边郡刺史招引辽东的鲜卑兵。刘渊乘机说服司马颖，让其回国发匈奴兵与鲜卑兵相抗。他304年到国，马上被推为匈奴大单于，20日内集得5万精兵，随即叛晋自立，国号汉，先称汉王，308年改称皇帝，建都于洛阳西北 200 公里的平阳[153]。

入塞的匈奴分 19 种类，其中高鼻多须的羯族自立一国。羯人石勒不识字，但好听人读历史书。他本是战俘，被卖为佃客，逃出后辗转成为刘渊最得力的部将。石勒转战关东，抢掠粮食，攻下坞壁，收其谷物。不过匈奴兵并非无敌。三次围攻洛阳都伤亡惨重，徒劳无功。石勒数为晋军所败，但晋军也无能平息胡乱[154]。

晋室不因胡乱严重而停止内讧。怀帝怨恨司马越专政。司马越嫌恶怀帝在洛阳碍手，决意出征石勒，带走所有名将劲卒。洛阳无守卫，饥困日甚。311 年，司马越病死。礼教教条下，他的部将丢弃戎机，奉他的尸体还葬东海。石勒得获消息，轻骑追上丧列，纵骑围而射之。将士 10 余万人无一幸免，晋的主力覆灭。稍后，汉帝刘聪（刘渊第四子）的兵攻破洛阳，3 万人丧生。怀帝被擒，后来遇害[155]。

中原大乱。百姓和门阀士族大批南迁，不少聚集建邺，即今南京。石勒乘胜进击建邺，但大雨淋漓，粮草不足，江南抵抗顽强，不能成功。北归途中他又遭意外。晋朝的中央政府覆灭了，但地方势力组织自卫。他所过处皆坚壁清野，军队搜掠不到粮食，几乎饿死。这个挫折使他明白，形同盗贼的经济不能持久，遂任用汉人，建立稳定的基地，置常规政府管治。坞壁只要循例交税，可与政府两相安。自此石勒成为统治者。319 年，他叛离刘聪独立，国号赵[156]。

刘聪军队 311 年焚洛阳后，径取长安。关中经内战和胡乱摧残，早已残破不堪，然而在凉州军民支持下仍能反攻，立愍帝，死守长安 4 年，屡次打退匈奴兵。316 年，愍帝投降，西晋灭亡。琅邪王司马睿在建康（建邺于 313 年改是名）登位，是为东晋[157]。秦始皇统一中国 5 个世纪后，华北再次分裂为战国世界，不过这一次称王的是少数民族（地图 17）。

8.8 匈人的来临

313 年左右，当匈奴肆虐中原时，在比较平静的西域，一些来自中亚的粟特商人写信回家，诉说在中国贸易失利，全怪那些到处杀掠的 Hun。这些用粟特文写的书信未得寄发，后来在玉门关附近的废墟中被发掘。它的英文翻译者道："我们在此看到一个族名，与 Huns（匈人）无异，不是泛指游牧民族，而是针指一个具体的民族，即远东的匈奴……最值得注意的是，远在匈人出现于欧洲之前，这名字早被应用。"[158]

罗马人对匈人最详细的描述来自阿米亚努斯。他做梦也不会想到那些"比任何人都凶猛"的游牧民族，可能一度被他以为"从不熟悉兵戎之事"的丝人击败。他只说匈人来自远逾黑海、冰封的海洋附近[159]。19 世纪时，有德国学者研究言语学和片段文字，认为匈人是匈奴的后代[160]。1930 年代，另一些德国学者比较出土物品和装饰艺术，说匈人和匈奴并无关系[161]。两种学说其实都是证据稀薄。

前 1 世纪时匈奴在粟特附近立国，所以粟特人应熟悉他们的族名。匈奴于 48 年分裂为二。南匈奴降汉，其后代即粟特人所谓 Hun。北匈奴西迁，151 年后消失于中国记载。从那时到 376 年匈人出现于罗马视野，欧亚大草原隐藏了无数秘密，学者最多能猜度而已。不过有一点大致不会错：游牧群体时常混合，也时常散开。匈奴或匈人各自混杂了不少集团，有的种族参差，有的来去无常。假设一群北匈奴的世袭贵族保持了他们的地位和族号，即粟特人所知的 Hun。就算这样，200 年来游牧草原，他们也一定容纳了不少别的集团，吸收了一些他们的习俗。有无可能匈人是这么一个群体？请你自己去想吧。

我们旨在研究权势力量。对此，匈人和匈奴是否有血缘无关轻重，重要的是他们相似的特征。草原环境艰苦，无法滋养密集的人口。游牧民族一般分开成许多小部落，四散逐水草。部落内部大多自治，但酋长们也聚会议事，有时甚至推举高级领袖。这种散漫的政治组织实行于初临罗马帝国的匈人，或中国初统一时的匈奴。这两个游牧民族在蛮人中出类拔萃，因为他们有王者天才，遇到机会能够团结自己，联合别人，共同战胜强敌。匈人战士不过约 15000 人，但令罗马叫苦不迭，因为他们巧妙地结合手下败兵，把他们组织成一个"多肤色的帝国"，类似匈奴的"百蛮大国"。匈人王国的日耳曼属民众多，以致一种日耳曼方言成为王国的主要言语。匈人把罗马的贫弱北邻团结成一个有力的对手，使塔西佗的噩梦成真。假如他们有弗吉尔般的大诗人，他们可能会如罗马般自颂锄强扶弱[162]。

匈人和罗马帝国亦友亦敌，其关系可分作三个阶段。初时他们的交涉间接，匈人的影响是于 376 年逼哥特人进入帝国。此后数十年，匈人多是罗马的盟邦，虽然这盟友又昂贵又难缠。最后，441 到 452 年是出名的阿提拉时代，凶猛但短暂。匈人的王国随阿提拉而逝。在权力顺利转移的方面，他们远不及匈奴。

匈人在欧洲亮相，起初还在罗马视野之外。一群哥特人在黑海北岸筑墙防御。匈人表演草原的特色战略，来个闪电大迂回，驰骋绕过工事，从背后包抄歼灭他们。其他哥特人闻风丧胆，逃入罗马帝国避难。他们受的是心理压力，匈人并没追击。以后几十年，匈人大部分留在帝国以东 1700 公里的高加索一带。从那儿，他们入侵波斯，但徒然无功[163]。松散的部落乐意作雇佣兵，随便谁肯出钱都行。罗马是个大主顾。409年，西皇帝赫诺里乌斯召10000名匈人兵为他对付西哥特人。慢慢地，匈人西移，同时加强组织。到420年代，他们开始在匈牙利平原建立自己的王国，隔着多瑙河与罗马帝国对峙[164]。

年轻的罗马贵族埃提乌斯在409年的交易中被派作人质，因此与匈人结下了缘。匈人先友后敌，助他成为“最后一个真正的罗马人”，从433年开始主宰西罗马帝国。437年，埃提乌斯和阿提拉联手击败莱茵河畔的勃艮地人，成为欧洲一部出名传奇的题材。长期的匈人支持帮埃提乌斯制服西哥特人，光复高卢[165]。

441年—442年，罗马军队远征对付占领迦太基的汪达尔人。阿提拉领匈人趁虚入侵东帝国。匈人攻陷两个军事干线上的一流堡垒，震惊罗马人。罗马的北线防御战略一贯依仗使蛮人望之生畏的坚固城堡[166]。攻城需要重器械，更需要领导人才去指挥密集的兵力、组织后勤补给。日耳曼人于此无能，自讪“与城墙保持和平”。匈人善于发挥日耳曼人的蛮力，改变了整个局势。可能他们的攻坚技巧是从罗马人里学来的，但日耳曼人在同一学校里待得久多了，就是没学会。君士坦丁堡的皇朝失算，被逼作城下之盟，当然不甘。远征非洲的军队一回师便马上背约，积极备战。447年，阿提拉先下手为强，大破罗马军于赫松尼素斯。之后匈人便照西哥特人的榜样，掠劫巴尔干半岛。希腊再度遭劫[167]。

东罗马帝国答应付清所拖欠的上次盟约战败赔款，再增加每年的贡献。如是阿提拉保障了自己的东线，可以放心远征西罗马帝国。451年，他以皇家婚姻作借口，带领匈人、哥特人和匈牙利平原上各种部族，浩浩荡荡，直捣高卢。那儿他碰上了老友埃提乌斯。埃提乌斯预料必有一战，纠合了西哥特人、法兰人和内居帝国的杂牌部族，辅助罗马军恭候迎敌。卡塔隆尼平原上的“世界民族大会战”，结果是阿提拉狼狈躲在大车队组成的工事后面，预备自杀。埃提乌斯没有紧逼，因为他必须保存兵力 。西哥特人的国王阵亡，急于退兵。于是胜利的罗马联盟解散，阿提拉垂头丧气，但得安全返家[168]。

这次匈人西征，远离基地1200公里，跋涉的路程比巴尔干战役长一倍不止。这不是草原战役，没有遍地水草喂养运输工具兼骑士粮食的牛马。匈人通过日耳曼尼亚的树林，必须照顾粮道。他们的后勤组织不足，就地掠食又拉慢行军速度，以致失了先机。

翌年，阿提拉选择一个较近的目标，意大利北部。他又失算了。那儿地域狭窄，城池多而厚固，攻坚旷日持久，附近资源很快便竭蹶。大军缺粮，瘟疫蔓延。东帝国的新皇帝又趁机袭击匈牙利，拉匈人后腿。这些现实因素约制了“上帝的鞭子”。把它归功于教皇的甜言蜜语，不过是基督教的宣传品而已。那个冬天阿提拉去世。匈人王国内乱崩溃[169]。

罗马帝国衰亡，匈人是重要脚色，但并非罪魁。有现代学者认为，匈人其实阻慢了日耳曼人瓜分罗马帝国之势[170]。他们控制日耳曼人，所以411年后30年之久，没有大型日耳曼入寇，罗马帝国得以苟延残喘。此外，匈人更提供兵力，为罗马对付已经入境的蛮人。匈、罗对敌集中在441到452年。阿提拉的战役虽凶猛，但不致命。匈人的王国是罗马帝国的外敌，犹如匈奴之于汉朝。两个游牧民族皆志在抢掠物品，不在占领土地。他们挑动大战，但皆先帝国、皇朝而亡。

帝国、皇朝应付这些城下蛮人比应付城内蛮人容易。罗马帝国境内的西哥特人，或晋朝时的塞内南匈奴，志在占地领民、参与政权，威胁大得多。把这些境内蛮人养成心腹之患，帝国、皇朝的统治精英难辞其咎。腹心之蛮最为可怖。

匈人王国之于罗马帝国，有点像迦太基一度之于罗马共和国，或楚之于晋。有个强大的外敌威胁，使统治阶层略为收敛。罗马人庆祝阿提拉之死，歌颂新纪元黎明。敌对的超级大国倒台了，可惜后果并非天下太平。众多小国和地方势力纷争，局势复杂，更为危险。摆脱匈人制约的日耳曼部落恢复互相敌对的习惯，入侵精疲力倦的罗马帝国。更糟的是，匈人的压力消失，罗马贵族的内讧加热，变得蛮不讲理。埃提乌斯比阿提拉只活多一年。20 年来，他是西帝国的稳定力，也是唯一能对抗匈人的将领。匈人崩溃，稳定力亦可弃。454 年埃提乌斯被谋杀，之后内乱爆发。西罗马帝国只余 20 年寿命了[171]。

8.9 罗马末日

375 年，格拉提安登基为西罗马皇帝。他在位时，罗马有史以来的士兵披挂传统被破坏。士兵没有头盔胸甲，以致伤亡大增[172]。他的承继者恢复盔甲，但其他变革保持时间更长。格拉提安的父亲瓦伦提尼安一世行伍出身，却令儿子自幼受最好的古典教育。格拉提安即位后，马上屏退父亲的干练属下，换上一批贵族文人。他的诗人教师成为禁军统领。豪富世家的元老贵族占领了文治政府的高层。他们早已弃武就文，变得像东汉儒生一般风雅，鄙视粗犷的军人。很多人对行政既无经验，也无兴趣，但一跃而稳坐高官重任[173]。

格拉提安朝廷里的另一个大集团是基督教主教。他们和元老一样重文德，厌恶军人，更绝不容忍蛮人。虽然蛮人也是基督徒，但宗派不同，在罗马天主教眼中，形同异教。总的来说，“第四世纪后期的基督徒心态，既不肯尊重抗拒蛮人的军队，也不肯接受入了境的蛮人”[174]。

文、武、宗教三派势同水火，罗马政府内出现大裂缝。文治机构控制税收军费。元老加税，但不肯用以加强日益凋零的军队。贵族和基督教会一直享受免税特权，到441年—444年间皇帝才命令他们缴付常税[175]。那时政府已因为非洲沦陷而面临破产，无法支付老兵的军饷，别说招募新兵了。到这地步，新的税收仍然多数花在补偿贵族们在非洲的损失。最终，军费枯竭导致西帝国的军队瓦解，而帝国亦随之灭亡[176]。

格拉提安一朝还有一个遗害。就像中国的关西出将，伊力里库姆一带产生罗马最好的将领和战士。它一向隶属西帝国。格拉提安指任提奥多西承继瓦伦斯为东皇帝时，无缘无故把它割让给东帝国。抛弃了这个养育军事人才的区域，减少了政府内的竞争，使文人更易得势。然而它为日后西帝国募兵抗蛮造成困难[177]。

格拉提安16岁即位，开始了昏君时代。这并非天意注定。西班牙将军马西姆杰出，怨恨格拉提安的军队大批投诚。可是东皇帝提奥多西武力插手，杀掉马西姆，安排个小孩做西班牙皇帝。小孩被推翻，提奥多西再次干预，终结于394年的弗里吉都斯河大战。数月后，提奥多西逝世。死前立他10岁的儿子赫诺里乌斯为西皇帝，并托孤于大将军斯提里克。

两次内战，提奥多西皆诏令西哥特移民国出兵。大约10000名西哥特战士阵亡于弗里吉都斯河。余生者不忿君士坦丁堡皇朝的刻薄，于395年在阿拉力领导下反叛。斯提里克反应敏捷。除了西帝国的军队外，他还统领提奥多西带往内战的东帝国军队。两大皇军在统一指挥下对付刚受重创的西哥特，很有机会赢得决定性的胜利，铲除国中之国的心腹大患。这个机会却被抛弃了。君士坦丁堡命令斯提里克交回东帝国的军队，并退回西帝国。斯提里克遵命。西哥特人再无约制，放手寇掠马其顿和希腊。300名斯巴达战士一度死守抵御波斯大军的温泉关，如今空山寂寂，任由西哥特人携幼扶老、长驱直进。希腊城镇纷纷沦陷[178]。君士坦丁堡妥协，委派阿拉力作地方统领，让西哥特人到皇家军库获取补给。元气恢复后，装配充足的阿拉力再次叛逆，矛头转向西帝国，401年—403年间两次入侵意大利。斯提里克把他们赶回东帝国[179]。

西帝国的军队在弗里吉都斯河败北后，抵御西哥特人时再受伤亡。还未复员，危机接踵而至。405年底，大群多瑙河北的哥特人在拉达盖苏斯领导下南侵意大利。406年终，一群群的汪达尔人、苏维人、阿兰人涌过冰封的莱茵河，进入高卢。两波入侵之间，不列颠发生一连串篡夺。第三位僭君，君士坦丁三世，于407年放弃不列颠，渡海峡到高卢，控制了那儿的罗马部队。同时，阿拉力嗅到机会，再次入侵意大利。斯提里克调兵，彻底打败拉达盖苏斯。这胜利的代价恐怕不轻。395年到420年之间，西帝国的军队减损了百分之四十八。四面受敌的斯提里克衡量轻重，决定与阿拉力谈判，以4000镑黄金雇佣西哥特兵。暴怒的豪富元老阴谋诬陷斯提里克。408年，斯提里克被斩[180]。

斯提里克的父亲是罗马皇军里的日耳曼军官。在军功皇帝下，不少日耳曼种的罗马公民凭功升任高位，斯提里克是其中佼佼者。这些第二代移民一般接受纯粹的罗马教育，从没听过有谁因为同胞的利益而背叛罗马帝国。斯提里克被诬陷时不肯发动内战，宁可尊严受刑，应使很多纯种罗马人羞愧。然而，随着贵族复兴、基督教条炽盛，归化公民的命运多蹇了。斯提里克以后，再没有一个日耳曼人出任最高统领。上层排挤还不及下层屠杀恐怖。君士坦丁堡朝廷带头。400年的党争涉及一个哥特种的将军，以致数千服役罗马军队的蛮人士兵在他们避难的教堂里被烧死。传说这事件促使阿拉力第二次叛逆。不论真假，罗马人排蛮，西哥特人受益。斯提里克统领的罗马军队里收编了不少蛮人。他死后，万余蛮人战士的家属被罗马人杀个精光。悲妻痛子的战士们起义，投向阿拉力[181]。

构陷斯提里克而控制政府的文官，背弃了他与阿拉力缔结的契约，但毫不防范西哥特人的反应。阿拉力必须安抚属下，不能白白吃亏，当然兵戎相向。西帝国的朝廷设在意大利东北部的拉文那，前有沼泽保护，后有海运补给。罗马城的形势就没有那样易守难攻了。408年秋，西哥特人开始围困罗马城。城中的奴隶出奔投降，壮大了他们的队伍。城内公民祈祷朝廷救兵，犹如望天打卦。震慄的元老们乖乖献上黄金5000镑，并答应为阿拉力向皇帝赫诺里乌斯调停。赫诺里乌斯召募匈人。西哥特人闻匈心惊，把条件降低到连罗马史笔都认为“很合情理”。他们要求作为罗马的盟友，在边境划地定居，并每年获粮食津贴，情况大概与南匈奴之在东汉相似。可是朝廷在党争下瘫痪，无能谈判。阿拉力第二次兵困罗马城，并勾搭元老，册立僭君。皇帝最怕这一招。赫诺里乌斯差点妥协，但4000名东帝国援军及时到达，加强了死硬派。阿拉力在拉文那无功，重返罗马。先两次被围，城中饥荒，甚至有人在竞技表演中高喊："人肉怎卖？"410 年 8 月，敌人再临，罗马开城门投降。西哥特人任意杀掠 3 天，只受令不得伤害教士和教堂。自 800 年前城破后，这是罗马第一次遭劫。前 390 年，高卢人火烧罗马城，只有元老院所在的卡比托区无恙。410 年，西哥特人入城，唯有元老院被烧。这分别显露两次沦陷的政治意义，假如元老院还有点国家的象征[182]。

满载赃物的西哥特人离开罗马城，继续他们的帝国大巡游，从意大利到高卢，然后到西班牙。这些地区满布罗马的敌人。406 年跨过莱茵河的汪达尔人、苏维人和阿兰人四散高卢，3 年后翻过比利尼斯山脉进入西班牙。僭主君士坦丁三世所领的罗马军队对他们行动的障碍不大。历史学家解释："大概君士坦丁对入侵的蛮人一只眼开一只眼闭，因为只有这样他才能集中力量夺取整个高卢的罗马军政行政。"[183]

西帝国的皇军瘫痪了 5 年，411 年复苏。或许朝廷党争告一段落，或许所召募的匈人战士终于到达。大将君士坦提斯除去了君士坦丁三世，朝廷再度统治高卢。封锁战略逼粮尽的西哥特人投降，转而为罗马击败汪达尔人和苏维人。以蛮制蛮奏效，但君士坦提斯并不追求彻底解决问题。418 年，他罢兵，把西哥特人安置在高卢南部。他要全副精神参与政治权谋[184]。

赫诺里乌斯无子。君士坦提斯娶了赫诺里乌斯的妹子帕拉奇迪娅，因而成为同僚皇帝。421 年他去世，权力斗争马上爆发。两年后赫诺里乌斯崩，一个老练能干的承继者主持西朝廷。东帝国派大军，几经大战，打败西帝国军队，拥立君士坦提斯的 6 岁儿子，是为瓦伦提尼安三世。帕拉奇迪娅摄政，但面对几个不服的强大集团，爆发两次内战。政府再度瘫痪，直至 433 年埃提乌斯仗匈人帮忙，夺得政权。帝国割让潘诺尼亚给匈人[185]。

罗马人自相残杀，蛮人春风得意。在西班牙的阿兰人和汪达尔人合伙，由盖塞里克领导，429 年入侵非洲。来回直布罗陀海峡一次要 24 小时，还得天气合作。集合船队，载过 8 万多男女老幼，外加他们的牲口、大车、行李，起码要几个月。罗马海军虽然大不如前，但仍有制海权，可以半济而击。日后汪达尔人取得驻泊迦太基的海军后，便成功破坏罗马军队的结集。汪达尔人能毫无阻碍地渡过海峡，显示帝国政府失能。

在崎岖的北非，蛮人沿着罗马大路，向东跋涉 2000 公里，在希波附近打败拦路的罗马军。他们围困希波城时，其主教奥古斯丁正病危垂死。汪达尔人入帝国境后大有斩获，然而盗贼般靠流浪抢掠，成功有限。再要进展，他们必须有基地安顿下来，设立稳固的资源作后盾，才能继续扩张。西哥特人，或石勒在中国，就是这个经验。罗马不顾 3 次安置西哥特人而养虎为患的教训，继续苟且偷安，坐大汪达尔人。435 年的条约，两家同意分享非洲。汪达尔人在贫乏的省份安身，罗马保留迦太基一带的富庶区域。罗马不因新添危险的国中之国而加强防御，反而减兵以节省军费。怪不得 439 年汪达尔人垂手而取迦太基[186]。

那时的气候比现在湿润，非洲是西帝国的一个重要产粮区。迦太基位处战略要津，以它为基地的战船可以威胁整个地中海。迦太基失守，全非洲沦陷，罗马人终于梦醒。东西帝国慌忙联手反攻，可惜时机已失。他们有 30 多年时间去对付 406 年涌过莱茵河的汪达尔人等，还可以雇佣匈人帮手，但把他们浪费在党争内战。匈人从盟友转为敌人。阿提拉 441

年开战，直至他453年去世，吸引住帝国的精力。

匈人王国崩溃不久，埃提乌斯即被瓦伦提尼安三世刺杀，皇帝本人也随即步埃提乌斯后尘。两次阴谋的主脑都是彼特隆纽斯·马西姆。这个资深元老贵族攫到权，马上争取西哥特人支持，因而把蛮人带上罗马政治的最高圈子。他只做了3个月的皇帝。当罗马忙于应付匈人时，占领迦太基的汪达尔人熟习海盗技能。455年，一支舰队在罗马城近郊登陆。假如600年前西庇亚可以预见迦太基复仇之神来临时的罗马颓风，他会更悲恸。罗马公民打开城门。他们已经投降过给西哥特人了，但仍然不肯发奋自强，宁愿再次俯首接受凌辱[187]。

西哥特人劫掠希腊时，许多城镇毫无抵抗。卓西姆斯写道："希腊整个罹难，连斯巴达也不战而降。罗马的压逼摧毁了它自强的战士、自卫的武装。"[188]希腊人怪罗马人，征服世界的主子可以怪谁？帝国鼎盛时塔西佗说："消极优闲不能保存伟大的国家，世上很多事物必须奋斗而得。"[189]从前有个伟大的民族，他们的"自由"并不止享受免费的面包和娱乐。

蹂躏罗马城的西哥特人先已蹂躏斯巴达。匈人戕害的巴尔干半岛属于东帝国。罗马与蛮人的四大战役，东帝国大败于哈德良堡和赫松尼素斯，西帝国仅胜于卡塔隆尼平原，全胜拉达盖苏斯。不知怎的，东帝国虽然战绩低劣，却能清除蛮人，不是把他们赶回日耳曼尼亚，而是把他们驱往西帝国。西哥特人和东哥特人都先入侵东帝国，但最后前者定居高卢，后者定居意大利。东帝国无恙，西帝国遭殃[190]。

君士坦丁堡的朝廷并非完全漠视罗马的窘境。它两次出兵图助西帝国收复非洲，不全是为了使自己免受海盗剽掠。第一次战役因阿提拉拖后腿而作罢。汪达尔人之猖獗罗马城促使罗马人作最后努力。西帝国收聚残兵，东帝国结集一支大舰队，意图登陆非洲。汪达尔人乘风势，纵火船，罗马樯橹灰飞烟灭。468 年博望海角的火船烧毁了西帝国的一线生机，一如 208 年火烧赤壁，定下中国三分之局面 [191] 。

西哥特人闻风转舵，重事武力扩张，终于在西班牙和南高卢建立独立王国。帝国境内的蛮人纷纷学样。税收随行省消失，政府无法支付军饷，驻守意大利的军队要求割据土地。476 年，军队统帅奥多瓦克获取东帝国皇帝芝诺首肯，废掉西帝国皇帝罗穆洛·奥古斯都鲁斯。西罗马帝国正式灭亡。13 年后，芝诺怂恿东哥特人的首领提奥多力：与其在东帝国作威作福，不如去攻打奥多瓦克。提奥多力掠取意大利和原属西帝国的多瑙河上流区域，成立东哥特王国（地图 18） [192] 。

8.10　薪尽火传

伟大的皇朝、帝国败落后各自保有半壁江山，但皆非其本家腹地。东晋和东罗马帝国的文学宗教造诣很获学者推许 [193] 。然而对政治大局，长安或罗马城所在的故国基地更为重要。前 221 年秦始皇一统中国，事隔 537 年，华北被少数民族割据。前 31 年奥古斯都建立罗马帝国，事隔 510 年，地中海西部被蛮人瓜分。两地承受的打击沉重，但并不一定致命。胡人或蛮人虽然有所破坏，但亦注入生机旺盛的血统习俗。只要不致命，挫折能锻炼人更为坚强。

蛮人和少数民族是最后胜利者。然而大帝国若非内患癌症，还不会被风寒外疾摧毁。务实的晋官早已指出胡人众多、吏治松懈的危机。若非 301 年—306 年八王之乱，朝廷或能纾缓民族摩擦。匈奴趁晋人同室操戈，304 年造反，311 年歼灭晋军，征服快速，但并非无敌。晋主力覆灭后，洛阳的残兵

12战，与城俱焚。凉州义军救援长安，拒胡4年，到外城陷落，内城粮尽，若非皇帝捱不住投降，他们当应死守不移之誓[194]。抵抗活动不随西晋而灭。最坚韧的组织来自一度参与国家纵深防御的边郡吏民，即使撤退到内地，成为流民，仍保持边疆风云培育的骁勇风骨。他们306年所组织的乞活散布多郡，灭石勒所立的赵国有功外，更坚持反胡活动百余年[195]。

罗马人抗蛮比较软弱。西哥特属国378年第一次叛变，但要到469年—476年才独立割据。100年间它从东到西横行罗马帝国，到处掠夺。数次被败皆获优厚条件，安顿生息，只要它能提供兵源，多为皇帝对付政敌。战事当然有，但大仗极少，决定性的大仗可说没有[196]。罗马帝国已在440年取消平民武装的禁令，但非官方的抗蛮记录寥寥可数，多数是某个豪强聚众保护自己的地头[197]。罗马城墙高固，但两次打开城门给乏能攻坚的蛮人。此等行径，时髦学者认为是罗马人和蛮人互相容忍，和平改变他们的共同世界[198]。更多学者认为，“明显缺乏公共精神是最令人沮丧的帝国末日特色”[199]。

没有大型战事并不等于各族人民和平合作。其实没有军队保护，黎民罹难可能更甚。罗马人哀悼“高卢全省燃烧，像个巨大的火葬柴堆”；中国人悲叹“流尸满河，白骨蔽野”[200]。殄戮掳寇，饥荒瘟疫，接踵而来，百姓弃家逃难。中国的流民规模巨大，部分因为很多农民依靠大型灌溉渠沟，一旦渠道毁坏，非有政府组织领导很难重建。士族大姓带领下，北方人潮涌向南方及四川。他们还不算最惨，虽然颠沛，但避过他们旧时家园还要忍受的100多年战乱。这期间，原本意为汉朝臣民的“汉人”变成一个民族称号；汉族得其名于胡人统治者的蔑称[201]。地中海欧洲一带，人民的流动性似乎较小，因为地主留恋深固的地产权，佃户被法律绑住。即使如此，考古发现5世纪到8世纪，许多地方的人口大幅减少，物质文明倒退是帝国灭亡后的一般情景[202]。

科林斯投降西哥特人后，一位被掳青年录写荷马的诗句："过世的居民最幸福。死神慈悲，使他们免见家人沦为奴隶、城邦化作烟烬。"学者解释："不消说，女性俘虏必得忍受战乱常规。"[203]罗马教皇里奥诏告被汪达尔人强奸的修女，说这些受蛮人欺凌而失身的上帝使女灵魂上并无罪恶，但因为肉体受玷污，身份低落。"她们可嘉在含垢忍辱，不妄想与无瑕玉女相比。"[204]

董卓时，蔡琰在战乱中被掳，陷身于匈奴左贤王12年，生二子。她父亲蔡邕的朋友曹操遣使把她赎还。蔡琰是才女，精音律。透过她的《悲愤诗》，我们看到汉制金甲在胡兵身上耀光，男头挂在后载妇女的马旁，万计俘虏忍受詈骂捶杖；我们听到胡笳动、边马鸣，回到她的河南老家，豺狼号、人声灭。赎金使她悲喜交集。儿子抱着她的颈呼问："我尚未成人，奈何不顾思？"她的战俘伴友前来送行，自悲不能同归。哀声摧裂中，蔡琰立马踟蹰，汉家父母匈奴儿，两下呼唤，不能兼顾，怀忧终年[205]。

蔡琰的《胡笳十八拍》把悲愤部分升华："胡笳本自出胡中，缘琴翻出音律同。"琴是传统的君子乐器，如今汲取少数民族文化。不错，各民族逐渐融合，但融和的道路浸透鲜血怨气。那些厌谈暴力的历史或不见血腥的战事新闻报导，实际培育的不是道义，而是自欺引致的冷酷。它们鼓励行凶者漠视牺牲者的痛苦，沾沾自喜，以为真的是仁者无敌。

皇朝、帝国的政府垮台只是历史悲剧的第一幕。更多蛮人或游牧民族将会涌入，争夺统治地位，故国居民将要遭受更多异族厮杀。身为臣民，他们不得不忍受一时，但未必绝望。他们，人数众多、知识优越，或可抵消统治者的强大兵力。中西的精英阶层尚存，效忠新主子，辅助统治。腐朽的尊贵文化不能刻苦，他们回归各自的根基本色，罗马的军备和财权，中国的吏治和亲情。显赫的希罗文化或华夏文化能不能使被征服的人民反客为主、吸收同化他们的异族主子？龙与鹰能不能重振雄风？

中西的历史 1000 年来趋相会，到此分道扬镳 [206]。罗马帝国整体可能无法长久维持，但罗马的要素根基在一度独立的西帝国。西罗马帝国故地的意大利、高卢、西班牙、非洲，罗马化最深，拉丁文通行。罗马的体制多为日耳曼王国采取。罗马人和日耳曼人共同信仰基督教，其教会袭用罗马帝国的专制组织，甚有政治影响。罗马城屹立，它象征的帝国意念长存。然而这些有利条件不能痊愈战乱的创伤。西罗马帝国的碎片不能像华北的五胡十六国般重新整合统一。

耶稣在罗马帝国诞生前后，西汉平帝的户籍记中国人口 6000 万。1000 年后，感叹世情变幻的史学家会否奇怪：两个国力相若的大帝国衰亡，为什么单单罗马帝国气运终止？再过 1000 年，他们会否诧异见到，被比作新罗马的美帝国，面临崛起的新中国 [207]？

【注释】

[1] Barnes 1981：249.

[2] Bury 1958：15-6. Jones 1964：83，92，97，107-9. Heather 2005：68.

[3] Panegyric quoted in Mitchell 2007：67.

[4] Barnes 1981：259.

[5]《后汉书》4：165。

[6] Ebrey 1986：621.

[7]《后汉书》4：195。

[8] Beck 1986：357-69. Lewis 2009a.

[9] Heather 2005：xii.

[10] Ward-Perkins 2005：32-3 引 Demandt 的单子。

[11] Brown 1971. Goffart 1989. Pohl 1997.

[12] Millar 1981：9.

[13] Ebrey 1986：611.《潜夫论·浮侈》。

[14] Heather 2005：17. Brown 1971：14，118.

[15] 钱穆 1940：169-71，176-7，184-5。田昌五，安作璋 2008：386-8。

[16] Brown 1971：116-7. 余英时 2003：252-3。

[17] Jones 1964：444. Cameron 1993：116-7.

[18] 田昌五，安作璋 2008：355-6。Ebrey 1986：612-3. Scheidel 2009b：154，175-6.

[19] Whittaker and Garnsey 1998：279-84. Heather 2005：114-5. Jones 1964：1040.

[20] 许倬云 2005b：第 4，5 章。Ebrey 1986：609，613-4，622-4.

[21] McNeill 1976：Ch. 3.

[22] Bivar 1983b：93-4.

[23] Birley 1987：149-51. Gibbon 1994：I.302.

[24]《后汉书》志 17：3350-1。《三国志》2：82；3：101。《晋书》4：92；5：124。王仲荦 2003：26。

[25]《后汉书》志 17：3351，注引曹丕曹植文。曹文柱 2008：86。

[26]《后汉书》71：2299。

[27] Heather 2005：182. Hopkins 1980：117-118. Bury 1958：62. Potter 2004：17.

[28] Jones 1964：684. Heather 2005：63-4. MacMullen 1988：41，174.

[29]《汉书》28b：1640。《后汉书》志 23：3533，3534 引注。《三国志》22：637 引注。

[30]《三国志》22：637。王仲荦 2003：170。Graff 2002：35-6.

[31] 罗丹华 1989。

[32]《汉书》16：527。

[33]《晋书》26：791。

[34] 赫治清，王晓卫 1997：61-3，72-5，86-7。吕思勉 2005b：612-4。Graff 2002：30-9.

[35] Jones 1964：1031. Goldsworthy 2009：272. Bury 1958：3.

[36] Thompson 1996：56. Heather 2005：328.

[37] Thompson 1982：15-19.

[38] Heather 2005：446. Bury 1958：104-5.

[39] Heather 2005：63-4. Mitchell 2007：167.

[40] Ward-Perkins 2005：68. Heather 2005：198. Goldsworthy 2009：43.

[41] 翁独健 2001：180-1，193-4。

[42]《后汉书》89：2953。

[43]《晋书》97：2548-9。马长寿 2006a：88-91。翁独健 2001：169-70。

[44] 翁独健 2001：178-80，195-6。马长寿 2006b：160-1，176-83，191，204，231。

[45] 翁独健 2001：134-5。张灿辉 2008：116。

[46]《晋书》56，1531-3。王仲荦 2003：186。

[47]《晋书》2：40；102：2665。翁独健 2001：184-5。

[48] 曹文柱 2008：36-40。王仲荦 2003：205-6。

[49]《晋书》56：1531-3；97：2549。翁独健 2001：180-1。

[50] 陈序经 2007：406-11。林幹 2007：167-8。《后汉书》90：2991；84：2801；48：1610。

[51] Thompson 1958：3，6.

[52] Goldsworthy 2009：220-1，254，311. Thompson 1958：18-22.

[53]《汉书》87：2890。《晋书》57：1554-5。

[54] Thompson 1958：18-9. Heather 2005：183-4.

[55] MacMullen 1988：191. Grant 1990：22-3. Goldsworthy 2009：415.

[56] MacMullen 1974：38.

[57] 苏俊良 2001：116-7，183。MacMullen 1974：94.

[58] 林剑鸣 2003：829-30，863-4，925-7。

[59]《后汉书》42：1431。Ebrey 1986：624.

[60] Wells 1992：178-9. Brown 1971：34. Jones 1964：554-6，784，

787. Starr 1982：170-1. Bastomsky 1990：41.

[61] Jones 1964：1045.

[62] 王符《潜夫论・浮侈》。《后汉书》54：1772。

[63] Jones 1964：1046-7. Goldsworthy 2009：361.

[64]《后汉书》72上：2724。参考钱穆 1940：169-71，176-9，184-5。唐长孺 2011：278。余英时 2003：258-9，278-80。

[65] Jones 1974：116；1964：795-6，1043.《汉书》24上，1137。瞿同祖 2007：113。

[66] 许倬云 2005b：59-62，202。Starr 1982：171. Ebrey 1986：625-6.

[67] Whittaker and Garnsey 1998：293. Jones 1964：795-7. Marcone 1998：357.

[68]《三国志》46：1105注。吕思勉 2005b：612-4。赫治清，王晓卫 1997：61-3。

[69] Jones 1964：614-7，619-21，683-4，1042. Shaw 1999：135. MacMullen 1966：199.

[70]《三国志》35：923。Wardman 1984：224.

[71] Shaw 1984. Escherick 1983. Hobsbawm 1959：ch. 2. Blok 1972.

[72] Shaw 1984：9-16，37-40. MacMullen 1966：193-8，200. Potter 2004：120-2，131，281.

[73] Thompson 1952：11-12. Ste. Croix 1981：478-9. Ward-Perkins 2005：45-6，48.

[74] 许倬云 2005b：141-2。田昌五，安作璋 2008：440-7。

[75] Goldsworthy 2009：301-2.

[76]《晋书》4：108。

[77]《后汉书》79上：2547。De Crespigny 2009：103-5，109.

[78] Heather 2005：221，312. Jones 1964：527，539，555. Gibbon 1994：II.172.

[79] Brown 1971：119.

[80] Jones 1964：371，608.

[81] Syme 1958：62.

[82] Jones 1964：1066，160，177，559- 61.

[83] Brown 1971：120，30.

[84]《后汉书》70：2258；46：1548。柳春新 2006：136-8。

[85] 徐幹《中论·谴交》，余英时 2003：255 引。刘文起 1995：41-4。

[86]《后汉书》8：342；52：1731；78：2535-6。徐难于 2002：121-5，133-5。

[87] Jones 1964：393-8.

[88] Jones 1964：109 引阿米亚努斯。

[89] MacMullen 1988：151.

[90]《后汉书》56：1826。刘文起 1995：41-8。于迎春 2000：421-2，430-1。

[91] 钱穆 1940：187-91。

[92] Jones 1964：400. MacMullen 1988：196.

[93] Goldsworthy 2009：310. MacMullen 1988：172-7，192.

[94] Jones 1964：684. Whittaker 1994：263-4.

[95] 余英时 2003：359。

[96]《后汉书》32：1122。于迎春 2000：430-1。

[97] 吕思勉 2005b：467-70。钱穆 1940：217-8。

[98] 赵翼《二十二史劄记》卷 5。于迎春 2000：430-1。

[99]《后汉书》74 上：2373-5。《三国志》6：190-1；1：31，注引《逸士传》。

[100]《左传》昭 25。钱穆 1940：217。

[101] 崔寔《政论》，于迎春 2000：420 引。

[102] 刘文起 1995：42-8，61-2。田昌五，安作璋 2008：384-7。

[103] 钱穆 1940：191。参考余英时 2003：359。

[104] Grant 1990：28-34. Gibbon 1994：I.618-21. Shaw 1999：148.

[105] Zosimus quoted in Potter 2004：448. Luttwak 1976：188，178-9.

[106] Ammianus 21.16. Jones 1964：653.

[107] Ward-Perkins 2005：44-6. Goldsworthy 2009：22，119，203，408.

[108] Hobsbawm 1959. Blok 1972.

[109]《汉书》99 下：4170。

[110] Shaw 1984. Escherick 1983：276-7.

[111] 余英时 2003：223。

[112]《史记》48：1952；8：344；7：286；6：277 。

[113]《后汉书》1 上：21。

[114]《三国志》6：210，注引《魏书》。

[115] 钱穆 1940：215。参考唐长孺 2011：33-41。

[116]《后汉书》64 上：2387。

[117]《孟子 · 梁惠王下》。

[118]《孟子 · 告子上，告子下》。

[119]《论语 · 子张》。《孟子 · 公孙丑上》。

[120] 余英时 2003：203。

[121]《后汉书》71：2303；79 下：2689。

[122]《三国志》1：4，注引《九州岛春秋》。《后汉书》73：2353。

[123] De Crespigny 2009：110.

[124] 朱熹答陈同甫书，《文集》卷 36。

[125] 汪荣海 2010：374-5。

[126] 徐难于 2002：1-30，45-76。

[127] 田昌五，安作璋 2008：445-50。

[128]《后汉书》75：2431。田昌五，安作璋 2008：458-62。

[129]《后汉书》74 上：2373-5。柳春新 2006：6-7。

[130] 田昌五，安作璋 2008：468-77，479-80。

[131]《三国志》2：89，注引《典论》。王仲荦 2003：20-1。

[132]《三国志》15：467。

[133] 田昌五，安作璋 2008：466-7。

[134] 柳春新 2006：10-2。田昌五，安作璋 2008：491。

[135] 王仲荦 2003：27-49。柳春新 2006：13-4，20。

[136] 王仲荦 2003：50-8。

[137]《三国志》1：24，26。

[138]《三国志》12：375。

[139]《三国志》1：32，44，49。王仲荦 2003：60-1。

[140]《三国志》35：930，934。

[141]《三国志》35：929，931。王仲荦 2003：85-6。

[142]《三国志》1：26；41：1012。

[143] 王仲荦 2003：131- 45。

[144]《三国志》28：791，注引《汉晋春秋》。柳春新 2006：174，204。

[145]《晋书》20：613-4；33，995。柳春新 2006：206，222-4。

[146] 王仲荦 2003：193-6。

[147] 王仲荦 2003：198-201。

[148] 翁独健 2001：168-9。马长寿 2006b：135-48。

[149]《三国志》15：469。22：638。林幹 2007：113-5。陈序经 2007：405-6。

[150]《晋书》52：1445。

[151]《晋书》53：1445。王仲荦 2003：195-6。

[152]《晋书》97：2549；56：1529-34。陈序经 2007：412-3。

[153] 林幹 2007：174-6。陈序经 2007：422-32。翁独健 2001：184-5。

[154] 王仲荦 2003：223-5。

[155]《晋书》59：1625。《资治通鉴》85：2754-5，2759-61，2763。

[156]《晋书》104：2716-8。王仲荦 2003：224-7。曹文柱 2008：132-3。

[157] 王仲荦 2003：202-4。

[158] W. Henning，quoted in Vaissiere 2004：22.

[159] Ammianus 31.2.1；23.6.67.

[160] 陈序经 2007：492-502。Sinor 1990：177-9. Gibbon 1994：I.1035-42.

[161] Maenchen-Helfen 1973： Heather 2005：148-9. Kelly 2008：43-5.

[162] Heather 2005：324-33. Thompson 1996：50-1，230-1. Barfield 1989：33，36，49-51.

[163] Heather 2005：150-4. 202-3. Thompson 1996：35.

[164] Thompson 1996：52，62-4. Kelly 2008：54-5. Heather 2005：330-2.

[165] Thompson 1996：71-2. Heather 2005：281-2，286-7. Kelly 2008：113-5.

[166] Thompson 1996：90. Heather 2005：300-4.

[167] Heather 2005：302-3. Goldsworthy 2009：320-4.

[168] Heather 2005：312，333-9. Thompson 1996：213-4.

[169] Heather 2005：340-1. Bury 1958：295-6.

[170] Bury 1958：297-8. Wickham 2009：84.

[171] Heather 2005：369，372-3.

[172] Gibbon 1994：II：70.

[173] Jones 1964：160，177，207，1066. Brown 1971：36，120.

[174] Brown 1967：331-2. Gibbon 1994：II.20.

[175] Gibbon 1994：II：99. Cameron 1993：149-50. MacMullen 1988：172-7，192.

[176] Heather 2005：295-7. Bury 1958：253-4.

[177] Bury 1958：110-1. Heather 2005：219.

[178] Heather 2005：212-214. Gibbon 1994：II.124.

[179] Bury 1958：109-12，119-20，160-3. MacMullen 1988：185-6，188-9.

[180] Bury 1958：160，166-9. Heather 2005：205-6，221，247.

[181] Heather 2005：214-7，224. Jones 1964：177，1038.

[182] Bury 1958：182，178-83. Heather 2005：224-9.

[183] Bury 1958：189.

[184] Heather 2005：253-7.

[185] Heather 2005：258-62，286-7.

[186] Heather 2005：265-72，285-6，288-9.

[187] Heather 2005：372-5，378-9.

[188] Zosimus，quoted in Thompson 1982：240.

[189] Tacitus，*Annals* 15.1.

[190] Goffart 1989：13-14.

[191] Heather 2005：385，388-9，399-406. Goldsworthy 2009：357-9.

[192] Heather 2005：416-8，425-30. Wickham 2010：89-98.

[193] Holcombe 1994. Bowersock，Brown，and Grabar 1999.

[194]《资治通鉴》87：2763，2834-5。

[195] 周一良 1997：15-26。

[196] Goldsworthy 2009：311.

[197] MacMullen 1988：52-3. Thompson 1982：239.

[198] 对此等论调的评介，见 Ward-Perkins 2005：3-10，174. Wickham 2101：8-10。

[199] Jones 1964：1058-62.

[200] Ward-Perkins 2005：23 引。《晋书》26：791。

[201] 王仲荦 2003：205-7。

[202] Ward-Perkins 2005：117-124，139-46.

[203] Gibbon 1994：II.124.

[204] Ward-Perkins 2005：11 引。

[205] 蔡琰，悲愤诗二首，《后汉书》84：2800-3。

[206] Scheidel 2009：20-3.

[207] Goldsworthy 2009：4-5. Mutschler and Mittag eds. 2009：xiii-xiv.

附录一
罗马与汉朝的彼此认识

97 年，东汉和帝年间，西域都护班超遣甘英出使大秦；大秦是汉人对罗马帝国的称呼。甘英至前人之所未至，抵达条支，临大海，闻安息西界的船人形容行海凶险，遂止而还[1]。条支指中东底格里斯、幼发拉底两河流域。当时幼发拉底河以东属帕提亚，即安息，河以西到地中海则是罗马领域。因此甘英不可能面临地中海，否则他已经进入罗马帝国了，而帝国行省接待外使有丰富经验。他所临的可能是波斯湾，那儿与罗马帝国有海上交通，但海程相当艰难。假如他迟来 18 年，可能会碰上亲征帕提亚的罗马皇帝图拉真。不过届时东汉在西域的势力已开始收缩。罗马也在三年之内放弃图拉真所征服的两河流域。东西两大帝国各自扩张至顶点时，失之交臂，未能建交。

班超平定西域后，有前所未闻的远国“来归服”，其中之一是蒙奇[2]。有人以为蒙奇是马其顿，但其时马其顿被罗马兼并，早已亡国，不可能“遣使贡献”。不过据西方记载，哈德良在位时（118 年—138 年），马其顿籍的商人提廷安纳斯，确从叙利亚东行至帕米尔，并派从人前往丝人之国[3]。这是私人商务，不涉国政。如下引可见，他们若带回有关中国的资料，也未为历史学家注意。

汉朝与罗马帝国对彼此的印象，下引的几段是主要资料。学者多认为罗马文献中的塞里斯（Seres）或托勒密《地理志》中的塞那（Sinae）皆指中国。以下把它译作丝国、丝人。据书成1世纪中叶的老普林尼《自然史》，“我们比较所有品类的铁，丝国铁夺桂冠，那是丝人连同他们的丝织毛皮一起输给我们的。帕提亚铁得二奖。”[4]“照最低估计，罗马帝国每年向印度、丝国和阿拉伯半岛流失一亿塞斯特。这是我们为奢侈和女士们所付的代价。”1亿塞斯特约值7吨黄金，其中半数支付印度的香料[5]。

普林尼也转录了两段游记：“据他们说，当他们抵达时，丝人总是赶到海边来会面。那些人黄头发、蓝眼睛、声音嘶哑；与旅客相交，不用言语。”“最先在那地居住的是丝人。他们仗以出名的是从树林中获得的毛质物料：把树叶浸水，梳下白色绒羽。于是我们的女工便得双重操劳，把他们的丝织品拆散，再把丝线重织。如此繁复的功夫、遥远的运输，只为了使罗马贵妇能当众展示透明的衣饰。丝人性格虽然温和，但与野兽一般，不愿与其他人类交往，只让别人找他们交易。”[6]

阿米亚努斯写于380年代：“丝人享受和平生活，从不知军戎战伐。因为温柔的人们喜爱安逸，所以他们从不与邻国为难。他们的气候健康可人，天青风和。他们的树林光线充足，树上经常洒水，生出一种羊毛似的物质。把它浸水，可抽出极细的线，纺之而成丝。从前只有贵族才用的丝，如今不分贵贱皆可获得。丝人节俭过人，生活安静，避免与他人交接。当陌生人过河来买他们的丝线或其他产品，他们陈列货物，不用言语，只用眼色定价。他们如此制约，就算拿不到交换物品，也白白交出他们自己的货物。”[7]

中国有关大秦的资料，最详尽者见诸成于420年代的《后汉书·西域列传》。范晔明言他多采用班勇所记："大秦国一名犁鞬，以在海西，亦云海西国。地方数千里，有四百余城。小国役属者数十。以石为城郭。列置邮亭，皆垩塈之。有松柏诸木百草。人俗力田作，多种树蚕桑。皆髡头而衣文绣，乘辎軿白盖小车，出入击鼓，建旌旗幡帜。所居城邑，周圜百余里。城中有五宫，相去各十里。宫室皆以水精为柱，食器亦然。其王日游一宫，听事五日而后遍。常使一人持囊随王车，人有言事者，即以书投囊中，王至宫发省，理其枉直。各有官曹文书。置三十六将，皆会议国事。其王无有常人，皆简立贤者。国中灾异及风雨不时，辄废而更立，受放者甘黜不怨。其人民皆长大平正，有类中国，故谓之大秦。土多金银奇宝，有夜光璧…… 凡外国诸珍异皆出焉。以金银为钱，银钱十当金钱一。与安息、天竺交市于海中，利有十倍。其人质直，市无二价。谷食常贱，国用富饶。邻国使到其界首者，乘驿诣王都，至则给以金钱。其王常欲通使于汉，而安息欲以汉缯彩与之交市，故遮阂不得自达。至桓帝延熹九年(166年)，大秦王安敦遣使自日南徼外献象牙、犀角、瑇瑁，始乃一通焉。其所表贡，并无珍异，疑传者过焉。"[8]

引文省略原列15项大秦产品。其中琉璃是罗马的名产，珊瑚和明月珠见诸地中海，虎魄来自北欧，刺金缕绣是叙利亚和亚历山大港的精工，各种熏香以叙利亚和阿拉伯出名。玉在罗马帝国不闻，但盛产于丝路经过的西域于阗一带[9]。

在大秦产品名单中显著缺席的是象牙、犀角、瑇瑁这等东南亚的产品。那个在今天越南中部的日南登陆、贡献南洋土产、自称大秦王安敦使者来时，罗马皇帝马库斯·奥勒略·安东尼努斯（Marcus Aurelius Antoninus）已承继其继父安东尼努斯的皇位 5 年了。罗马方面，学者没找到任何遣使丝国的记载。罗马人除了申诫下令，一般不屑遣发外交使节。那来客所谓安息云云，亦是商人口吻，不合当时王者政策[10]。汉朝与安息有邦交。甘英路过安息，礼上必先照会主人，但并无提及官方留难。罗马皇帝喜欢自我宣传，其面貌名号压上银币，众所周知，远扬海外。现代学者一般认为在越南广东一带上岸的外客并非罗马国使，而是海阔皇帝远、不怕获冒名之罪的投机家[11]。此等人，汉朝也曾见来："奉献者皆行贾贱人，欲通货市买，以献为名。"[12]

附录二

丝路通商

“丝路”之名是1877年德国地理学者所撰。它今天所指，不是单一路线，而是贯通欧亚的贸易网络［13］。这网络始自汉朝罗马时代。那时它与后代的丝路有两点不同。第一，大部分货品兼水陆两程。第二，匈奴势力未泯，所以经今乌鲁木齐的天山北路，或直通草原的商道，尚未开发（地图2，参见 http: //www.chinaandrome.org/Simplified/silkroad/begining.htm）。

长安是汉、唐时代的丝路东端，四方云集，富于开放的国际气象。渭城朝雨、霸陵相别，或沿泾水过固原，或沿渭河趋金城（今兰州），迤逦至祁连山下。长达约1000公里的河西走廊，武威、张掖、酒泉、敦煌四郡并列。走廊西端的敦煌，乃佛教从印度传入中国的宗教文化中心。西去不远，两关雄踞，北玉门、南阳关（此为汉玉门关，唐朝把玉门关移到敦煌以东，护天山北路之起点）。关外西域道分为二，避过中间塔里木盆地内的塔里马坎大沙漠。南路绕罗泊湖，在昆仑山影下经楼兰鄯善、于阗、莎车，到疏勒。北路过伊吾（今哈密）至车师（吐鲁番盆地）。这一带是草原入西域的门户，汉与匈奴必争之地，耿恭死守、班勇出屯之处，交河、高昌等古迹历然。吐鲁番以西，天山耸立，后世丝路分天山南北两道。汉时天山北路未开，所谓北路，乃沿天山南麓，过焉耆、西域都护所在的轮台、龟兹、姑墨，到葱岭脚下的疏勒与南路衔接[14]。

葱岭即号称世界之脊的帕米尔。东西阔200公里，山路盘桓，距离更远。从疏勒向西北越葱岭，可经阗池（今伊萨克湖）到位于费干纳盆地的大宛。这是汉张骞、唐玄奘西出的路线。张骞和玄奘东归，却取南道，从今天阿富汗北部的巴克特拉，即大夏，沿阿姆河谷入葱岭，翻过4867米高的坳口到莎车[15]。

帕米尔以西的中亚之地，前6世纪为波斯征服。亚历山大破波斯，前329年到临大宛以西、今乌孜别克斯坦所在的粟特，遭受最强烈的抵抗，也找到他的王后。粟特，汉称康居，其人擅经商，其城撒马尔罕，日后成为丝路大市集之一。粟特南面的巴克特拉为希腊人统治，直至前120年代被大月氏所建的贵霜帝国取代。

从巴克特拉或撒马尔罕的西行车队相会于木鹿城（今土库曼斯坦的马雷）。之后丝路沿伊朗高原北边，在今德黑兰附近登上波斯御道，至帕提亚夏都埃克巴坦那，下高原到两河流域、今巴格达附近的帕提亚冬都泰西封。沿河北上，叙利亚多个城市中，帕提亚、罗马的商交繁忙。地中海的大埠安提俄（今土耳其哈塔伊）是丝路西端之一。这条典型丝路全程陆行。汉朝罗马时代，其西段大部分在帕提亚（后来波斯）境内，无疑通行，木鹿城出土的车队石刻可证。然而，更多史料显示，其时的货物另辟途径[16]。

1世纪时，巴克特拉属贵霜帝国（地图1）。在那儿，不少中国商品被转运向贵霜南部，经今阿富汗喀布尔以北、原是亚历山大城的巴格伦，入巴基斯坦，沿印度河南下，到阿拉伯海的港口。那儿，从罗马领域来的商船恭候。《后汉书》

叙述月氏灭大夏、罽宾，臣服天竺（印度），居蓝氏城。天竺地湿热，临大海，乘象而战，汉明帝曾遣使问佛法。最重要的商业资料是：天竺“西与大秦通，有大秦珍物”[17]。考古学家在巴格伦发现宝库，内藏大批东西各国的产品，可证其言不虚[18]。

阿拉伯人和埃及人跨海与印度通商，历史悠久，在罗马帝国的繁荣下更加兴旺。1 世纪时的《厄里特里亚海航行记》是红海和阿拉伯海的指南手册。它指导商人，如想购买丝绸，可到阿拉伯海北端的港口：“在北边，海尽头的后面，有一个内陆大城唤作秦那（Thina）。那儿的生丝、丝线和丝绸，经巴克特拉陆运到巴如格扎；也有的经恒河运到里木日克。这秦那很难到达；少人从那儿来，也少人到那儿去。”[19]

有两群罗马辖下的商人光临印度西北的港口。从红海来的埃及人把货品带回地中海的大埠亚历山大港。从波斯湾来的商人以巴尔米拉人为主。绿洲城巴尔米拉为阿拉伯人所建，在罗马帝国有优越地位，在其对东贸易中首屈一指。然而他们的经营非得帕提亚首肯不可。陆路不说，便是货物从波斯湾入口，也得通过帕提亚国境才能运往叙利亚和安提俄[20]。

西域干线外，中国和罗马之间有两条经印度的渠道[21]。在印度西北港口的中国货品，可能来自四川、云南，经缅甸到印度东北，然后取道恒河。这条古道已为张骞觉察，但因西南山区土著阻碍，未能开发通畅[22]。107 年西南的掸国进贡自称来自大秦、能变化吐火的幻人。对类似幻人，中国早有经验。前 113 年，安息初通西汉时，即献大鸟蛋及犁鞬幻人[23]（其时罗马还未征服地中海东沿，因此犁鞬还未改名大秦）。

全海程是另一可能。罗马帝国的商人常到印度南端收购调味香料。从南印度的港口，航海家可绕马六甲海峡到中国南海，在那儿碰到活跃的中国商人[24]。汉朝疆土延至今越南中部，有港埠日南。天竺早已经西域与西汉建交。王莽时西域反叛，东汉初闭玉门关，邦交遂绝。东汉末，159年、161年，天竺从日南进贡。于是166年就来了个带着南海土产、自称大秦王使的家伙[25]。此后到284年，还有三个类似的"国使"见载史籍[26]。

汉朝罗马之间的海路虽然可能为个别商人利用，但对大宗交易的贡献似乎甚少。产于红海和地中海西部的红珊瑚是出口到印度的大项[27]。西汉通西域不久，即以珊瑚、琉璃为国宝。晋朝时石崇等斗富，亦以珊瑚炫耀。大家都说珊瑚是大秦产品，从西域可获，并不提南海，而从南海来的商人使者也不见贡献珊瑚[28]。

罗马的东方进口以阿拉伯的熏香、印度的香料、中国的丝绸为大宗。其中丝绸姗姗来迟，西汉平定西域后才得大量输出。考古学家在巴尔米拉发掘出丝绸，确定1世纪时中国货已抵达西方。相反，极少汉时的罗马产品在中国出土。考古学家只在越南找到一枚罗马金币。那些各处出土、质量低劣的琉璃，也被鉴定并非罗马手工。当然，文献所载的交通不全是虚构，但只是涉及皇室政府的小数珍宝。较为大宗的货物，汉朝和罗马并非直接交换。丝路上的贵霜人、帕提亚人及游牧民族不单是货物经纪，而且积极地用他们自己的产品投入贸易圈子。游牧民族便常以牲口猎物与汉人交换粟帛[29]。有人喜欢怪帕提亚阻碍汉朝、罗马通交[30]。帕提亚人当然希望获利，然而从上述政治地理看，他们的障碍不大。损害商交更甚的恐怕是那些稽古自大、贬斥外来的骡驴皮毛、动辄要闭玉门关的士大夫[31]。

丝路上多重以物换物，可用以解释上引普林尼的埋怨：

罗马人要拆散进口的丝绸，把丝线重新织成半透明的轻纱。中国人一样有蝉翼纱，湖南长沙西汉墓中发掘的纱袍可证[32]。不过这样的薄料适合南方的纤细楚腰，却不适合丝路起点、地寒冷、人粗犷的西北。在新疆、中亚各地出土的厚实丝织，想为迎合当地人需要。如果遥远的罗马人渴望不同，他们的需要还未转达到供应的源头。当然，这情形终会改变，至少他们可以索买生丝。一扎扎未染色的生丝，因其轻便价高，有标准重量，在西域一度被当作交易货币使用[33]。

现代帝国主义以商贸为先锋，汉朝与罗马帝国却与之相反，注重的不是商务而是政治外交。商人的地位在两处皆低下，而关市边贸则是控制笼络蛮人或游牧民族的政治手段[34]。罗马维持的升平和道路有助商业，但其政策却漠视商贸，所以与帕提亚签订的条约从未提及商交问题。它更绝不容商务干扰政治。罗马帝国抽百分之二十五的关税，所以甚得益于东方货物入口。巴尔米拉的生意兴隆，然而它273年叛变时，罗马毫不犹豫地屠城，纵使政府本身财源短缺，亦不惜牺牲巨额税收。巴尔米拉的商业网络覆没，拖垮了整个罗马对东贸易[35]。

汉朝通西域，鹄的在断匈奴右臂。私人商贸因之发展，反功利的士大夫勉强容忍而已[36]。朝廷的羁縻政策礼无不答，对匈奴鲜卑等更慷慨津贴。由政府主持的物品交流不乏经济意义，但这不过是附带性的。出口以政治为宗旨，朝廷以物质馈赠争取盟友，换取边境和平。大批彩缯由邦交渠道流入西域王廷或游牧民族，他们自由转让[37]。罗马人说丝人免费供应货物，虽然管中窥豹，但并非完全荒谬[38]。

附录三
秦长城的工程

战国时齐国首先筑长城以抗魏、楚，别国纷纷效仿建筑国防工事。在中国边沿的燕、赵、秦三国更筑长城以防御北方和西北的戎狄胡人。前 214 年，即统一中国后 7 年，秦始皇命蒙恬把原有的长城修理延长，设立完整的边防系统。《史记》在《秦始皇本纪》、《蒙恬列传》、《匈奴列传》三处提及，均只一言以记其事。后世的反秦宣传渲染筑城暴虐，把它说成是秦亡原因之一。西方学者研究这“从历史到神话”的过程，发现证据薄弱，虚构的多[39]。本文只简略探讨秦长城的工程以反驳渲染。

近期考古学家研究历代长城，统计其反复曲折的总长度，得知秦始皇的长城总长 7860 公里，其中 6650 公里沿用燕赵秦的旧城，新筑 1210 公里。明朝所建，今天我们熟悉的万里长城，总长 5788 公里[40]。以资比较，罗马所建横贯不列颠的哈德良长城总长 117 公里。

战国秦汉的城墙多是夯土垒筑，把泥土放在木制的模板里，一层层夯实，比明代的砖石长城粗糙。秦长城虽然长，但比明长城矮窄得多。其规模之小，惹人怀疑它能否适合军事用途[41]。它的平均宽度，底部大约 3 到 4 米，顶部 2 到 3 米[42]。墙的高度受墙基宽度限制，一般夯土墙的高度与基宽差不多；太高不稳固。让我们估计它平均 3.5 米高，通体 3.5 米宽。那么秦始皇所筑的 1210 公里长城，总体积是 14822500 立方米。

我找不到古代长城工程的描写，但找到几则都城工程的记录。都城和长城基本上皆是城墙，不过都城自我封闭，城门较多，较宏伟精美。前 598 年楚筑沂的城墙，前 509 年晋纠合诸侯为周王筑成周的城墙。两次都是大夫事先考察测量，估计需要的材料工具、人力粮食，搭配运土夯墙的工作，任派监工，然后召发民工；两次都是“城三旬而毕”。《左传》记载沂的工程不违计划，成周事完即罢诸侯之役[43]。汉惠帝元年开始策划兴建首都的城墙。三年春与五年春，各发“男女十四万六千人城长安，三十日罢”。三年六月，发徒隶 2 万人，没有提及解散。五年九月，长安城成[44]。我想 4 次筑城大发徭役，都注明 30 天就完，并非偶然。每人每年服一个月徭役是传统规矩，秦汉沿用。策划者按 30 日一期，计算目前的工程需要多少劳工，趁农闲时大批征发，使建筑不碍农时，想是传统的程序。[45]

假设那 2 万徒隶一直干到城竣，那么加上两次徭役，长安城墙共用了 832000 个劳动月。考古资料与《汉旧仪》所说相符：长安城墙周围长 25.7 公里，墙基宽 12 到 16 米，墙高逾 12 米[46]。我们粗略算它 14 米宽 12 米高，则体积是 4317600 立方米。

按以上计算，秦始皇新建长城的体积是长安城的 3.43 倍。两者都是夯土建筑。假如工人效率相若，则秦长城要约 2860000 个劳动月。300000 人的大军，10 个月可竣工。这数字恐怕高估了，因为长安城的 12 个城门、城楼，打磨都要人工，而长城可以比较粗糙。北魏时高闾提议建长城，估计 300

个人一月可筑 3 里城（等于 1.25 公里）[47]。若以这样计算，1210 公里新城，30 万大军，一个月就够了。

长城在崎岖边区，但并非无法到达，否则防御工事就多余。建筑材料多就地而取，工具比较简单，做模子的木板可以再用。最大宗需要运输的是工人的口粮。建好的长城沿着山脊，像公路般便利委输补给到前面开工。算上困难，再加上修补旧城，蒙恬的军队可以一年竣工即解散。怪不得秦末危急必须军队平乱时，无人提到调回筑城之师。

另一个古代建筑奇迹可与秦建长城相映成趣。传说建筑埃及的大金字塔要动用 100000—400000 人，历时 20–30 年。最新研究证明这是胡吹乱道。考古发掘的工人墓地显示有 4000—5000 名资深的专业石匠。临时雇的工人数字时上时落。两个各自独立的研究，一个由古埃及专家领导，另一个由建筑工程师领导，动用计算机模型，甚至用古法建造一个小型金字塔以获取实验资料，结果差不多。他们假设整个工程历时 12 年，但程序各异。12 年内，工作的高峰时间不过两年。之前之后，活动减少，多数只靠专业石匠。高峰期间，24000—43000 个工人就足够担任所有工作，从开矿采石、运输、建筑码头坡道，到叠石为塔。实在的工程，只是传说的十分之一[48]。古代工人的智慧和力量，和他们奇迹般的成就，同样令人惊异敬佩。

【注释】

[1]《后汉书》88：2910，2918。

[2]《后汉书》88：2910。Lu 1988：54-6.

[3] Ptolemy 1.11-12；1.17. Young 2001：188-91.

[4] Pliny 34.41.

[5] Pliny 12.41，4.26，84.

[6] Pliny 6.24, 6.20.

[7] Ammianus 23.6.67-8.

[8]《后汉书》88：2918-20。

[9] Thorley 1971：76-9. 余英时 2005：162-3。

[10] 见附录二。

[11] Ball 2000：400.

[12]《汉书》96 上：3886。

[13] Elisseeff 2000. Whitefield 2004. Hansen 2012. 赵汝清 2005。

[14]《汉书》96 上：3872。《后汉书》88：2911-4。

[15]《后汉书》88：2914。赵汝清 2005：165-80。

[16] Ptolemy 1.11-12；1.17. Young 2001：188-91. 赵汝清 2005：157-61。

[17]《后汉书》88：2920-2。《汉书》96 上：3884-5，3890-1。

[18] Lu 1988：9-10，26-7.

[19] Periplus 64.

[20] Ball 2000：123-128. Young 2001：28-31. Lu 1988：19-27.

[21] 余英时 2005：127-8。Lu 1988：55-6。

[22]《汉书》95：3840-1。

[23]《后汉书》86：2851。《汉书》96 上：3890。

[24] Young 2001：28-34. 余英时 2005：143-9。

[25]《后汉书》88：2922，2920。

[26] Yü 1967：152-5，160-1.

[27] Periplus 28，39，49.

[28]《盐铁论·力耕》。Lu 1988：54-6.

[29] Ball 2000：74-6，135-9. Lu 1988：19-20.

[30] 余英时 2005：130-1。

[31]《盐铁论· 力耕》。

[32] 图见 www.chinaandrome.org/Simplified/culture/dress.htm

[33] 余英时 2005：132，136-7。Lu 1988：70.

[34] Young 2001：1-4，195. Lattimore 1940：173-6.

[35] Young 2001：193，211-7. Dignas and Winter 2007：203.

[36]《盐铁论·力耕·地广》。余英时 2005：158-9。

[37] 余英时 2005：46-50，56-9，90-2，136-7。

[38] Ammianus 23.6.67-8.

[39] Waldron 1990：16-8，194-226。

[40] 景爱 2002：341-2。

[41] 景爱 2002：33-42。

[42] 景爱 2002：158-81。

[43]《左传》宣 11，昭 32，定 1。

[44]《汉书》2：88，89，90，91。

[45]《左传》庄 29。

[46] Wang Z. 1982：2.

[47]《魏书》54：1201-2。Waldron 1990：45 引。

[48] Smith 2004：130-1，206-7，230-1. Romer 2007：458-60.

附录四

参考地图 *

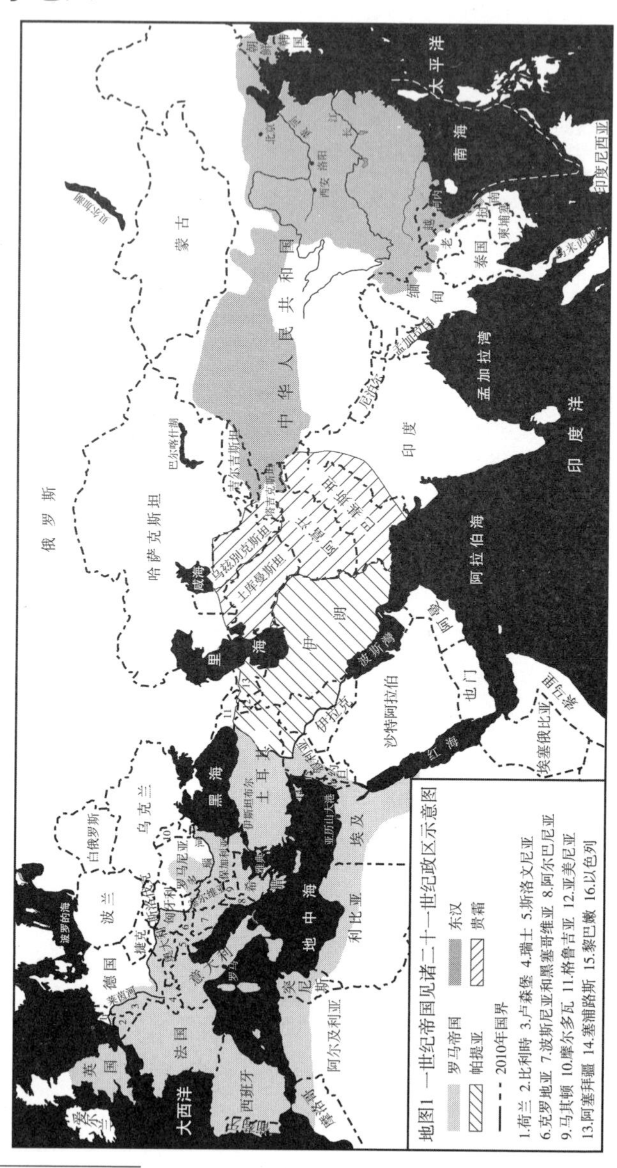

* 编者按：本书所附地图仅供示意之用。

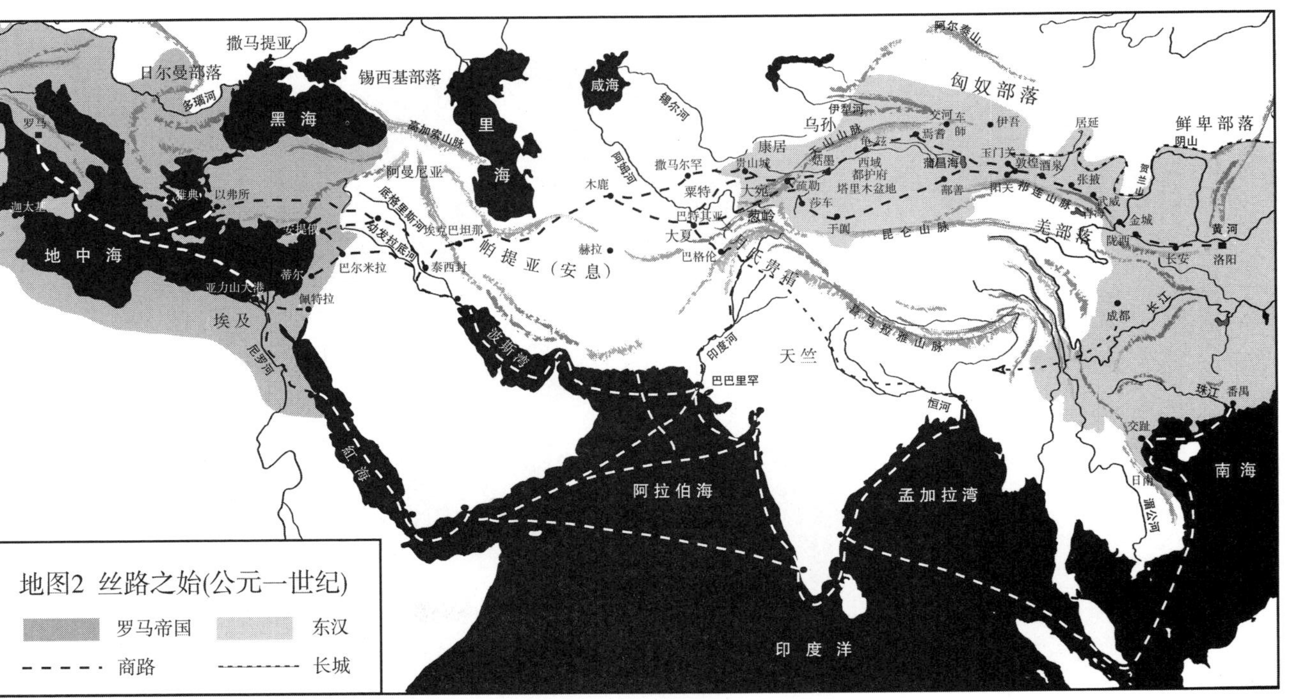

撒马提亚
日尔曼部落
多瑙河
锡西基部落
黑海
里海
咸海
锡尔河
阿姆河
高加索山脉
阿曼尼亚
罗马
迦太基
雅典
以弗所
安提俄
底格里斯河
幼发拉底河
埃克巴坦那
泰西封
巴尔米拉
蒂尔
亚力山大港
佩特拉
埃及
尼罗河
地中海
帕提亚(安息)
赫拉
木鹿
撒马尔罕
粟特
巴特其亚
大夏
巴格伦
贵山城
康居
乌孙
伊犁河
大宛
葱岭
疏勒
莎车
于阗
姑墨
龟兹
焉耆
交河
车师
伊吾
西域
都护府
塔里木盆地
蒲昌海
鄯善
玉门关
阳关
敦煌
酒泉
张掖
武威
居延
祁连山脉
昆仑山脉
匈奴部落
阿尔泰山
鲜卑部落
阴山
贺兰山
金城
陇西
长安
洛阳
黄河
羌部落
成都
长江
珠江
番禺
交趾
日南
湄公河
南海
天竺
印度河
巴巴里罕
恒河
喜马拉雅山脉
波斯湾
红海
阿拉伯海
孟加拉湾
印度洋
地图2 丝路之始(公元一世纪)
罗马帝国
东汉
商路
长城

蒙古
戈壁沙漠
阴山
太
行
山
辽
河
北京
京
杭
运
河
黄
河
太原
汾
河
济南
兰州
延安
泾
水
洛
水
渭
河
宝鸡
西安
洛阳
郑州
秦
岭
汉中
嘉
陵
江
岷
江
大巴山
汉
水
淮
河
南京
上海
成都
重庆
汉口
长
江
杭州
乌
江
沅
江
洞庭湖
鄱阳湖
长沙
湘
江
赣
江
福州
贵州
台北
昆明
桂林
灵渠
桂
江
北
江
广州
西
江
珠江
越南
南宁
香港
河内
老挝
长城
国界
0
200
400 公里
海拔
1500 公尺以上
400—1500 公尺
0—400 公尺
地图 3 华东地形

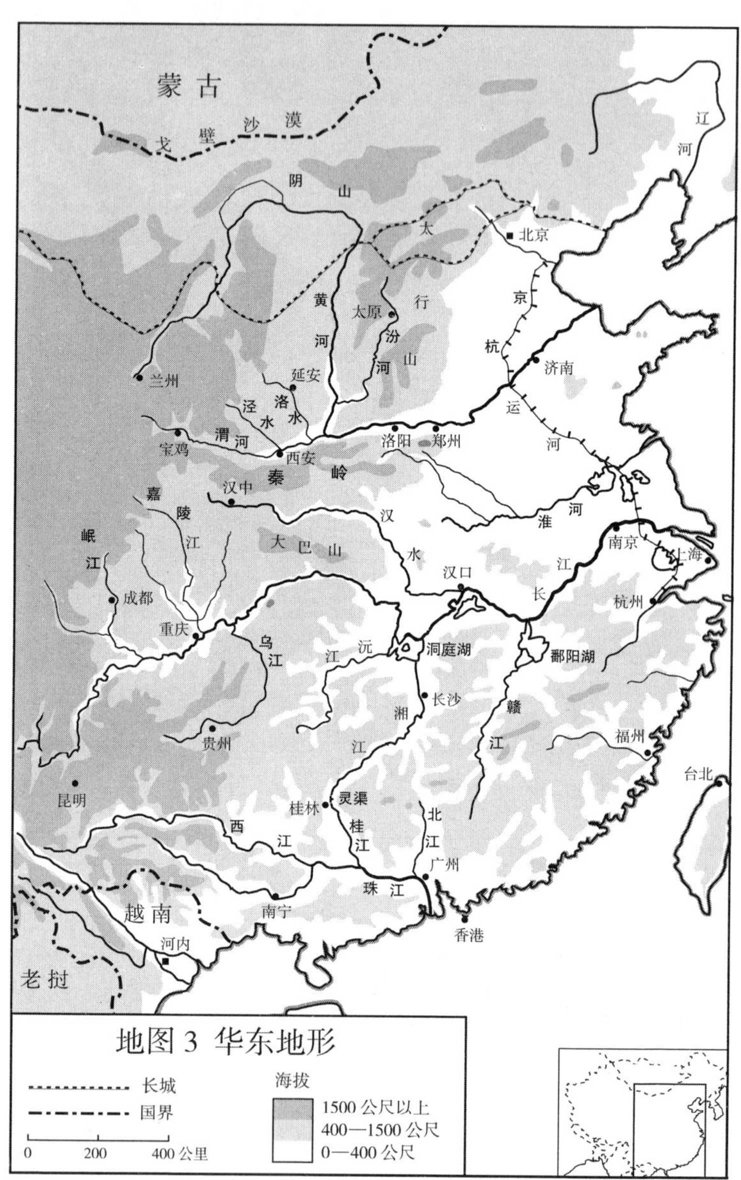

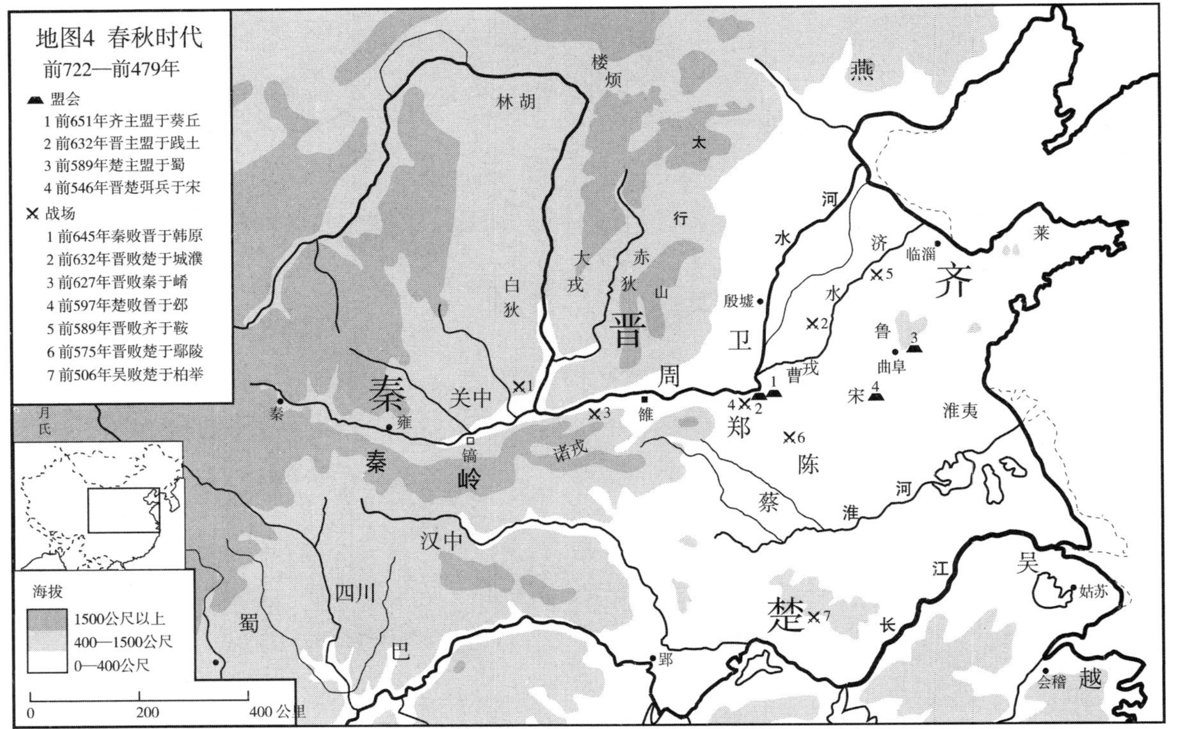
地图4 春秋时代
前722—前479年
盟会
1 前651年齐主盟于葵丘
2 前632年晋主盟于践土
3 前589年楚主盟于蜀
4 前546年晋楚弭兵于宋
战场
1 前645年秦败晋于韩原
2 前632年晋败楚于城濮
3 前627年晋败秦于崤
4 前597年楚败晋于邲
5 前589年晋败齐于鞍
6 前575年晋败楚于鄢陵
7 前506年吴败楚于柏举
海拔
1500公尺以上
400—1500公尺
0—400公尺
0
200
400公里
燕
楼烦
林胡
太
行
山
河
水
济
水
临淄
莱
齐
白狄
大戎
赤狄
晋
殷墟
卫
鲁
曲阜
曹
戎
周
宋
淮夷
秦
关中
雒
郑
陈
雍
镐
诸戎
蔡
月氏
秦
岭
河
淮
汉中
吴
江
姑苏
四川
蜀
巴
楚
长
郢
会稽
越

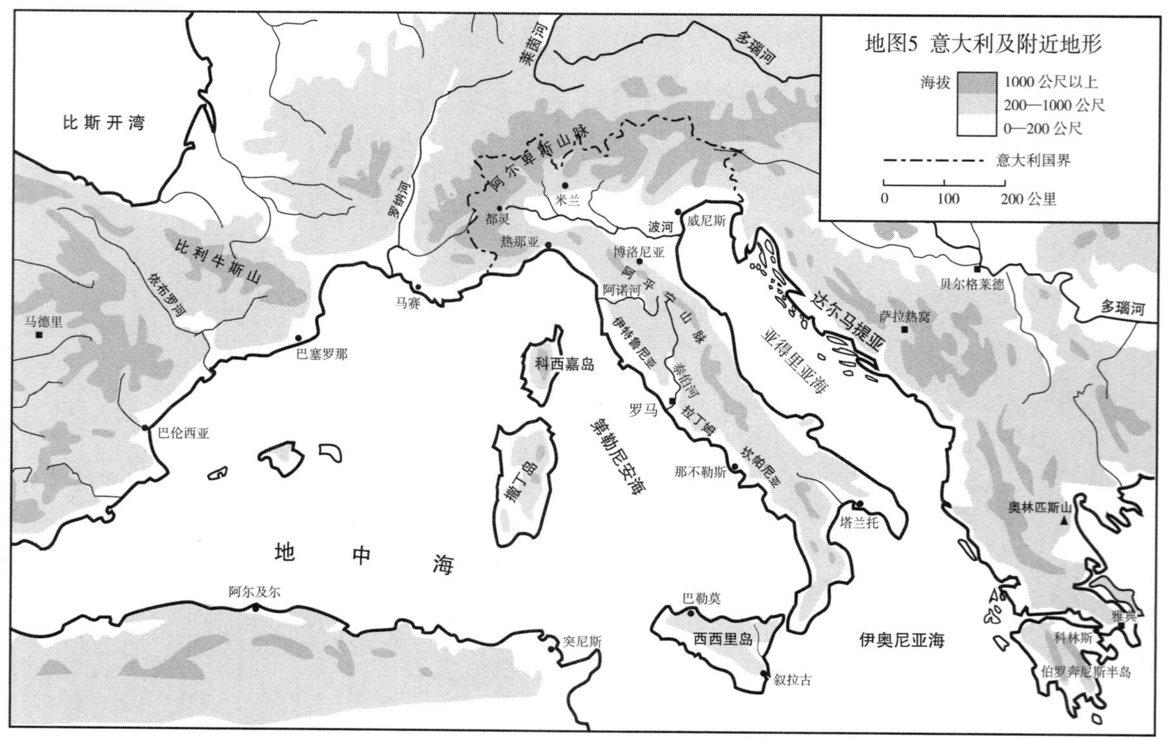
地图5 意大利及附近地形
海拔
1000公尺以上
200—1000公尺
0—200公尺
意大利国界
0
100
200公里
比斯开湾
莱茵河
多瑙河
罗纳河
阿尔卑斯山脉
米兰
都灵
波河
威尼斯
热那亚
博洛尼亚
比利牛斯山
依布罗河
马德里
马赛
阿平宁山脉
阿诺河
伊特鲁尼亚
泰伯河
罗马
拉丁姆
坎帕尼亚
那不勒斯
巴塞罗那
巴伦西亚
科西嘉岛
撒丁岛
第勒尼安海
亚得里亚海
达尔马提亚
贝尔格莱德
萨拉热窝
多瑙河
奥林匹斯山
塔兰托
地中海
阿尔及尔
突尼斯
巴勒莫
西西里岛
叙拉古
伊奥尼亚海
雅典
科林斯
伯罗奔尼撒半岛

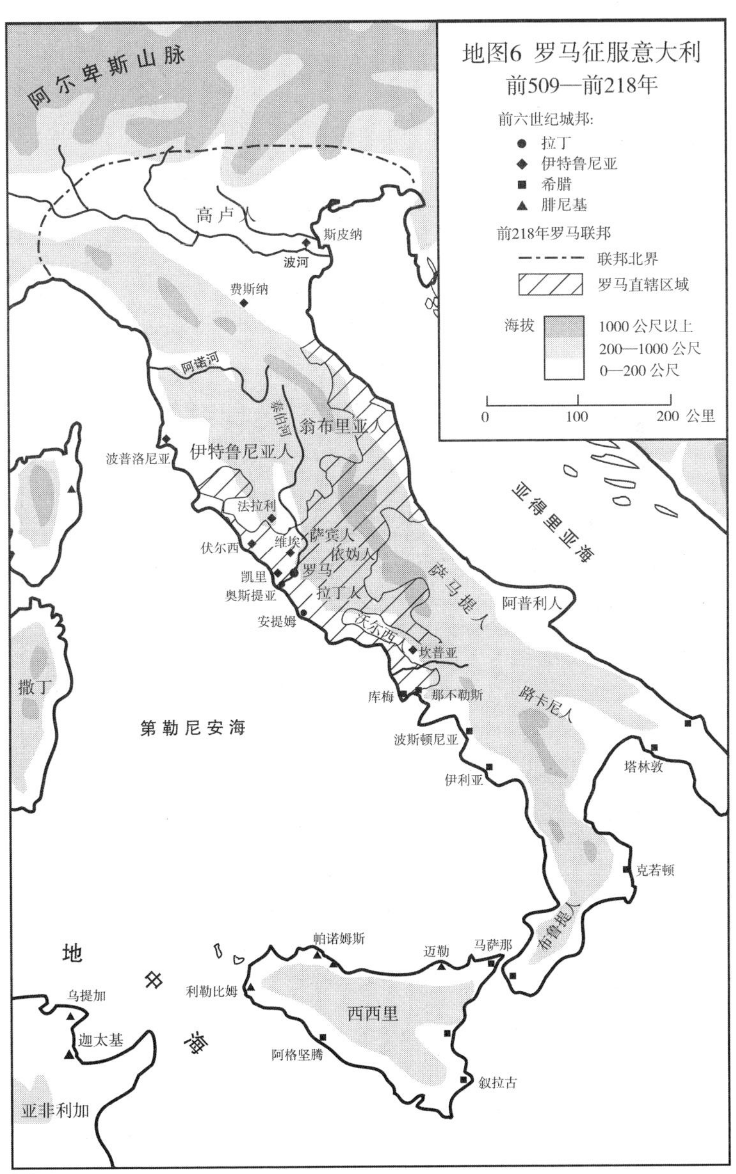
地图6 罗马征服意大利
前509—前218年
前六世纪城邦:
拉丁
伊特鲁尼亚
希腊
腓尼基
前218年罗马联邦
联邦北界
罗马直辖区域
海拔
1000 公尺以上
200—1000 公尺
0—200 公尺
0
100
200 公里
阿尔卑斯山脉
高卢人
斯皮纳
波河
费斯纳
阿诺河
台伯河
翁布里亚人
伊特鲁尼亚人
波普洛尼亚
法拉利
伏尔西
维埃
萨宾人
依纳人
凯里
罗马
奥斯提亚
拉丁人
安提姆
沃尔西人
坎普亚
库梅
那不勒斯
萨马提人
阿普利人
亚得里亚海
路卡尼人
波斯顿尼亚
伊利亚
塔林敦
克若顿
布鲁提人
第勒尼安海
撒丁
地中海
帕诺姆斯
迈勒
马萨那
利勒比姆
西西里
阿格坚腾
叙拉古
乌提加
迦太基
亚非利加

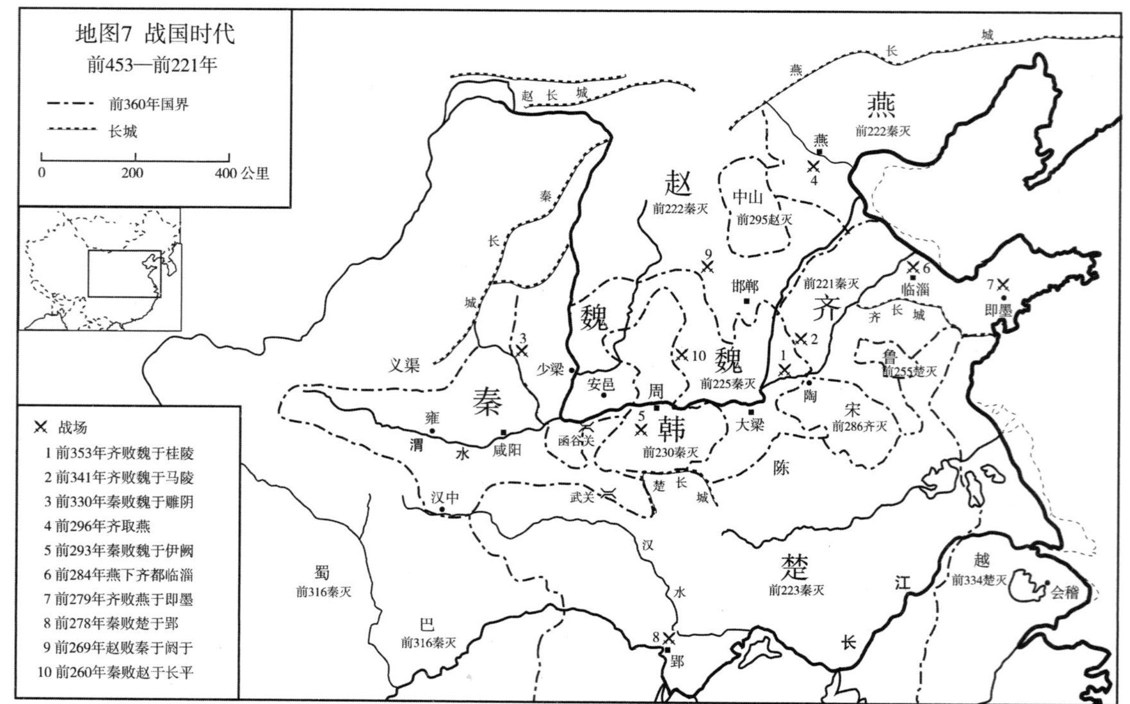

地图7 战国时代
前453—前221年

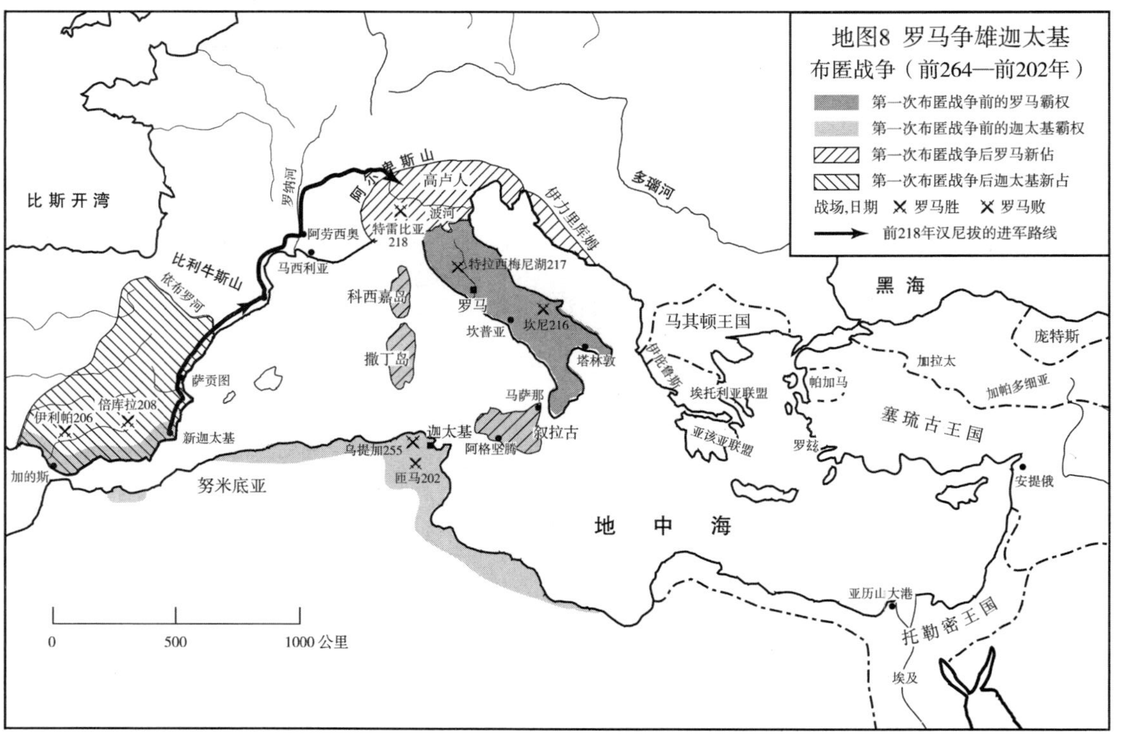

地图8 罗马争雄迦太基
布匿战争（前264—前202年）
第一次布匿战争前的罗马霸权
第一次布匿战争前的迦太基霸权
第一次布匿战争后罗马新估
第一次布匿战争后迦太基新占
战场,日期 ✕ 罗马胜 ✕ 罗马败
前218年汉尼拔的进军路线
比斯开湾
罗纳河
阿尔卑斯山
高卢人
波河
特雷比亚 218
阿劳西奥
马西利亚
比利牛斯山
依布罗河
伊力里库姆
多瑙河
特拉西梅尼湖217
科西嘉岛
罗马
坎普亚
坎尼216
塔林敦
撒丁岛
萨贡图
马萨那
倍库拉208
伊利帕206
新迦太基
迦太基
叙拉古
乌提加255
阿格坚腾
匝马202
加的斯
努米底亚
黑海
马其顿王国
伊庇鲁斯
埃托利亚联盟
亚该亚联盟
庞特斯
加拉太
帕加马
加帕多细亚
塞琉古王国
罗兹
安提俄
地 中 海
亚历山大港
托勒密王国
埃及
0
500
1000公里

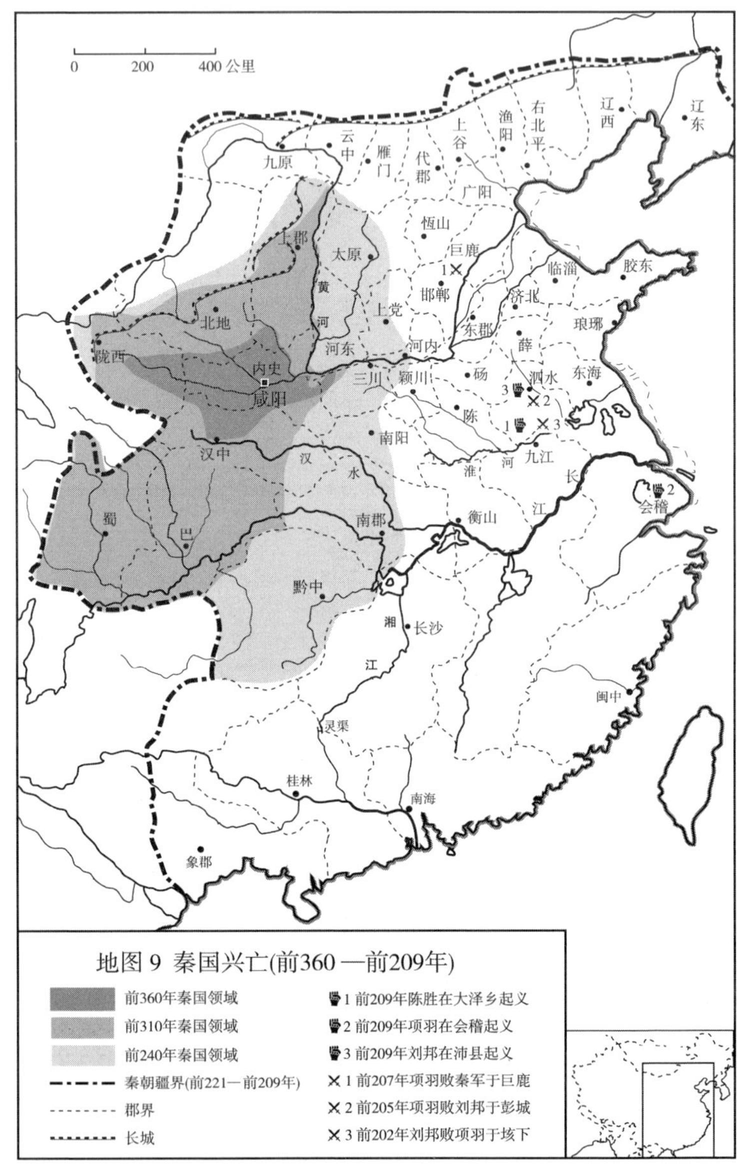

地图9 秦国兴亡(前360—前209年)

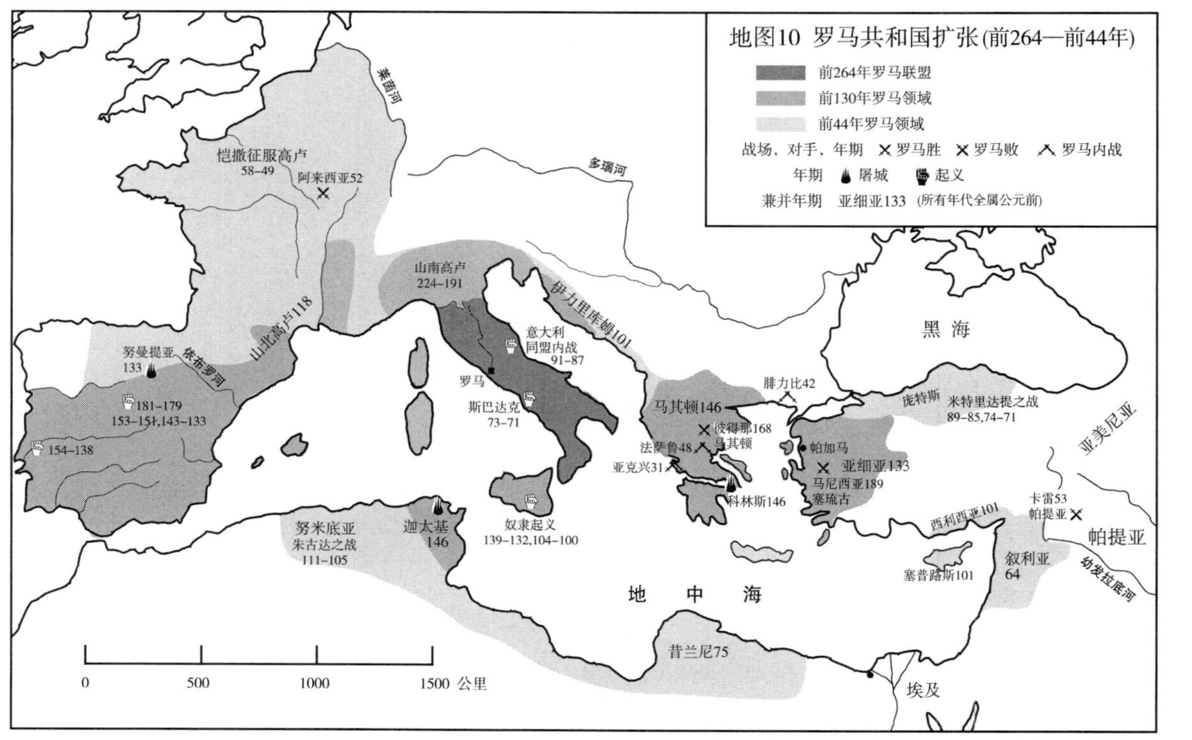
地图10 罗马共和国扩张(前264—前44年)
前264年罗马联盟
前130年罗马领域
前44年罗马领域
战场、对手、年期 罗马胜 罗马败 罗马内战
年期 屠城 起义
兼并年期 亚细亚133 (所有年代全属公元前)
莱茵河
多瑙河
恺撒征服高卢
58–49
阿来西亚52
山南高卢
224–191
山北高卢118
努曼提亚
133
依布罗河
181–179
153–151,143–133
154–138
罗马
意大利
同盟内战
91–87
斯巴达克
73–71
伊力里库姆101
马其顿146
腓力比42
彼得那168
马其顿
法萨鲁48
亚克兴31
科林斯146
黑海
庞特斯
米特里达提之战
89–85,74–71
帕加马
亚细亚133
马尼西亚189
塞琉古
亚美尼亚
卡雷53
帕提亚
帕提亚
幼发拉底河
西利西亚101
塞普路斯101
叙利亚
64
努米底亚
朱古达之战
111–105
迦太基
146
奴隶起义
139–132,104–100
地中海
昔兰尼75
埃及
0
500
1000
1500 公里

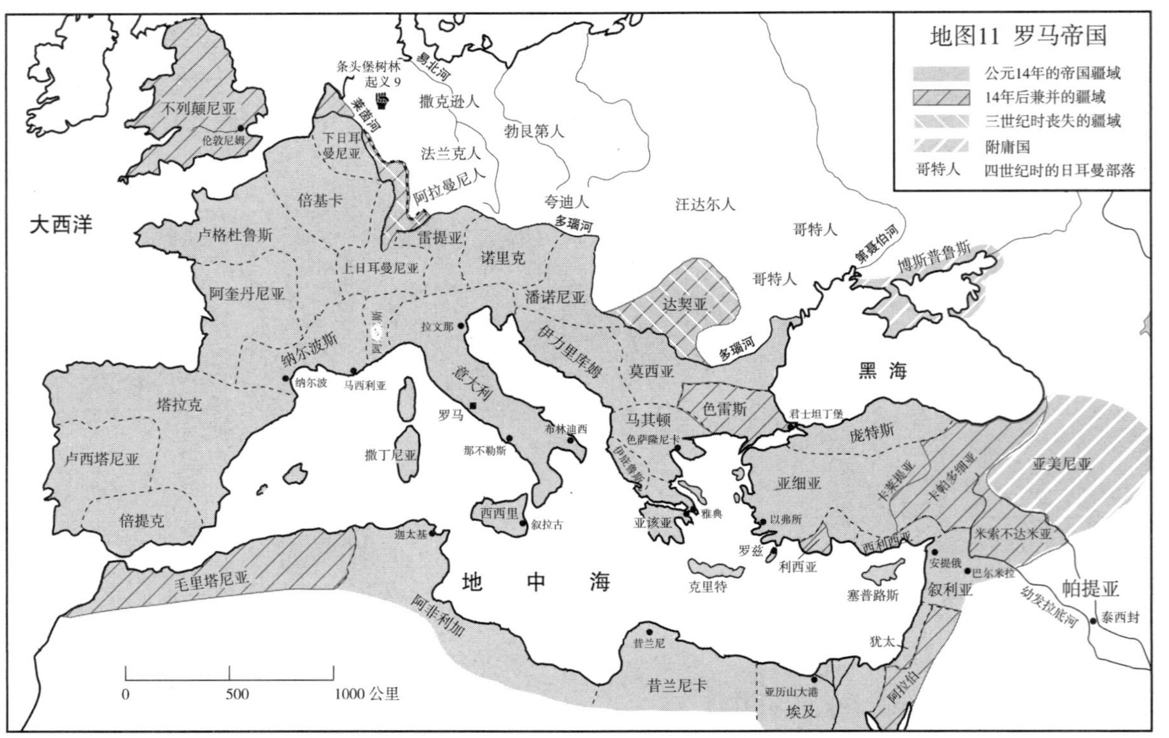
地图11 罗马帝国
公元14年的帝国疆域
14年后兼并的疆域
三世纪时丧失的疆域
附庸国
哥特人 四世纪时的日耳曼部落
大西洋
不列颠尼亚
伦敦尼姆
条头堡树林起义 9
易北河
莱茵河
撒克逊人
勃艮第人
法兰克人
阿拉曼尼人
下日耳曼尼亚
倍基卡
夸迪人
汪达尔人
哥特人
多瑙河
卢格杜鲁斯
雷提亚
诺里克
上日耳曼尼亚
第聂伯河
博斯普鲁斯
哥特人
阿奎丹尼亚
潘诺尼亚
达契亚
拉文那
伊力里库姆
纳尔波斯
多瑙河
黑海
莫西亚
纳尔波
马西利亚
意大利
色雷斯
塔拉克
罗马
马其顿
君士坦丁堡
庞特斯
布林迪西
色萨隆尼卡
伊庇鲁斯
卢西塔尼亚
撒丁尼亚
那不勒斯
卡莱提亚
卡帕多细亚
亚美尼亚
亚细亚
西西里
叙拉古
亚该亚
雅典
以弗所
倍提克
迦太基
西利西亚
米索不达米亚
罗兹
利西亚
安提俄
巴尔米拉
毛里塔尼亚
地中海
克里特
塞普路斯
叙利亚
帕提亚
阿非利加
幼发拉底河
泰西封
昔兰尼
犹太
昔兰尼卡
亚历山大港
阿拉伯
埃及
0
500
1000公里

前195年领土
前140年以后占领的疆域
东汉新取得土地
东汉失去的土地
西域都护府
鲜卑1 前140年居地 鲜卑2 前50年居地
汉与匈奴之战场，将军，年期 ✕ 汉胜 ✕ 汉败
长城
0 500 1000公里
东海
南海
渤海
鲜卑1
乌桓1
鲜卑2
乌桓2
匈奴1
匈奴2
匈奴庭
戈壁沙漠
乌孙
伊犁河
天山山脉
昆仑山
西藏高原
葱岭
大宛
疏勒
莎车
于阗
西域都护府
轮台
龟兹
焉耆
交河
柳中
车师
伊吾
蒲昌海
鄯善（楼兰）
玉门关
阳关
敦煌
居延
郅居水
武威
金城
陇西
湟水
青海
羌
凉州
朔方
黄河
并
冀
幽州
青
徐
兖
豫
司隶
益州
荆州
扬州
长江
交趾
长安
洛阳
汉中
马邑
平城
巴
蜀
长沙
会稽
南海
交趾
日南
湄公河
刘邦 前200
霍去病 前119
卫青 前119
李广利 前90
汉-乌孙联军 前72
联军灭郅支 前36

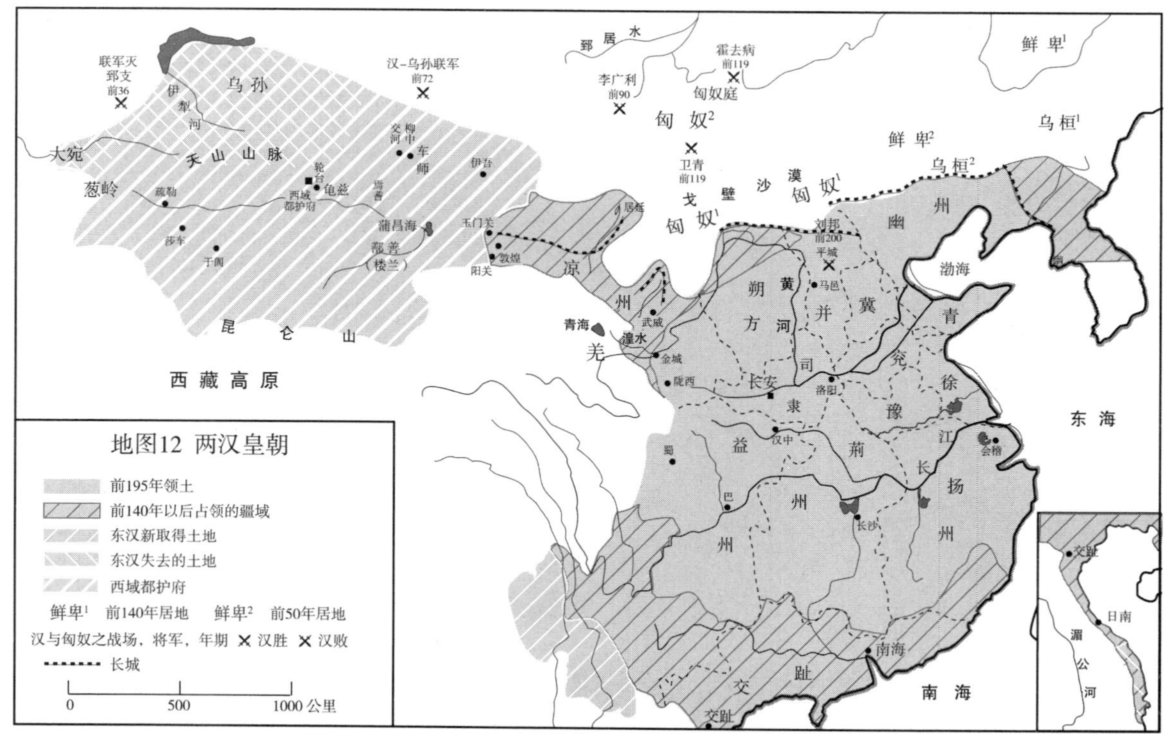

地图12 两汉皇朝

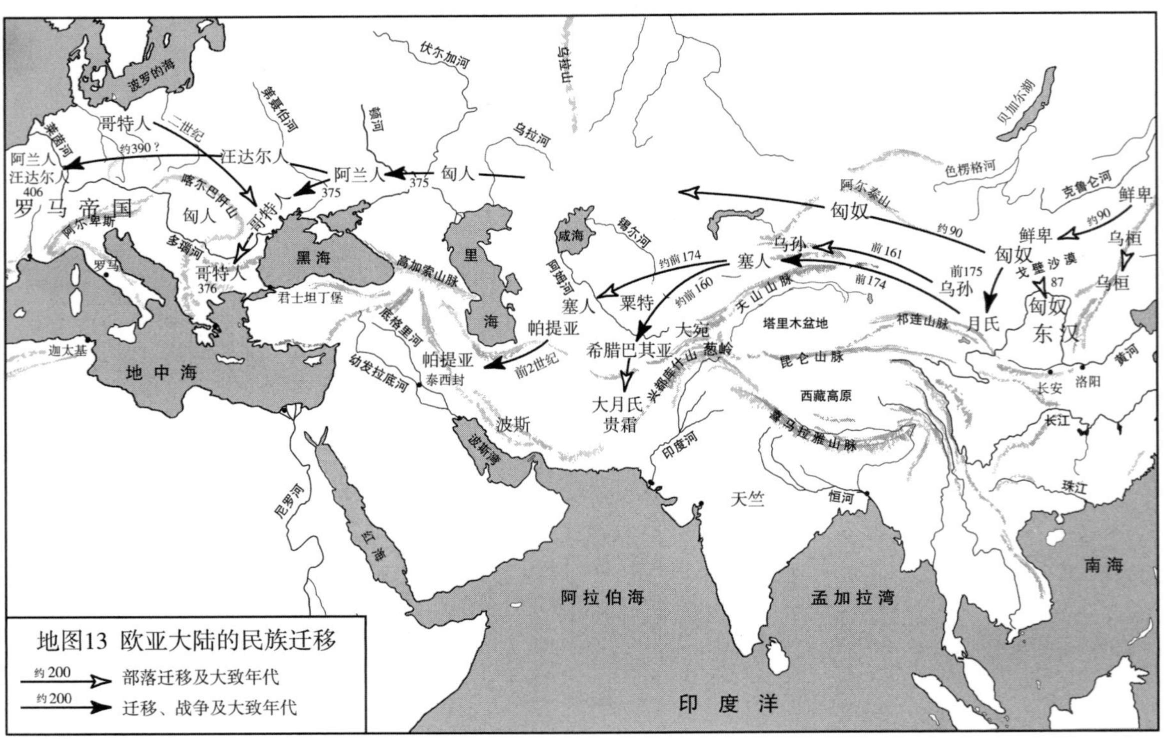

地图13 欧亚大陆的民族迁移

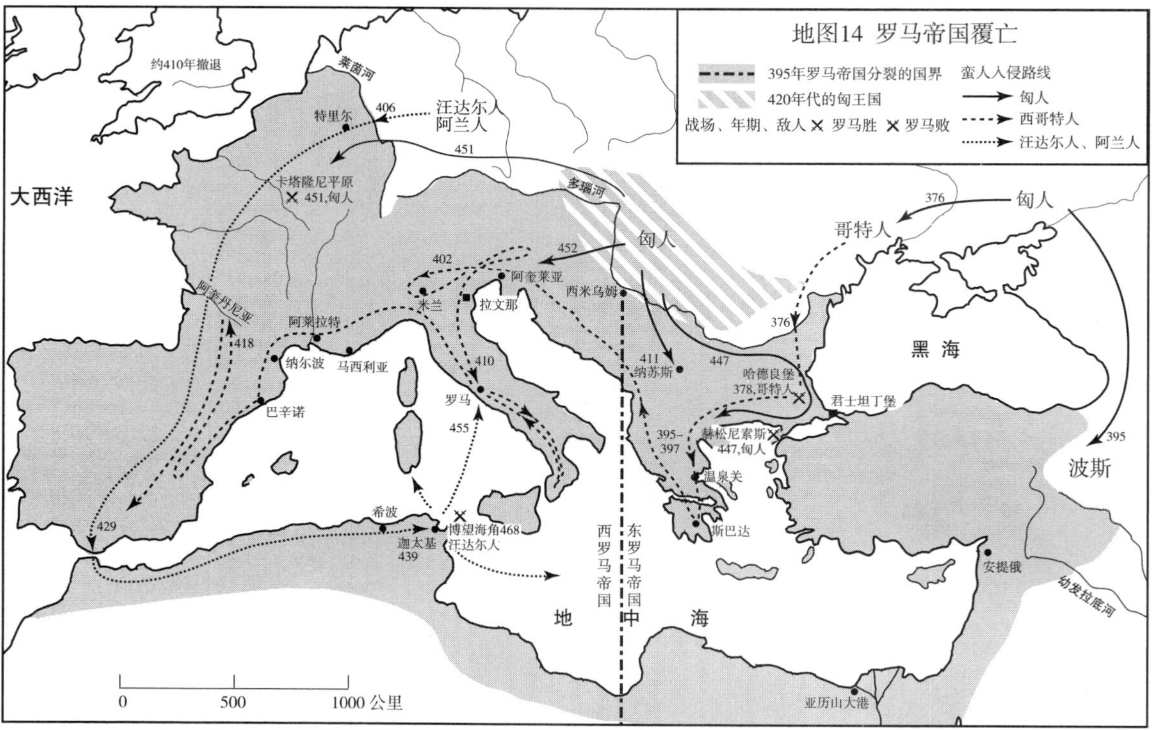
地图14 罗马帝国覆亡
395年罗马帝国分裂的国界
420年代的匈王国
战场、年期、敌人 ✕ 罗马胜 ✕ 罗马败
蛮人入侵路线
匈人
西哥特人
汪达尔人、阿兰人
约410年撤退
莱茵河
406
汪达尔人
阿兰人
特里尔
451
卡塔隆尼平原
451,匈人
大西洋
多瑙河
匈人
452
402
阿奎莱亚
米兰
拉文那
西米乌姆
阿奎丹尼亚
418
阿莱拉特
纳尔波
马西利亚
巴辛诺
410
罗马
455
411
纳苏斯
447
376
哥特人
匈人
黑海
376
哈德良堡
378,哥特人
君士坦丁堡
395–
397
赫松尼索斯
447,匈人
温泉关
斯巴达
395
波斯
希波
博望海角468
汪达尔人
迦太基
439
429
西罗马帝国
东罗马帝国
地
中
海
安提俄
幼发拉底河
亚历山大港
0
500
1000 公里

鲜卑
乌桓
玉门关
凉
州
羌
武威
湟水
匈奴
并
州
渤海
东海
陇西
洛阳
官渡
200
长安
魏
220–265
蜀
221–263
襄樊
建业
成都
夏口
吴
222–280
荆州
赤壁
208
东汉领域
匈奴及其他胡人众多的地区
羌氐人口众多的地区
西域都护府
184年黄巾之乱
战场年代
三国国界
0
500
1000公里

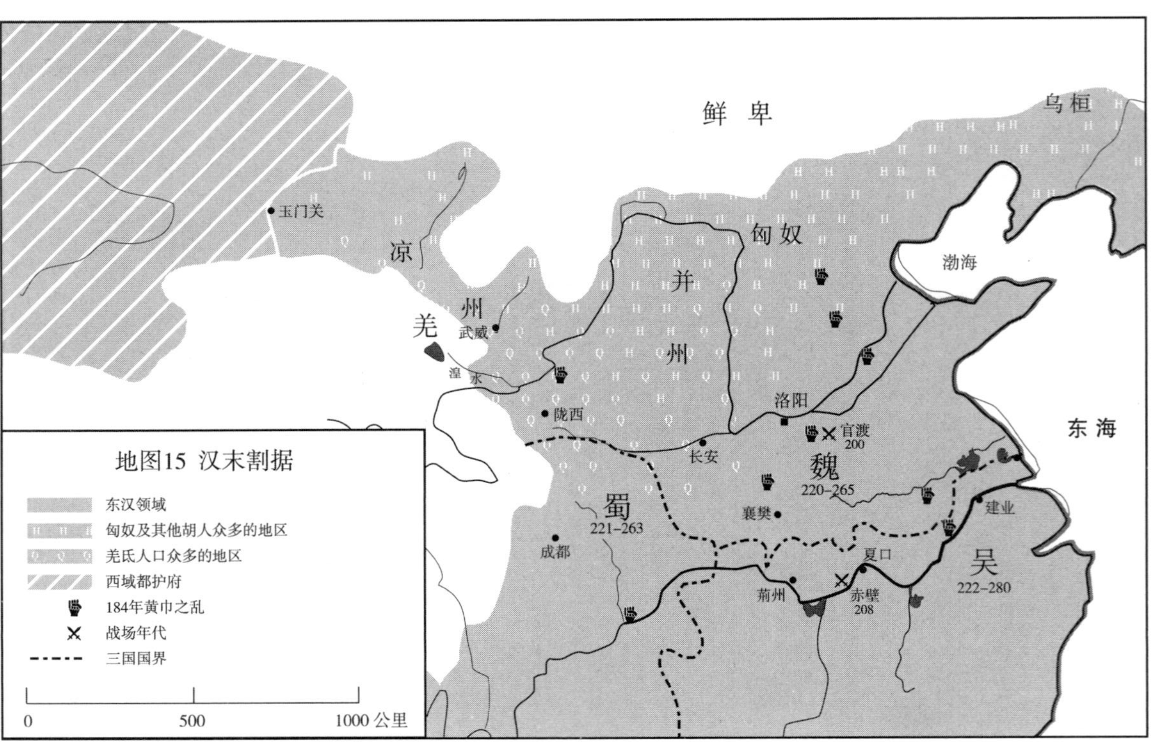

地图15 汉末割据

地图16 中国人口分布

(a) 西汉平帝元始二年(公元2年)户籍(《汉书·地理志》上)。
民户12233062，口59594978。
(b) 西晋武帝太康元年(280年)户籍(《晋书·地理志》上)。
民户2459840，口16163863。
每一黑点代表5000民户
0
500公里

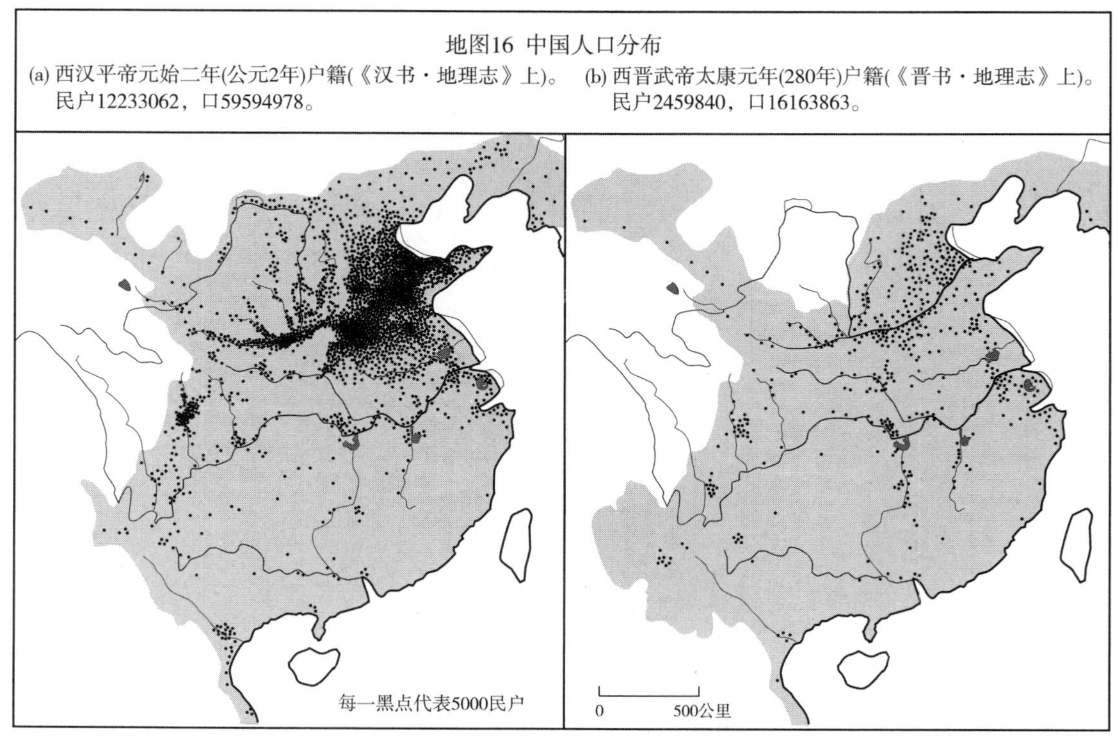

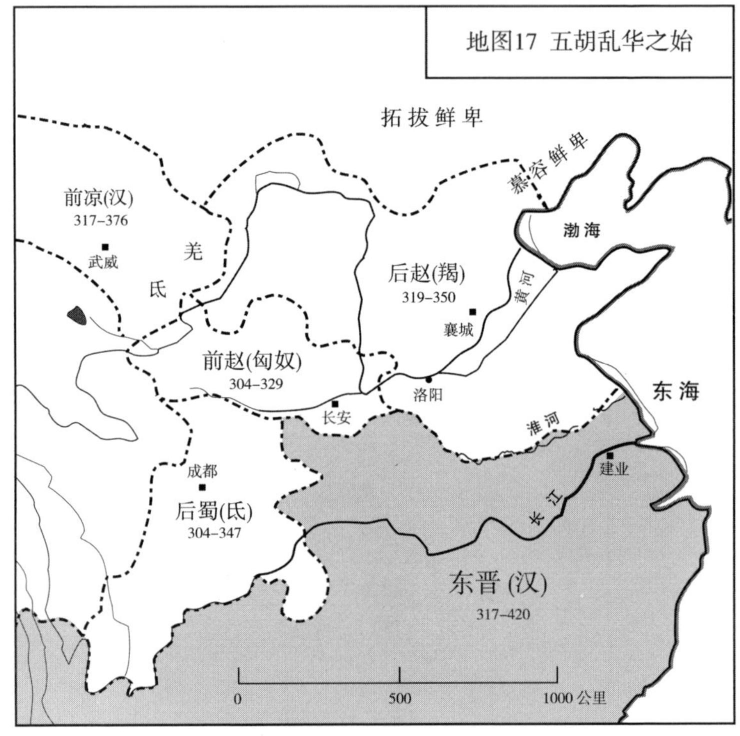
地图17 五胡乱华之始
拓拔鲜卑
慕容鲜卑
前凉(汉)
317–376
武威
羌
氐
后赵(羯)
319–350
襄城
渤海
黄河
前赵(匈奴)
304–329
洛阳
长安
东海
淮河
建业
成都
后蜀(氐)
304–347
长江
东晋 (汉)
317–420
0
500
1000 公里

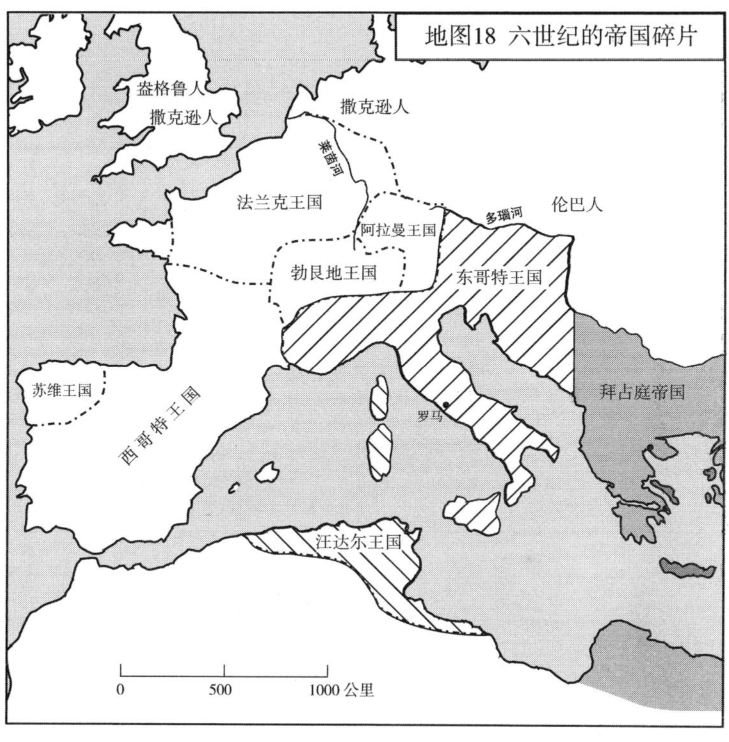

地图18 六世纪的帝国碎片
盎格鲁人
撒克逊人
撒克逊人
莱茵河
法兰克王国
阿拉曼王国
勃艮地王国
多瑙河
伦巴人
东哥特王国
苏维王国
西哥特王国
罗马
拜占庭帝国
汪达尔王国
0
500
1000公里

年表一

东西世界大事

地中海一带	年代	中国
迈锡尼（Mycenae）灭亡	约前 1150	
	约前 1066—771	西周
腓尼基人（Phoenician）和希腊人（Greeks）四出殖民	约前 775—650	
	前 771—256	东周
	前 771	秦立国
传说罗马（Rome）立国	前 753	
	前 722—481	春秋时代
	约前 566—486	释迦在世
	前 551—479	孔丘在世
罗马共和国成立	前 509	
希腊和波斯（Persia）之战	前 490—449	
苏格拉底（Socrates）在世	前 470—399	
	前 453—221	战国时代
雅典（Athens）与斯巴达（Sparta）之战	前 431—404	
	前 359	商鞅开始变法
罗马雄霸意大利中部	前 338	
亚历山大大帝（Alexander the Great）	前 336—323	
罗马开始海外扩张	前 264	

续表

	前 221—206	秦朝
罗马迦太基（Carthage）第二次布匿战争（Punic War）	218—202	
	前 206—202	楚汉相争
	前 202—公元 1	西汉
	200	匈奴单于立
罗马屠迦太基和科林斯（Corinth）	前 148—146	
	前 138	汉朝始营西域
罗马内战	前 49—27	
奥古斯都（Augustus）在位	前 27—公元 14	
	约 2	佛学开始东渐
耶稣（Jesus）在世	1—30	
	1—22	新朝
	22—220	东汉
	220—280	三国
波斯替代帕提亚（Parthia）	226	
罗马帝国军阀擅政	235—284	
	265—316	西晋
	316	洛阳沦陷
	316—589	东晋南北朝
君士坦丁堡（Constantinople）建立	324	
西哥特人（Visigoth）入罗马城	410	
西罗马帝国灭亡	476	
穆罕默德（Mohammed）在世	571—632	
	589—618	隋朝
	618—907	唐朝
穆斯林教（Muslim）传遍埃及和中东	633—655	
拜占庭（Byzantium）帝国灭亡	1453	

年表二

中国大事

前 770	周平王东迁洛邑。秦襄公始为侯
前 685—643	齐桓公
前 677	秦迁都于雍
前 660	赤狄攻卫，杀懿公
前 659—621	秦穆公
前 636—628	晋文公
前 632	晋败楚于城濮，践土之盟
前 627	晋败秦师于崤
前 613—591	楚庄王
前 597	楚败晋于邲
前 594	鲁初税亩
前 546	向戌弭兵
前 536	郑子产铸刑鼎
前 524	周景王铸大钱
前 513	晋铸刑鼎
前 506	吴败楚、入郢
前 481	孔子《春秋》绝笔
前 473	越灭吴
前 453	韩赵魏灭知伯、分其地
前 445—396	魏文侯用李悝变法

续表

前 403	韩、赵、魏为侯
前 386	田氏篡齐
前 375	秦献公为户籍相伍
前 361	魏迁都大梁
前 361—338	秦孝公
前 356	秦商鞅开始变法
前 350	秦迁都咸阳，普遍设县
前 342	马陵之战，齐败魏
前 337—311	秦惠文王（前 325 称王）
前 334	齐魏徐州相王
前 329—311	张仪为秦行连横策略
前 328	魏尽献河西地、上郡于秦
前 316	秦伐蜀，蜀亡
前 314—312	齐趁燕乱取燕，燕人叛
前 312	秦败楚于蓝田，取汉中
前 307	赵武灵王胡服骑射
前 306—251	秦昭襄王
前 296	齐、魏、韩攻入函谷关。赵灭中山
前 295	魏冉相秦
前 293	秦白起败韩、魏于伊阙
前 284	五国合纵伐齐。燕乐毅破齐下临淄
前 279	田单复齐。白起伐楚。庄跻入滇
前 266—255	范雎相秦
前 260	秦败赵于长平
前 257	魏信陵、楚春申救赵，解邯郸围
前 256	秦灭西周
前 249—237	吕不韦相秦
前 246	秦王政即位

续表

前 241	赵、楚、魏、韩、燕最后合纵伐秦
前 239	秦王政亲政
前 230	秦灭韩
前 221	秦一统中国。嬴政始称皇帝
前 209	大泽乡起义
前 206	秦亡。楚汉相争起
前 202—公元 9	西汉
前 200	匈奴围高祖于平城
前 154	景帝平七国之乱
前 138—126	张骞通西域
前 136	武帝罢百家、尊儒学
前 129—119	汉击匈奴
前 122	汉始营西域
前 108	出兵西域
前 89	武帝轮台之诏止战
前 81	盐铁会议
前 60	汉始置西域都护
前 54	匈奴分南北。呼韩邪单于降
前 22	王氏执政
9 —23	王莽新朝
25—220	东汉
48	匈奴分裂，南单于降
73	窦固击北匈奴。班超至西域
91	窦宪破北匈奴。班超为西域都护
107—118	第一次羌乱
139—145	第二次羌乱
159—168	第三次羌乱
166—184	禁锢清议党人

续表

184	黄巾之乱
189	董卓入京。废立献帝
208	赤壁之战
220	汉帝禅位于魏
220—280	魏、蜀、吴鼎足三分
280 —316	西晋
301—306	八王之乱
304	匈奴人刘渊称汉王
316	匈奴占长安。东晋南渡

年表三

罗马大事

前 509	罗马共和国（Roman Republic）成立
约前 494	平民（plebs）第一次撤离（secession）。立保民者（tribunes）
前 451—450	十二铜表法律公布（Twelve Tables of laws）
前 449	平民获得重案诉诸人民公开裁决的权利（provocation）
前 396	罗马屠维埃（Veii）
前 387	高卢人（Gauls）占领罗马城
前 367	老牌贵族（patricians）和平民豪富（plebeians）达成分权协议
前 343–341	第一次与萨谟奈人战争（Samnite War）
前 340—338	与拉丁盟友战争（Latin Wars）
前 326—304	第二次与萨谟奈人战争
前 298—290	第三次与萨谟奈人战争
前 289	部落大会通过的表决（plebiscite）成为国法
前 282—275	与伊庇鲁斯（Epirus）的皮洛斯王（Pyrrhus）纠缠
前 264	角斗士首次在罗马表演生死决斗（gladiatorial show）
前 264—241	与迦太基（Carthage）第一次布匿战争（Punic Wa）
前 238	罗马夺取迦太基的撒丁岛（Sardinia）
前 227	罗马在西西里岛（Sicily）设行省
前 219	法律禁止元老参与商业活动
前 218—201	与迦太基第二次布匿战争，即汉尼拔战役（Hannibalic War）

续表

前 202—191	征服山南高卢（Cisalpine Gaul）
前 200—197	第二次与马其顿战争（Macedonian War），对腓力五世(Philip V)
前 197—133	征战西班牙（Spain ）
前 192—188	与叙利亚（Syria）的安条奥库斯（Antiochus）战争
前 171—167	第三次与马其顿战争，对坡斯尔斯王（Perseus）
前 167	灭马其顿。免除公民所有直接税项
前 149—146	与迦太基第三次布匿战争
前 146	屠迦太基与科林斯（Corinth）
前 136—132	第一次西西里（Sicily）奴隶起义
前 133	提比略·格拉克斯（Tiberius Graachus）改革，被害。屠努曼提亚（Numantia）
前 123—122	盖约·格拉克斯（Gaius Gracchus）改革，被害
前 113—106	与毛里塔尼亚（Mauretania）王朱古达（Jugurtha）纠缠
前 107—100	马略（Marius）执政，改革兵团
前 105—101	首次相逢日耳曼（German）部落
前 104—102	第二次西西里奴隶起义
前 91—87	与意大利盟友之战（Social War）
前 88—82	对庞达（Pontus）王米特里达提（Mithridates）之战
前 82—80	苏拉（Sulla）独裁
前 74—63	第三次与米特里达提争战
前 73—71	斯巴达克斯（Spartacus）领导奴隶起义
前 66—63	庞培（Pompey）经略东方
前 60	庞培、恺撒（Caesar）、克拉苏（Crassus）三头同盟(triumvirate）开始
前 58—49	恺撒征服高卢（Gaul）
前 55—53	入侵帕提亚（Parthia）
前 49	恺撒发动内战
前 48	法萨鲁（Pharsalus）之战，恺撒败庞培

续表

前 47—44	恺撒独裁
前 44	恺撒遇刺
前 43	安东尼（Antony）、屋大维（Octavian）、雷比达（Lepidus）三头同盟
前 42	腓力比（Philippi）之战。共和国灭亡
前 31	亚克兴（Actium）之战，屋大维败安东尼
前 27	屋大维进升奥古斯都（Augustus），制服元老院
公元 9	条头堡（Teutoburg）树林日耳曼人起义，把罗马帝国赶回莱茵河（Rhine）西
69	内战。一年内四易皇帝
101—106	图拉真（Trajan）征服达契亚（Dacia）
114—117	图拉真入侵帕提亚（Parthia）
162—166	维路斯（Verus）入侵帕提亚
168—175	奥勒略（Marcus Aurelius）与日耳曼部落之战
193—197	康茂德（Commodus）遇刺后的内战
198	塞提米乌斯·塞维鲁（Septimius Severus）兼并米索不达美亚（Mesopotamia）北部
224	波斯王朝（Sassanian Persia）推翻帕提亚
235—284	内战、军阀擅政、帝国分裂
270	奥勒里安（Aurelian）放弃达契亚
273	毁灭巴尔米拉（Palmyra）
284—306	戴克里先（Diocletian）重振政府，设四皇政治（tetrarchy）
312	米维安桥（Mulvian Bridge）之战。君士坦丁（Constantine）打起基督教旗帜
363	朱利安（Julian）死于波斯战役
378	哈德良堡（Hadrianople）之战，西哥特人（Visigoths）大败罗马兵
394	东西罗马军队相拼于弗里吉都斯河（Frigidus）
395	罗马帝国正式分裂为东西两部

续表

395—408	斯提里克（Stilicho）专政西罗马帝国
406	莱茵河防线失守，汪达尔人（Vandals）等入侵
410	罗马城投降给西哥特人。帝国放弃不列颠（Britain）
411—421	君士坦提斯（Constantius）专政西帝国
429	汪达尔人从西班牙渡海峡到非洲
433—454	（Aetius）埃提乌斯专政西帝国
440—453	（Attila）阿提拉建立匈人（Huns）王国
455	罗马城投降给从迦太基渡海而来的汪达尔人
468	博望海角（Cape Bon）之战，汪达尔人火烧罗马舰队
476	西罗马帝国灭亡

年表四

秦汉西晋

前 221	秦一统中国	25—57	东汉光武帝
前 221—210	秦始皇帝	57—75	东汉明帝
前 210—207	秦二世	75—88	东汉章帝
前 206—202	楚汉相争	88—106	东汉和帝
前 202—195	西汉高祖	106—125	东汉安帝
前 195—188	西汉惠帝	125—144	东汉顺帝
前 188—180	吕后专政	144—146	东汉冲帝、质帝
前 180—157	西汉文帝	146—168	东汉桓帝
前 157—141	西汉景帝	168—189	东汉灵帝
前 140—87	西汉武帝	189—190	东汉少帝
前 87—74	西汉昭帝	190—220	东汉献帝
前 74—49	西汉宣帝	220—280	魏、蜀、吴三国鼎立
前 49—33	西汉元帝	265—289	西晋武帝
前 33—7	西汉成帝	290—306	西晋惠帝
前 7—1	西汉哀帝	307—312	西晋怀帝
前 1—5	西汉平帝	312—316	西晋愍帝
9—23	王莽新朝		

年表五

罗马皇帝

为了稳定权力转移，罗马皇帝有时指立一名同僚，因此皇帝的在位年代有些重叠。

前 27–14	奥古斯都（Augustus）	朱利一克劳迪亚皇朝（Julio-Claudian Dynasty）
14—37	提比略（Tiberius）	
37—41	卡里古拉（Caligula）	
41—54	克劳迪乌斯（Claudius）	
54—69	尼罗（Nero）	
69	一年四帝相继	
69—79	韦帕逊（Vespasian）	法拉维皇朝（Flavian ynasty）
78—81	提图斯（Titus）	
81—96	图密善（Domitian）	
96—98	涅瓦（Nerva）	安东皇帝（the Antonines）
98—117	图拉真（Trajan）	
118—138	哈德良（Hadrian）	
138—161	安东尼斯（Antoninus Pius）	
161—180	马可・奥勒略（Marcus Aurelius）	
178—193	康茂德（Commodus）	
193—211	塞提米乌斯・塞维鲁（Septimius Severus）	塞维鲁皇朝（Severan Dynasty）

续表

198—217	卡拉卡拉（Caracalla）		塞维鲁皇朝 (Severan Dynasty)
218—222	埃拉加巴路斯（Elagabalus）		
222—235	塞维鲁·亚历山大 (Severus Alexander)		
235—284	军阀乱政，24 位皇帝外加篡夺者		
284—305	戴克里先，四皇政治 (Diocletian，tetrarchy)		
	西皇帝		东皇帝
305—306	君士坦提斯一世 (Constantius I)	305—311	加列里乌斯 (Galerius)
306—337	君士坦丁一世 (Constantine I)	308—324	李锡尼乌斯 (Licinius)
		324—337	君士坦丁一世 (Constantine I)
337—340	君士坦丁二世 (Constantine II)	337—361	君士坦提斯二世 Constantius II
337—350	君士坦斯 (Constans)		
350—361	君士坦提斯二世 (Constantius II)		
361—363	朱利安（Julian）		
363—364	约维安（Jovian）		
364—375	瓦伦提尼安一世 (Valentinian I)	364—378	瓦伦斯 (Valens)
367—383	格拉提安（Gratian ）		
375—392	瓦伦提尼安二世 (Valentinian II)	379—395	提奥多西一世 (Theodosius I)
394—395	提奥多西一世 (Theodosius I)		
394—423	赫诺里乌斯 (Honorius)	383—408	阿卡迪乌斯 (Arcadius)

续表

425—455	瓦伦提尼安三世 (Valentinian III)	408—450	提奥多西二世 (Theodosius II)
457—461	马约瑞安 (Marjorian)	450—457	马西安 (Marcian)
467—472	安特米乌斯 (Anthemius)	457—474	利奥一世 (Leo I)
475—476	罗穆洛·奥古斯都鲁斯 (Romulus Augustulus)		

参考资料

现代中文文献

白寿彝．1994.《中国通史》．上海人民出版社．

卜宪群．2002.《秦汉官僚制度》．社会科学文献出版社．

蔡锋．2004.《春秋时期贵族社会生活研究》．北京中国社会科学出版社．

蔡万进．2006.《张家山汉简〈奏谳书〉研究》．广西师范大学出版社．

曹旅宁．2005.《张家山汉律研究》．北京中华书局．

曹文柱．2008.《魏晋南北朝史论合集》．北京商务印书馆．

陈荣捷．1976. 新儒学“理”之思想之演进．《中国哲学思想论集，宋明篇》，项维新主编，台北水牛出版社，页 57—91.

陈荣捷．1996.《宋明理学之概念与历史》．中央研究院中国文哲研究所．

陈荣庆．2012.《荀子与战国学术思潮》．中国社会科学出版社．

陈序经．2007.《匈奴史稿》．中国人民大学出版社．

杜正胜．1979a.《周代城邦》．台北联经公司．

杜正胜．1979b.《编户齐民》．台北联经公司．

范忠信，郑定，詹学农．2011.《情理法与中国人》．北京大学出版社．

冯天瑜．2006.《封建考论》．武汉大学出版社．

冯友兰 . 1944.《中国哲学史》. 台湾商务印书馆 .

傅乐成 . 1995.《汉唐史论集》. 台北联经公司 .

傅乐成 . 2002.《中国通史》. 台北大中国图书公司 .

高恒 . 2008.《秦汉简牍中法制文书辑考》. 社会科学文献出版社 .

高敏 . 1998.《秦汉史探讨》. 中州古籍出版社 .

顾德融，朱顺龙 .2003.《春秋史》. 上海人民出版社 .

顾颉刚 . 2005.《秦汉的方士与儒生》. 上海世纪出版社 .

郭春莲 . 2012.《韩非法律思想研究》. 上海人民出版社 .

彭林等 . 1992.《中华文明史》. 河北教育出版社 .

何光岳 . 1996.《汉源流史》. 江西教育出版社 .

何怀宏 . 2011.《世袭社会》. 北京大学出版社 .

赫治清，王晓卫 .1997.《中国兵制史》. 台北文津出版社 .

侯外庐 . 1957.《中国思想通史》. 人民出版社 .

黄建跃 . 2013.《先秦儒家的公私之辩》. 广西师范大学出版社 .

黄今言 . 2005.《秦汉商品经济研究》. 人民出版社 .

黄留珠 . 2002.《秦汉历史文化论稿》. 三秦出版社 .

景爱 . 2002.《中国长城史》. 上海人民出版社 .

金春峰 . 2006.《汉代思想史》第三版 . 中国社会科学出版社 .

李大龙 . 2006.《汉唐藩属体制研究》. 中国社会科学出版社 .

李剑农 . 2005.《中国古代经济史稿》第一卷 . 武汉大学出版社 .

李学勤 . 2004. 初读里耶秦简 .《古史文存・秦汉魏晋南北朝卷》，社会科学文献出版社 .

李玉福 . 2002.《秦汉制度史论》. 山东大学出版社 .

黎明钊 . 2013.《辐辏与秩序——汉帝国地方社会研究》. 香港中文大学出版社 .

劳榦 . 2005. 论汉代的内朝与外朝 .《制度与国家》. 黄清连编 . 中国大百科全书出版社 .

劳榦 . 2006.《古代中国的历史与文化》. 北京中华书局 .

雷戈 . 2006.《秦汉之际的政治思想与皇权主义》. 上海古籍出版社 .

梁启超 . 1996.《先秦政治思想史》. 北京东方出版社 .

梁启超 . 2009. 论公德，《饮冰室文集》. 大孚书局 .

廖伯源 . 2003.《秦汉史论丛》. 台北五南图书公司 .

林甘泉 . 2007.《中国经济通史》秦汉经济卷 . 中国社会科学出版社 .

林甘泉等 .《中国土地制度史》. 台北文津出版社 .

林幹 . 2007.《匈奴史》. 内蒙古人民出版社 .

林剑鸣 . 1992.《秦史》. 台北五南图书公司 .

林剑鸣 . 2003.《秦汉史》. 上海人民出版社 .

林乾 . 2004.《中国古代权力与法律》. 中国政法大学出版社 .

林乾 . 2013.《传统中国的权与法》. 法律出版社 .

柳春新 . 2006.《汉末晋初之际政治研究》. 岳麓书社 .

刘海年 . 2006.《战国秦代法制管窥》. 法律出版社 .

刘文起 . 1995.《王符〈潜夫论〉所反映之东汉情势》. 台北文史哲出版社 .

刘学斌 . 2009.《北宋新旧党争与士人政治心态研究》. 河北大学出版社 .

刘泽华 . 2004.《先秦士人与社会》. 天津人民出版社 .

刘泽华 . 2008.《中国政治思想史集》. 人民出版社 .

刘子健 . 2012.《中国转向内在》. 江苏人民出版社 .

罗丹华 . 1989.《汉代的流民问题》. 台湾学生书局 .

吕静 . 2007.《春秋时期盟誓研究》. 上海古籍出版社 .

吕思勉 . 2005a.《先秦史》. 上海古籍出版社 .

吕思勉 . 2005b.《秦汉史》. 上海古籍出版社 .

吕思勉 . 2005c.《两晋南北朝史》. 上海古籍出版社 .

吕思勉 . 2005d.《先秦学术概论》. 云南人民出版社 .

马彪 . 2002.《秦汉豪族社会研究》. 北京中国书店 .

马长寿 . 2006a.《北狄与匈奴》. 广西师范大学出版社 .

马长寿 . 2006b.《乌桓与鲜卑》. 广西师范大学出版社 .

马克，邓文宽，吕敏编 . 2009.《古罗马与中国——风马牛不相及乎》. 中华书局 .

宁全红 . 2009.《春秋法制史研究》. 四川大学出版社 .

彭建英 . 2004.《中国古代羁縻政策的演变》. 中国社会科学出版社 .

钱穆 . 1940.《国史大纲》. 台湾商务印书馆 .

钱穆 . 1957.《秦汉史》. 台北东大图书公司 .

钱穆 . 1971.《朱子学提纲》. 台北东大图书公司 .

钱穆 . 1989.《国史新论》. 台北东大图书公司 .

钱穆 . 2000.《四书释义》. 兰台出版社公司 .

钱穆 . 2001.《两汉经学今古平议》. 北京商务印书馆 .

瞿同祖 . 2005.《中国封建社会》. 上海人民出版社 .

瞿同祖 . 2007.《汉代社会结构》. 上海人民出版社 .

萨孟武 .《中国政治思想史》. 台北三民书局 .

沈松勤 . 1998.《北宋文人与党争》. 人民出版社 .

斯维至 . 1997.《中国古代社会文化论稿》. 台北允晨公司 .

宋洪兵 . 2010.《韩非子政治思想再研究》. 中国人民大学出版社 .

苏俊良 . 2001.《汉朝典章制度》. 吉林文史出版社 .

唐长孺 . 2011.《魏晋南北朝史论拾遗》. 北京中华书局 .

汤一介，李中华主编 .2011.《中国儒学史》. 北京大学出版社 .

谭红 . 2006.《巴蜀移民史》. 巴蜀书社 .

田昌五，安作璋 .2008.《秦汉史》. 人民出版社 .

童书业 . 2006a.《春秋史》. 北京中华书局 .

童书业 . 2006b.《春秋左传研究》. 北京中华书局 .

王晖，贾俊侠 . 2007.《先秦秦汉史史料学》. 中国社会科学出版社 .

汪荣海 . 2010.《中国政治思想史九讲》. 北京大学出版社 .

王文光，龙晓燕，陈斌 .2005.《中国西南民族关系史》. 中国科学科学出版社 .

王文涛 . 2007.《秦汉社会保障研究》. 北京中华书局 .

王兴尚 . 2011.《秦国责任伦理研究》. 人民出版社 .

王彦辉 . 2010.《张家山汉简〈二年律令〉与汉代社会研究》. 北京中华书局 .

王勇 . 2004.《东周秦汉关中农业变迁研究》. 岳麓书社 .

王仲荦 . 2003.《魏晋南北朝史》. 上海人民出版社 .
王子今 . 2006.《秦汉社会史论考》. 北京商务印书馆 .
翁独健 . 2001.《中国民族关系史纲要》. 中国社会科学出版社 .
萧公权 . 1946.《中国政治思想史》. 台北联经公司 .
邢义田 . 2011.《治国安邦》. 北京中华书局 .
许倬云 . 2005a.《西周史》(增订版). 台北联经公司 .
许倬云 .2005b.《汉代农业》. 广西师范大学出版社 .
许倬云 . 2006a.《中国古代社会史论》. 广西师范大学出版社 .
许倬云 . 2006b.《求古篇》. 新星出版社 .
徐复观 . 1985.《两汉思想史》(第三版). 台湾学生书局 .
许建良 . 2012.《先秦法家的道德世界》. 人民出版社 .
徐难于 . 2002.《汉灵帝与汉末社会》. 齐鲁书社 .
徐祥民，胡世凯 .2000.《中国法制史》. 山东人民出版社 .
阎步克 . 1996.《士大夫政治演生史稿》. 北京大学出版社 .
杨鸿年，欧阳鑫 . 2005.《中国政制史》. 武汉大学出版社 .
杨宽 . 2003a.《西周史》. 上海人民出版社 .
杨宽 . 2003b.《战国史》. 上海人民出版社 .
杨宽 . 2004.《中国古代冶铁技术发展史》. 上海人民出版社 .
杨宽 . 2006a.《先秦史十讲》. 复旦大学出版社 .
杨宽 . 2006b.《中国古代都城制度史》. 上海人民出版社 .
杨树达 . 2007.《春秋大义述》. 上海古籍出版社 .
杨振红 . 2009.《出土简牍与秦汉社会》. 广西师范大学出版社 .
叶志衡 . 2007.《战国学术文化编年》. 浙江大学出版社 .
应永深 . 1981.《说“庶人”》.《中国史研究》第二期 .
于迎春 . 2000.《秦汉士史》. 北京大学出版社 .
余英时 . 2005.《汉代贸易与扩张》. 上海古籍出版社 .
余英时 . 2003.《士与中国文化》. 上海人民出版社 .
于振波 . 2012.《简牍与秦汉社会》. 湖南大学出版社 .
张灿辉 . 2008.《两汉魏晋凉州政治史研究》. 岳麓书社 .
张分田 . 2003.《秦始皇传》. 台湾商务印书馆 .

张分田．2009.《民本思想与中国古代统治思想》．南开大学出版社．

张金光．2004.《秦制研究》．上海古籍出版社．

张小锋．2007.《西汉中后期政局演变探微》．天津古籍出版社．

战争简史编写组．2005.《中国历代战争简史》．解放军出版社．

赵鼎新．2006.《东周战争与儒法国家的诞生》．上海三联书店．

赵冈．2006.《中国城市发展史论集》．新星出版社．

赵靖．1998.《中国经济思想史述要》．北京大学出版社．

赵汝清．2005.《从亚洲腹地到欧洲》．甘肃人民出版社．

郑秦．1997.《中国法制史》．台北文津出版社．

中国军事史编写组．2006a.《中国历代军事思想》．解放军出版社．

中国军事史编写组．2006b.《中国历代军事制度》．解放军出版社．

中国军事史编写组．2007.《中国历代军事思想》．解放军出版社．

周长山．2006.《汉代地方政治史论》．中国社会科学出版社．

周芳．2013.《坑儒平议》．广西人民出版社．

周桂钿．2006.《秦汉哲学》．武汉出版社．

周一良．1997.《魏晋南北朝史论合集》．北京大学出版社．

祝中熹．2004.《早期秦史》．敦煌文艺出版社．

英文文献

Abernethy，D. B. 2000. *The Dynamics of Global Dominance*. Yale University Press.

Adkins，L.，and R. A. Adkins. 1994. *Handbook to Life in Ancient Rome*. Oxford University Press.

Alston，R. 1998. *Aspects of Roman History*，AD 14–117. Routledge.

Ammianus Marcellinus. *History*. Tr. J. C. Rolfe. Harvard（1948）.

Anderson，P. 1974. *Lineages of the Absolutist State*. Verso.

Appian. *The Civil Wars*. Tr. J. Carter. Penguin（1996）.

Aristides. To Rome. In *Complete Works*, Vol. 2. Tr. C. A. Behr. Leiden (1981) .

Aristotle. *Ethics*. Tr. J. A. K. Thomson. Penguin (1955) .

———. *Politics*. Tr. E. Barker. Oxford (1995) .

Arjava, A. 1998. Paternal power in late antiquity. *Journal of Roman Studies* 88: 147–165.

Astin, A. E. 1967. *Scipio Aemilianus*. Oxford University Press.

———. 1978. *Cato the Censor*. Oxford University Press.

———. 1989. Roman government and politics. In Astin et al. 1989: 163–196.

Astin, A. E., F. W. Walbank, M. W. Fredericksen, and R. M. Ogilvie, eds. 1989. *The Cambridge Ancient History*, 2nd ed., vol. 8. Cambridge University Press.

Augustus. *The Achievements of the Deified Augustus*. Tr. R. Mellor. In Mellor 1998: 356–364.

Bagnall, N. 1990. *The Punic Wars*. Thomas Dunne Books.

Ball, W. 2000. *Rome in the East*. Routledge.

Bang, P. F. 2012. Predation. In Scheidel 2012a: 197–217.

Barfield, T. J. 1989. *The Perilous Frontier*. Basil Blackwell.

Barnes, T. D. 1981. *Constantine and Eusebius*. Harvard University Press.

Bastomsky, S. J. 1990. Rich and poor: The great divide in ancient Rome and Victorian England. *Greece and Rome* 37: 37–43.

Beard, M. 2007. Looking for the emperor. *New York Review of Books*, November 8, 53–55.

———. 2009. *The Roman Triumph*. Harvard University Press.

Beard, M., and M. Crawford. 1985. *Rome in the Late Republic*. Cornell University Press.

Beck, B. J. M. 1986. *The fall of Han*. In Twitchett and Loewe 1986: 317–76.

Beckwith, C. I. 2009. *Empires of the Silk Road*. Princeton University Press.

Bell, D. A. 2008. *China's New Confucianism*. Princeton University Press.

Bendix, R. 1977. *Max Weber*. University of California Press.

Benn, C. 2002. *China's Golden Age*. Oxford University Press.

Bennett, J. 1997. *Trajan, Optimus Princeps*. Indiana University Press.

Berlin, I. 1969. *Four Essays on Liberty*. Oxford University Press.

Bernstein, A. H. 1994. The strategy of a warrior-state: Rome and the wars against Carthage. In Murray, Knox, and Bernstein 1994: 56–84.

Bielenstein, H. 1986a. The institutions of Later Han. In Twitchett and Loewe 1986: 491–519.

———. 1986b. Wang Mang, The restoration of the Han dynasty, and Later Han. In Twitchett and Loewe 1986: 223–90.

Birley, A. 1987. *Marcus Aurelius*. Barnes & Noble.

———. 1997. *Hadrian. Routledge.*

Bivar, A. D. H. 1983a. The history of eastern Iran. In Yarshater 1983: 181–231.

———. 1983b. The political history of Iran under the Arsacids. In Yarshater 1983: 21–99.

Blok, A. 1972. The peasant and the brigand: Social banditry reconsidered. *Comparative Studies in Society and History* 14: 494–503.

Boardman, J., J. Griffin, and O. Murray, eds. 1991. *The Oxford History of the Roman World*. Oxford University Press.

Bodde, D. 1981. *Essays on Chinese Civilization*. Princeton University Press.

———. 1986. The state and empire in Ch'in. In Twitchett and Loewe 1986: 20–102.

Bodde, D., and C. Morris 1967. *Law in Imperial China*. Harvard University Press.

Boren, H. C. 1968. *The Gracchi*. Twayne.

Borkowski, A. 1997. *Roman Law*, 2nd ed. Oxford University Press.

Boulnois, L. 2005. *Silk Road*: *Monks*, *Warriors and Merchants*. Odyssey.

Bowersock, G. W., P. Brown, and O. Grabar, eds. 1999. *Late Antiquity*. Harvard University Press.

Bowman, A., P. Garnsey, and D. Rathbone, eds. 2000. *The Cambridge Ancient History*, 2nd ed., vol. 11. Cambridge University Press.

Boylan, E. S. 1982. The Chinese cultural style of warfare. *Comparative Strategy* 3: 341–346.

Bradley, A. C. 1962. Hegel's theory of tragedy. In *Hegel*, *On Tragedy*, ed. A. and H. Paolucci, 367–388. Harper.

Bradley, K., and P. Cartledge, eds. 2011. *The Cambridge World History of Slavery*, vol. 1. Cambridge University Press.

Braund, D. C. 1984. *Rome and the Friendly King*. St. Martin's Press.

Brennan, T. C. 2004. Power and process under the Republican "constitution." In Flower 2004: 31–65.

Brown, P. 1967. The Later Roman Empire. *Economic History Review* 20: 327–343.

———. 1971. *The World of Late Antiquity*. Norton.

Brunt, P. A. 1961. Charges of provincial maladministration under the early Principate. *Historia* 10: 189–227.

———. 1965. Reflections on Roman and British imperialism. *Comparative Studies in Society and History* 7: 267–288.

———. 1971. *Italian Manpower*, *225 B.C.–A.D.* 14. Oxford

University Press.

———. 1978. *Laus imperii*. In Garnsey and Whittaker 1978：159–192.

———. 1981. The revenues of Rome. *Journal of Roman Studies* 71：161–172.

———. 1982. Nobilitas and novitas. *Journal of Roman Studies* 72：1–17.

———. 1988. *The Fall of the Roman Republic*. Oxford University Press.

Burbank，J.，and F. Cooper. 2010. *Empires in World History*. Princeton University Press.

Bury，J. B. 1958. *History of the Later Roman Empire*. Dover.

Caesar. *The Civil War*. Tr. J. F. Mitchell. Penguin（1967）.

———. *The Conquest of Gaul*. Tr. S. A. Handford. Penguin（1982）.

Cameron，A. 1993. *The Later Roman Empire*. Harvard University Press.

Cameron，A.，and P. Garnsey，eds. 1998. *The Cambridge Ancient History*，vol. 13. Cambridge University Press.

Campbell，B. 2002. *War and Society in Imperial Rome*，31 BC–AD 284. Routledge.

Champlin，E. 2003. *Nero*. Harvard University Press.

Chan，A. K. L.，ed. 2002. *Mencius*：*Contexts and Interpretations*. University of Hawaii Press.

Chang，C-S. 2007. *The Rise of the Chinese Empire*. University of Michigan Press.

Chang，H. 1996. The intellectual heritage of the Confucian ideal of *ching-shih*. In Tu 1996：72–91.

Chang，K-C.，et al. 2005. *The Formation of Chinese Civilization*：*An Archeological Perspective*. Yale University Press.

Chen，C-Y. 1975. *Hsün Yüeh*. Cambridge University Press.

———. 1984. Review：Han Dynasty China：Economy，society，and state power. *T'oung Pao* 70：127–148.

———. 1986. Confucian，Legalist，and Taoist thought in the Later Han. In Twitchett and Loewe 1986：766–807.

Ch'ü，T-T. 1965. *Law and Society in Traditional China*. Mouton.

———. 1972. *Han Social Structure*. University of Washington Press.

Chua，A. 2006. *Day of Empire*. Doubleday.

Cicero. *On Obligation*. Tr. P. G. Walsh. Oxford（2000）.

———. On the command of Cnaeus Pompeius. In *Selected Political Speeches*，tr. M. Grant，33-70. Penguin（1969）.

———. *The Laws*. Tr. N. Rudd. Oxford（1998）.

———. *The Republic*. Tr. N. Rudd. Oxford（1998）.

Collins，J. T. 2003. The zeal of Phinhas：The Bible and the legitimation of violence. *Journal of Biblical Literature* 122：3–21.

Collins，R. 1978. Some principles of long-term social change：The territorial power of states. *Research in Social Movements，Conflicts and Change* 1：1–34.

Connolly，P. 1981. *Greece and Rome at War*. Prentice-Hall.

Cook，C.，and J. S. Major，eds. 1999. *Defining Chu：Image and Reality in Ancient China*. University of Hawaii Press.

Cook，S. A.，F. E. Adcock，and M. P. Charlesworth，eds. 1930. *The Cambridge Ancient History*，1st ed. Vol. VIII. Cambridge University Press.

Cook，S. A.，F. E. Adcock，and M. P. Charlesworth，eds. 1954. *The Cambridge Ancient History*，1st ed. Vol. XI. Cambridge University Press.

Cornell，T. J. 1989. Rome：The history of an anachronism. In Molho et al. 1989：53–70.

———. 1995. *The Beginning of Rome*. Routledge.

Cornell, T. J., and J. Matthews. 1990. *The Cultural Atlas of the World*: *The Roman World*. Stonehenge Press.

Cotterell, A., ed. 1980. *The Encyclopedia of Ancient Civilizations*. Penguin.

———. 1981. *The First Emperor of China*. Holt, Rinehart and Winston.

———. 2004. *Chariot*. Overlook Press.

Crawford, M. 1976. Review: Hamlet without the prince. *Journal of Roman Studies* 66: 214–217.

———. 1991. Early Rome and Italy. In Boardman et al. 1991: 13–49.

———. 1993. *The Roman Republic*. Harvard University Press.

Creel, H. G. 1970. *The Origins of Statecraft in China*. Vol. 1: *The Western Chou Empire*. University of Chicago Press.

Creveld, M. van. 1999. *The Rise and Decline of the State*. Cambridge University Press.

Crook, J. A. 1967. *Law and Life of Rome*, 90 B.C.–A.D. 212. Cornell University Press.

Crook, J. A., A. Lintott, and E. Rawson. 1994a. Epilogue: The fall of the Roman Republic. In Crook et al. 1994b: 769–776.

———, eds. 1994b. *The Cambridge Ancient History*, 2nd ed., vol. 9. Cambridge University Press.

Crowell, W. G. 1983. Social unrest and rebellion in Jiangnan during the Six Dynasties. *Modern China* 9: 319–354.

Cunliffe, B. 1997. *The Ancient Celts*. Oxford University Press.

David, J-M. 1997. *The Roman Conquest of Italy*. Blackwell.

Davies, J. K. 1993. *Democracy and Classical Greece*. Harvard University Press.

———. 2004. Athenian citizenship: The descent group and the alternatives. In *Athenian Democracy*, ed. P. J. Rhodes, 18–39. Oxford

University Press.

De Bary, W. T. 1991. *The Trouble with Confucianism*. Harvard University Press.

De Crespigny, R. 1980. Politics and philosophy under the government of Emperor Huan 159–168 AD. *T'oung Pao* 66：41–83.

———. 2009. The military culture of Later Han. In Di Cosmo 2009：90–111.

Dench, E. 1995. *From Barbarians to New Men*. Oxford University Press.

Derow, P. S. 1979. Polybius, Rome, and the East. *Journal of Roman Studies* 69：1–15.

———. 1989. Rome, the fall of Macedon and the sack of Corinth. In Astin et al. 1989：290–323.

Dettenhofer, M. H. 2009. Eunuchs, women, and imperial courts. In Scheidel 2009c：83–99.

Di Cosmo, D. 1994. Ancient Asian nomads：Their economic basis and its significance in Chinese history. *Journal of Asian Studies* 53：1092–1126.

———. 2002. *Ancient China and Its Enemies*. Cambridge University Press.

———, ed. 2009. *Military Culture in Imperial China*. Harvard University Press.

Dien, A. D. 1986. The stirrup and its effects on Chinese military history. *Ars Orientalis* 16：33–56.

Dignas, B., and E. Winter. 2007. *Rome and Persia in Late Antiquity*. Cambridge University Press.

Dio Cassius. *The Roman History*. Tr. I. Scott-Kilvert. Penguin (1987).

Dio Chrysostom. *The Discourses*. Tr. J. W. Cohoon. Harvard (1951).

Dodds, E. R. 1951. *The Greeks and the Irrational*. University of California Press.

Downing, B. M. 1992. *The Military Revolution and Political Change*. Princeton University Press.

Doyle, M. W. 1986. *Empires*. Cornell University Press.

Drews, R. 1993. *The End of the Bronze Age*. Princeton University Press.

Dreyer, E. L. 2009. Military aspects of the War of the Eight Princes. In Di Cosmo 2009: 112–142.

Dull, J. L. 1983. Anti-Qin rebels: No peasant leaders here. *Modern China* 9: 285–318.

Dunstan, H. 2004. Premodern Chinese political thought. In Gaus and Kukathas 2004: 320–337.

Dyson, S. L. 1971. Native revolts in the Roman Empire. *Historia* 20: 239–274.

Eadie, J. W. 1967. The development of Roman mailed cavalry. *Journal of Roman Studies* 57: 161–173.

Eastman, L. E. 1989. *Family, Fields, and Ancestors*. Oxford University Press.

Ebrey, P. 1983. Patron-client relations in the Later Han. *Journal of the American Oriental Society* 103: 533–542.

———. 1986. The economic and social history of Later Han. In Twitchett and Loewe 1986: 608–648.

———. 1990. Toward a better understanding of the Later Han upper class. *In State and Society in Early Medieval China*, ed. A. E. Dien, 49–72. Stanford University Press.

Eck, W. 2000a. The emperor and his advisers. In Bowman et al. 2000: 159–213.

———. 2000b. The growth of administrative posts. In Bowman et al. 2000: 238–65.

Edel, A. 1982. *Aristotle and His Philosophy*. University of North Carolina Press.

Eder, W. 1986. The political significance of the codification of law in archaic societies. In Raaflaub 1986b: 262–300.

———. 1990. Augustus and the power of transition: The Augustan principate as binding link between Republic and Empire. In Raaflaub and Toher 1990: 71–122.

Elisseeff, V., ed. 2000. *The Silk Roads: Highways of Culture and Commerce*. Berghahn Books.

Elvin, M. 1973. *The Pattern of the Chinese Past*. Stanford University Press.

Errington, R. M. 1989. Rome against Philip and Antiochus. In Astin et al. 1989: 244–289.

Ertman, T. 1997. *Birth of the Leviathan*. Cambridge University Press.

Escherick, J. W. 1983. Symposium on peasant rebellions: Some introductory comments. *Modern China* 9: 275–284.

Euripides, *Iphigenia in Aulis*. Tr. P. Vellacott. Penguin (1972).

Evans, P. R., D. Rueschemeyer, and T. Skocpol, eds. 1985. *Bringing the State Back In*. Cambridge University Press.

Fairbank, J. K. 1974. Varieties of the Chinese military experience. In *Chinese Wars in History*, ed. F. A. Kierman and J. K. Fairbank, 1–26. Harvard University Press.

———. 1987. *China Watch*. Harvard University Press.

———. 1992. *China: A New History*. Harvard University Press.

Falkenhauser, L. von. 1999. The waning of the Bronze Age: Material culture and social developments, 770–481 B.C. In Loewe and Shaughnessy 1999: 450–544.

Feng, H. 2007. *Chinese Strategic Culture and Foreign Policy Decision-Making*. Routledge.

Ferguson, N. 2004. *Colossus: The Rise and Fall of the American Empire*. Penguin.

Fine, J. V. A. 1983. *The Ancient Greeks*. Harvard University Press.

Finer, S. E. 1997. *The History of Government from the Earliest Times*, vol 1. Oxford University Press.

Finley, M. I. 1968. Slavery. *International Encyclopedia of the Social Sciences* 14: 307–313.

———. 1978. Empire in the Greco-Roman world. *Greece & Rome* 25: 1–15.

———. 1980. *Ancient Slavery and Modern Ideology*. Viking.

———. 1983. *Economy and Society in Ancient Greece*. Penguin.

Flower, H. I. 1996. *Ancestor Masks and Aristocratic Power in Roman Culture*. Oxford University Press.

———, ed. 2004. *The Cambridge Companion to the Roman Republic*. Cambridge University Press.

Fong, W., ed. 1980. *The Great Bronze Age of China*. Metropolitan Museum of Art.

Forsythe, G. 2005. *A Critical History of Early Rome*. University of California Press.

Frankel, H. H. 1983. Cai Yan and the poems attributed to her. *Chinese Literature: Essays, Articles, Reviews* 5: 133–156.

Freeman, P. 2008. *Julius Caesar*. Simon & Schuster.

Fu Zhengyuan. 1996. *China's Legalists: The Earliest Totalitarians and the Art of Ruling*. M. E. Sharpe.

Fukuyama, F. 1992. *The End of History and the Last Man*. Free Press.

———. 2011. *The Origins of Political Order*. Farrar, Straus and Giroux.

Fulford, M. 1992. Territorial expansion and the Roman Empire. *World Archeology* 23: 294–305.

Fuller, J. F. C. 1965. *Julius Caesar*. Da Capo Press.

Fung, Y-L. 1952. *A History of Chinese Philosophy*, tr. D. Bodde. Princeton University Press.

Gabba, E. 1976. *Republican Rome: The Army and the Allies*. University of California Press.

———. 1987. Rome and Italy in the second century B.C. In Astin et al. 1987: 197–243.

Galinsky, K., ed. 2005. *The Cambridge Companion to the Age of Augustus*. Cambridge University Press.

Gardner, J. F. 2011. Slavery and Roman law. In Bradley and Cartledge 2011: 414–437.

Garlan, Y. 1975. *War in the Ancient World*. Chatto & Windus.

———. 1988. *Slavery in Ancient Greece*. Cornell University Press.

Garnsey, P., and R. Saller. 1987. *The Roman Empire: Economy, Society and Culture*. University of California Press.

Garnsey, P., and C. R. Whittaker, eds. 1978. *Imperialism in the Ancient World*. Cambridge University Press.

Garst, D. 1989. Thucydides and neorealism. *International Studies Quarterly* 33: 3-27.

Gaus, G. F., and C. Kukathas, eds. 2004. *Handbook of Political Theory*. Sage.

Gelzer, M. 1968. *Caesar: Politician and Statesman*. Harvard University Press.

Giardina, A. 1993a. Roman man. In Giardina 1993b: 1–15.

———, ed. 1993b. *The Romans*. University of Chicago Press.

Gibbon, E. 1994. *The History of the Decline and Fall of the Roman Empire*. Penguin.

Gills, B. K., and A. G. Frank. 1993. World system cycles, crises, and hegemonic shifts, 1700 BCE to 1700 AD. In *The World System*, ed. A. G. Frank and B. K. Gills, 143-199. Routledge.

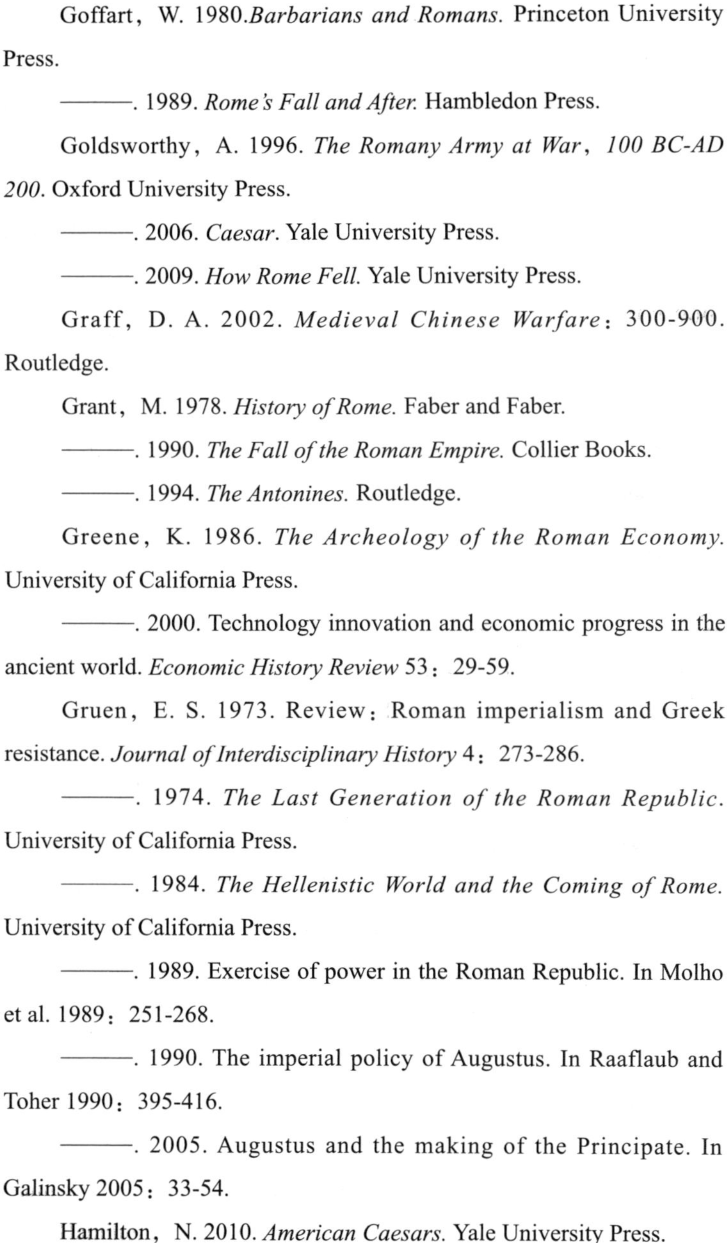

Goffart, W. 1980.*Barbarians and Romans.* Princeton University Press.

———. 1989. *Rome's Fall and After.* Hambledon Press.

Goldsworthy, A. 1996. *The Romany Army at War, 100 BC-AD 200.* Oxford University Press.

———. 2006. *Caesar*. Yale University Press.

———. 2009. *How Rome Fell.* Yale University Press.

Graff, D. A. 2002. *Medieval Chinese Warfare*: 300-900. Routledge.

Grant, M. 1978. *History of Rome.* Faber and Faber.

———. 1990. *The Fall of the Roman Empire.* Collier Books.

———. 1994. *The Antonines.* Routledge.

Greene, K. 1986. *The Archeology of the Roman Economy.* University of California Press.

———. 2000. Technology innovation and economic progress in the ancient world. *Economic History Review* 53: 29-59.

Gruen, E. S. 1973. Review: Roman imperialism and Greek resistance. *Journal of Interdisciplinary History* 4: 273-286.

———. 1974. *The Last Generation of the Roman Republic.* University of California Press.

———. 1984. *The Hellenistic World and the Coming of Rome.* University of California Press.

———. 1989. Exercise of power in the Roman Republic. In Molho et al. 1989: 251-268.

———. 1990. The imperial policy of Augustus. In Raaflaub and Toher 1990: 395-416.

———. 2005. Augustus and the making of the Principate. In Galinsky 2005: 33-54.

Hamilton, N. 2010. *American Caesars.* Yale University Press.

Hanahan, D., and R. A. Weinberg. 2000. The hallmarks of cancer.

Cell 100：57-70.

Handel, M. I. 2001. *Masters of War*, 3rd ed. Frank Cass.

Hansen, V. 2012. *The Silk Road: A New History.* Oxford University Press.

Hanson, V. D. 2005. The Roman way of war 250 BC-AD 300. In Parker 2005b：46-60.Hao, Y., and M. Johnston. 2002. Corruption and the future of economic reform in China. In *Political Corruption*, third ed., eds. A. J. Heidenheimer and M. Johnston, Transaction Publisher (2002)：583-604.

Harris, R. 2003. *Political Corruption.* Routledge.

Harris, W. V. 1979. *War and Imperialism in Republican Rome, 327-70 B.C.* Oxford University Press.

———. 1989. Roman expansion in the west. In Astin et al. 1989：107-162.

———. 1990. On defining the political culture of the Roman Republic：Some comments on Rosenstein, Williamson, and North. *Classical Philology* 85：288-294.

———. 2011. *Rome's Imperial Economy.* Oxford University Press.

Hart, H. L. A. 1961. *The Concept of Law.* Oxford University Press.

Heather, P. 1996. *The Goths.* Blackwell.

———. 1997. *Foedera* and *foederati* of the fourth century. In *Kingdoms of the Empire*, ed. E. Pohl, 57-75. Brill.

———. 2005. *The Fall of the Roman Empire.* Pan Books.

Hegel, G. W. F. 1952. *Philosophy of Right.* Oxford.

———. 1965. *The Philosophy of History.* Dover.

Henderson, J. B. 1991. *Scripture, Canon and Commentary.* Princeton University Press.

Herodotus. *The Histories.* Tr. A. de Sélincourt. Penguin (1954).

Hingley, R. 2005. *Globalizing Roman Culture.* Routledge.

Hiromi Kinoshita. 2007. Qin palaces and architecture. In Portal

2007：83-93.

Hobsbawm，E. J. 1959. *Primitive Rebels.* Norton.

Holcombe，C. 1994. *In the Shadow of the Han.* University of Hawaii Press.

Hölkeskamp，K-J. 2004. Under Roman roofs：Family，house and household. In Flower 2004：113-138.

Holleaux，M. 1930. Rome and Antiochus. In Cook et al. 1930：199-240.

Homer. *Iliad.* Tr. R. Lattimore. University of Chicago Press (1951).

Honoré T. 1995. *About Law.* Oxford University Press.

Hopkins，K. 1978a. *Conquerors and Slaves.* Cambridge University Press.

———. 1978b. Economic growth and towns in classical antiquity. In *Towns in Society*，ed. P. Abrams and E. A. Wrigley，35-78. Cambridge University Press.

———. 1980. Taxes and trades in the Roman Empire (200 B.C.-A.D. 400). *Journal of Roman Studies* 70：101-25.

———. 1983a. *Death and Renewal.* Cambridge University Press.

———. 1983b. Models，ships and staples. In *Trade and Famine in Classical Antiquity*，ed. P. Garnsey and C. R. Whittaker，84-109. Cambridge Philological Society.

Hsiao，K-C. 1979. *A History of Chinese Political Thought.* Princeton University Press.

Hsu，C-Y. 1965a. *Ancient China in Transition.* Stanford University Press.

———. 1965b. The changing relation between local society and the central political power in Former Han：206 B.C.-8 A.D. *Comparative Studies in Society and History* 3：358-370.

———. 1980. *Han Agriculture.* University of Washington Press.

———. 1999. The Spring and Autumn period. In Loewe and

Shaughnessy 1999：545-586.

Hsu，C-Y.，and K. M. Linduff. 1988. *Western Chou Civilization*. Yale University Press.

Huang，P. C. C. 1996. *Civil Justice in China*. Stanford University Press.

Huang，R. 1990. *China：A Macro History*. M. E. Sharpe.

Hui，V. T. 2005. *War and State Formation in Ancient China and Early Modern Europe*. Cambridge University Press.

Hulsewé A. F. P. 1978. The Ch'in documents discovered in Hupei in 1975. *T'oung Pao* 64：175-217.

———. 1985. The influence of the "Legalist" government of Qin on the economy as reflected in the texts discovered in Yunmeng County. In *The Scope of State Power in China*，ed. S. R. Schram，81-126. St. Martin's Press.

———. 1986. Ch'in and Han laws. In Twitchett and Loewe 1986：520-544.

———. 1987. Han China：A proto "welfare state"？ *T'song Pao* 73：265-285.

———. 1989. Founding fathers and yet forgotten men：A closer look at the tables of the nobility in the "Shih Chi" and "Han Shu." *T'oung Pao* 75：43-126.

Hunt，P. 2011. Slaves in Greek literary culture. In Bradley and Cartledge 2011：22-47.

Huntington，S. P. 1968. *Political Order in Changing Societies*. Yale University Press.

Huzar，E. G. 1978. *Mark Antony*. University of Minnesota Press.

Isaac，B. 1992. *The Limits of Empire*，rev. ed. Oxford University Press.

Jacques，M. 2009. *When China Rules the World*. Penguin.

James，H. 2006. *The Roman Predicament*. Princeton University

Press.

Johnson, C. 2000. *Blowback: The Costs and Consequences of American Empire*. Basic Books.

———. 2004. *The Sorrows of Empire*. Metropolitan Books.

Johnston, A. I. 1995. *Cultural Realism, Strategic Culture, and Grand Strategy in Chinese History*. Princeton University Press.

Jones, A. H. M. 1940. *The Greek City*. Oxford University Press.

———. 1956. Slavery in the ancient world. *Economic History Review* 9: 185-199.

———. 1964. *The Later Roman Empire: 284-602*. Johns Hopkins University Press.

———. 1970. *Augustus*. Norton.

———. 1974. *The Roman Economy*. Basil Blackwell.

Jones, B. W. 1979. *Domitian and the Senatorial Order*. American Philosophical Society.

Kagen, K. 2006. Redefining Roman grand strategy. *Journal of Military History* 70: 333-362.

Kalinowski, M., Deng Wenkuan, and M. Bujard, eds. 2009. *Rome-Han: Comparer l'Incomparable*. Éole française d'Extrême-Orient. Bejing.

Kallert-Marx, R. M. 1995. *Hegemony to Empire*. University of California Press.

Katouzian, H. 2009. *The Persians*. Yale University Press.

Kelly, C. 2004. *Ruling the Later Roman Empire*. Harvard University Press.

———. 2008. *The End of Empire*. Norton.

Kennedy, P., ed. 1983. *Grand Strategy in War and Peace*. Yale University Press.

Keppie, L. 1984. *The Making of the Roman Army*. University of Oklahoma Press.

Kern, M. 2000. *The Stele Inscriptions of Ch'in Shih'huang: Text and Ritual in Early Chinese Imperial Representation.* American Oriental Society.

———. 2007. Imperial tours and mountain inscriptions. In Portal 2007: 104-113.

Khazanov, A. M. 1994. *Nomads and the Outside World*, 2nd ed. Wisconsin University Press.

Kissinger, H. 1994. *Diplomacy.* Touchstone.

———. 2011. *On China.* Penguin.

Kolendo, J. 1993. The peasant. In Giardina 1993b: 199-213.

Kunkel, W. 1973. *An Introduction to Roman Legal and Constitutional History*, 2nd ed. Oxford University Press.

Lakoff, S. 1996. *Democracy, History, Theory, Practice.* Westview Press.

Lancel, S. 1998. *Hannibal.* Basil Blackwell.

Lary, D. 1980. Warlord studies. *Modern China* 6: 439-470.

Lattimore, O. 1940. *Inner Asian Frontiers of China.* Beacon Press.

Lawson, F. H. 1965. Roman law. In *The Romans*, ed. J. P. V. D. Balsdon, 102-128. Basic Books.

Lazenby, J. F. 2004. Rome and Carthage. In Flower 2004: 225-241.

Le Bohec, Y. 1989. *The Imperial Roman Army.* Hippocrene Books.

Leeming, F. 1980. Official landscape in traditional China. *Journal of the Economic and Social History of the Orient* 23: 153-204.

Le Glay, M., J. Voisin, and Y. Le Bohec. 2001. *A History of Rome*, 2nd ed. Basil Blackwell.

Lendon, J. E. 1997. *Empire of Honour.* Oxford University Press.

Leslie, D. D., and K. H. J. Gardiner. 1996. *The Roman Empire in Chinese Sources.* Bardi.

Lewis, M. E. 1990. *Sanctioned Violence in Early China.* State

University of New York Press.

———. 1999. Warring States political history. In Loewe and Shaughnessy 1999：589-650.

———. 2007. *The Early Chinese Empires：Qin and Han*. Harvard University Press.

———. 2009. *China Between Empires*. Harvard University Press.

Lewis，N.，and M. Reinhold，eds. 1990. *Roman Civilization：Selected Readings*，3rd ed. Columbia University Press.

Li，F. 2006. *Landscape and Power in Early China*. Cambridge University Press.

Li，J. 1996. *Chinese Civilization in the Making，1766-221 BC*. St. Martin's Press.

Li，X. 1985. *Eastern Zhou and Qin Civilizations*. New Haven：Yale University Press.

Liddell Hart，B. H. 1926. *Scipio Africanus*. Da Capo Press.

Light，P. C. 2003. Fact sheet on the new true size of government. www.brookings.edu/articles/2003/0905politics_light.aspx.

Lightfoot，C. S. 1990. Trajan's Parthian War and the fourth century perspective. *Journal of Roman Studies* 80：114-126.

Lindner，R. 1981. Nomadism，Huns and horses. *Past and Present* 92：1-19.

Lintott，A. 1981. What was the "Imperium Romanum"？ *Greece and Rome* 28：53-67.

———. 1999. *The Constitution of the Roman Republic*. Oxford University Press.

Liu，S-H. 1998. *Understanding Confucian Philosophy*. Praeger.

Liu，X. 2001. Migration and settlement of the Yuezhi-Kushan. *Journal of World History* 12：261-292.

Livy. *History*. Tr. A. de Séincourt. Penguin (1965).

Lloyd，G. E. R. 2005. *The Delusion of Invulnerability*. Duckworth.

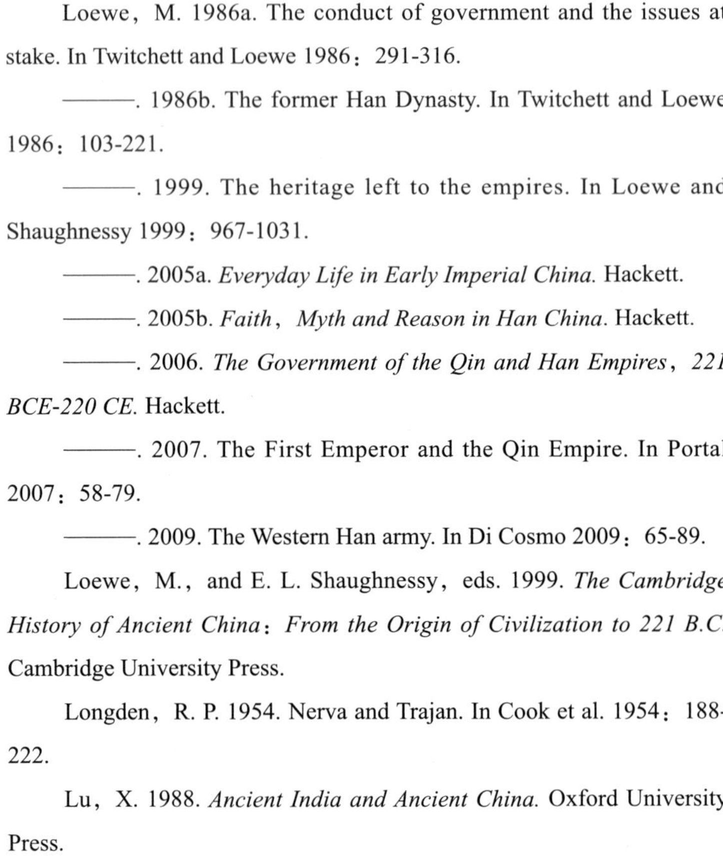

Loewe, M. 1986a. The conduct of government and the issues at stake. In Twitchett and Loewe 1986: 291-316.

———. 1986b. The former Han Dynasty. In Twitchett and Loewe 1986: 103-221.

———. 1999. The heritage left to the empires. In Loewe and Shaughnessy 1999: 967-1031.

———. 2005a. *Everyday Life in Early Imperial China.* Hackett.

———. 2005b. *Faith, Myth and Reason in Han China.* Hackett.

———. 2006. *The Government of the Qin and Han Empires, 221 BCE-220 CE.* Hackett.

———. 2007. The First Emperor and the Qin Empire. In Portal 2007: 58-79.

———. 2009. The Western Han army. In Di Cosmo 2009: 65-89.

Loewe, M., and E. L. Shaughnessy, eds. 1999. *The Cambridge History of Ancient China: From the Origin of Civilization to 221 B.C.* Cambridge University Press.

Longden, R. P. 1954. Nerva and Trajan. In Cook et al. 1954: 188-222.

Lu, X. 1988. *Ancient India and Ancient China.* Oxford University Press.

Lucas, J. R. 1985. *The Principles of Politics.* Oxford University Press.

Luttwak, W. N. 1976. *The Grand Strategy of the Roman Empire.* Johns Hopkins University Press.

MacMullen, R. 1966. *Enemies of the Roman Order.* Harvard University Press.

———. 1974. *Roman Social Relations.* Yale University Press.

———. 1986. Judicial savagery in the Roman Empire. *Chiron* 16: 147-166.

———. 1988. *Corruption and the Decline of Rome.* Yale University

Press.

Madden, T. F. 2007. *Empires of Trust.* Dutton.

Maddison, A. 2007. *Contours of the World Economy, 1-2030 A.D.* Oxford University Press.

Maenchen-Helfen, J. O. 1973. *The World of the Huns.* University of California Press.

Maier, C. S. 2006. *Among Empires: American Ascendancy and Its Predecessors.* Harvard University Press.

Mann, J. C. 1979. Power, force and the frontier of the Empire. *Journal of Roman Studies* 69: 175-183.

Mann, M. 1986. *The Sources of Social Power*, vol. 1. Cambridge University Press.

———. 1988. *States, War, and Capitalism.* Basil Blackwell.

Marcone, A. 1998. Late Roman social relations. In Cameron and Garnsey 1998: 338-370.

Marcus Aurelius. *Meditations.* Tr. George Long. Skylight Paths Publishing (2007).

Mattern, S. P. 1999. *Rome and the Enemy.* University of California Press.

Mattern-Parks, S. P. 2003. The defeat of Crassus and the just war. *Classical World* 96: 387-396.

McDonald, A. H. 1938. Scipio Africanus and Roman politics in the second century B.C. *Journal of Roman Studies*, 28: 153-64.

McLeod, K. C. D., and R. D. S. Yates. 1981. Forms of Ch'in law. *Harvard Journal of Asiatic Studies* 41: 111-163.

McNeill, W. H. 1963. *The Rise of the West.* University of Chicago Press.

———. 1976. *Plagues and Peoples.* Anchor Books.

———. 1982. *The Pursuit of Power.* University of Chicago Press.

Meier, C. 1990. The formation of the alternative in Rome. In

Raaflaub and Toher 1990: 54-70.

Mellor, R., ed. 1998. *The Historians of Ancient Rome*. Routledge.

Millar, F. 1981. *The Roman Empire and Its Neighbours*, 2nd ed. Duckworth.

———. 1992. *The Emperor in the Roman World*, 2nd ed. Duckworth.

———. 1993. *The Roman Near East 31 BC-AD 337*. Harvard University Press.

———. 1998. *The Crowd in Rome in the Late Republic*. University of Michigan Press.

———. 2002a. *The Roman Republic and the Augustan Revolution*. University of North Carolina Press.

———. 2002b. *The Roman Republic in Political Thought*. Brandeis University Press.

———. 2004. *Government, Society, and Culture in the Roman Empire*. University of North Carolina Press.

Millward, J. A. 2007. *Eurasian Crossroads*. Columbia University Press.

Mitchell, S. 2007. *A History of the Later Roman Empire*. Basil Blackwell.

Mittag, A., and F. Mutschler. 2009. Epilogue. In Mutschler and Mittag 2009: 421-447.

Mokyr, J. 1990. *The Lever of Riches*. Oxford University Press.

Molho, A., K. A. Raaflaub, and J. Emlen, eds. 1989. *City States in Classical Antiquity and Medieval Italy*. University of Michigan Press.

Morris, I. 2010. *Why the West Rules–For Now*. Farrar, Straus and Giroux.

Münkler, H. 2007. *Empires: The Logic of World Domination from Ancient Rome to the United States*. Polity.

Murphy, C. 2007. *Are We Rome?* Houghton Mifflin.

Murray, W., and M. Grimsley. 1994. On strategy. In Murray, Knox, and Bernstein 1994: 1-23.

Murray, W., M. Knox, and A. Bernstein, eds. 1994. *The Making of Strategy*. Cambridge University Press.

Mutschler, F., and A. Mittag, eds. 2009. *Conceiving the Empire: China and Rome Compared*. Oxford University Press.

Narain, A. K. 1990. Indo-Europeans in Inner Asia. In Sinor 1990b: 151-176.

Needham, J., G. Lu, and L. Wang. 1971. *Science and Civilization in China*, Vol. 4 part 3, *Civil Engineering and Nautics*. Cambridge University Press.

Needham, J., and R. D. S. Yates. 1994. *Science and Civilization in China*, Vol. 5 part 6, *Military Technology: Missiles and Sieges*. Cambridge University Press.

Nicolet, C. 1980. *The World of the Citizen in Republican Rome*. University of California Press.

———. 1993. The citizen: the political man. In Giardina 1993b: 16-54.

Nishijima Sadao 1986. The economic and social history of former Han. In Twitchett and Loewe 1986: 551-607.

Nivison, D. S. 1996. *The Ways of Confucianism*. Open Court Press.

———. 1999. The classical philosophical writings. In Loewe and Shaughnessy 1999: 745-812.

———. 2002. Mengzi as philosopher of history. In Chan 2002: 282-304.

Norden, B. W. van. 2007. *Virtue Ethics and Consequentialism in Early Chinese Philosophy*. Cambridge University Press.

North, J. A. 1981. The development of Roman imperialism. *Journal of Roman Studies*, 71: 1-9.

———. 1990. Democratic politics in Republican Rome. *Past and*

Present 126：3-21.

Nye，J. 2002. The New Rome meets the New Barbarians. *Economist*，March 23，23-25.

———. 2005. *Soft Power*：*The Means to Succeed in World Politics.* Public Affairs.

Ober，J. 1982. Tiberius and the political testament of Augustus. *Historia* 31：306-328.

Orend，B. 2006. *The Morality of War.* Broadview Press.

Osgood，J. 2006. *Caesar's Legacy.* Cambridge University Press.

Parker，G. 1996. *The Military Revolution*，2nd ed. Cambridge University Press.

———. 2005a. The western way of war. In Parker 2005b：1-14.

———，ed. 2005b. *The Cambridge History of Warfare.* Cambridge University Press.

Parsons，T. H. 2010. *The Rule of Empires.* Oxford University Press.

Patterson，O. 1991. *Freedom*，vol. 1：*Freedom in the Making of Western Culture.* Basic Books.

Peerenboom，R. 2002. *China's Long March Toward Rule of Law.* Cambridge University Press.

Periplus of the Erythraean Sea. Tr. G. W. B. Huntingford. Hakluyt Society (1980).

Perry，E. J. 1992. Casting a Chinese "democracy" movement. In *Popular Protest and Political Culture in Modern China*，ed. J. N. Wasserstrom and E. J. Perry，146-164. Westview Press.

Pines，Y. 2002. *Foundations of Confucian Thought.* University of Hawaii Press.

———. 2009a. *Envisioning Eternal Empire.* University of Hawaii Press.

———. 2009b. Imagining the Empire? Concepts of "primeval unity" in pre-imperial historiographic tradition. In Mutschler and Mittag

2009：67-90.

Pirazzoli-t'Serstevens，M. 1982. *The Han Dynasty.* Rizzoli.

Pitts，J. 2005. *A Turn to Empire.* Princeton University Press.

Pitts，L. F. 1989. Relations between Rome and the German "kings" on the middle Danube in the first to the fourth centuries A.D. *Journal of Roman Studies* 79：45-58.

Plato. *The Laws.* Tr. T. J. Saunders. Penguin (1970).

Pliny. *Natural History.*Harvard (1938).

Plutarch. *Lives.* Tr. B. Perrin. Harvard (1914).

Pohl E.，ed. 1997. *Kingdoms of the Empire.* Brill.

Polybius. *Histories.* Tr. I. Scott-Kilvert. Penguin (1979).

Portal，J.，ed. 2007. *The First Emperor.* Harvard University Press.

Potter，D. S. 2004. *The Roman Empire at Bay，A.D. 180-395.* Routledge.

Potter，T. W. 1987. *Roman Italy.* University of California Press.

Ptolemy. *Geography.* Tr. E. L. Stevenson. Dover (1991).

Pulleyblank，E. G. 1958. The origin and nature of chattel slavery in China. *Journal of the Economic and Social History of the Orient* 1：185-220.

———. 1999. Review：The Roman Empire as known to Han China. *Journal of the American Oriental Society* 119：71-79.

Purcell，N. 1991. The arts of government. In Boardman et al. 1991：180-214.

Pye，L. W. 1985. *Asian Power and Politics.* Harvard University Press.

Raaflaub，K. A. 1986a. From protection and defense to offense and participation：Stages in the conflict of orders. In Raaflaub 1986b：198-243.

———. ed. 1986b. *Social Struggles in Archaic Rome.* University of California Press.

———. 2004. *The Discovery of Freedom in Ancient Greece.* University of Chicago Press.

Raaflaub, K. A., and N. Rosenstein, eds. 1999. *War and Society in the Ancient and Medieval Worlds.* Harvard University Press.

Raaflaub, K. A., and L. J. Samons. 1990. Opposition to Augustus. In Raaflaub and Toher 1990: 417-454.

Raaflaub, K. A., and M. Toher, eds. 1990. *Between Republic and Empire.* University of California Press.

Ramsey, J. T., and A. L. Licht. 1997. *The Comet of 44 B.C. and Caesar's Funeral Games.* Scholar Press.

Rathbone, D. W. 1981. The development of agriculture in the "Ager Cosanus" during the Roman Republic. *Journal of Roman Studies* 71: 10-23.

Rawson, E. 1975. *Cicero: A Portrait.* Basic Classical.

Rawson, J. 1999. Western Zhou archeology. In Loewe and Shaughnessy 1999: 352-449.

Reinhold, M. 2002. *Studies in Classical History and Society.* Oxford University Press.

Rhodes, P. J. 2007. Democracy and empire. In *The Cambridge Companion to the Age of Pericles*, ed. L. J. Samons, 24-45. Cambridge University Press.

Richardson, J. S. 1991. Imperium Romanum: Empire and the language of power. *Journal of Roman Studies* 81: 1-9.

Riddle, J. M., ed. 1970. *Tiberius Gracchus.* Heath.

Romer, J. 2007. *The Great Pyramid: Ancient Egypt Revisited.* Cambridge University Press.

Ropp, P. S., ed. 1990. *Heritage of China.* University of California Press.

Rosenstein, N. 1999. Republican Rome. In Raaflaub and Rosenstein 1999: 193-216.

———. 2009. War, state formation, and the evolution of military institutions in ancient China and Rome. In Scheidel 2009c：24-51.

Rostovtzeff，M. 1957. *Social and Economic History of the Roman Empire*，2nd ed. Oxford University Press.

———. 1960. *Rome*. Oxford University Press.

Rüpke，J. 2004. Roman religion. In Flower 2004：179-198.

Rutledge，S. H. 2001. *Imperial Inquisitions.* Routledge.

Sallust. *Conspiracy of Catiline.* Tr. S. A. Handford. Penguin (1963).

———. *Jugurthine War.* Tr. S. A. Handford. Penguin (1963).

Salmon，E. T. 1982. *The Making of Roman Italy*. Cornell University Press.

Sargent，C. B. 1944. Subsidized history：Pan Ku and the Historical Records of the former Han Dynasty. *Far East Quarterly* 3：119-143.

Sawyer，R. D. 1993. *The Seven Military Classics of Ancient China.* Westview Press.

———. 2004. *Fire and Water.* Westview.

Scheffler，S.，ed. 1988. *Consequentialism and Its Critics*. Oxford University Press.

Scheid，J. 1993. The priest. In Giardina 1993b：85-99.

Scheidel，W. 2009a. Introduction and From the "great convergence" to the "first great divergence." In Scheidel 2009c：3-23.

———. 2009b. The monetary systems of the Han and Roman Empires. In Scheidel 2009c：137-208.

———，ed. 2009c. *Rome and China：Comparative Perspectives on Ancient World Empires.* Oxford University Press.

———. 2012a. Slavery. In Scheidel 2012a：89-113.

———. ed. 2012b. *The Cambridge Companion to the Roman Economy.* Cambridge University Press.

Schiavone，A. 2000. *The End of the Past.* Harvard University Press.

Schirokauer，C.，and R. P. Hymes. 1993. Introduction. In *Ordering the World*，ed. R. P Hymes and C. Schirokauer，1-58. University of

California Press.

Schumann, R. 1992. *Italy in the Last Fifteen Hundred Years*, 2nd ed. University Press of America.

Schwartz, B. I. 1985. *The World of Thought in Ancient China.* Harvard University Press.

———. 1996. *China and Other Matters*. Harvard University Press.

Scullard, H. H. 1973. *Roman Politics 220-150 B.C.* Greenwood Press.

———. 1976. *From the Gracchi to Nero.* Methuen.

———. 1980. *A History of the Roman World: 753-146 BC*, 4th ed. Routledge.

———. 1989. Carthage and Rome. In Walbank et al. 1989: 486-569.

Seager, R. 1972. *Tiberius.* Basil Blackwell.

———. 2002. *Pompey the Great.* Basil Blackwell.

Sellers, M. N. S. 2004. The Roman Republic and the French and American Revolutions. In Flower 2004: 347-364.

Shaughnessy, E. L. 1999. Western Zhou history. In Loewe and Shaughnessy 1999: 292-351.

Shaw, B. D. 1984. Bandits in the Roman Empire. *Past and Present* 105: 3-52.

———. 1999. War and violence. In Bowersock et al. 1999: 130-169.

Sherwin-White, A. N. 1957. Caesar as an imperialist. *Greece and Rome* 4: 36-45.

———. 1980. Review: Rome the aggressor? *Journal of Roman Studies* 70: 177-181.

Shryock, J. K. 1966. *The Origin and Development of the State Cult of Confucius.* Paragon Book Reprint Corp.

Sinor, D. 1981. The inner Asian warriors. *Journal of the American*

Oriental Society 101： 133-141.

———. 1990a. The Hun period. In Sinor 1990b： 177-205.

———, ed. 1990b. *The Cambridge History of Early Inner Asia.* Cambridge University Press.

Skinner, G. W. 1977. Cities and the hierarchy of local systems. In *Studies in Chinese Society*, ed. A. P. Wolf, 1-78. Stanford University Press.

Skocpol, T. 1985. Bringing the state back in： Strategies of analysis in current research. In Evans et al. 1985： 3-43.

Smith, C. B. 2004. *How the Great Pyramid Was Built.* Smithsonian Books.

Southern, P. 1998. *Augustus.* Routledge.

———. 2001. *The Roman Empire from Severus to Constantine.* Routledge.

Starr, C. G. 1982. *The Roman Empire, 27 B.C.-A.D. 476.* Oxford University Press.

———. 1991. *A History of the Ancient World*, 4th ed. Oxford University Press.

Ste. Croix, G. E. M. de. 1981. *The Class Struggle in the Ancient Greek World.* Cornell University Press.

Steadman, L. B., C. T. Palmer, and C. F. Tilley. 1996. The universality of ancestor worship. *Ethnology* 35： 63-76.

Stockton, D. 1991. The founding of the Empire. In Boardman et al. 1991： 146-179.

Stone, L. 1965. *The Crisis of the Aristocracy： 1558-1641.* Abridged ed. Oxford University Press.

Strabo. *Geography.* Tr. H. Jones. Harvard (1948).

Strobe, J. A. 1998. Justification of war in ancient China. *Asian Philosophy* 8(3)： 165-181.

Suetonius. *The Twelve Caesars.* Tr. R. Graves. Penguin (1957).

Swaine, M. D., and A. J. Tellis. 2000. *Interpreting China's Grand Strategy*. RAND.

Swanson, J. A. 1992. *The Public and the Private in Aristotle's Political Philosophy*. Cornell.

Syme, R. 1939. *The Roman Revolution*. Oxford University Press.

———. 1958. *Tacitus*. Oxford University Press.

Taagepera, R. 1979. Size and duration of empires：Growth-decline curves, 600 B.C. to 600 A.D. *Social Science History* 3：115-138.

Tacitus. *The Annals of Imperial Rome*. Tr. M. Grant. Penguin (1956).

———. *Germania*. Tr. H. W. Bernario. Aris & Phillips (1999).

———. *The Histories*. Tr. W. H. Fyfe. Oxford (1999).

———. *The Life of Agricola*. Tr. A. J. Church and W. J. Brodibb. In Mellor 1998：394-416.

Taliaferro, J. W., S. E. Lobell, and N. M. Ripsman. 2009. Introduction. In *Neoclassical Realism, The State, and Foreign Policy*, ed. S. E. Lobell, N. M. Ripsman, and J. W. Taliaferro, 1-41. Cambridge University Press.

Tan, S-H. 2002. Between family and state. In Chan 2002：169-188.

Tanner, S. 2009. *Afghanistan*, rev. ed. Da Capo.

Taylor, L. R. 1962. Forerunners of the Gracchi. *Journal of Roman Studies* 52：19-27.

Teggart, F. J. 1939. *China and Rome：A Study of Correlations in Historical Events*. University of California Press.

Temple, R. 1986. *The Genius of China：3000 Years of Science, Discovery and Invention*. Simon & Schuster.

Thompson, E. A. 1952. Peasant revolts in late Roman Gaul and Spain. *Past and Present* 2：11-23.

———. 1958. Early Germanic Warfare. *Past and Present* 14：2-29.

———. 1982. *Romans and Barbarians*. University of Wisconsin

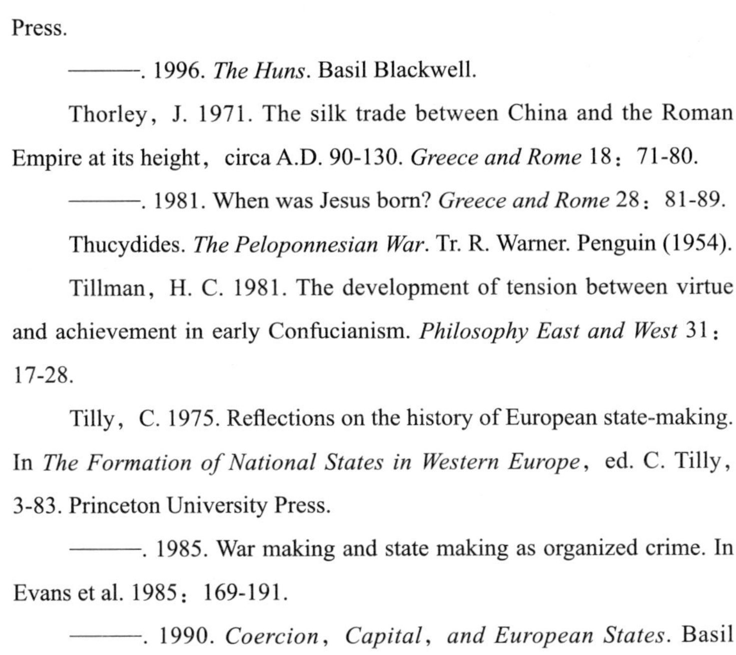

Press.

———. 1996. *The Huns*. Basil Blackwell.

Thorley, J. 1971. The silk trade between China and the Roman Empire at its height, circa A.D. 90-130. *Greece and Rome* 18: 71-80.

———. 1981. When was Jesus born? *Greece and Rome* 28: 81-89.

Thucydides. *The Peloponnesian War*. Tr. R. Warner. Penguin (1954).

Tillman, H. C. 1981. The development of tension between virtue and achievement in early Confucianism. *Philosophy East and West* 31: 17-28.

Tilly, C. 1975. Reflections on the history of European state-making. In *The Formation of National States in Western Europe*, ed. C. Tilly, 3-83. Princeton University Press.

———. 1985. War making and state making as organized crime. In Evans et al. 1985: 169-191.

———. 1990. *Coercion, Capital, and European States*. Basil Blackwell.

Todd, M. 1992. *The Early Germans*. Basil Blackwell.

Toynbee, A. J. 1957. *A Study of History* (abridged). Dell.

———. 1965. *Hannibal's Legacy*. Oxford University Press.

Tu, W-M, ed. 1996. *Confucian Traditions in East Asian Modernity*. Harvard University Press.

Turner, K. 1990. Sage kings and laws in the Chinese and Greek traditions. In Ropp 1990: 86-111.

———. 1993. War, punishment, and the law of nature in early Chinese concepts of the state. *Harvard Journal of Asiatic Studies* 53: 285-324.

———. 2009. Law and punishment in the formation of empire. In Scheidel 2009c: 52-82.

Twitchett, D., and M. Loewe, eds. 1986. *The Cambridge History of China*, vol. 1, *The Ch'in and Han Empires, 221 B.C.-A.D. 220.*

Cambridge University Press.

Ungern-Sternberg, J. von. 1986. The end of the Conflict of the Orders. In Raaflaub 1986b: 353-378.

Vaissière, E. de la. 2004. The rise of Sogdian merchants and the role of the Huns. In *The Silk Road*, ed. S. Whitefield, 19-23. Serindia.

Veyne, P. 1993. *Humanitas: Romans and non-Romans*. In Giardina 1993b: 342-370.

Virgil. *Georgics.* Tr. P. Fallon. Gallery Books (2004).

———. *The Aeneid.* Tr. R. Fitzgerald. Vintage (1981).

Wagner, D. B. 1993. *Iron and Steel in Ancient China*. Brill.

Walbank, F. W. 1970. *Historical Commentary on Polybius.* Oxford University Press.

———. 1981. *The Hellenistic World.* Harvard University Press.

Walbank, F. W., A. E. Astin, M. W. Frederiksen, and R. M. Ogilvie, eds. 1989. *Cambridge Ancient History*, 2nd ed., vol. 7, pt. 2. Cambridge University Press.

Waldron, A. 1990. *The Great Wall of China.* Cambridge University Press.

Walzer, M. 2006. *Just and Unjust Wars.* Basic Books.

Wang Rihua. 2011. Political hegemony in ancient China.In Yan 2011: 181-195.

Wang, Z. 1982. *Han Civilization.* Yale University Press.

Ward, A. M. 1977. *Marcus Crassus.* University of Missouri Press.

Wardman, A. E. 1984. Usurpers and internal conflicts in the 4th century A.D. *Historia* 33: 220-237.

Ward-Perkins, B. 2005. *The Fall of Rome and the End of Civilization.* Oxford University Press.

Weber, M. 1919. Politics as a vocation. In *From Max Weber: Essays in Sociology*, eds. H. H. Gerth and C. W. Wills, Oxford University Press (1946): 77-128.

Wellesley, K. 1975. *The Long Year A.D. 69.* Westview Press.

Wells, C. 1992. *The Roman Empire*, 2nd ed. Harvard University Press.

Wheeler, E. 1993. Methodological limits and the mirage of Roman strategy. *Journal of Military History* 57：7-41, 215-40.

Whitefield, S. ed. 2004. *The Silk Road：trade, travel, war and faith.* Serindia.

Whitehead, D. 1989. Norms of citizenship in ancient Greece. In Molho et al. 1989：135-154.

Whittaker, C. R. 1978. Carthaginian imperialism in the fifth and fourth centuries. In Garnsey and Whittaker 1978：59-90.

———. 1994. *Frontiers of the Roman Empire.* Johns Hopkins University Press.

Whittaker, C. R., and P. Garnsey. 1998. Rural life in the Later Roman Empire. In Cameron and Garnsey 1998：277-311.

Wickersham, J. 1994. *Hegemony and Greek Historians.* Rowman and Littlefield.

Wickham, C. 2010. *The Inheritance of Rome.* Penguin.

Wiedemann, T. 1981. *Greek and Roman Slavery.* Johns Hopkins University Press.

———. 2000. Reflections of Roman political thought in Latin historical writing. In *The Cambridge History of Greek and Roman Political Thought*, ed. C. Rowe and M. Schofield, 517-531. Cambridge University Press.

Wilbur, C. M. 1943. *Slavery in China during the Former Han Dynasty.* University of Chicago Press.

Wilkinson, E. 1998. *Chinese History：A Manual.* Harvard University Asia Center.

Wirszubski, C. 1960. *Libertas as a Political Idea at Rome During the Late Republic and Early Principate.* Cambridge University Press.

Wong, R. B. 1997. *China Transformed.* Cornell University Press.

Wood, N. 1988. *Cicero's Social and Political Thought.* University of California Press.

Xu, J. 2011. The two poles of Confucianism. In Yan 2011: 161-80.

Yan, X. 2011. *Ancient Chinese Thought, Modern Chinese Power.* Princeton University Press.

Yang, H., and F. Mutschler. 2009. The emergence of empire: Rome and the surrounding world in historical narratives from the late third century BC to the early first century AD. In Mutschler and Mittag 2009: 91-114.

Yang, L-S. 1968. Historical notes on the Chinese world order. In *The Chinese World Order*, ed. J. K. Fairbank, Harvard University Press. 20-33.

Yates, R. D. S. 1987. Social Status in the Ch'in. *Harvard Journal of Asiatic Studies* 47: 197-237.

———. 1999. Early China. In Raaflaub and Rosenstein 1999: 7-46.

Young, G. K. 2001. *Rome's Eastern Trade.* Routledge.

Yu, J. 2007. *The Ethics of Confucius and Aristotle.* Routledge.

Yü Y-S. 1967. *Trade and Expansion in Han China.* University of California Press.

———. 1986. Han foreign relations. In Twitchett and Loewe 1986: 377-462.

———. 1990. The Hsiung-nu. In Sinor 1990b: 118-146.

索引

B

C

D

E

F

H

J

K

L

M

N

O

P

Q

R

S

T

W

X

Y

Z